大学生思想政治教育系列丛书

修身　养性　静心　赋能
——大学生心理健康教育情景分析与探讨

武德峰　包洪亮　陈　柳◎著

中国纺织出版社有限公司

内容提要

本书通过真实情景还原的形式,将大学生心理健康问题分为人际交往篇、入学适应篇、恋爱情感篇、家庭关系篇、情绪调节篇共五篇。本书参考了本校的真实情况及国内外专家学者的学术文章著作及政策文件,在每个案例中都撰写了编者对于这类问题的总结和看法,对于以后的大学生工作具有借鉴意义。

本书可作为高校大学生心理健康课程教材使用,也可作为心理行业从业人员的参考书使用。

图书在版编目(CIP)数据

修身 养性 静心 赋能:大学生心理健康教育情景分析与探讨 / 武德峰,包洪亮,陈柳著. --北京:中国纺织出版社有限公司,2024.7. --(大学生思想政治教育系列丛书). --ISBN 978-7-5229-1870-9

Ⅰ.G444

中国国家版本馆 CIP 数据核字第 2024RK5052 号

责任编辑:苗 苗　责任校对:高 涵　责任印制:王艳丽

中国纺织出版社有限公司出版发行
地址:北京市朝阳区百子湾东里 A407 号楼　邮政编码:100124
销售电话:010—67004422　传真:010—87155801
http://www.c-textilep.com
中国纺织出版社天猫旗舰店
官方微博 http://weibo.com/2119887771
三河市宏盛印务有限公司印刷　各地新华书店经销
2024 年 7 月第 1 版第 1 次印刷
开本:787×1092　1/16　印张:26
字数:404 千字　定价:98.00 元

凡购本书,如有缺页、倒页、脱页,由本社图书营销中心调换

序

立德树人是高校的根本任务，大学生思想政治教育贯穿教育教学的全过程。辅导员作为大学生的人生导师，承担着重要的思想政治教育职责。然而，思想政治教育在高校大学生心目中并不被重视，学生的学习积极性并不高，效果也不理想。充分发挥高校辅导员在大学生思想政治教育中的主导作用，构建一种行之有效的"开放式、立体化、全方位"育人模式尤为重要。

本系列著作是作者提出的高校辅导员育人载体路径上立体化的具体成果，在符合教育环境大背景的前提下，在辅导员工作内容的范畴之内，起到教育学生的作用。高校辅导员立体化德育，可利用小说、电影（微电影）、戏剧、微信公众号、App 端手机数据库后台、辅导员网站、特色校园文化、大学生生活导报、辅导员周记、辅导员随笔等现代传媒手段，形式多样化，有声音、文字、视频、图片、戏剧等；储存信息量大；与德育课程紧密衔接；栏目形式多样，喜闻乐见；师生能够互动，学生愿意接受；栏目设置灵活；传播迅速，收视阅读率高。

本系列著作内容丰富，形式新颖，切合实际，可操作性强，体现了与时俱进的意识，是辅导员必备的读物，对辅导员的工作有着深远的意义：

（1）有利于完善高校辅导员德育工作途径：有利于高校辅导员立体化德育实施途径，形成育人资源整合，促进高校德育教育形成多渠道、全方位、立体化共同作用的综合影响，进一步增强德育教育实效性。

（2）有利于学校德育政策建设：有利于确立明确的德育目标，并制定相应政策和规章制度，将德育纳入学校发展规划和教育教学体系中，确保德育工作有明确的指导方针和规范。

（3）有利于开展多元化的德育活动：有利于开展包括课堂教育、社团活动、文化艺术活动、志愿者服务等在内的德育活动，通过不同形式的活动培养学生的品德素养和道德观念。

（4）有利于个性化德育辅导：有利于辅导员根据学生的不同需求和特点，提供个性化的德育辅导服务。辅导员可以与学生开展面对面的交流和辅导，关注学生的成长和发展，帮助他们解决心理问题和行为问题。

（5）有利于组织教研活动与培训：有利于推动辅导员队伍建设，组织教研活动和培训，提升辅导员的专业素养和教育教学能力。辅导员应不断学习和更新自己的知识，以更好地指导学生。

（6）有利于教师与家长合作：有利于加强与教师和家长的沟通与合作，形成良好的三方关系。辅导员可以与家长交流学生在校内外的表现和问题，共同关注学生的成长。

（7）有利于德育评估与反馈：有利于建立科学的德育评估机制，对德育工作进行定量和定性评估。及时向辅导员和学校反馈评估结果，促进德育工作的改进和提升。

（8）有利于提高育人效果：高校辅导员立体化德育相较于平面化德育来讲更生动、形象、具体、真切，克服了简单、枯燥、抽象说教的弱点，以增强德育的吸引力和德育的实效性。

（9）有利于更新高校辅导员德育工作理念：高校辅导员立体化德育力求把比较简单、枯燥、注重抽象说教的平面灌输式德育教育方式变得更加生动、形象、真切，增强德育教育的吸引力、感召力和影响力，提升育人的效果。

（10）有利于丰富高校辅导员德育工作理论：通过对辅导员立体化德育进行系统全面的研究，包括在内涵、特征、方法、途径等方面的进一步深化和拓展，将传统德育向现代德育转化，把相对平面的德育模式向立体的德育模式转变，使立体化德育理论进一步丰富。

（11）有利于德育教育资源的整合：高校辅导员立体化德育强调全方位、多渠道、系统影响和综合作用，有利于开辟多种教育渠道，进一步发挥家庭、社会、学校和个人的教育影响，充分发挥高校育人功能，促进高校德育多渠道、全方位、立体化、系统化完成德育实施过程。

（12）有利于扩大德育教育的覆盖面和渗透力：高校辅导员立体化德育强调充分利用小说、电影（微电影）、戏剧、微信公众号、App端手机数据库后台、辅导员网站、特色校园文化、辅导员周记、辅导员随笔等现代传媒手段，方便快捷、生动形象、应用广泛，可以扩大教育的覆盖面，增强渗透力。丰富新形势下高校辅导员工作的理论，促进高校思想政治教育理论的不断丰富和发展。为高校辅导员工作的不断创新、发展提供一定的理论参考价值和实践支持。结合新形势下高校辅导员工作实践，提出若干具体的且有可操作性的"立体化育人"工作模式，可为高校辅导员思想政治工作实践提供参考。

陈景翊

2024年1月于长春

前言

大学生群体，一个看似轻松，事实上却承担巨大的压力。一个个令人遗憾的事实，在不断地警示我们，要关注大学生心理健康。大学生心理健康已经渐渐成为社会关注的焦点，大学生因心理问题休学、退学的人数不断增多，一些反常或恶性事件不时见诸报端，2002年初发生的刘海洋硫酸伤熊事件，使社会对大学生心理健康的关注达到高潮。人们不禁要问——现在的大学生怎么了？目前的中国大学生看起来有喜有忧。喜的是，他们已有了很强的独立性和自我经营、学习、发展的能力；忧的是，他们的心理状况与整个社会大背景下国人的心理健康状况密切相关，社会上各种各样的风气不断影响着原本清纯的大学校园，大学生的心理问题已经十分集中和突出。

本书通过真实案例的形式，把大学生心理问题分为五类：人际交往、入学适应、恋爱情感、家庭关系、情绪调节。笔者认为大学生心理健康问题的存在有着诸多原因，其中人际交往排在首位，但是性与恋爱所造成的危害却最严重。在人际交往上，现在的大学生多数是独生子女，生活上的娇生惯养和学习上的一帆风顺，使他们很少经受挫折与磨炼，独立生活的能力较差，大学生活与梦想的落差，以及同学生活上的差异，很容易产生心理上的不稳定。在入学适应上，由于从紧张的高考中脱颖而出，许多大学生到了大学就想放松一把，而昔日的高才生走到一起，一些学生没有了往昔的优势，学习压力增大。据调查，理科生的学习压力与文科学生相比较为突出。十分严峻的就业形势给在校大学生带来新的压力。近年来，大学生一次性就业率呈逐年下降趋势，而据专家预测，由于扩招生将于近年开始毕业，今后大学生就业难度将进一步加大。

本书依托于职业院校思想政治教育研究基地，是基地科学研究阶段性成果。本书由武德峰、包洪亮、陈柳共同撰写。其中，武德峰（15.4万字）主要负责书稿的组织撰写、写作提纲起草、部分文稿撰写和全书统稿工作；包洪亮（15万字）和陈柳（10万字）亦负责撰写工作。本书在撰写和实践过程中，得到了学校领导的关心和支持，也得到了同事们的理解和帮助，笔者在此表示衷心的感谢！

本书插画部分由吉林工程技术师范学院艺术与设计学院学生刘祖玺、

刘彦彤、马笑洋、崔雨桐、黄晓燕、魏丁卉、马兆利负责制作，笔者在此亦对这些同学表示感谢。

  本书在撰写过程中，广泛查阅了近年来国内外心理健康教育领域的研究成果，参考借鉴了同仁们的研究成果，在此一并向这些资料的作者表示深深的感谢。由于作者水平有限，书中难免有不足和疏漏之处，敬请广大读者批评指正！

著者
2023 年 10 月 10 日于长春

目录

第一篇　人际交往篇　　1
  第一章　建立信任，重塑友谊　　1
  第二章　关于大学生人际交往问题的案例分析　　5
  第三章　及时疏导，化险为夷　　10
  第四章　人际关系心理案例　　15
  第五章　信任的指引　　19
  第六章　我好像被孤立了　　23
  第七章　共同携手，给予关爱　　27
  第八章　暖心陪伴，用情沟通　　31
  第九章　孤独的我　　35
  第十章　学会沟通，团结和睦　　39
  第十一章　高校校园化解危机个案分析与思考　　44
  第十二章　改变态度，重拾自我价值　　48
  第十三章　过度自卑或自责影响下的人际交往障碍分析　　52
  第十四章　重拾温暖，灌溉心田　　56
  第十五章　明确目标，走出迷茫　　60
  第十六章　化解关系危机，共创和谐宿舍　　64
  第十七章　大学生心理问题分析与总结　　68
  第十八章　学生工作点、线、面　　72
  第十九章　奋斗的你最美丽　　76
  第二十章　A同学成长记　　80
  第二十一章　新生班级干部工作矛盾案例分析　　84
  第二十二章　关于对大学生人际交往心理问题的一些看法　　88

第二篇　入学适应篇　　95
  第一章　合力育人，化解危机　　95
  第二章　多方协作，化险为夷　　99

第三章	挽救学生退学心理案例分析报告	103
第四章	及时沟通，转危为安	107
第五章	由陌生环境和潜在抑郁引发的学生自我堕落危机的干预报告	110
第六章	关于新生适应障碍	115
第七章	树立边界，自我成长	118
第八章	改变自己，向阳而生	122
第九章	用爱唤醒，用心浇灌	126
第十章	"营造良好学风，共促学生成长"思政工作案例	130
第十一章	走出"校园贷"阴霾，阳光面对生活	135
第十二章	大学生疾病突发事件的预防和处理	139
第十三章	学生就业指导与服务工作案例	143
第十四章	由突发事件引起的应激性精神障碍学生的心理疏导	148
第十五章	走出阴霾，重新起航	153
第十六章	创新思政教育新途径，以志愿服务立德树人	157
第十七章	迷途知返，回头是岸	161
第十八章	大学生心理问题案例干预	164
第十九章	学生定位签到事件的案例分析	167
第二十章	沟通是走进学生心里的钥匙	172
第二十一章	学困生案例	177
第二十二章	清源正本，润物无声	181
第二十三章	关于对大学生入学适应心理问题的一些看法	187

第三篇　恋爱情感篇　　　　　　　　　　　　　　　　　193

第一章	心理危机干预案例	193
第二章	一例由分手引发长时间哭泣的干预报告	198
第三章	一例由恋爱挫折引发学业危机的干预报告	202
第四章	学生失恋焦虑情绪的案例分析	205
第五章	巧开心锁，重塑自信	208
第六章	帮助学生走出失恋困扰	212
第七章	关于对大学生恋爱情感心理问题的一些看法	216

第四篇　家庭关系篇　　　　　　　　　　　　　　　　　221

第一章	抑郁症干预案例	221
第二章	家庭经济情况引起的学生对于学业规划迷茫和自卑心理问题	225
第三章	多方合力，共筑心理健康	228

第四章	师生携手，转危为安	232
第五章	提升积极心理品质	236
第六章	走出心灵孤岛	240
第七章	大学生心理危机干预的案例与思考	245
第八章	与心灵相约，与健康同行	250
第九章	以爱为源，用心守护	254
第十章	千斤重担，化险为夷	258
第十一章	搭建家校沟通桥梁，共促学生发展	262
第十二章	以真诚去沟通，用心灵去感悟	266
第十三章	别让奖学金影响了我们	269
第十四章	用爱浇灌心田，给成长一份力量	273
第十五章	用爱触动心灵，用情打开心结	277
第十六章	信任、宣泄、发现心结	281
第十七章	原来我拥有这么多爱	285
第十八章	家庭因素导致的学生心理逆反问题案例分析	290
第十九章	关于对大学生家庭关系心理问题的一些看法	293

第五篇　情绪调节篇　299

第一章	大学生活，从增强自信开始	299
第二章	呵护心理健康，关注学生成长	303
第三章	关怀备至，敞开心扉，心理健康保卫战	307
第四章	挽救学生的真实案例	311
第五章	由国家励志奖学金引发的心理案例	315
第六章	校园心理危机干预案例	320
第七章	一例因管控引发的考研学生备考焦虑危机的干预报告	324
第八章	沟通疏导，走出崩溃	328
第九章	拯救过度"自我"	332
第十章	如何适应考研压力	336
第十一章	从自卑到自信阳光的优秀学生干部	339
第十二章	小美的蜕变	342
第十三章	真诚沟通，增强自信	345
第十四章	科学认知世界，接受不完美的自己	349
第十五章	把握就业机会，成就精彩人生	353
第十六章	情感缺失学生的心理援助	357
第十七章	精准就业，重拾自信	361

第十八章	调节情绪，改变现状	365
第十九章	自卑是土壤，自信是庄稼	369
第二十章	专升本同学的心理干预案例	373
第二十一章	关注动态，保持沟通工作案例	376
第二十二章	大学生"网络成瘾"心理工作案例	380
第二十三章	一个解决性格内向学生心理问题的工作案例	384
第二十四章	如何应对考研失利	387
第二十五章	助自信之花在心中绽放	390
第二十六章	关于对大学生情绪调节心理问题的一些看法	393

参考文献 399

第一篇　人际交往篇

第一章
建立信任，重塑友谊

包洪亮

一、学生基本信息

男生 W，因为大一上学期与室友发生冲突，被调离原寝室，本学期因为专业分流，重新分了专业。辅导员把他调到了新的寝室和新专业同学一起，该生因为大一上学期的事情，导致其特别重视和珍惜与现在室友的关系，这也使他在行为上难以把握尺度，导致该生的新室友无法忍受。

二、危机的发生

辅导员在本学期一天晚上 23 时 34 分收到男生 Z 微信，Z 表示可不可以把 W 换走。Z 平时挺爱交流，但是因为 W 在寝室，他感到十分压抑，整夜睡不着觉。辅导员在安抚好他的情绪后，于第二天找到 Z 的室友 H。H 为他们班团支部书记并且是寝室长，H 表示：W 确实太黏人了，可能是因为之前在寝室里和室友发生过冲突，导致其特别重视寝室友谊。W 不管室友是否接受，经常给室友买各种礼物、买饭、买各种零食。这让他们寝室的同学都有很大的压力，尤其是 W 对 Z 表现得最为友好，在 Z 没有起床时，盯着 Z 看，经常跑到 Z 的床上一起看视频，让 Z 的压力非常大。

随后辅导员与 W 进行了交谈，在谈话过程中，了解到 W 较为敏感多疑，谈话时眼神躲闪、缺乏自信。对待生活态度悲观、对人对事都比较敏感，该生担心之前寝室的事情会重演。

三、干预过程

针对该生的情况，辅导员与 W 进行了一系列的谈话教育，以下是通过谈话了解到该生的相关情况后进行的情况分析。

（1）该生家庭条件优越，有一个弟弟，与其年龄差距较大。在成长过程中没有受过挫折，其弟弟的出生使该生内心渴望得到父母更多的支持和关爱，开始变得渴望得到别人的关注。

（2）该生在大一上学期时，因为无法与室友处理好关系，和室友发生过冲突，为此他被调离了原寝室，这件事情使其对寝室关系有心理阴影，而且极其不自信。

（3）缺乏解决问题的方法。该生想与室友处好关系，但是没有想到正确的解决方法，而是采取送礼物的方式来取得室友的好感，缺乏正确的解决人际关系的思路。

（4）遇到事情不敢面对。该生遇到问题后，想到的是告诉父母，想要通过父母出主意的方式来缓解焦虑、逃避现实，这证明了该生缺乏自信和敢于面对问题并去解决问题的勇气。

（5）父母教育方式有误。该生遇到问题后，与其父母倾诉时，其父母并没有安慰、积极引导，而是觉得和室友处好关系需要给室友送礼，教育方式错误导致该生更加缺乏自信，无处倾诉，和室友关系更加紧张。

在分析了该生的相关背景后，结合该生性格特征和实际情况（图 1-1-1），采取以下措施对该生进行教育引导。

本案例技术路线图如图 1-1-1 所示。

（1）与其室友进行谈话。辅导员首先找到了该生室友，与其室友进行了深层次的沟通，该生室友表示会接纳包容他，并且表示会和该生恢复正常关系。

（2）与其父亲进行沟通。家庭是孩子成长过程中影响最深的因素，通过与其父亲进行沟通，建议其父亲对该生少批评多鼓励，并经常与孩子保持沟通，了解孩子的心理动向。

（3）坚持沟通建立信任。与该生进行谈话，建立信任，让该生明确遇到问题正确的解决方式，让其明白应该如何和室友相处，让该生重塑对生活、对自己的信心，积极面对大学生活及同学。

（4）引导其多参与活动。多参加活动，才能多和人接触，多从实际经验中去摸索

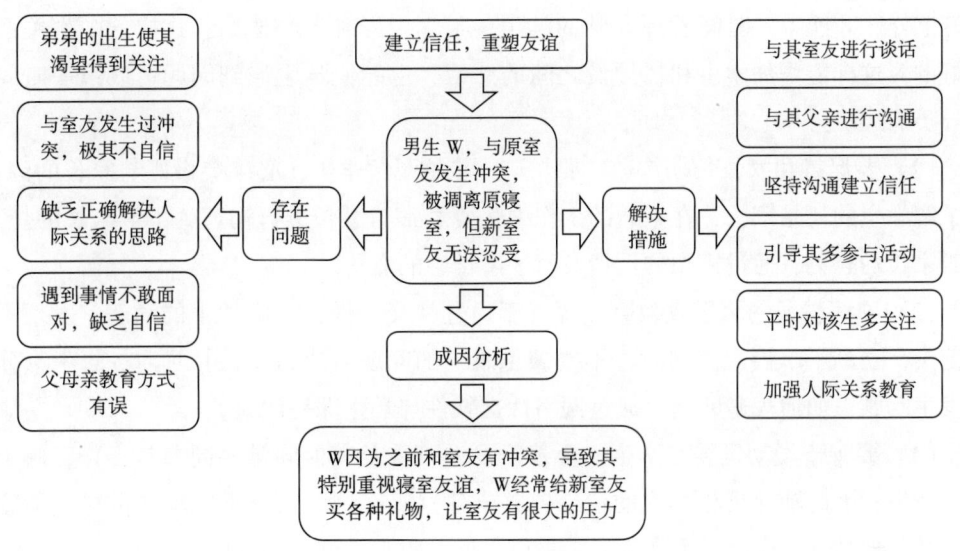

图 1-1-1 "建立信任，重塑友谊"技术路线图

良好的人际关系是如何建立的。参加活动会使该男生变得阳光、自信，增强其组织协调能力，广交好友。

（5）平时对该生多关注。不定期地找他谈心，让他时刻感受到辅导员对他的关注，并让其室友定期汇报他的变化，思想政治教育工作是循序渐进的，需要润物细无声般的耐心和坚持。

（6）加强人际关系教育。对处理人际关系方法的欠缺，导致该生无法解决与室友之间的矛盾，加强人际关系的教育，让学生掌握正确的人际关系交往原则与方法，是至关重要的。

四、干预结果

此案例目前来看，预防地比较及时，案例中的该生现已恢复正常，通过一段时间的谈话沟通，辅导员帮助该生与班级同学、寝室室友建立了良好的人际关系，并有针对性地对该生进行学业指导和职业规划，赢得了该生对辅导员的信任。现在W已经可以融入集体，在班级里也有了很多朋友，遇到问题也会征求辅导员的意见，和辅导员一起讨论解决的方法，该生逐渐变得外向、开朗、乐观。师者，传道授业解惑也，让每个学生在学校里能够保持身心健康的成长，是每一个辅导员的责任。

五、经验分享

（1）要经常与学生谈心谈话。辅导员必须深入同学之中，了解学生的所想所需，只有这样,才能第一时间发现异常的学生。与学生经常谈心谈话,这样的师生关系是极好的,这样能增加学生和辅导员之间的感情,也能使学生遇到问题可以第一时间和辅导员沟通。

(2)要保持和家长长期沟通。要想进一步地了解学生,必须要做好与家长的沟通。最了解学生的还是家长,在平时的工作中,要经常与家长进行沟通,了解家长的想法,倾听家长的意见,通过家长的反馈及时了解学生的变化。

(3)熟练精通网络思政教育。要善于通过社交软件,了解学生的动态,发现不对的苗头,立刻了解情况。同时,不要满足眼下的问题解决,要往长远看,思考为什么会发生问题,如何规避问题,通过网络社交软件与学生保持沟通。

(4)要善于发动班委和学生。要善于发动班委及其他同学共同参与工作,由于是大一新生,因此辅导员与学生的信任感并未建立。在这种情况下,辅导员应主动联系班委及其他同学,发动广大学生的力量,以便于收集自己所需要的信息。

(5)思政教育是潜移默化的。帮助学生发现问题、解决问题、树立正确的价值观,不是通过一次谈话、一次讲座、一次主题班会就能够实现的,这是一个长期的过程。辅导员要坚持在育人过程中,反复思考,反复实践,关注学生变化,随时调整教育方式,适应学生思想状态的变化。

情景还原(图1-1-2)

W:我送给你的礼物你还喜欢吗?

Z:不要送我这么贵重的礼物了,这都抵我好几个月生活费了。

W:我只是想和你一起上课,和你一起吃饭,我不用你还,我怕你们针对我。

Z:那你就更不用这样了,我们是一个寝室的就是一家人,怎么会针对你呢?

W:啊,是这样吗,那我该怎么办呢?

……

图1-1-2 "建立信任,重塑友谊"情景还原

第二章
关于大学生人际交往问题的案例分析

郑　岩

一、学生基本信息

女同学 N，本科二年级，单亲离异家庭。

该生联系辅导员老师想调换寝室，原因是和室友关系不好，辅导员通过学生侧面了解了一下该生寝室的情况。

二、个人成长史

在与 N 同学母亲的沟通过程中发现，其母亲也是情绪异常激动，对人不信任、固执。认为更换寝室对 N 同学造成了伤害，不能接受，还认为老师包庇其他同学，不认为 N 同学存在问题，拒绝调换寝室，言语激动，不配合到校调节。在学校的强烈要求下才勉强答应到学校来。

三、学生个人陈述

N 同学寝室共四人，由于除该生以外的三名同学周六早晨有课，起床后吵醒了正在睡觉的 N 同学，N 同学便在寝室放音乐，据室友称音乐比较低沉恐怖，似哀乐，其他三名女生表示很害怕也很不满。寝室四人便开始冷战，其他三人不再与 N 同学说话，后来还屏蔽了 N 同学的朋友圈和电话。

为了更好地了解寝室情况，辅导员在别的同学带着 N 同学离开寝室后，与学院党委副书记在晚间以突击检查寝室的名义，到该生寝室了解情况。通过了解，该寝室矛盾都是由小事引起的，但寝室同学个性分明，各自都存在问题和过错。但是 N 同学不能意识到自己存在过于敏感和生活习惯不佳的问题。

四、成因分析

内因决定着事物的根本属性。大学生人际关系的不和谐，除了外部客观因素的影响，归根结底是由于其自身一些不健康的心理状态引起的，更有甚者会导致心理失衡、无法控制。

1. 过度的自卑心理，破坏与人简单相处之道

心理学上，自卑是一种性格缺陷，是产生轻视自己的心理，是不适当的自我评价和自我认识引起的自我否定、自我拒绝的心理状态。大学生自我意识发展很快，开始独立地观察、分析社会，也会重视别人对自己的评价，表现出极强的自尊心。为维护自己的自尊心，会显示出一种自卑倾向。大学生自卑往往表现为只看到自己的缺点而看不到自己的优点，性格孤僻而不愿与人交往，在人际交往过程中过分敏感，过分看重他人对自己的评价，自我设防严重。

2. 盲目的攀比心理，阻断与人真诚交往之桥

寝室内大学生的攀比心理频繁出现，使大学生关注点模糊，不能正常投入学习、交往和生活，无法与人真诚相待，造成人际关系紧张，多是由于其易产生的虚荣心、妒忌心和习惯性攀比心理。

3. 不良的人格缺陷，隔断与人和睦共处之路

心理学上，人格缺陷是指介于正常人格与人格障碍之间的一种人格状态，也可以说是一种人格发展的不良倾向，如以自我为中心、怯懦、懒惰、多疑、狭隘、焦虑等。此外，大学生人际交往中也常常表现出心胸狭隘，缺乏包容，凡事斤斤计较、耿耿于怀，好挑剔，长此以往容易形成精神上、心理上的巨大压力，难以化解心理矛盾。过分紧张焦虑会使人产生烦躁不安，思维受阻，行动不灵活，身体不舒适等症状，影响大学生正常的学习和生活。

4. 大学生的人格缺失，不仅与社会和学校有关，与其家庭教育也有着分不开的关系

心理专家认为单亲家庭的孩子容易出现心理亚健康状况，如孤独、依赖、自卑、猜疑等。由于失去了一方父母的庇护，心理上必然承受着巨大的痛苦，对生活也失去了信心，并对社会充满了敌意。如果这些情况得不到相应的重视，不能及时疏导学生的情绪，给予关心和引导，势必会影响学生性格的形成，影响他们正常的学习、生活。

五、教育过程

在处理由于学生心理原因引发的寝室人际关系交往问题时，我们需要通过人文关

怀与教育引导相结合的方式进行教育。

1. 探明过程，关爱学生

详细了解学生情况，了解事件的前因后果，换位思考，理解学生的苦楚。关注学生身上的优点，加以赞美，让其发现自身优点。

2. 建立信任，以情动人

让学生学会信任。要有一颗宽容的心，要让学生摆脱这种猜疑的想法，就要让她体会到集体的温暖，周围人的温暖，让她知道社会上毕竟还是好人多。推荐一些优秀的书籍给她，转移她对网络的兴趣。同时陶冶情操，增加其文化积淀。

3. 厘清原因，教育引导

让学生正确认识自己。学生之所以自卑都是因为没有正确、清楚地认识自己，所以她才会失去方向。通过观察了解学生的兴趣爱好，然后在她成功后在同学面前表扬她，让她获得一些成就感，感受到成功的喜悦，并且喜欢上这种喜悦。

4. 持之以恒，传递温暖

由于从小缺少正常家庭的温暖，因此对家庭温暖特别渴望，除了在学校营造这种温暖的氛围外，也要同她的亲属，随时保持联系，随时沟通，让家人给予她正确的关心、关爱和引导，不要让她感受到过多的压力。

5. 注重方法，各方配合

所有的学生问题都不能单单依靠老师和学校来解决，都需要家长的共同配合。本案例中学生母亲本人在性格上存在强势、焦虑、多疑等多重问题，在处理问题上不但不能和老师相互配合，还制造了很多问题和困难，在这种情况下，作为老师要沉住气，耐心与其沟通，并适当为家长进行心理疏导。

另外要适当发动学生干部、党员找她谈话、帮助辅导。从同学的角度不定期地进行沟通，鼓励她尽快融入集体中来。

六、初步解决方案

其母在与心理咨询师沟通后，仍然不能正视情况。在老师的极力劝说下，一切为了保护孩子不受心理折磨，其母才勉强同意更换寝室，但是对换寝提出诸多条件。由于寝室没有空余床位，为了解决寝室问题，通过学院党委副书记工作，一名大四的学生干部同意了和 N 同学更换寝室。但是其母认为寝室环境有问题，不同意换寝室。可是暂住的寝室里其他同学也表示了不满，认为该生生活习惯不好。

在辅导员多次与学生和母亲沟通下，N 同学才在老师的帮助下更换了寝室，请假回家进行休养，并进行了心理咨询。

目前，该生与老师之间已经建立起一种信任关系，很多时候会主动发短信关心老师的身体或者心情，换言之，她已经逐渐从对他人的不信任中走了出来。偶尔她也会有些焦虑和多疑，但是在有意识地控制自己，不能理解时，也尝试与老师沟通。目前该生在新寝室暂时情况稳定，还在老师的密切关注中（图1-2-1）。

本案例技术路线图如图1-2-1所示。

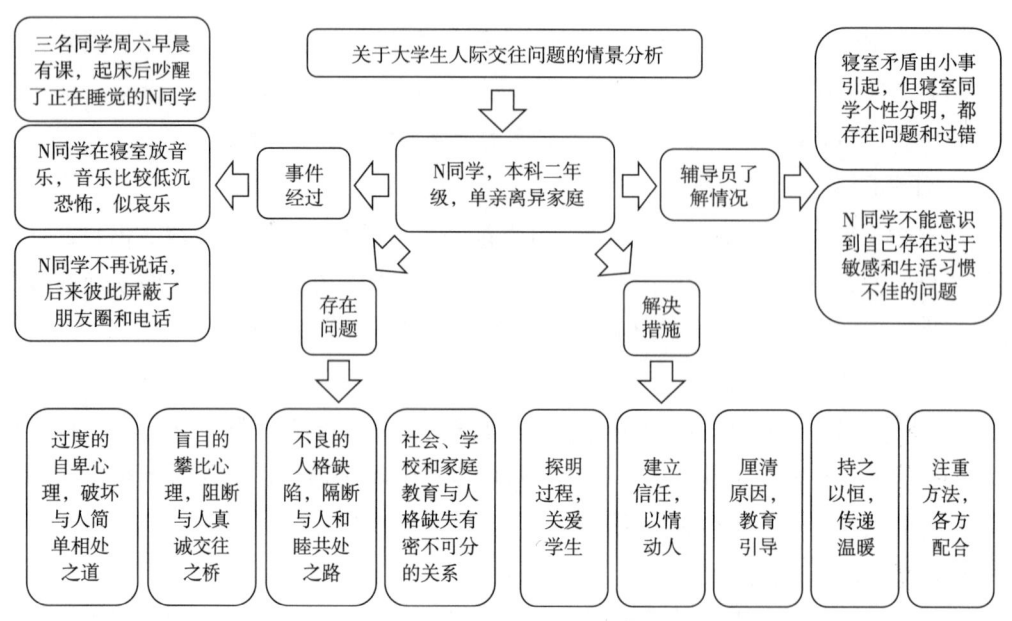

图1-2-1 "关于大学生人际交往问题的案例分析"技术路线图

七、总结与感悟

（1）良好的人际关系能够缓解大学生的心理压力，减少心理疾病的产生，使大学生的心理健康状况得到更好的发展。

（2）心理健康也在一定程度上影响了大学生在学校人际关系的优劣。随着年龄增加人际关系趋于稳定，这充分反映了大学生的心理适应过程，心理上的逐步成熟助其愉快地与人交往。

（3）健康的心理素质有利于营造和谐的人际关系。有人的地方就有矛盾，将矛盾最小化，达到双赢与和谐，这就要求大学生具备健康的心理素质和人际交往技巧。

（4）大学生的心理健康也在一定程度上影响着和谐校园文化的建设，是大学生的态度与习惯、独立的人格、目标追求、价值观形成、道德理念等一系列观念形成与塑造的摇篮，也是大学生学会团结友爱、奉献互助的基本平台。健康的心理行为能极大地促进寝室和谐氛围的构建，也有利于促进优良校风和校园文化的建设。

情景还原（图 1-2-2）

N 同学：你们吵不吵啊，大早上的。

寝室同学：那我们还不能上课了？你早课不定闹钟你能起来啊。

N 同学：烦死了，那我听音乐没问题吧。

寝室同学：N 你干吗啊，你天天放这玩意儿谁受得了啊。

……

图 1-2-2　"关于大学生人际交往问题的案例分析"情景还原

第三章
及时疏导，化险为夷

车　驰

一、学生基本信息

小淼（化名），女，20岁就读于某大学某专业，父母健在，家族无精神病史。性格内向，没有朋友，和室友关系不好。

二、个人成长史

小淼性格较为内向，从小学习刻苦，平时不善交友，少言寡语，对于认定的事情过于偏执。

三、学生问题陈述

一天上午，辅导员正在办公室工作，突然班上一名同学打来电话，辅导员顿时紧张起来。小淼情绪激动提出诉求，要求马上更换寝室。辅导员尝试使其放松心情，平静沟通，该生却不为所动，更为迫切地要求更换寝室且不听劝解。辅导员觉得小淼情绪激动，并且不想沟通，迫切想要逃避问题，试图通过调换寝室来解决问题，立刻让小淼同学来到了办公室。感觉小淼在电话那头如释重负，并同意沟通。来到办公室，小淼和辅导员讲述与室友经常吵架，吵架的原因是由于对某一件事见解不同，对于一件事由于信息来源不同，导致信息不对称，由于小淼比较偏执，因此发生言语争执，争吵后室友在确定信息结论后冷嘲热讽。此事之后，室友的不理睬导致小淼觉得自己被孤立，同时原来作为寝室和事佬的室友小明将转专业，小淼顿时觉得自己没有朋友，无法与室友相处沟通。

四、成因分析

从小淼衣着、体貌特征可以发现，小淼的问题属于由于个人性格内向并且过于偏执，以及不自信产生的自卑，还有缺乏人际交往技巧带来的孤独。但该生品质优良，只是该生不会社交，导致严重缺乏自信心，与他人直面交谈时，会产生较多负面情绪和回避行为。大学生是一个独特的群体，心理和生理方面都逐渐走向成熟，对于抗压能力较弱的学生，容易产生对于某事特别偏执的行为，久而久之就很容易对身边的人吹毛求疵，失去热情和耐心，变得自卑自责，从而患上不同程度的心理疾病。因此，要积极开展大学生心理测评、针对有心理问题的同学及时引导、干预，及时治疗心理问题，将伤害降到最低。

五、教育过程

辅导员首先观察到，小淼一直低着头不敢直视老师，坐在老师身旁的姿势也是弓着背，特别防备的样子。辅导员以关心的口吻询问小淼事情的缘由，小淼瞬间特别激动地向辅导员哭诉。辅导员首先以安慰的口吻希望小淼将不快的心情释放出来，情绪得以释放后，小淼也打开了心扉，向辅导员讲述了平时和室友相处的模式，时常有争吵，争吵的原因多为对小事的意见不合。此次事情也是由于四六级考试时间问题各持己见导致了言语争执。其次，通过沟通了解，原本寝室一名经常协调寝室关系化解矛盾的同学通过了转专业考试，因此并没有再去化解寝室之间的矛盾，导致争论双方处于冷战状态。另外，小淼也从侧面言语表达出感觉室友有点看不起她。辅导员首先针对小淼的不自信，帮其树立起自信心，其次帮助小淼分析事情的原委，正视问题，提出了相应的意见，告诉小淼正面解决问题发现自身的不足，尝试融入，不要逃避问题。

六、初步解决方案

经过与小淼的充分沟通，首先让小淼初步建立自信心，做事不要钻牛角尖，不要把自己的想法强加于别人，遇到问题时要尝试沟通解决并不是通过逃避冷战来解决，也不要一味地依靠别人的调节来让他人做出让步。学会与他人沟通，同时为她选择性格合适的同学作为室友进行同辈陪伴，希望她的心情能尽快明朗起来。

本案例技术路线图如图 1-3-1 所示。

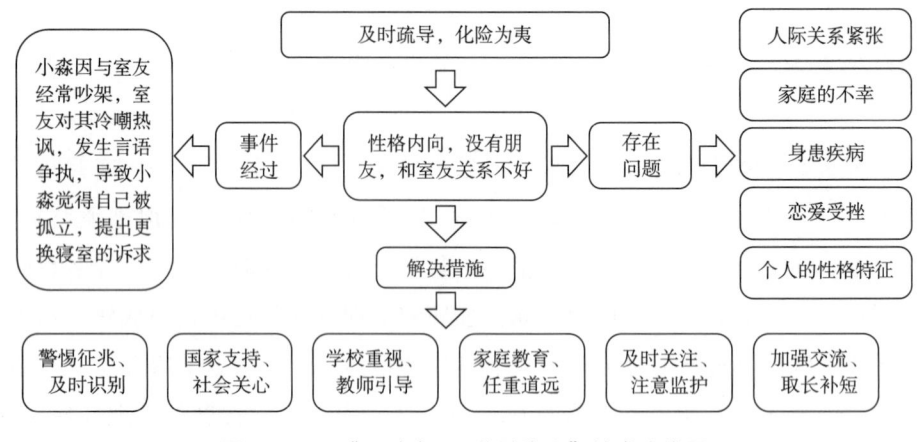

图 1-3-1 "及时疏导，化险为夷"技术路线图

七、总结与感悟

大学生在学校情绪低落严重时可能导致恶性事件的发生，其原因具体可以概括为以下几点：

（1）人际关系紧张。进入大学后，大学生首先要面临处理同学关系、师生关系，以及异性关系。处理得不好，会影响整个大学生活，从而使一些大学生感到苦恼，久而久之就会感到自己很孤独、很无能，以至于产生严重的自卑感。

（2）家庭的不幸。据有关专家研究，中国有70%的家长教育方式不合理，其中30%是过分保护，30%是过分监督，10%是严厉惩罚、传统的打骂式。这些不合理的教育方式带来的结果就是年轻人的承受挫折能力差，适应能力差。此外，独生子女心理承受能力比较弱，缺乏社会责任和对人生价值观的认识，遇到挫折可能采取极端行为。

（3）身患疾病。躯体疾病和精神疾病也是最常见的原因。躯体疾病比较容易看出来，而精神疾病要进一步接触才能分辨。抑郁症是大学生较常见的精神疾病之一，并且容易导致极端行为。临床资料显示，抑郁症患者轻生率高达10%~15%。

（4）恋爱受挫。失恋引起的主要情绪就是痛苦和烦恼。而大多数失恋者都不能正确对待和处理好失恋所带来的挫折和烦恼，导致心理失衡，甚至走上轻生的道路。有关调查显示，恋爱失败占大学生轻生原因的44.2%。

（5）个人的性格特征。某些个体具有抑郁的、冲动的、极端的性格特点。在遇到激化性的事件时，个体的气质与个性便影响着个体对激化性事件的态度、看法和解释。一般来说，冲动性极端事件发生的概率比较大，因为发生的突然，难以预测和防范；理智型极端事件发展则比较缓慢，虽然隐蔽，但也会有某些异常的迹象和征兆，容易发现，便于进行危机干预。另外，如社会压力、就业压力、遗传因素的影响等都是引起大学生极端事件的因素。

对大学生的心理危机和现象进行预防和干预，笔者认为应从以下几个方面着手：

（1）警惕征兆、及时识别。判定是否有极端倾向可从以下几个方面进行观察：①具有明显的外部因素刺激；②情绪低落、悲观抑郁，对自己产生自责自罪行为，有强烈的罪恶感和缺陷感；③性格孤僻内向，与周围人缺乏正常的感情交流；④有严重不良的家庭成长环境；⑤缺乏明确的生活目标和信心，易产生悲观失望的体验；⑥诉说准备极端行为的想法或过去有过极端行为企图。如果一名学生明显具有上述表现则可认为他有较高的危险性，就必须引起高度重视并及时采取干预措施。

（2）国家支持、社会关心。中国健康教育研究所开设的"希望热线"、《中国青年报》在北京设立的"青春热线"等，都对预防极端事件起了一定的作用。极端事件预防需要全社会广泛开展科学教育工作，通过宣传提高个人心理素质，促进形成全社会互相关心的风气。

（3）学校重视、教师引导。我们必须把重视师生心理健康教育作为转变教育观念的重要内容。一个心理失调、人格上有缺陷的教师不仅难以与学生建立正常的师生关系，还会影响学生产生不良心理。每位学生工作者必须具备了解学生心理、帮助克服心理障碍、有效铸造人类灵魂的能力。我们必须改变"一间房子两张凳子"这种单一的心理咨询方式，灵活运用现代技术手段，以声、文、图、像将枯燥抽象的心理健康教学内容变得形象生动，把复杂的理论体系简洁地展现出来。通过开通热线电话、建立校园网上聊天室，借助计算机采用多因素分析等统计技术，引进现代统计分析软件包，以增强教学感染力和吸引力。用良好的文化氛围感染、熏陶、激励学生形成健康的心理品质是降低极端事件发生率的有效措施之一。

（4）家庭教育、任重道远。环境和教育对个体人格的形成具有重要的影响。有的家庭，给孩子创造了优越的学习环境和各种力所能及的生活服务，甚至连高考志愿表都由父母代办。由于家长忙于工作便很少与子女沟通，加上父母不和甚至离婚等就很容易导致子女跌入绝望的深渊。家庭教育中必须尽量避免这些情况的发生，以消除隐患。

（5）及时关注、注意监护。对发现有极端企图特别是那些有过自伤自毁经历的学生，应予以特殊监护，必要时可送医院治疗。万一已经采取极端行动，要即刻制止。

（6）加强交流、取长补短。大力开展学术交流，积极慎重地借鉴国外经验。在我国，针对极端事件预防的研究还不够系统，当前心理咨询工作基本以实践为主，相关论文也多限于介绍国外心理咨询工作的教学理论与方法。这在发展初期当然是不可避免的，但今后应加强对外学术交流和合作研究，针对我国大学生的实际情况定期举办研讨会、交流会，以便互通情报、取长补短、共同提高。

情景还原（图1-3-2）

室友：我们都是下午3点考英语四级，小森你呢？

小森：明天早上8点。

室友：那你早上别定闹钟啊，我们没课，你这太吵了。

小森：我不定闹钟怎么起？

室友：我们不管啊，你别定闹钟！

图1-3-2　"及时疏导，化险为夷"情景还原

第四章
人际关系心理案例

刘晓棠

一、案例介绍

某同学，女，就读于某大学某专业。从小体弱，情绪消沉，性格内向，不善言语，喜欢独来独往，很少与人交往。但她从小很节俭，从不与同学攀比，学习刻苦，成绩优异。然而自从上大学之后，她发现以前的生活方式完全不适合大学生活。她想融入班集体，却不知道如何与人交往，怎样处理寝室同学之间、班级同学之间的人际关系，这使她伤透了脑筋。一年多来，她和班上同学相处得很不融洽，跟同寝室人曾经发生过几次不小的冲突，关系相当紧张。她经常独来独往，基本不和班上同学交流，集体活动也很少参加，与同学的感情淡漠。她觉得自己没有一个能相互了解、谈得来的知心朋友，常常感到特别的孤独和自卑，长期的苦恼和焦虑使她患上了神经衰弱症。经常失眠和头痛使她精神疲惫，体质下降。她本想通过埋头学习的方法来减轻痛苦，然而，事与愿违，由于她很难集中精力学习，效果很差，成绩急剧下降，后来竟出现考试不及格的现象。她感到恐慌，失去了坚持学习的信心。这种心理使她逐渐对大学生活失去了兴趣，迷失在自己编织的网中，一度出现自暴自弃的现象。

二、案例分析

通过深入了解情况，该生属于人际关系障碍。其产生的原因主要有以下三个。

1. 自我认知偏差

自我认知是人们对自己的认识或评价。该生在人际关系问题上的认知和对自我的认知存在一定的错误，对人际关系的意义和重要性缺乏明确的认知，缺乏认真思考和积极面对的态度。

2. 性格缺陷

该生的性格内向、孤僻，不善于表达自己，还有些自我封闭，对人际关系有着消极作用。她既不会、也不愿主动与同学接触，导致同学之间缺乏相应的了解和理解，造成感情冷漠，关系很不融洽。一旦与同学发生矛盾时，又不能正确处理，这样与同学之间的交流必然不会称心如意。

3. 人际交往能力缺陷

当同学之间发生矛盾或冲突后，她束手无策，不会去化解矛盾，改善关系。其人际交往能力的缺陷也是她陷入人际关系困境的一个内在因素。

总之，该学生这三方面存在的问题形成了她人际关系的心理障碍，使这位本来成绩不错的学生在一年多的大学生活中陷入了困境。她不仅没有处理好人际关系，也因此损害了自己的身体，造成对生活的恐慌，失去了坚持学习的信心。

三、处理流程分析

这种情况，引起了笔者高度重视。经过与她所在专业班委和同寝室同学交流，基本了解了她的实际情况。为了更好地制订解决方案，笔者专门咨询了学校的专职心理教师，对其实施多渠道、综合性的心理辅导（图1-4-1）。

本案例技术路线图如图1-4-1所示。

1. 采用谈话法进行辅导

在与某同学谈话前，笔者先通过其专业的班委和同寝室同学了解更多的情况，并根据学生的反映，到学校心理咨询室请教专职心理咨询师，以便采取针对性更强的谈话方式。

2. 运用理性认知疗法，提高其对大学生活的正确认知

在取得某同学信任的基础上，笔者结合心理学专业知识，针对她表现出的不合理认知态度，运用理性认知疗法，和她一起认真地探讨大学生的特点和人际关系的意义，从健康的群体意识的理论问题到如何正确认识和对待同学之间发生的矛盾；在理论和实践的基础上，进行具体的、有针对性的、入情入理的分析，明确指出她在这方面的失当之处，使其逐步认识到并尽快地改变过去那种非理性的认知结构和思维模式，纠正不合理的信条，树立良好的群体意识。

3. 完善其性格，训练其人际交往能力

针对该生性格上存在的缺陷，笔者积极鼓励她在完善性格上下功夫，这是改善人际关系的重要内在因素。指导她确立较高的人生目标，主动和同学交往，积极参加集体活动，在丰富多彩的社会实践中增长知识，锻炼意志，注意学习别人性格上的优秀品质，克服自己的弱点，从而使其性格不断得到完善。

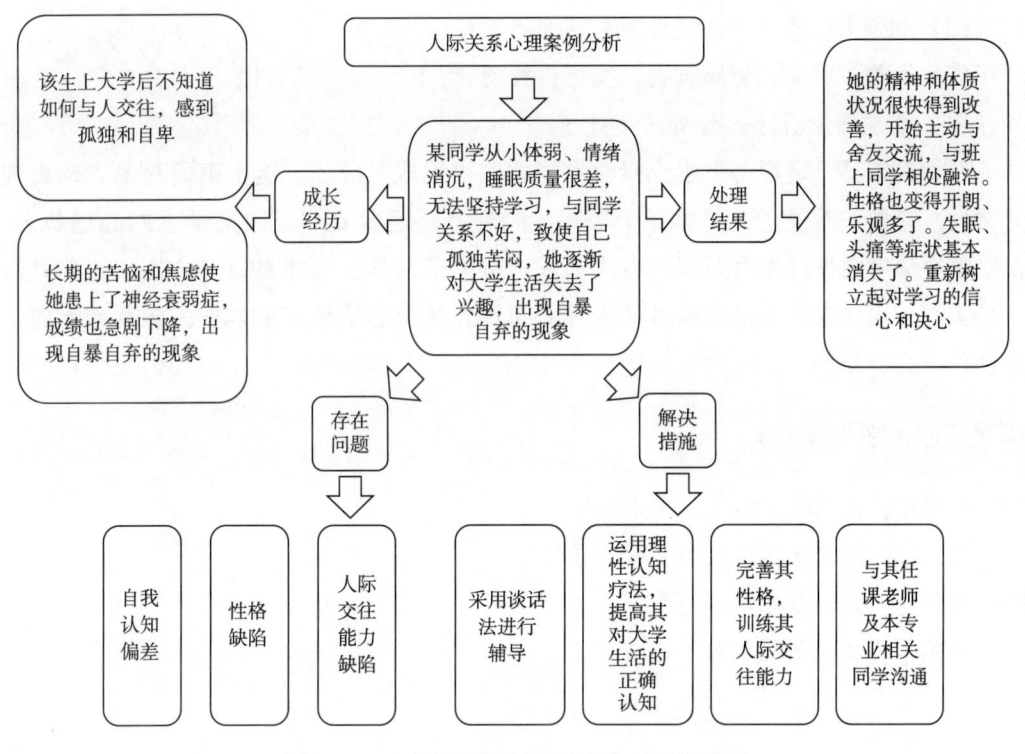

图 1-4-1 "人际关系心理案例"技术路线图

4. 与其任课老师及本专业相关同学沟通

为了更好地了解某同学在上课期间的表现,笔者与其任课老师多次沟通,时刻关注她在课堂上的状态,并希望老师们多给她关心和鼓励,让她感受到集体的温暖和老师的关爱。除了学习以外,笔者还有意识地安排几个素质较好的同学带她参加活动,与她交心,帮助她友好地看待身边的同学,克服自身羞怯,融入大环境之中。

按照上述步骤,对该生进行了近三个多月的辅导和交流,在她主动配合和认真实践下,取得了良好的效果。第一,她的精神和体质状况很快得到改善,心情也好了很多。第二,她不再拒绝寝室同学,开始主动与她们交流,与班上同学关系融洽,还交上了两三个好朋友。第三,她的性格变得开朗、乐观多了,整天精力充沛,心情舒畅,失眠、头痛等症状基本消失了。第四,她学习专心,效率较高,成绩提高很快,重新树立起对学习的信心和决心。她终于拨开了人际关系的迷雾,享受快乐生活的阳光雨露,与同学们共享大学的美好时光。

四、案例启示

这个案例对辅导员工作具有深远的启发意义:
(1) 引导大学生正确认识和评价自我。

（2）加强大学生入学适应性教育和挫折教育。

（3）开展自我心理健康教育，实现自我辅导。

（4）重视理论引导，提高综合能力。

作为辅导员，笔者真心地希望学生能够健康地成长成才。这个案例对笔者的影响非常大，它像一面镜子，更像一个警钟，时刻提醒笔者要细心观察学生的心理状态，及时解决学生成长过程中遇到的各类问题，努力帮助学生形成良好的心态，正确处理人际关系，形成有利于自身发展的人际关系网，从而愉快地完成学业，顺利地走向工作岗位。

情景还原（图 1-4-2）

　　某同学：他们都不和我一起走。

　　某同学：室友也总说我穿衣破，衣服丑。

　　某同学：想学习也学不进去。

　　某同学：睡觉都睡不好，好烦。

　　……

图 1-4-2　"人际关系心理案例"情景还原

第五章
信任的指引

朴金哲

一、学生基本信息

李某，男，22岁，某高校理工科大三学生。性格活泼、爱笑，表情丰富、略带口吃，喜欢表达却经常词不达意；乐于助人、不计回报，待人接物较为单纯，思想容易偏执，爱钻牛角尖；注重学业发展，个人规划较为清晰，不喜欢被其他人干扰而偏离预定轨迹。

在日常家庭生活中，母亲话多爱唠叨，父亲话少不善言辞；哥哥比他年长10岁，性格与父亲相似。一家四口交流较少，家庭语言贫乏。

小学、初中期间学习成绩较差，高中发力成绩进步较快，高考期间受心理波动影响导致考试发挥失常。

小学五年级遭受校园霸凌，造成心理创伤，就医诊断为抑郁症，于小学、初中衔接期间接受治疗并治愈。

步入大学三年级，在最近的一次心理测评中，李某测评结果为"厌世风险较高"。

二、危机征兆

某天夜间近12:00，负责李某所在年级的辅导员突然接到李某的信息："老师，我想换一个寝室，我快受不了了。"

"能说说原因吗？"对于李某半夜的电话，辅导员有些拿捏不准，一向热心单纯的李某为何突然与寝室同学格格不入了呢？

"我跟寝室同学的作息时间不合拍，他们很晚睡觉，还很吵，我现在很焦虑。"

李某已经释放了明显的适应性情绪波动信号，辅导员深思熟虑之后，决定尽快与李某面对面交谈。

三、干预过程

1. 接到李某信息第二天的谈话

辅导员：这仅是一次普通的谈话，老师只想跟你聊聊近况，你不要有压力。返校以来，还能适应学校的学习生活吗？

李某：挺好的，回到学校后的学习状态比在家时要好很多。

辅导员：昨天夜里你说过要换寝室，说说具体情况。

李某：我跟寝室的同学作息时间不太统一，因此这几天感觉压力很大，想过要换寝室，昨晚失眠，突然十分焦虑，就给您发了信息。

辅导员：除了作息时间的矛盾外，你跟同寝室同学的关系怎么样？尝试过跟寝室同学沟通作息时间的问题吗？

李某：我跟寝室同学的关系还是不错的，每天一起上课、一起打球、一起参加学校的活动。最近我只想着换寝室的事，没想过跟他们沟通。

辅导员：那现在有沟通的想法吗？或者老师可以帮你沟通。

李某：老师，我想自己尝试一下。

2. 拿到李某心理测评结果之后的谈话

辅导员：前几天你说过要跟室友沟通，结果怎么样？

李某：跟室友的沟通很顺畅，我觉得可以不用换寝室了。

辅导员：你想得对，可以通过沟通来解决问题的话，就先不要选择逃避。大家都是同学，现在可能看到的都是同学身上的缺点，等将来毕业后，回忆起来想到的都是同学的优点。

李某：老师您说得对，真要换寝室，我还有些舍不得现在的室友。

辅导员：前段时间学校组织的心理测评，你是认真填写的吗？

李某：第一部分测评的内容我是认真填写的，第二部分的内容我就没太认真填。不瞒您说，我小时候有过心理疾病，因此在填写问卷的时候，我是有些顾虑的。

辅导员：能跟老师说说你小时候的经历吗？

李某：我小学五年级的时候有过心理疾病，之后父母带我去治疗过一段时间。

辅导员：感谢你对老师的信任。当时的情况有什么诱因吗？

李某：小学时遭受过校园霸凌，给我造成了心理阴影。

辅导员：那现在走出来了吗？是否还会经常想起这段经历，是否会因此而失眠？

李某：偶尔还是会想起那段经历，但基本没有影响睡眠，我现在遇到压力的时候，会通过运动来解压。在我小学患病的时期，当时我的班主任是体育老师，他对任何学生都一视同仁，了解我的情况后，就带着我跑步，我整整跑了三年，我特别感激我的班主任，如果没有他，我可能很难从那次疾病中走出来。

辅导员：老师觉得跑步这件事你可以坚持下去，学校无论从校园环境还是空气质量来看，都很适合跑步这项运动。

李某：好的老师，我会坚持的。

辅导员：老师觉得通过跟你聊天，你的状态还是很好的，以后遇到心理压力大或者有什么困扰的时候，随时可以跟老师联系，我很愿意跟你聊天。

李某：好的老师，我遇到什么问题会第一时间跟您说的。

本案例技术路线图如图 1-5-1 所示。

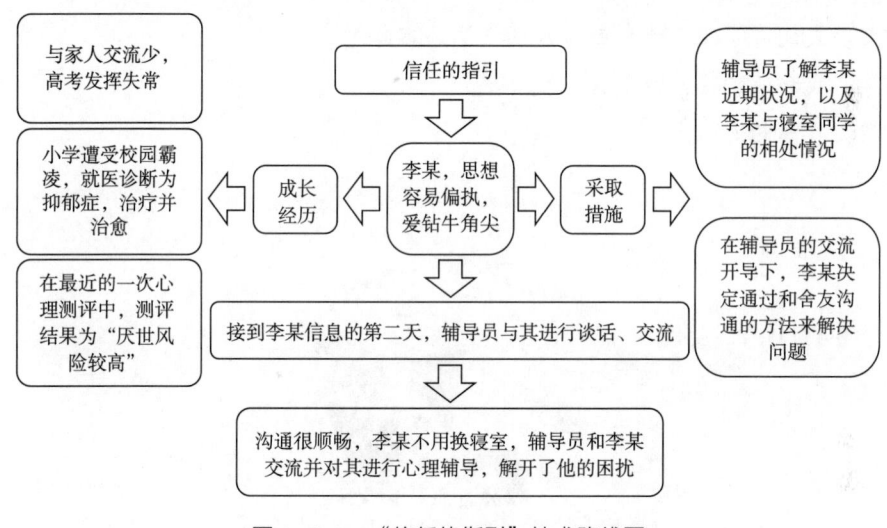

图 1-5-1 "信任的指引"技术路线图

四、干预结果

李某有抑郁症病史，虽然已经治愈，但情绪的波动对其状态的影响十分明显，李某会因环境的刺激导致心理压力骤增。通过多次谈话，辅导员已经得到李某的充分信任，并在李某心理状态异常的时候能够第一时间对其进行正向的引导。

李某恢复长跑习惯，并已成功带动一名室友共同锻炼。通过侧面观察，李某的心理调节能力和抗压能力显著改善。

五、经验分享

对于一般程度的心理问题，良好的沟通往往是解决问题的关键，而得到学生充分的信任又是良好沟通的前提。

第一，务必保证与学生是一对一交谈，尽量给交谈过程创建舒适、放松的环境，必要时应先消除学生的紧张情绪；第二，注意维护约谈学生的隐私，严格保密，这是建立双方信任的重要基础，同时又能增强学生的安全感；第三，交流时尽量使用开放式的问题，让学生多讲，以搜集到更多的信息，必要时在谈话之前进行充分的调研；第四，不要擅自给学生贴上任何标签，要引导学生从自身角度发现问题并尝试找到解决问题的途径；第五，谈话可以分多次进行，由浅入深、循序渐进，可以带着问题交谈。

情景还原（图1-5-2）

李某：我还有早课，他们都凌晨两点了还不睡觉。

李某：我和他们说，他们就笑我口吃。

李某：我真的好焦虑。

……

图1-5-2 "信任的指引"情景还原

第六章
我好像被孤立了

董浩然

一、学生基本信息

小刘,女,21岁,就读于某高校。家庭经济情况良好,父母健在,家族无精神病史。性格内向,不爱表达,但愿意与他人交往且为人和善。

二、危机发生

一天晚上,小刘同学在结束晚自习返回寝室后,如往常一样拿出钥匙开寝室门锁,发现门锁已经被更换无法打开。在询问室友后没有得到及时回复。后来得知,门锁早已被室友更换,而且并没有及时告知她。此时,该生在走廊里开始哭泣,并立刻联系了班级负责人,班级负责人在听完小刘同学的诉说后及时给予了一定的安慰,在此期间该同学不讲话,反而哭得越来越厉害。在电话中也能听到抽噎与颤抖的声音,安慰接近半小时没有得到有效控制,班级负责人束手无策,于是给辅导员打了电话,辅导员了解到这些情况后,马上拨通了小刘同学的电话并进一步了解事情的情况。

三、干预过程

辅导员首先通过电话联系,安抚小刘同学的心理状态,一定程度上平复了小刘同学的情绪,并了解寝室最近发生的事情。第二天辅导员邀请小刘同学来到办公室进行进一步的情况了解。了解后得知,小刘同学有两个室友,分别是小张和小赵。小刘同学同学认为室友小赵经常唆使小张孤立自己,小刘同学长时间忍耐,在此期间小刘同学也多次想要主动寻找机会跟小赵同学进行交流,试图缓解寝室关系,打破隔阂。但小赵同学表现出的是一种没有问题，充耳不闻，依旧我行我素的样子。

辅导员与小刘同学进行思想沟通与谈话，给予了她无条件的支持与鼓励。在沟通中发现，在长期宿舍不和谐的相处环境中，小刘同学的心理状态发生了变化，只要见到小赵同学就会心里发慌，浑身冒汗。辅导员非常重视小刘同学的心理变化，并给予了及时的心理干预，邀请国家二级心理咨询师进行心理疏导，帮助小刘同学调节情绪。经过长时间的疏导，小刘同学的情绪逐渐恢复正常，心理状态趋于正常，但仍需持续关注。

同时，辅导员同时约谈了小赵同学，首先并没有开门见山、先入为主地直接询问最新发生的宿舍问题，而是从人际交往、学习生活逐渐引入话题。在与小赵同学的约谈中辅导员也渐渐地了解到小赵同学的性格、家庭情况、情感问题，以及交际圈情况等。

在约谈小刘、小赵同学后，辅导员又邀请小张同学进行询问，以中间人的身份站在中立的角度了解两位同学的另一面交际关系。

辅导员在办公室与小张同学进行思想沟通，给予了她无条件的支持、安慰和鼓励，帮助其宣泄痛苦情绪，通过长达三小时的沟通，小张同学与老师建立了相互信任的咨询关系，确认是因为小赵与小刘同学在此之前一直有一些误会，而且小赵同学不太愿意去直接面对这件事情，导致误会积压，产生寝室误会与矛盾，进而造成了小刘同学的心理危机。

该事情发生后的第五天，辅导员再次将小刘同学叫到了办公室，经过沟通，认为该生情况良好。

本案例技术路线图如图 1-6-1 所示。

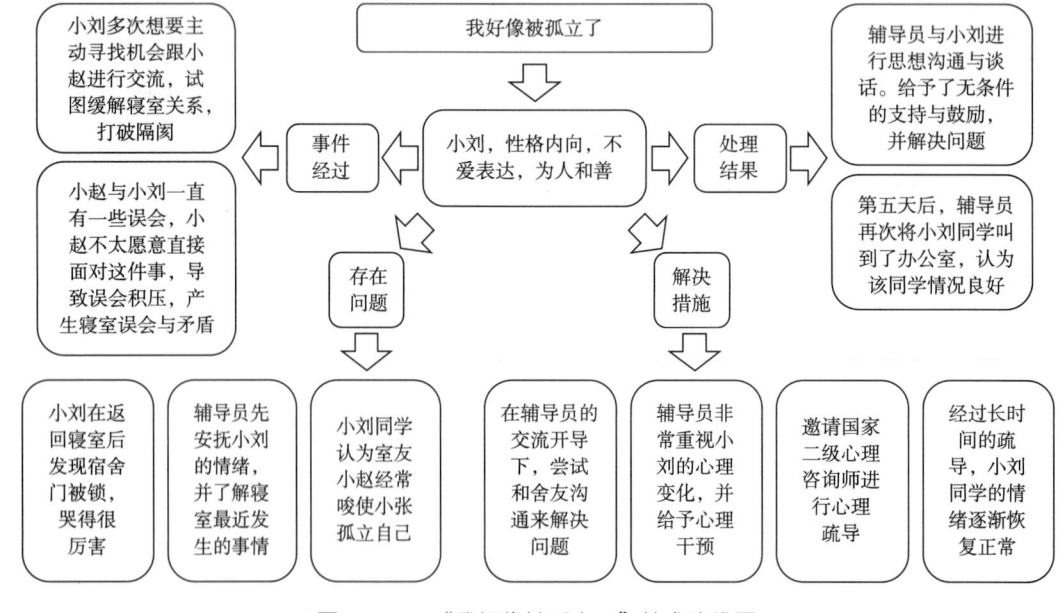

图 1-6-1 "我好像被孤立了"技术路线图

四、干预结果

经过与三名女生小刘、小赵、小张的充分沟通，确认是因为小赵与小刘同学在此之前一直有一些误会，而且小赵同学不太愿意直接面对这件事情，导致误会积压，产生寝室误会与矛盾，进而造成了小刘同学的心理危机。在辅导员的干预下，以辅导员作为调解中介，小赵也跟小刘敞开心扉，化解了二人之间的隔阂。最后在两人的一个拥抱中，这次的寝室矛盾危机得以化解。

并且在该事件发生后，辅导员也与小赵、小刘的家长进行了沟通，将此事告诉了家长。同时也叮嘱班级负责人与寝室舍友要密切关注二人的心理动态，如果有异常情况，要及时上报给辅导员。并跟该同学进行定期谈话，建立信心，引导该生正确看待寝室关系，遇到问题要努力地去解决问题，而不是碍于面子，积压问题。

通过一系列问题的解决，危机解除。

五、经验分享

1. 大学生心理危机，需要辅导员主动干预

辅导员要多深入寝室，多进入班级，加强与学生的沟通和交流，及时了解学生的思想状况、生活状况及学习状况，真正成为学生的知心朋友和人生导师。有时候学生之间遇到问题往往不会立刻解决，有的需要一定的缓冲期，有的则是如上面的小赵一样碍于面子，导致问题积压，进而导致危机的产生。

2. 辅导员是老师更是朋友，要不厌其烦地用爱感化学生的内心

行而不辍，未来可期。青年正处于求学摸索的阶段，青年学生处于人生的"拔节孕穗期"，最需要精心引导和栽培。高校辅导员不仅要做青年学生的知心朋友，更要立志成为学生的人生导师。"亲其师，才能信其道。"辅导员要有堂堂正正的人格，用高尚的人格感染学生、赢得学生信任；要通过务实高效的工作精神、严谨细致的学术态度、正直朴实的生活作风，春风化雨、潜移默化地引导学生成为立大志、明大德、成大才、担大任，堪当民族复兴重任的时代新人；用爱去教化学生，只有让学生敞开心扉，才能最有效率地解决问题。

3. 教会学生以积极的心态面对问题，是解决问题的"快车道"

教会学生正视心理问题，提高其解决心理问题的能力，这也是高校育人的重要内容。以积极乐观的心态看待问题，往往问题会被以最快的速度解决。"半杯水的问题"也告诉我们，用何种心态看待问题往往结果是不一样的。我们可以通过共建心理平台，通过诉说自己的烦心事让辅导员及时洞察学生的心理动态。

情景还原（图1-6-2）

小张：小赵，你看小刘吃饭都不和我们一起，见了我们也不打招呼，我们也别和她玩了。

小赵：我觉得你说得对，我们把门锁换了吧。

小刘：小赵，啥时候换的门锁，我怎么进去啊，小张，你们为什么这样对我！

小赵：你还好意思问我们？你怎么对我俩的，见了我们招呼也不打。

小刘：我，我可能当时没看见，对不起。

……

图1-6-2 "我好像被孤立了"情景还原

第七章
共同携手，给予关爱

崔雅嵩

一、学生基本信息

小马，男，该生在进行心理疏导期间，难以近距离接触及相处，抵触正常交流，非常内向、有自我封闭倾向。其孤僻性格、不愿外出、长期待在宿舍等封闭空间里，导致其找工作受到严重阻碍，毕业设计难以顺利、合格完成。

二、个人成长史

父母为了维持生活长期在外打工，没有办法陪伴该生度过童年及中学时代。童年生活基本是一个人度过，没有什么朋友，在学校不愿意和同学一起玩，也不愿意和老师、同学交流沟通。长期一个人活在自己的世界里，喜欢自我封闭，做自己喜欢的事。不愿意按照学校的学习计划进行学习，只想一个人做自己的事。回家后与家中老人也存在隔阂，老人也无法对该生进行疏导和沟通。

三、学生个人陈述

只想在寝室一个人待着玩手机和电脑，不想和老师同学交流沟通；不愿意关注就业和工作问题，只想等着家里人介绍工作或者随便找个地方打工。

四、成因分析

(1) 性格孤僻，长期自我封闭不与他人进行交流导致与人沟通能力减弱，恶性循环致使其无法融入身边环境。

（2）父母关怀缺失，老人无法正确引导孩子与他人进行沟通，自我封闭的情况每况愈下。

（3）老师在学校没有及时发现该生的问题，以及对其进行正确的引导，该生身边同学的不理解及排斥导致其长期被孤立。

五、教育过程

通过笔者与他进行交流沟通，对其毕业设计和就业问题进行指导，发现该学生不愿交流，对于学习就业等问题漠不关心。笔者通过该生室友及同学打听到他的性格比较孤僻，长期自我封闭，也了解了学生的家庭状况，就对他进行了心理辅导，阐述了正确的人生观和价值观，以及就业、劳动、生活的意义。笔者还与学生家长取得了联系，合力对其进行正确引导，帮助该生积极面对学习、工作和生活。

六、初步解决方案

（1）对学生进行专业心理辅导和正确心理引导，使该生走出内心自我封闭的环境，引导该学生积极与他人进行沟通。

（2）与该生家长联系，使该学生家长尽可能地空出时间关注该学生的心理情况，以及生活、学习、就业状况，使其父母对该生进行正确引导。

（3）通过对该生进行引导，帮助该生学会与同学、室友建立友谊。同时，也需要让其班级同学及室友更好地接受他的行为方式、生活方式，使其同学、室友接纳他且愿意与其进行交流沟通，不排挤他。

（4）运用适当的策略帮助该生建立师生之间的情谊，引导该生以恰当的方式回应师生之间的互动，引导该生对于学习、生活、就业、毕业设计等方面与老师进行积极交流与沟通，接受老师的帮助。

（5）根据该生的兴趣，适当增加沟通交流内容，并对其兴趣的方向进行正确引导。

本案例技术路线图，如图 1-7-1 所示。

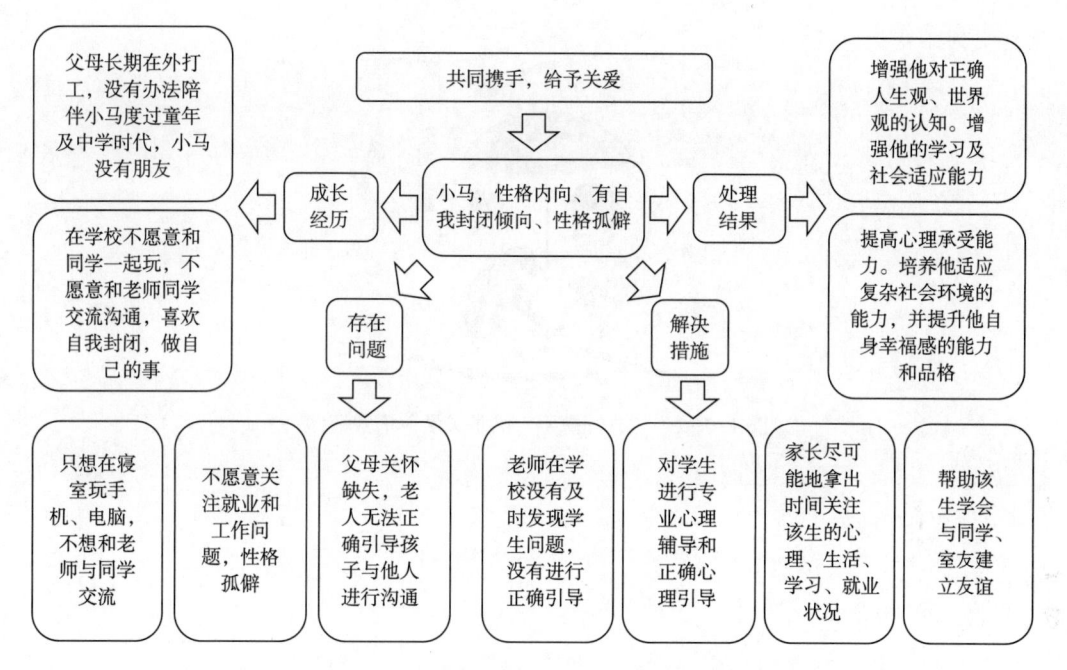

图 1-7-1 "共同携手，给予关爱"技术路线图

七、总结与感悟

心理健康教育是以符合人的能力成长规律的方式，挖掘人内在的心理潜能的教育。对于当代大学生而言，我们既要关注他们的心理健康状况，又要注重对他们进行正确的心理指导及人生引导。将其生命价值内化，增强他们对正确人生观、世界观的认知；增强他们的学习及社会适应能力、心理承受能力；培育他们适应复杂社会环境的能力，并提升他们自身幸福感的能力和品格。

情景还原（图 1-7-2）

小马：老师，我只想出去散散步，不想做毕业设计，我觉得好没意思。

老师：我们鼓励出去散心，学业也要按时完成，来我和你一起看一下毕业设计。

小马：谢谢老师，这是我的毕业设计，已经到中期答辩了，我才刚起头，肯定做不完了。

老师：慢慢来，我们从头开始做呗，一天做一点，总会做完的。

……

图 1-7-2 "共同携手,给予关爱"情景还原

第八章

暖心陪伴，用情沟通

王海波

一、学生基本信息

男生 Z，性格较为独立，沉默寡言，平时和班级同学来往较少，没有朋友和倾诉对象，做事喜欢独立完成，该生与其室友关系较为紧张。

二、危机的发生

Z 同学学习成绩优秀，但人际关系较紧张，不仅与寝室同学相处不好，就连班上的许多同学也无法与其正常交往，在同学心目中，他是一个清高、傲慢的人，实在不好接近，虽然成绩很好，但对他的其他方面则不敢恭维。而他本人长期坚持的做人准则就是：我行我素，万事不求人。他几乎不接受别人的帮助，也认为自己没有帮助别人的义务，他成绩好，可每当班上同学向他求教时，他要么说不知道，要么就在给别人讲完之后，将别人奚落一顿，有时还要加上一句"拜托你上课时认真听讲，下次不要再来问我这么简单的问题"。时间一长，同学们都不愿意与他交往，人际关系越来越差。Z 同学也对自己的人际关系状况十分不满意，感到孤独、没有归属感，有时孤独感令他窒息，他焦虑甚至恐惧，但不知如何改善现状。在寝室中曾因为其他室友睡觉较晚影响 Z 同学的休息发生过肢体冲突。

三、学生个人陈述

从与 Z 同学谈话中了解到，Z 同学性格较为偏激，谈话时眼神坚定，对待学习、生活的态度较为片面，对人对事都比较敏感。从沟通结果来看，Z 同学对造成目前的局面也有些不知所措。他并不觉得自己有什么问题，把问题的过错归结为其他同学学习不够努力，还影响到他的学习与生活。

四、成因分析

针对该生的情况，笔者与Z同学进行了一系列的接触与疏导，以下是通过谈话了解到该生的相关情况后进行的情况分析。

（1）成长环境分析。该生的原生家庭父母感情不太和谐，Z同学的父亲与母亲经常吵架并伴有较为严重的肢体冲突，导致该生在成长过程中缺乏温情，变得独立、少言、内向。

（2）缺乏解决问题的方法。该生在与室友作息时间出现不一致后，没有想到正确的解决办法，而是用暴力的方式宣泄自己的情绪，缺乏正确的解决人际关系的方法。

（3）遇到事情缺乏自我反省的意识。该生遇到问题后，首先想到的是其他同学的问题与错误，下意识想要通过攻击、指责别人来获得自己内心的安全感。这证明该生缺乏自信和敢于面对问题及解决问题的勇气。

（4）家庭教育方式有误。该生遇到问题后，和家长倾诉时，其家长并没有安慰、积极引导，而是简单粗暴地批评、指责，错误的教育方式导致该生更加逆反，很难接受别人的意见。

五、教育过程

（1）与其室友进行谈话。辅导员首先找到了该生室友，与其室友进行了深层次的沟通，该生室友表示会改掉自己的坏习惯，晚上不会再打扰到该生休息，并且表示和该生恢复正常关系。

（2）与其家长进行沟通。家庭是孩子成长过程中影响最深的因素，通过与其父母的沟通，建议其父母努力给孩子营造温馨和谐的家庭氛围，并经常与Z同学保持沟通，了解孩子的心理动向。

（3）坚持沟通建立信任。与该生进行谈话，建立信任，让该生明白遇到问题应采取正确的解决方式、方法，让其明白应该如何和室友相处，让该生重塑对生活、对自己的信心，积极面对大学生活及同学。

（4）充分肯定该生在专业课程上的优秀成绩，引导其多参加院系的工作室活动。在进一步提高专业的同时，让该同学逐渐感受团队的力量远远大于个人的力量。通过以团队的形式学习与合作使该同学变得阳光、自信，增强其组织协调能力，广交好友。

（5）平时对该生多关注。不定期地找他谈心，让他时刻感受到老师对他的关心，并让其室友定期汇报他的变化。

（6）加强人际关系教育。通过活动与学习增加该生与其他同学的合作机会，逐渐渗透换位思考的人际关系交往方法，使Z同学考虑问题从简单的单一维度向多维度转变（图1-8-1）。

六、初步解决方案

（1）与利益相关者沟通了解情况。
（2）与家庭成员沟通了解情况。
（3）通过多维度的沟通与学生建立信任。
（4）发掘学生优点，建立学生自信。
（5）加强对学生的关注。
（6）加强人际关系教育。

本案例技术路线图如图1-8-1所示。

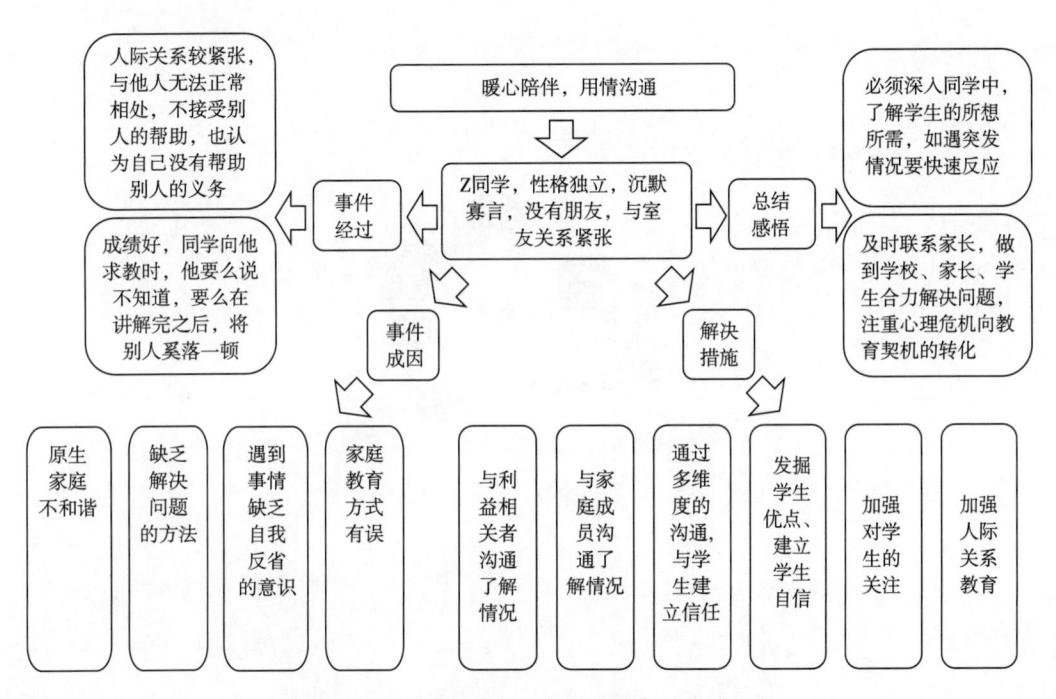

图1-8-1 "暖心陪伴，用情沟通"技术路线图

七、总结与感悟

每一位学生的心理动态都有其复杂的原因。作为一名辅导员必须了解学生的所想所需,第一时间发现异常的学生。如遇突发情况要有预案,快速反应。及时联系家长,做到学校、家长、学生合力解决问题,使学生从情感的困惑中一步步走出来,拥抱崭新的生活。同时辅导员应认清教育的真正目的不只是危机的解除,这仅仅是一个开端,更重要的是实现心理危机向教育契机的转化。使一些有过严重心理问题的同学能真正融入正常的学习、生活,从原来的经历中获得成长的经验,提高生命智慧,实现快乐成功的人生。

情景还原(图 1-8-2)

同学:Z 同学,老师刚刚讲的这题怎么写啊?我没听清。

Z 同学:老师刚刚讲的时候你干啥去了,拜托你上课时认真听讲,下次不要再来问我这么简单的问题。

同学:问你题咋了?

……

图 1-8-2 "暖心陪伴,用情沟通"情景还原

第九章

孤独的我

陈梦露

一、学生基本信息

小宇性格较为内向、倔强、敏感，喜欢看小说、打游戏。不愿和同学交往，封闭自己；学习方面没有目标，随波逐流，有点随意。总之，小宇自我意识太强，经常沉浸在一个人的世界里。由于父母工作较忙，很少有时间照顾他，他从小就很独立，由于处在青春期，他也不怎么同父母交流。以前学习还是很好的，后来由于高考发挥不好，只上了普通大学。平时在教室上课经常发呆，注意力不够集中。在家也是自己一个人，或者去书店看书，也不和其他同学来往。

二、危机的发生

在一次自习课的时候，笔者在班级上课期间突击检查，发现有很多学生坐在一起打游戏，就对他们进行了批评教育，其他同学都表示会遵守纪律，但小宇却沉默不语。后来等下课后其他同学都走了，笔者叫住他，想跟他单独聊聊，结果小宇就哭了。

随后笔者与小宇进行了交谈，在谈话过程中，了解到小宇较为敏感多疑，谈话时眼神躲闪，缺乏自信，对待生活态度悲观，对人对事都比较敏感。

三、干预过程

针对该生的情况，笔者和小宇进行了一系列的谈话教育，以下是通过谈话了解到该生的相关情况后进行的情况分析。

(1) 该生在成长过程中多次被误会，后来常觉得就是自己的问题，变得很不自信。

（2）该生性格比较内向，喜欢一个人待着，不喜欢和别人交流，也不想和父母交流。一个人在自己的世界里待久了，就会变得孤僻，不需要别人的帮助，就算做不到，也不会表现出来。

（3）该生不愿与别人合作，遇到任何事情都是用自己的办法去解决，不是暴力解决，就是自我内耗，缺乏正确的解决人际关系的方法。

（4）该生的父母只关注孩子的学习成绩，其他一概不管。所以，孩子面对突如其来的变化不愿意和父母沟通，因为他觉得父母不会替他解决问题，时间一长就会产生抗拒，更不会对老师敞开心扉。

在分析了该生的相关背景后，结合该生性格特征和实际情况，采取以下措施对该生进行教育引导（图1-9-1）：

（1）与其室友进行谈话。首先找到了该生室友，问其平时表现，并请室友带领他进行体育锻炼。

（2）与其母亲进行沟通。家庭是孩子成长过程中影响最深的因素，通过与其母亲的沟通，建议其父母经常与孩子保持沟通交流，了解孩子的心理动向。父母要学会与孩子进行适当的沟通，让他们有机会表达自己的观点，让孩子们在与自己进行交流和沟通时，多接受他们的观点。要对孩子进行适当的关怀，确保其内心充满阳光、积极乐观，在孩子的成长过程中，避免因自闭而造成孤僻。

（3）坚持沟通建立信任。与该生进行谈话，建立信任，让该生明白遇到问题时正确的解决方式、方法，让其明白应该如何和同学相处，让该生重塑对生活、对自己的信心。

（4）让其担任寝室长。引导他进行更多的协作，让孩子在面对生活的各个方面，知道和别人合作，可以有效地获取成功的喜悦，同时也能让孩子学会与人沟通的技能。

（5）让其报名参加比赛。多参加活动，才能多和别人接触，多从实际经验中去摸索良好的人际关系是如何建立的，通过参加活动会使该男生变得阳光、自信，增强其组织协调能力，改善人际关系。

本案例技术路线图如图1-9-1所示。

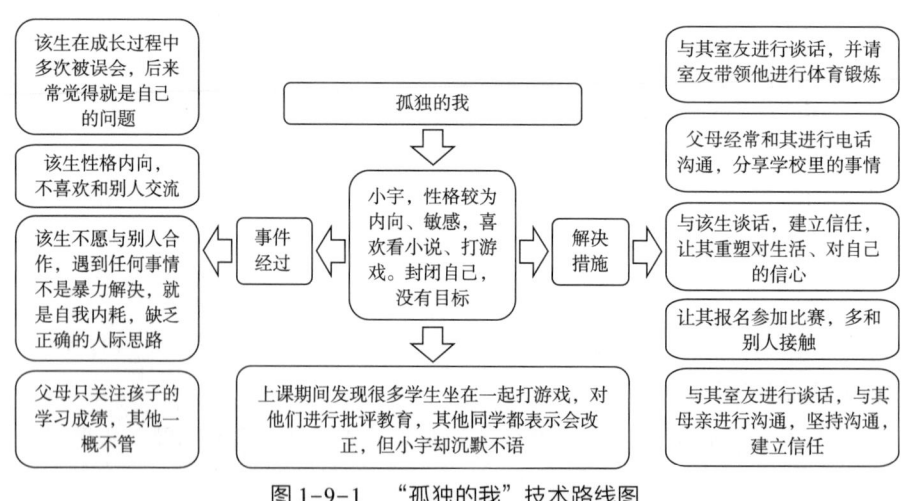

图1-9-1 "孤独的我"技术路线图

四、干预结果

此案例从目前来看，预防得比较及时，案例中的该生正在恢复过程中，通过一段时间的谈话沟通，该生与班级同学、寝室室友建立了良好的人际关系，并有针对性地对该生进行了学业指导，该生对笔者的信任度有了一定程度的提高。现在该生已经可以融入集体，每天都会和父母进行电话沟通，把学校发生的事情和家长分享，遇到问题也会和老师反馈，该生逐渐变得外向、开朗。

教师教育的对象是人，而且是人群中最年轻、最有朝气、最易接受新事物、最富有情感和独特个性的群体——大学生，而我们作为老师首要任务是使这些学生恢复自信，更不可以随便说差生之类的话语。无论教学环境和教育对象如何，在教育过程中都离不开信任，否则会从一个误区走进另一个误区，教师是热爱学生的，只有感同身受，为其着想，才可以建立起相互信任的桥梁。

五、经验分享

（1）要经常与学生谈心谈话。老师必须了解学生的所想所需。只有这样，才能第一时间发现异常的学生，与学生经常谈心谈话，能增加学生和老师之间的感情，也能使 学生遇到问题时第一时间和老师沟通。

（2）要保持和家长长期沟通。要想进一步地了解学生，必须要做好与家长的沟通，最了解学生的还是家长，在平时的工作中，要经常与家长进行沟通，了解家长们的想法，倾听家长的意见，通过家长的反馈及时了解学生的变化。

（3）要善于发动班委和学生。要善于发动班委及其他同学共同参与工作，发动广大学生的力量，以便收集自己所需要的信息。

（4）思政教育是潜移默化的。帮助学生发现问题、解决问题、树立正确的价值观，不是通过一次谈话、一次讲座、一次主题班会就能够实现的，这是一个长期的过程。教师要坚持在育人过程中反复思考、反复实践，关注学生变化，随时调整教育方式，适应学生思想状态的变化。

情景还原（图1-9-2）

老师：小宇，上课打游戏是不对的哦，下次不要这样了哦。

小宇沉默不语。

课后，老师又找到小宇，小宇开始哭泣……

图 1-9-2 "孤独的我"情景还原

第十章

学会沟通，团结和睦

何紫萍

一、学生基本信息

陈某，男，家庭富裕，是本班的一名活跃分子，经常和本班的学生打成一片，在班级的人缘较好。

女同学张某，是一名比较沉默安静的女孩子，看不惯陈某那种和女生随意疯疯打打的行为。

女同学李某、王某，与张某同班、同寝室，比较喜欢传话。

二、危机的发生

一个课间休息的二十分钟时间，一群女生在走廊上聊天，不时地发出爽朗的笑声，突然从楼梯处走来一个较为高大的男生，气势汹汹地走向这群女生，然后直接冲向一名女生，将她拉向楼梯口踹了一脚。女生坐倒在地，哭着说："有病吧你……"男生被激怒，骂道："长舌妇……"并想上去再打两巴掌。周围的同学回过神来上去劝解，有同学叫来了班主任，只见那名女生脸部通红，哭泣不止，那名男生依旧紧握着拳头，眼里喷着愤怒的火焰，嘴里还不停地嘟囔着："话多的人，毁坏别人的名声就该打。"见此状况，笔者将两位同学带到了办公室。

经过一再追问，弄清了事情的原委：

前几天，在晚自习放学后，楼道里比较拥挤，陈某和旁边的学生随意打闹，无意中不小心撞到了张某。张某什么也没说，但是心里极其不满，回到寝室以后和自己要好的女孩李某说了这件事情，并添油加醋地描述了此男生的种种不是，稍稍平静之后对李某说千万不要和别人说，这仅是她个人的不满而已，李某当时就爽快地答应了，并保证绝对不往外说。第二天上午课间休息的时候，李某看到自己的同桌王某和陈某在讨论一部电视剧，时不时地开着玩笑。

李某想想觉得这个男生平时太活跃，和女生关系过于亲密，就觉得别让自己的同桌受害了，便将张某的原话告诉了王某，并再三嘱咐王某和陈某保持距离，不要把这些话告诉陈某，以免生是非，王某和陈某双方父母是朋友，两人关系甚好，王某觉得陈某人很好，有点不高兴但是也答应了。

当晚自习放学以后两人一起回家的时候，随便地聊着，当谈到班级同学的时候，王某就忍不住告诫了陈某，不要过于活跃，和班里同学打成一片容易惹来非议。陈某较爱面子就追问是谁这么说的，王某就将李某讲述的张某的评价复制给了陈某。陈某回到家中，想想觉得自己没有什么不对，觉得被冤枉了，便决定第二天给张某一个教训，让她知道冤枉别人、说别人坏话的后果。于是就发生了之前讲述的那一幕。

三、干预过程

本班是一个女生居多的集体，班级的总体学习成绩在全校总是名列第一，笔者常常引以为傲，但是有一个让人头疼的问题，就是部分女生总是热衷于背后传话，议论他人，因而常常引起班级同学的矛盾，影响班级的团结和睦，纵观整个事件，笔者认为这暴露了班级同学不够客观地看待别人及同学之间的信任危机，这主要表现为同学之间的不团结和情绪的不合理控制。而大学正是学生开始懂得尊重和信任别人的关键时刻。为了通过这件事情引发同学们反省，提高认识，渐渐懂得尊重并信任别人，改善人际关系，加强班集体的凝聚力，笔者采用两个步骤解决此问题：

1. 召开以"七嘴八舌评对错"的主题班会

事发当天，笔者召集班委精心策划并于第二天下午自习课上召开班会，遵循客观、对事不对人的原则，将事情的来龙去脉在会上讲述清楚，请同学们发表看法。

第一位发言的是班长，她首先对男生粗暴的行为进行谴责，同时觉得女生应当引以为鉴，不要在背后议论他人，要在尊重别人的基础上合理地给对方以提醒或者建议。

接着班级的各个班委也相继发言，认为"无风不起浪"，女生们应当好好反省一下。随后一名男生发言说："我们班的女生天天就喜欢在背后说人坏话，指指点点，我觉得有必要教训一下她们。"男生的发言引起大多数女生的不满，她们纷纷上台发言说女生在背后说人坏话固然不好，但是男生至少应该有风度，不会控制自己的情绪动手打人是极大的错误。

其中有女生直言："一名男生不会合理控制自己的情绪，对女生大打出手，将来怎么去容忍社会中的是是非非，怎么能够成就大事！"话音刚落只见陈某满脸通红，此时意想不到的转机出现了，陈某走向讲台主动承认自己就是打人者，并说自己很后悔，一时冲动没有合理控制情绪并诚恳地向张某道歉，张某为此觉得很感动，当即就承认了自己的错误，不应该非议别人，也向陈某致歉，这赢得了全体同学的掌声。接着李某和王某也主动承认自己是传话者，认为自己不应当辜负同学对自己的信任。此时笔者便对同学们进行引导："很高兴同学们能够勇敢地面对自己的错误并主动承认错误，希望在以后的日子里大家可以坦诚相待，学会尊重别人并建立起对他人的信任，使班集体更加优秀……"

2. 开展游戏——从根本上消除同学之间的隔阂

班会的召开仅仅是同学们出于礼貌和客气团结起来，若要真正排除心理阴影，加强班集体的团结，是需要时间和机会的。由此，笔者决定和体育老师一起策划一次团体游戏，希望借助游戏，使全班同学默契配合、学会包容。

第二周的一节体育课上，在体育老师的安全保护下，组织学生进行"信任背摔"的团体游戏。这是一个培养学生团队精神的游戏，其特点是心理挑战性强、团队性强、趣味性强。游戏规则是每位同学站在一个1.6米的高台上，双手握拳反扣在胸、两臂夹紧，下颚抵住拳头，下面肩负保护使命的队员（一般为男生）两两组合，弓箭步、膝盖内侧相碰、两手平伸、手心向上，双手夹住对方右臂，肩膀靠紧，六组队员组成臂床呈保护状态。当每一位队员轮流站在高高的背摔台上，背对大家，高喊："准备好了吗？"回答均是整齐嘹亮的："准备好了，请相信我们"站在背摔台上的同学得到回应直身后仰，落入下面由伙伴组建的臂床上。

在整个游戏中，男生充当保护者的角色，女生在跳的时候还带着顾虑，担心自己会不会受伤等，在游戏结束以后，同学们纷纷发表意见，说从没感受到我们班的男生这么棒，男生听到这话都不好意思地笑了，那笑声是自豪的、欣慰的、纯洁的。

本案例技术路线图如图1-10-1所示。

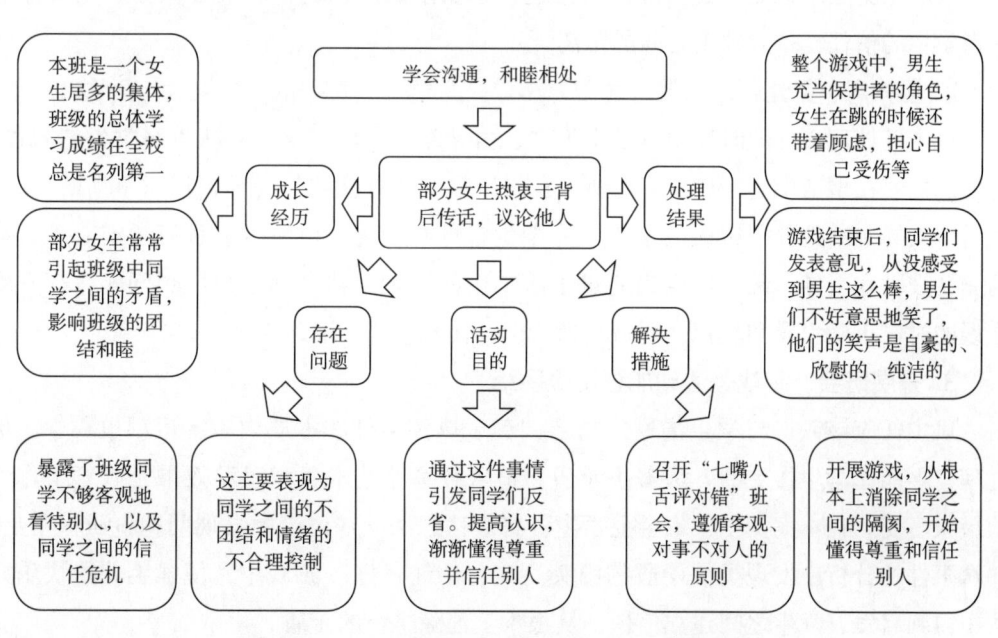

图1-10-1 "学会沟通，团结和睦"技术路线图

四、干预结果

张某说自己懂得了在生活中信任别人,别人才会真诚地对待自己、信任自己。陈某说,谢谢张某的信任,让自己知道应当如何承担责任,怎样赢得别人的信任,这次活动以后,班级同学的关系得到彻底改变,消除了大家因为传话引起的矛盾,同学们懂得了尊重、宽容和感恩,班集体凝聚力空前提高。此案例目前来看,预防得比较及时,案例中的该男生现已恢复正常,通过一段时间的谈话沟通,辅导员帮助该生与班级同学建立了良好的人际关系。

五、经验分享

1. 了解事实,引导学生自我反省

在班级学生出现矛盾的时候,要弄清楚事情的来龙去脉,不要用传统的写检查、处分、叫家长等方法解决事情,这样会严重伤害学生的自尊心,不能从根本上帮助学生认识到错误。要以生为本,将事情交给学生,引导他们正确思考并反省,通过分析、讨论,提高他们自我教育的能力和自我成长的意识。这种方法,可以使学生在老师的引导下客观思考,认识不足,发现问题,主动从自身找问题,学会体谅他人、信任他人。

此案例中四位同学能够主动认识到自己的错误便是很好的例子,他们在认真听取了别人的意见之后,能够找到自己的问题,承认错误。在这种解决办法中,老师能够获得学生的信任,拉近师生之间的距离。

2. 重教育、宽处分、加强沟通

班主任处理事件的时候要以学生为主,引导学生、启发学生,注重对学生的教育,使他们能够在事情中有所启发、有所成长。以往的教育往往是老师根据对事情的了解,凭借个人的判断处分犯错误的学生。大学生自尊心较强、情绪敏感且有叛逆心理,他们需要鼓励和引导,班主任应当通过了解学生的心理,站在学生角度想问题,在发现错误的时候正确引导和教育,创造沟通机会,使班集体和谐起来。

3. 开展班会、游戏等活动加强班级团结

班主任应该懂得与学生沟通的技巧,善于抓住事件的本质内容,运用更科学、更合理、更能让学生接受的方法解决矛盾,追求教育的艺术美和感动效果是教育工作者的最大享受。在本案例中,班会上学生各自表达想法,在讨论中发现问题,认识不足,并从事件的分析中发现类似矛盾的源头。在"信任背摔"游戏中,使学生获得快乐并从中得到启发,学生之间建立信任,从根本上消除事情的矛盾。

4. 运用心理学，挖掘学生潜能，批评和肯定相结合

在班级管理中，班主任应运用积极心理学，以一种开放的、欣赏的眼光看待同学的潜能、动机和能力等。在赏识同学的基础上批评，批评中蕴含赏识，使犯错的同学能够有机会承认自己的错误并改正，最终使班级更加团结、更加温暖。

情景还原（图 1-10-2）

张某：李某，我跟你说个事，在晚自习放学的时候，陈某和别人打闹突然他就撞到我了，很疼的！他也不道歉，跟你说，这男生不行啊，以后少跟他来往。你可别和别人说。

李某：王某，我跟你讲，陈某这人不行，别把你害了，你以后还是离他远一点吧，哎，你别和陈某说啊。

王某：嗯，其实我觉得陈某这人还好吧，没有那么坏吧，他应该也不是故意的。

……

图 1-10-2 "学会沟通，团结和睦"情景还原

第十一章
高校校园化解危机个案分析与思考

贾 娜

一、案例简介

小李、小张，男，系某高校学生。一天，班长突然给笔者打电话，说两名同学在寝室发生争执，按理说大三的学生不会再像大一的学生一样冲动，也不会像刚入学的时候一样彼此不了解，而且，两人是同乡还是相处六年的好朋友，他们产生矛盾，是我没有预料到的。于是，我第一时间了解情况，二人并没有受伤，但是兄弟感情出现了很大的隔阂。产生冲突的原因是他们假期时在同一家建筑工地打工，由于工地老板分配任务时没有均衡，导致两位同学互相攀比、争抢任务，二人由此心生芥蒂。二人是"3+4"中职升入本科的学生，曾经的三年都是在一起学习，升入本科后又成了室友，事发当天早晨小李玩游戏影响了小张的睡眠，导致小张情绪不满，怒气爆发。

二、案例分析

（1）大学生处于青春的"暴风雨时期"，情绪较为不稳定，他们生长发育极为迅速，但由于生活阅历较浅、社会经验不足，对人生和社会问题的看法飘忽不定，容易出现各种各样的心理矛盾。

（2）该事件是高校中常见的矛盾事件，但是不同于刚刚入学的大一学生，大三学生的世界观、人生观、价值观已经基本定型，趋于稳定，不会像大一学生那样刚刚入学彼此不了解或是懵懂，大三的学生差异性逐渐增大，分化也比较明显。

三、问题关键点

（1）如何帮助小李与小张化解矛盾，消除彼此心中的隔阂，重新建立友谊，恢复曾经的友好关系。

（2）如何帮助两位学生正确看待打工就业，以及如何正确处理人际关系，帮助学生树立对生活的信心，勇于接受未来的挑战。

四、解决思路和实施办法

1. 现场控制阶段

在得到班长的报告后，辅导员应当第一时间赶到现场并对现场进行控制，把小李、小张两位当事人带回办公室，并遣散其他围观的学生，切忌在现场对学生进行谈话、理论。在平时的学习生活中，我们不可能每时每刻都监督学生的一举一动，要做到以预防为主，可以培养一些可靠的学生或党员学生干部，使他们成为我们的"明岗暗哨"，只要学生有任何异动，这些学生就能够第一时间给我们发送"情报"，有利于我们预防和化解学生的矛盾。

2. 事件还原阶段

把小李、小张带回办公室后，要分开询问事件的经过，简单了解情况。分开询问有利于更清晰地了解状况，避免二人过于激动使矛盾再次升级。让二人写下整个事件的经过，要求写清楚时间、地点、事情原因、经过等要点。学生可能会避重就轻、推卸责任，所以辅导员老师要具有一定的辨别能力，通过录像或向其他在场人员了解情况，来判断学生是否撒谎。辅导员老师要表明态度，让学生明白以下几点：第一，态度决定一切，老师让你们讲出来就是给你们改过自新的机会，犯了错要坦白承认，有错不认是错上加错，会受到更为严重的惩罚；第二，做人要诚实，撒谎会被揭穿，不诚实守信、不敢担当会被他人瞧不起；第三，老师了解情况的目的并不是惩罚谁，而是帮助化解矛盾，不让不愉快的事情再次发生，想要解决问题就要配合老师。经过做两位同学的思想工作，并根据现场相关的证言证词来还原事件的真相。

3. 划分责任、批评教育阶段

在对整个事件的前因后果十分了解的基础上，老师要做到公正，划分责任时要遵循：挑起事端的学生负主要责任，破坏公物的学生负赔偿责任。批评教育两名同学的同时还要纠正他们错误的思想，让他们认识到不能得理不饶人，凡事要包容，况且曾经是那么要好的朋友，帮助两位学生回忆曾经在一起的快乐时光，教育他们遇事要冷静，小事不要放在心上，别太要面子。两人是因为打工期间的经济纠纷埋下了隐患，那么老师要追根溯源。教育学生要以学业为主，尤其两位同学学的是同一个专业，与工地建筑差别较大，在工地打工并非专业实践，对自身未来的发展贡献不大，甚至可能有人身安全的隐患，因为这些导致同学之间关系破裂会得不偿失。辅导员可以通过多个就业渠道帮助学生找到适合他们的工作，积极为学生搜集就业信息，鼓励他们去适合自己的岗位实习。

4. 做出检讨、相互融合阶段

弄清事件真相，划清责任，讲明道理之后，要让学生对自己犯的错误作出检讨，诚恳地向对方道歉，并保证以后不再发生类似的事情，此事到此为止，谁也不能再挑起事端。检讨和保证要有书面内容，道歉要当面进行。但最重要的还是要晓之以理、动之以情，小李、小张本无深仇大恨，任何矛盾都可以解决，胸怀要宽广，更要有男子汉气概。

5. 思想汇报、后续跟踪阶段

对于批评教育、处分过的学生要做好后续跟踪工作，看小李、小张在日后的行为表现中是否真正从此事件当中认识到了自己的错误，比如，让两个人每周写一份思想汇报或进行口头汇报、安排人员观察两个人在生活中的言行举止有无过激行为、定期了解他们近期有无发生矛盾等。如果没有，就要鼓励二人积极向上、好好表现，争取早日取消处分。如果有，就要旁敲侧击，提醒他们注意，也可以安排学生干部在他们身边做好帮扶工作。在后续的一段时间可以安排小李、小张去不同的寝室，让他们自我反思、自我检讨，因为接受仍需要一个过程。

本案例技术路线图如图 1-11-1 所示。

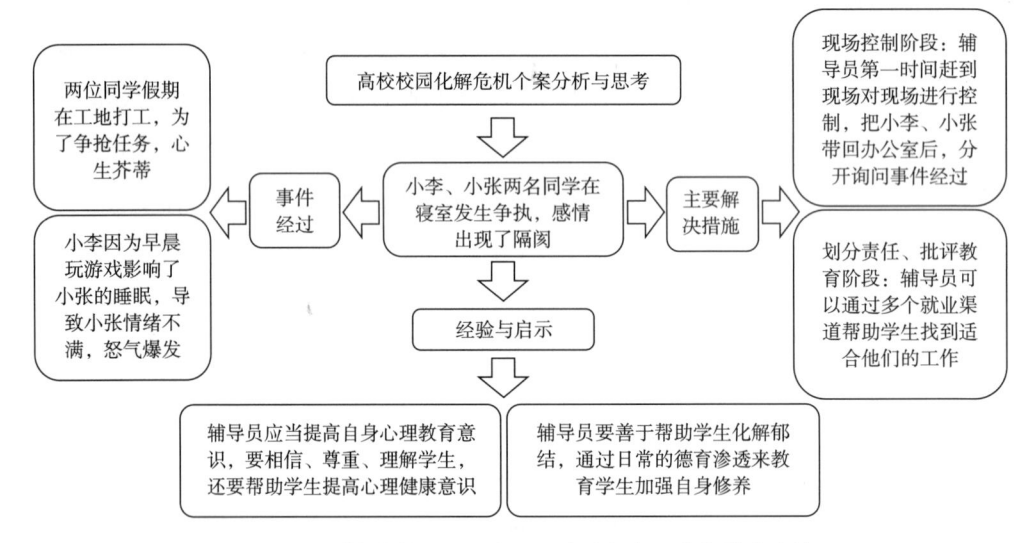

图 1-11-1 "高校校园化解危机个案分析与思考"技术路线图

五、经验与启示

（1）作为辅导员，首先应当提高自身心理教育意识，要相信、尊重、理解学生，同时还要帮助学生提高心理健康意识。小李、小张的矛盾行为，一定程度上说明了二人心理上存在问题。辅导员要帮助他们解析心理现象，帮助他们了解常见心理问题产生的主要原因及其表现，使其正确对待问题，然后寻求科学的方法加以解决。帮助学生养成良好的学习和生活习惯，减少打游戏的时间，保持身体健康，加强德行修养。

（2）辅导员要善于帮助学生化解郁结，善于疏导，把问题解决在萌芽状态，引导学生正确认识到粗野愚昧的不文明行为是不能从根本上解决问题的，教育学生要加强自我克制能力的培养，善于自我控制，应该用谦虚谨慎、谈吐文雅、举止文明来取代狭隘、草率。

（3）辅导员要通过日常的德育渗透来教育学生加强自身修养，培养其文明的内在美，加强德育教育，帮助高校学生养成良好的道德品格，使其对人热情，行为庄重，不恶语伤人，避免强词夺理。

（4）处理矛盾事件还要讲究方法，辅导员要发挥自己的智慧，采取灵活的管理方式，不能一味地批评惩罚，要走进学生的内心，帮助他们解决实际遇到的问题。在平时生活中，辅导员要关注这类同学，一旦发现有偏激的学生要经常跟他们进行谈心谈话，帮助他们舒缓心理上的压力，及时开导他们，避免他们出现过激行为。

通过后续的处理，小李和小张化解了矛盾，愿意彼此理解，和平相处。辅导员也要做到防控及时，防患于未然，避免因为小事带来极其恶劣的影响。总之，对于处理学生矛盾事件，我们要坚持采取"预防为主、教育为主、惩罚为辅"的原则，让学生真正从事件中吸取教训、得到成长。

情景还原（图1-11-2）

　　小张：小李，你大早上打什么游戏啊，你喊什么啊你，不知道有人在睡觉啊！
　　小李：我打游戏怎么了，不能打游戏啊，上次干活你抢我活什么意思啊你。
　　小张：那活是老板给我的，你现在说我有什么用啊？
　　小李：你不知道我在跟进啊，你就是故意的吧，你从小就看我不顺眼啊你。
　　……

图1-11-2 "高校校园化解危机个案分析与思考"情景还原

第十二章

改变态度，重拾自我价值

许 奇

　　高校是培养各类专业人才的基地。作为培养肩负未来建设使命的大学生的摇篮，高校的教育工作尤为重要。而笔者作为一个辅导员与学生接触很多、对其了解颇深，因此更义不容辞地肩负起贴近学生、贴近生活、贴近实际，帮助学生处理各种日常生活和学业上的困难的艰巨任务。笔者也深知这一点，下面就以一个案例来谈谈一个辅导员对于学生思想产生的影响。

一、案例介绍

　　朱某，男，大学新生。该生刚入学时便顶着一头黄发。对此问题，笔者找他谈过话，可是该生不仅不服从管理，而且开口顶撞。笔者本着深入探索问题根源的态度了解了他的基本情况。经了解发现，朱某的父母年龄都较高，平时都忙于生计，很少有时间管理他的学习，对他学习方面抓得不是很紧，而且朱某的父亲还常年生病，他的母亲不仅要照料生病的父亲还要操持家务，便更顾不上他的学习。了解了基本情况之后笔者曾再次找他谈话，希望能让他端正学习态度，对他进行一定程度的思想教育，可是在谈话过程中，笔者发现该生性格偏激、易怒。其实他的这种情况也不是个例，父母忙于生计，没有时间去关注孩子的学习，更没有精力去了解孩子的想法和动态。缺乏父母的关注，对孩子学习甚至性格方面都造成了严重的负面影响，作为辅导员对于这种现象应高度重视。

二、案例分析及解决方案

　　在了解了该生的基本情况之后，我认为这类学生性格偏激，对外界抱有戒备的心态,所以不能对其施加太大的压力。于是笔者决定双管齐下,在对他进行一对一心理疏通的同时,跟他的父母也进行深入的沟通。通过了解,朱某从小性格就比较偏激,和父母家人很少交流,和他人交流也以敌对方式为主。为了进一步了解他偏激易怒的原因,在时刻了解他状态的同时,笔者也通过他身边的同学及室友了解了他的相关情况。笔者发现该生不善于与人交谈,并存在敌视他人的现象。基于此,笔者试图慢慢地走入他的内心,经过几次深入的交谈该生慢慢愿意敞开心扉,态度也趋近于温和,交流时也没有之前的抵触情绪,现在他和同学、老师之间的关系也变得更好了。

本案例技术路线图如图 1-12-1 所示。

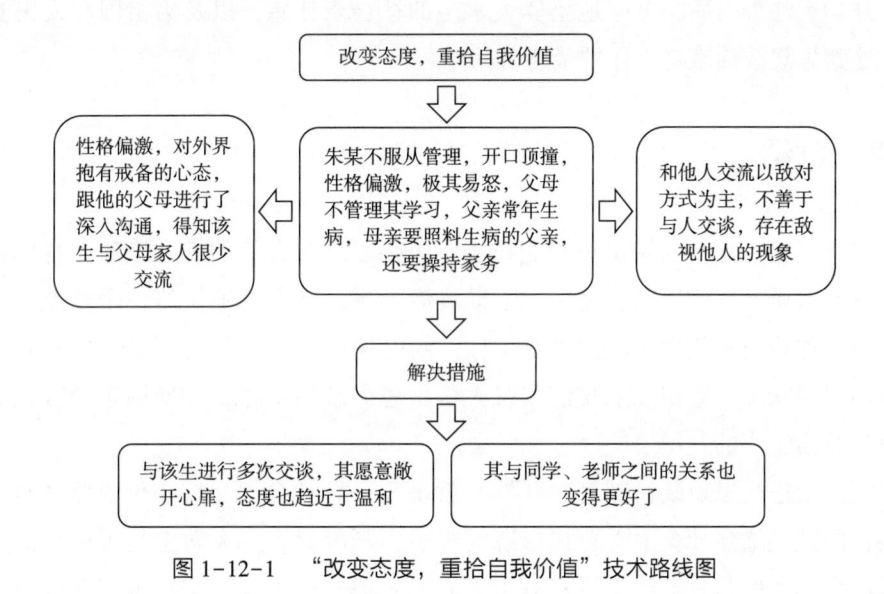

图 1-12-1 "改变态度,重拾自我价值"技术路线图

三、经验和启示

这次对朱某的疏通让笔者深刻地感觉到一名辅导员的作用,以及对学生一生的影响,在有些人眼里他可能只是众多学生中的一个,但若是笔者没有及时发现问题且进行解决,也许他今后还是会偏激易怒,不重视学习,最后浑浑噩噩地度过他的大学生活。笔者有了这次的经验,会在以后的工作中,对学生的心理健康更加重视,担当起作为一名辅导员的重任。笔者会尽己所能地营造和优化一个健康向上、积极进取的校园文化环境,以促进形成良好的校风、学风和团结友爱的人际氛围,形成一个群体心理健康的大环境。更重要的是,作为一名辅导员应该正视大学生心理健康问题,学生家长和学校的基础教育应该共同加强学生的心理健康教育,增强其自我教育、自我管理、自我服务、自我约束的能力。大学生心理健康教育是一个社会系统工程,学校、家庭和社会要密切配合起来,共同努力,在大学生的成长与成才中发挥更大的作用。

而高校辅导员是高校思想政治教育的骨干力量，是教师队伍的重要组成部分，对于此类问题更应该挺身而出、积极应对。

党的十九大报告指出"建设教育强国是中华民族伟大复兴的基础工程"，指向明确、要求具体、切中要害。要全面贯彻党的教育方针，落实立德树人根本任务，发展素质教育，推进教育公平，培养德智体美全面发展的社会主义建设者和接班人。"德才兼备"是我们必须坚持的人才培养标准。这里的"德"就是指思想政治素质，包括思想、政治、道德等诸方面。高校承担着培养高级专门人才的重任，思想政治教育是高校培养"四有"新人的重要手段和途径。以人为本对大学生进行思想政治教育工作有助于提高学生综合素质，更好地培养大学生的社会责任感，以及为祖国和人民奉献的精神，这是思想政治教育工作的最终目的。

四、总结

大学生不但要有专业知识与专业技能，还必须具备良好的综合素质，特别是其中的思想政治素质、道德素质。大学生思想政治工作，是高校工作的一个重点，是提升学生素质，塑造新一代大学生的重要工作。新时期国内外形势的深刻变化和当代大学生群体的思想状况，迫切要求我们重视大学生思想政治工作，并采用多种方式促进大学生思想政治工作的发展。

对大学生进行思想政治教育，其核心就是要进行社会主义核心价值体系教育。而其重要目的就是增强社会主义意识形态的吸引力和凝聚力。大学生是国家和民族的未来，提高大学生的思想政治水平，对于巩固和发展社会主义，实现国家现代化和中华民族的伟大复兴具有关键性的意义。关注学生的思想政治教育，使他们重拾自身的价值，也是笔者今后工作中的侧重点，同时笔者也相信学校一定会在践行思想政治教育的路上越走越远！

情景还原（图 1-12-2）

老师：朱同学啊，你的情况，我通过你身边同学了解了一下，也了解了你的家庭情况。其实你可以尝试和同学们一起上课。

朱某：老师，他们叫我好几次了，可是我还是不太习惯，就拒绝了，我觉得自己一个人挺好的。

老师：朱同学，你一个人可以走得更快，但是一群人可以走得更远。多与大家接触接触没什么坏处，你可以先从和舍友一起活动开始练起，不着急，咱们慢慢来。

朱某：嗯嗯，好的老师，我今晚就试一下。谢谢老师了。

……

图 1-12-2 "改变态度,重拾自我价值"情景还原

第十三章
过度自卑或自责影响下的人际交往障碍分析

刘晓棠

大学生的心理健康问题是高校思想政治工作者乃至全社会重点关注的问题。下面通过对一个未分化型精神分裂症学生的案例进行分析，探析如何进一步发展和完善校园心理危机干预工作，促进学生健康成长，构建和谐稳定的校园环境。

一、案例概述

吴某，女，22岁，性格内向，说话时语无伦次，不能正视别人，与别人进行眼神交流，无法清楚表达自己的情感，虽然内心深处渴望与他人交往，但因为过于敏感、不自信，以至于不能与同学和室友正常交往。入学两年半，先后经历了脚踝挫伤积液和视网膜脱落两次疾病，更换了两次寝室。于2019年6月出现妄想，以及辱骂、威胁室友及老师的过激行为。经向院校各级领导汇报给予工作指示后，在学工部部长及心理咨询中心老师的具体工作指导下，在学校保卫处、公寓管理科及学院的大力配合下，经多次心理危机干预，征求学生本人及家长意愿后，于2019年11月办理了休学手续。

二、案例分析

精神分裂症临床往往表现为症状各异的综合征，涉及感知、思维、情感和行为等多方面的障碍，以及精神活动的不协调。通过与吴某及其家人和同学的深入交流，初步推断该生出现精神分裂症状有两个方面的表现：

1. 情感障碍

该生入学两年间，笔者多次与其谈心谈话，该生一直声称，自己就是个败家子，因两次患病，给家人带来了很大的经济压力，内心十分愧疚。同时又因高三时煤气中毒险些丧命后，家人无底线溺爱，该生经常发脾气，谩骂家人，过后又深深自责，导致无法与家人正常相处。

2. 可能存在一定的幻想行为

该生声称同学和寝室室友经常在背后说她坏话，疑神疑鬼，草木皆兵；她想成为明星，这样就会摆脱经济困境。她说怀疑、谩骂、威胁、恐吓室友及老师都是被逼迫的。谈话过程中思维混乱，行为举止异常。

三、案例处理

1. 注重关怀，勤于开导

在了解到吴某的异常行为后，多次主动找该生谈心谈话，及时关注其内心思想变化，不断鼓励该生，给其正面影响和暗示，缓解该生的心理压力。委托班级干部和寝室心理联络员密切关注其动态，及时汇报。同时积极与学校心理咨询中心沟通，进行反馈，寻求工作指导，并上报学院领导。

2. 及时上报，妥善处理

每次与吴某沟通后，均会进行详细记录。发现该生思想动态发生变化，及时向上级领导汇报，分析存在的问题和困难，商量下一步解决措施。同时积极请教学校心理专家，取样心理筛查两表，及时介入进行疏导。在学生出现突发事件时，立即联系值班辅导员书记一同赶往现场并向领导汇报，根据指示妥善处理。

3. 家校合作，及时沟通

在吴某每次出现异常表现时，都与家长及时联系，告知学生近期表现，并询问以往是否出现过类似情况。吴某脚踝挫伤积液和视网膜脱落手术前后，与家长进一步确认意见。在吴某发生突发事件当晚，也第一时间联系了家长，并成立了由学院书记、笔者及学生干部组成的监护小组，白天分四次上报位置及状态，晚上轮流在其隔壁寝室守护至熄灯后半小时，确定其情绪稳定后，方才归家，做好家长到校前的安全保障。

本案例技术路线图如图 1-13-1 所示。

四、经验与启示

这一案例能够妥善顺利解决，主要有以下几个方面值得重视和反思，从而进一步完善校园心理危机干预工作。

1. 进一步完善学校三级心理健康防护机制

一级心理健康防护机制以全面覆盖为主，主要成员为各班级心理委员和各寝室心理联络员。加大对心理委员定期培训力度，使他们掌握更为专业的心理健康知识，协

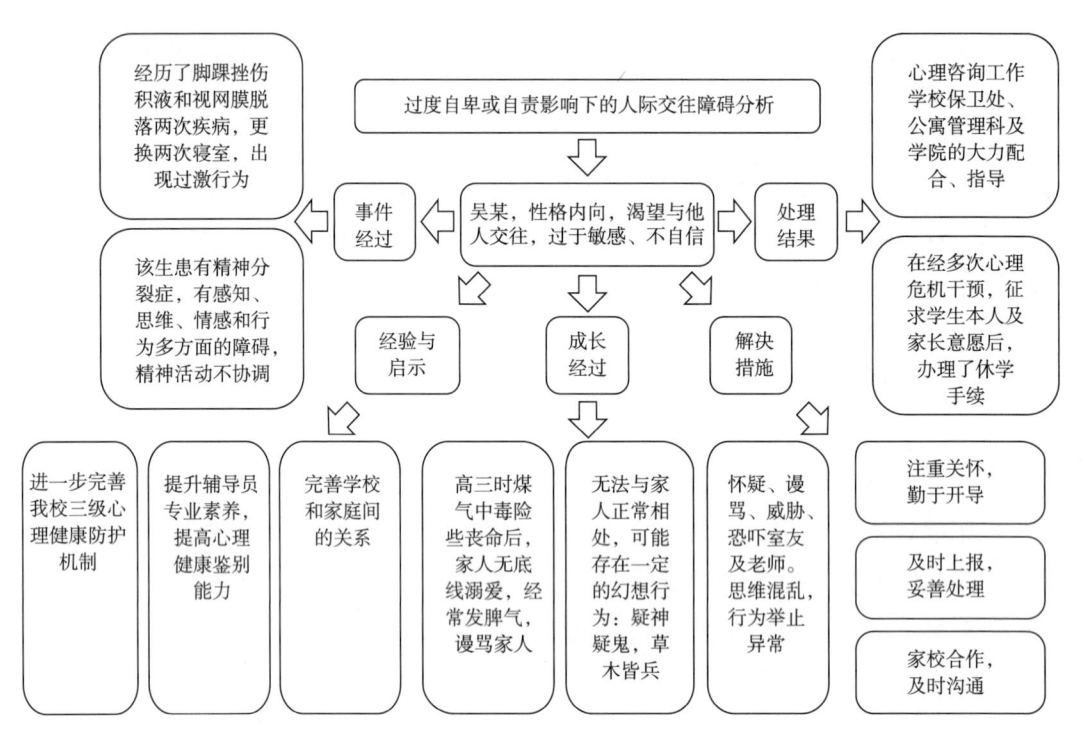

图 1-13-1 "过度自卑或自责影响下的人际交往障碍分析"技术路线图

助辅导员开展工作；二级心理健康防护机制以重点关注为主，主要成员为辅导员，每位辅导员每学期至少应参加两次相关心理培训，运用科学理论及时疏导学生常见问题。对一些重点关注对象，辅导员应向学生推荐心理咨询中心专家，让学生接受专业咨询和疏导；三级心理健康机制以特殊及恶性事件为主，主要成员为校心理咨询中心、学工部和保卫处，对一些存在严重心理健康问题及精神问题的学生，校心理咨询中心应及时介入，给予专业指导，当突发事件发生时，学工部领导和保卫处应及时掌握信息，启动心理干预预案，有效应对。

2. 提升辅导员专业素养，提高心理健康鉴别能力

大学生心理健康问题往往具备一定的隐蔽性，有时会出现突发事件。因此，在日常工作中，不仅要处理各类事务性工作，更要重点关注学生的心理健康问题，这就对辅导员的心理专业素质提出了更高的要求：一方面需自我提升，不定期参加培训，加强学习，掌握一些大学生常见的心理健康问题鉴别能力和处理方法，提升业务水平；另一方面，将心理健康教育和咨询纳入日常学生思想政治教育工作中，邀请校内外专家开办讲座，对学生进行指导，丰富学生心理专业知识，增强他们心理保健意识，鼓励学生出现心理健康问题去专业机构寻求帮助，避免和减少因心理问题而产生的突发事件。

3. 完善学校和家庭间的联系

大量高校心理健康教育工作实践表明，大学生心理健康问题往往来源于家庭，过

往的生活经历，特别是一些特殊经历会直接导致心理问题的产生。家庭力量在高校心理危机干预工作中具有不可替代的重要作用，家长的积极配合能够有效改善孩子心理健康状况。但遗憾的是，部分家长对孩子心理健康问题持漠视态度，甚至直接否定，坚持自己的孩子没有问题，只是不够成熟，坚决不配合进行专业心理咨询和药物治疗，更有甚者直接辱骂学校和老师。多数学生工作在一线的辅导员在大量实践中均体会到家长配合是学生心理健康问题解决的关键。因此，需进一步完善学校和家长之间的联系。学生在校出现任何异常行为和心理健康问题需及时与家长沟通，争取家长配合，必要时联系家长到校，与他们进行深入细致的沟通交流，做好思想工作，合力解决问题。形成以学校为主、家庭为辅，以学生为主体的心理危机干预机制。

情景还原（图 1-13-2）

吴某：老师！同学和寝室室友经常在背后说我坏话，我受不了了，他们逼迫我。

我：这样吗？我去了解一下情况，吴同学。

吴某舍友：老师我们没有人说她！她总是疑神疑鬼。

我：吴同学，你别给自己太大压力，大家都很好的，没有谁逼迫谁，更没有人背后说你坏话。

……

图 1-13-2 "过度自卑或自责影响下的人际交往障碍分析"情景还原

第十四章

重拾温暖，灌溉心田

刘松健

一、案例介绍

D同学，男，大一学生。军训结束后不久家里就出现了变故，他父亲因为事故意外去世了，已有的心理定式和现实情况使该同学难以接受残酷的现实，导致很大的失落感。出现整个学期经常旷课、迟到、早退的情况，甚至险些被英语老师禁止参加期末考试。失去父亲的打击导致其盲目自卑，有挫败感；对任何事都不付出努力，导致事事不如人、不被他人理解、理想与现实差距大，无法适应。其行为表现为远离寝室小集体，与同学被动交往，封闭自己。日常生活中不讲卫生，寝室其他成员对他的意见都很大。对于此种情况，笔者通过学生家长、室友、任课教师等方面对该生进行了深入的了解。

（1）家庭情况。学生父亲去世之后，母亲一个人抚养他，该生平时和母亲交流较少，家长对他比较溺爱，生活费给得比较多，据了解学生曾一周支出人民币一万余元，但是母亲对学生不够信任，学校缴费情况都要向笔者再次确认后才转给学生。

（2）学习方面。该生经常迟到、早退、旷课，各科任课教师对他的印象都很深，也没有去图书馆学习、在寝室自习的情况，学习主动性极差。

（3）日常生活。据同寝室室友反映，该生日常生活脏、乱、差，自理能力弱，不讲卫生，平时从不参加集体活动，也很少和其他同学交流，把自己封闭在自己的世界里。

二、案例分析

对学生进行深入了解后，针对该生问题，笔者做出了如下分析：

1. 失去父亲的痛苦造成了自卑

由于学生父亲的意外去世，使学生失去了人生中重要的精神支柱而产生了自卑心理，有种凡事不如人的阴影，害怕交往、心存疑虑、行为退缩，缺少足够的耐挫力，遇到不顺利的事总是选择不作为、不努力，一味埋怨命运不好。不能从发展的角度去看事物，以至于陷进自卑的痛苦中无法自拔。

2. 与家长沟通少，缺少家庭的温暖

学生刚刚失去父亲，与母亲的交流也较少，家庭观念薄弱，缺少家庭的温暖，加上平时母亲对学生比较溺爱，导致学生自理能力很差，而且作为一名成年人，母亲并没有对其给予应有的信任，再度削弱了学生对家里的感情。

3. 人际关系不够和谐

由于学生来自外地，和本地学生相处更加需要磨合，但他的性格并不能很好地处理这种关系，当人际关系不和谐时，或者感到不被他人接受时，会感到压抑等状况。主要表现在当与他人意见分歧时，不能有效地沟通、化解问题，尤其表现在对待室友方面，因为学生刚刚失去亲人较为敏感，加上大一同学交际经验不足，往往在遇到问题时不能控制彼此的情绪，导致人际关系紧张。

三、解决措施

针对上述问题，进行了如下处理：

（1）与学生进行了数次单独的谈心，在谈话过程中了解到，父亲的去世使学生的精神支柱崩塌了，父亲在他的心中一直是一个高大伟岸的形象，发生这样的意外让他的精神受到了很大的打击，生活没有了方向，所以自暴自弃。笔者向他表明很理解他的感受，但是人的一生是由自己来决定的，如果自己放弃了世界，世界也就放弃了你，他的父亲也希望他能变成一个优秀的人，而不是现在这种状态。谈话后学生很受鼓舞，决心从现在开始振作起来，笔者也与学生做了考试不挂科的约定，让他感受到了笔者对他的关心，更快地从阴影中走出来。

（2）与学生家长进行了沟通，学生失去了父亲，更加需要母亲的关怀，需要学生家长平时多关心，经济安慰并不是最好的安慰，不能过于溺爱学生，溺爱会导致学生价值观走向歧路；给予学生充分的信任，让他真正感受到家庭的温暖。

（3）与学生室友进行谈话，让室友们多对他进行注意和帮助，多包容他，多带他参加集体活动，邀请他一同聊聊天，出去散散步，锻炼他的人际交往能力，多交些朋友，帮助他走出困境。

本案例技术路线图如图 1-14-1 所示。

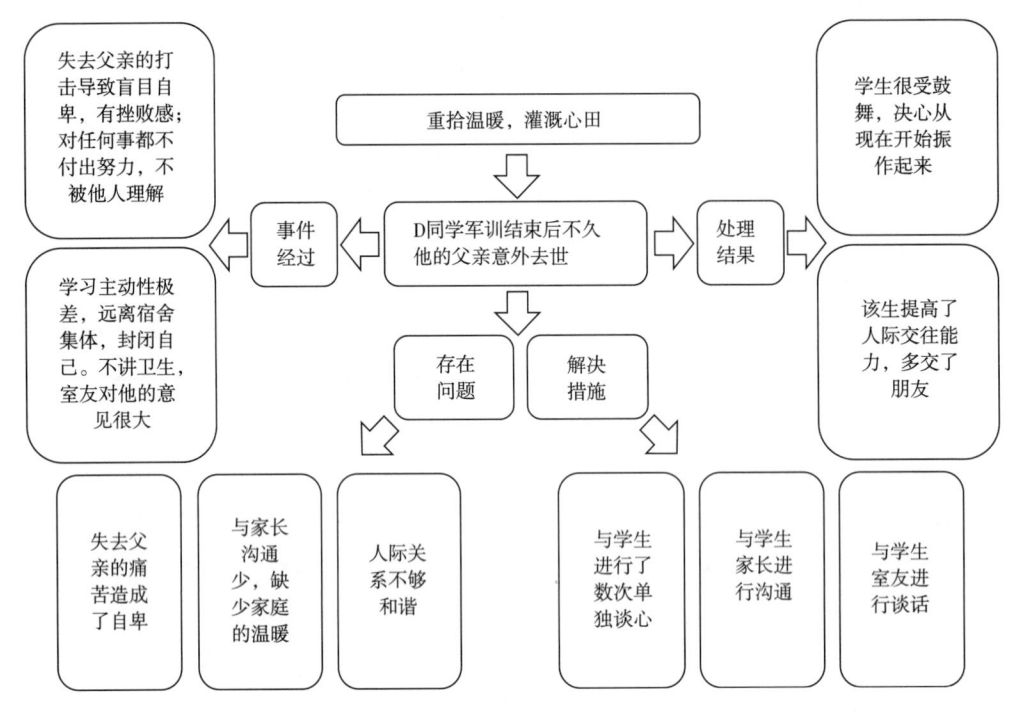

图 1-14-1 "重拾温暖，灌溉心田"技术路线图

四、经验和启示

（1）关注学生成长，提高其人际交往能力。一般说来，具有良好人际关系的学生，大多能保持开朗的性格、热情乐观的品质，从而正确认识、对待现实问题，化解学习、生活中的矛盾，形成积极向上的优秀品质，迅速适应大学生活。积极的人际交往，良好的人际关系，也可以使人精神愉快，情绪饱满，充满信心，保持乐观的人生态度。相反，如果缺乏积极的人际交往，不能正确地对待自己和别人，心胸狭隘，目光短浅，则容易形成精神上、心理上的巨大压力，难以化解心理矛盾。严重的还可能导致病态心理，如果得不到及时的疏导，可能形成恶性循环而严重影响身心健康。

（2）关注学生心理，让心理和谐与和谐校园相统一，作为高校辅导员，学生的心理问题不容忽视。

（3）辅导员不仅要关心学生专业成长和生命安全，还必须关心学生的心理健康，正确引导和帮助是关键，注重身心兼修、身心双修、身心合一的素质培养，达到身、心、能全面发展的目的。了解学生的需求和想法，适当给予满足和支持，建立良好的师生关系是做好学生教育工作的前提。

情景还原（图 1-14-2）

D 同学：老师，我爸爸去世了，我还活着干什么？还有什么意义？

辅导员：这件事情对你精神打击的确很大，生活没有了方向，所以你就自暴自弃。我很理解你的感受，但是人的一生是由自己来决定的，如果自己放弃了世界，世界就会放弃你，你的父亲也希望你能变成一个优秀的人，而不是现在这种状态啊！

D 同学：老师，我明白了，我不能自暴自弃，我要更加好好学习。

……

图 1-14-2　"重拾温暖，灌溉心田"情景还原

第十五章

明确目标，走出迷茫

徐 晶

一、案例概述

陈某，女，性格较为内向，朋友较少，大一刚入学时成绩处于中上等水平，随着专业课的开设及专业课内容的不断加深，成绩渐渐下滑。针对就业问题，她曾咨询已毕业的学生并积极上网查找相关资料，发现专业对口工作竞争激烈，就业形势较为严峻。身边好多同学选择了考研，她报名培训班并试听了几节课，也同家里人商量过此事，又怕考不上耽误了就业择业的最佳时期，处于犹豫不决状态。因此，她对未来发展感到十分迷茫。经常假想如果毕业以后找不到合适的工作该怎么办？自己到底能做些什么？在剩余的大学时光里，该顺其自然还是应该做些准备？这种对未来的迷茫使该生思想进入不稳定期，焦虑不安，无法安心学习，出现失眠、焦躁等问题，迷失在自己编织的网中。

二、案例分析及解决方案

1. 案例分析

（1）大学生缺乏自主择业目标，自我认知偏差。临近毕业，大学生对于就业问题尤为关注，不少学生不论自己的职业理想是否与热门企业相一致，条件是否符合那些热门岗位需求，盲目投递简历，盲目跟风，结果花费大量时间和精力，却得不到想要的结果，导致怀疑自己，产生错误的认知、消极的情感与不良行为。

（2）学生职业生涯缺乏合理的规划。尽管大学生非常重视追求兴趣爱好与个人才能的发挥，但在现实面前，他们往往缺乏科学合理的职业生涯规划，职业规划意识薄弱、规划水平较低。在临近毕业找工作时，一时之间不知如何是好。

（3）家长没有给予正确的指导。当孩子表现出迷茫、焦虑、不安等敏感时期行为时，相当一部分家长并没有察觉，或者不知道如何进一步帮助孩子。父母应该相信子女，鼓励其自由探索，但要适时地予以指导。不能过度干涉子女就业选择，但也不能放任孩子逃避就业。

2. 解决方案及过程

（1）站在学生的角度分析问题并给予建设性意见。学生碰到问题时，由于缺少社会阅历，容易采取极端行为，如自暴自弃式的躲避问题或者不经思考鲁莽行动等。作为辅导员，第一时间应采取学生易于接受的方式了解学生所遇到的问题，如在了解学生问题时，可以采用"唠家常""套近乎"等方式打消学生的抵触和害羞心理。辅导员与陈某沟通后，发现该生性格偏急躁，常常产生"毕业即失业""不知向何处努力"等消极念头。了解到问题的关键点后，辅导员采取"以身说法"的方式，向陈某分享了自己学生时代的求学和就业故事，并向该生解读了校方统计的往年毕业生就业数据，针对该生的性格特点和实际情况，关于未来是就业还是升学，给出了个人的建议。同时，通过分享"就业典型"，让该生找到适合自己的奋斗目标。

（2）对于学生的职业规划给予科学合理的指导意见。通过职业兴趣测验和性格测验，帮助学生发现自己的优缺点，以此撰写《职业规划书》，要求学生提供选择职业的理由并分析适合自己的原因。根据学生的《职业规划书》，辅导员给予科学合理的意见，帮助学生明确长短期奋斗目标并制订详细的执行计划，辅导员通过组织与学生定期的"拉家常"，了解学生的计划执行情况并提出合理的指导意见。

（3）借助学生身边同学及亲人的力量。社会性是人的本质属性，周围环境对于学生的影响是巨大的。当学生出现消极或极端情绪时，积极与其同学和亲人进行沟通，掌握学生产生消极情绪的原因，安排同学带领该生积极地参与班级和学校活动，向其传输正能量，指导其亲人鼓励孩子，给予孩子勇气走出困境。在处理陈某案例的过程中，其室友起到了不可忽略的作用，给予她正面影响，鼓励她认真学习，提升自身专业技能。

3. 结果评价

按照上述方法，辅导员与该生进行了两个多月的辅导和交流，结合家长的积极鼓励及同学的有效帮扶，在她主动配合和认真实践后，取得了良好效果。第一，她的精神状况得到较好恢复，失眠、焦虑、强迫等行为得到改善；第二，开始主动与同学们交流，与班上干部、同学们相处融洽；第三，明确学习目的，专心学习，效率较高，学习成绩迅速提高，重新树立起了学习的信心与决心；第四，她开始确立自身目标，科学规划学习与生活，积极锻炼求职技能。

本案例技术路线图如图 1-15-1 所示。

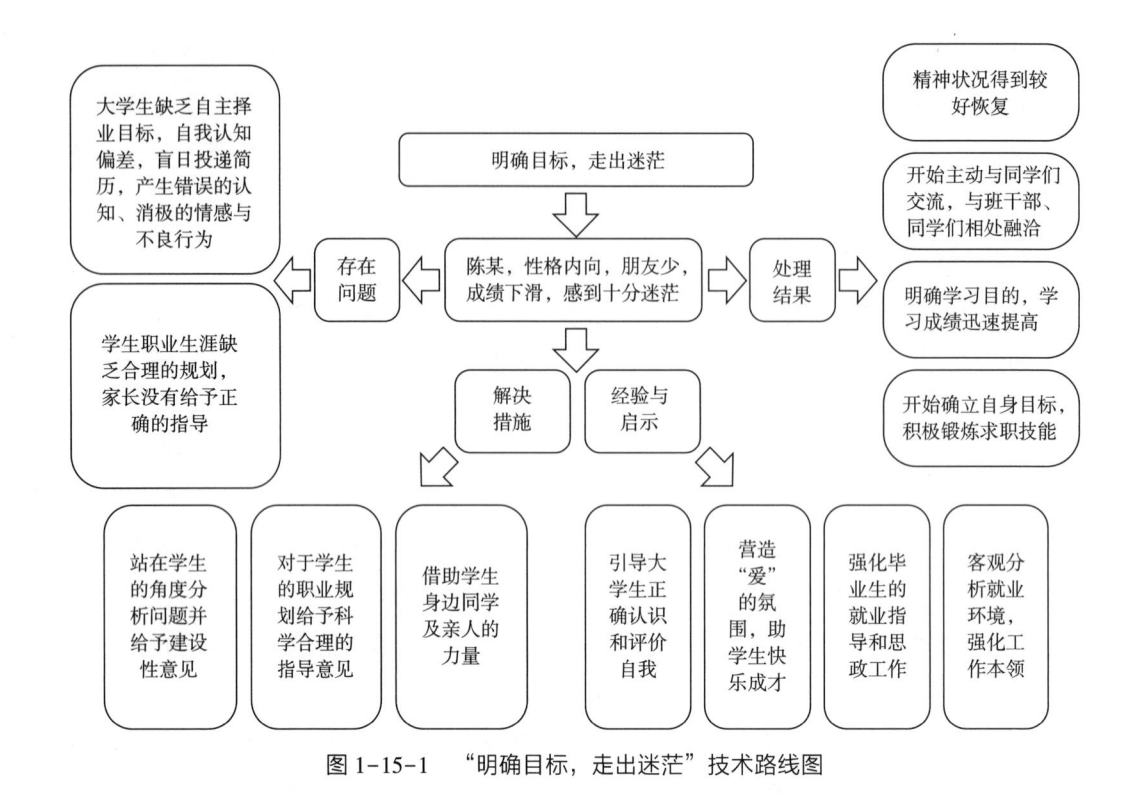

图 1-15-1 "明确目标，走出迷茫"技术路线图

三、经验与启示

1. 引导大学生正确认识和评价自我

进入大学后，不能正确认识和评价自己是大学生产生各种问题的一个重要原因。在学习和生活中，辅导员要重视培养大学生正确的自我意识，加强学生对外界环境的适应，帮助他们切实摆正自己的位置，既要接纳自己的优点，也要接纳自己的缺点，积极与同学沟通，积极参加各类活动，提高自身能力。

2. 营造"爱"的氛围，助学生快乐成才

当学生在一个充满"爱"的班级里学习，每个班级成员必将得到最全面的发展。作为一个班级的管理者，辅导员有义务也应有能力领导学生营造"爱"的氛围，培养每位学生的"班级归属感"。当下，多数辅导员和学生年龄相仿，长期的学生工作使辅导员和学生之间代沟不大，而沟通方法和情感投入等因素显得尤为重要。班级成员之间，可通过组织多姿多彩的集体娱乐活动，如元旦晚会、春游、聚餐、寝室联谊、电竞联赛等，促进班级成员的感情，形成互助互利的氛围；通过不定期开展教育活动，如心理健康咨询、就业讲座、特色班会、志愿活动等，培养学生积极阳光的处事态度，使学生在快乐的环境里克服负面的心理情绪，全面清晰地认识自己，保持一个良好的心理环境，积极参与各项校园活动，在和谐融洽的氛围中发展特长、培养情操、提高眼界，为学生身心成长创造广袤的空间。

3. 强化毕业生的就业指导和思政工作

有少部分同学在入学不久就立志考研，也有一小部分同学很早就清楚自己未来的职业方向，但绝大部分同学一直处于"懵懂无知""浑浑噩噩"的状态，没有清晰的职业规划，没有奋斗目标，这些同学是辅导员工作的重要对象。面对日趋严峻的就业环境，学生的就业心态问题成为辅导员的重要工作内容，作为一名辅导员，应从人际交往、学习生活、家庭关系和择业就业等角度提供指导。帮助大学生进行自身定位，认清就业环境，树立正确的就业观，抛弃"高不成低不就"的想法。高校应多多开发校友资源，让优秀的学长学姐走进课堂，设置极富指导性的就业指导必修课，将职业规划作为大学生就业指导课程的核心，贯穿整个大学教育。

4. 客观分析就业环境，强化工作本领

毕业生就业是各高校学生工作的重中之重，学校相关部门应积极寻求各种就业资源，缓解学生的就业压力。严峻的就业环境是所有大学生共同面对的压力，但每年未能就业的学生比例极低，大学生不用过度紧张。学生个人，应在学习中投入更多的精力，从学校的课程中汲取更多的知识，从而提升自己的软实力。同时，学生应多参加社会企业实习走访活动，熟知企业的用人标准，有针对性地强化工作能力，提高就业竞争力。

情景还原（图1-15-2）

陈某：老师，我好迷茫啊！考研、考公、择业，我选不过来。

辅导员：我在你这个年纪，比你还迷茫呢，我的老师根据我的性格、我的特长给了我一些建议，最后我考研了。

陈某：老师，那我该怎么做？我更适合哪一种，我不清楚。

辅导员：我看你平时成绩挺靠前的，也很认真，可以尝试考研。你觉得呢？

……

图1-15-2 "明确目标，走出迷茫"情景还原

第十六章

化解关系危机，共创和谐宿舍

尹 涛

一、案例简介

女生宿舍，宿舍成员共4人，成员中三名女生乙、丙、丁来自同一地区，女生甲除外。

1. 案例背景

甲同学家境优越，荣誉心强，行动力强，积极参加各项学术科研活动；女生乙、丙、丁家境一般，性格内向，且在校成绩一般。女生甲优秀的成绩，优越的家庭，活泼的性格无形之中给女生乙、丙、丁三名同学带来压力。由于女生甲是独生子女，不善于考虑别人感受，性格和为人处世风格与乙、丙、丁三名学生具有很大的差异，随着彼此了解的加深，成员之间摩擦不断。由于宿舍成员之间缺乏有效沟通，宿舍矛盾不断累积，成员之间的误会逐渐加深。

2. 案例经过

一个周六，笔者在家中接到女生甲的电话，该生向笔者反映当天下午宿舍因内务问题出现矛盾，甲与其他三名女生开始整理内务时意见不合，发生了语言冲突，乙、丙、丁三名女生趁女生甲倒垃圾走出宿舍，将门反锁，不让女生甲进宿舍。随后笔者接到女生甲母亲的电话，其母在电话中情绪激动，表示要马上从家赶来学校处理矛盾。

3. 案例难点

此次事件的难点在于：女生乙、丙、丁形成一个团体，和女生甲站在对立面。学生由于年纪较小，缺乏正确的人际沟通技巧，人际交往能力较差，缺乏解决冲突和矛盾的有效方法；女生心思细腻，有矛盾和摩擦不愿开诚布公地沟通交流；缺乏宿舍集体生活经验，存在人际交往不适应问题；个性有待完善。

二、案例分析处理

1. 案例分析

这是一例学生宿舍矛盾的典型案例。以下将从三个角度对案例进行分析。

（1）根据高校心理学需求层次理论对案例进行分析。根据马斯洛需求层次理论，人人都有社交需求、尊重需求，人人都希望被别人尊重和欣赏。大学生迫切渴望得到他人的包容、认可，但某些大学生容易以自我为中心，只考虑自身需求的满足，忽略别人的需求。案例中的甲和乙、丙、丁在处理关系时都只考虑了别人是否尊重自己，而忽略了尊重别人。

（2）根据高校教育学人际沟通理论对案例进行分析。根据人际沟通理论，人与人之间需要有效沟通，才能建立良好的人际关系。宿舍甲同学与乙、丙、丁三名学生之间因长期缺乏沟通，误会日益加深，最终导致矛盾产生。

（3）根据高校管理学适应理论对案例进行分析。根据适应理论，新环境下人们容易产生适应不良的情况。对于新生来说，大学以前，同学们都生活在自己熟悉的环境里，人际关系相对稳定和简单。新生入校后，由于各方面差异，在人际交往中存在适应不良的情况。案例中的甲因其独特个性，与乙、丙、丁存在明显差异，在宿舍中出现适应危机。

2. 处理过程

（1）笔者首先安抚学生甲家长，表示会立即深入学生宿舍了解情况。劝说甲家长在家等待，希望家长配合学校，引导学生正确看待宿舍矛盾，不要将矛盾进一步激化。随后第一时间赶赴学生宿舍，与宿舍成员进行沟通，了解宿舍成员近况，了解事件起因、过程。关注学生事后的状态，了解学生现状。

（2）动之以情，晓之以理，与学生进行沟通。在事件发生后，笔者第一时间到宿舍安抚宿舍成员情绪，引导学生互相理解、尊重、感恩。与甲同学单独交流，肯定其工作，引导她站在宿舍长的立场化解此次矛盾。一直通过电话与短信的方式与甲同学沟通，劝说学生回校，肯定她的责任心，鼓励她们通过沟通解决矛盾。

（3）采用团体辅导方式对学生进行辅导，修复宿舍关系。事发第二天，笔者将宿舍四人叫到办公室，同学们表示经过一天的时间，大家已经恢复理智，尤其甲和丙更是当众落泪，承认错误。

（4）事发第三天，甲母亲来到笔者办公室，对宿舍的矛盾给予了理解，并表示会引导自己女儿在今后生活中理智地解决人际关系的冲突。

3. 结果评价

甲与乙、丙、丁消除了宿舍矛盾，将全部精力和时间投入自己的学习当中，在与同学交往方面有了很大的进步和改善。获得了全班同学和专业课教师们的一致认可，甲母亲再次来到学校，表达了对学院领导及老师的感激之情。乙、丙、丁化解了宿舍矛盾，性格也逐渐开朗，三人均加入了女生甲所在的实验室，并全身心地投入学习。

本案例技术路线图如图1-16-1所示。

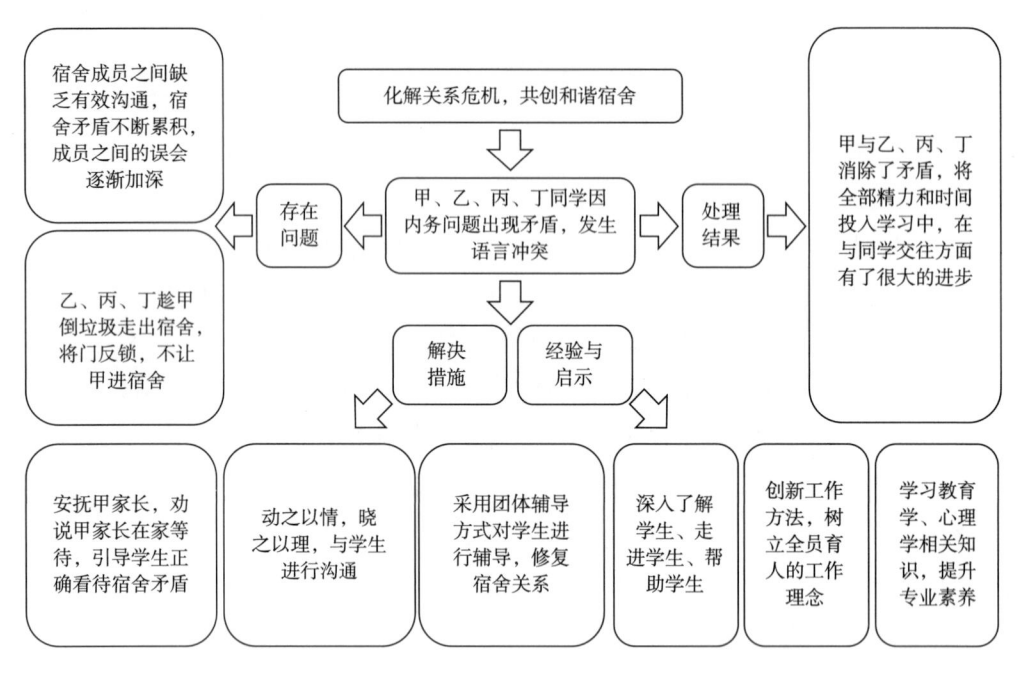

图1-16-1 "化解关系危机，共创和谐宿舍"技术路线图

三、经验与启示

（1）深入了解工作对象，了解学生要深入，开展工作要细致，只有这样辅导学生的时候才能真正了解学生、帮助学生。

（2）创新工作方法，网络是开展学生工作的重要载体，辅导员必须充分利用好这一载体，创造性地开展工作。

（3）树立全员育人的工作理念，辅导员在工作过程中一定要树立全员育人的工作理念，利用可利用的一切资源开展学生工作。

（4）学习教育学、心理学相关知识，提升专业素养，团体辅导在解决学生宿舍矛盾中具有可操作性，辅导员应该具备开展团体辅导的能力。从各个方面对学生进行引导、指导，那么学生问题就可迎刃而解了。

情景还原（图 1-16-2）

甲同学：今天是我值日吧，我出去倒个垃圾。
乙同学：丙、丁，我们把门锁上，让她平时说话不顾及我们的感受！
丙同学：嗯！我忍她很久了！
甲同学：开门啊，怎么锁门了？
丁同学：甲，你今上午和我们说买了个金手链，你什么意思啊？
……

图 1-16-2　"化解关系危机，共创和谐宿舍"情景还原

第十七章
大学生心理问题分析与总结

刘广鑫

笔者自担任学院辅导员以来，在学院党总支、团委的直接领导下，严格要求自己，工作积极主动，取得了不错的成绩，也积累了很多经验。笔者与学生，一起学习，一起生活，通过一学期的磨合与了解，已经基本了解了学生的思想状况与学习、生活情况。同时也使学生了解了笔者的工作思路与方式方法，较好地完成了工作计划，使笔者带的学生顺利完成从不学、厌学到自学、好学的转变，绝大部分同学能够认识考研的重要性与必要性，与大学的生活节奏合拍。

笔者坚持以学生为本的思想政治教育，思想是行动的先导，因此笔者把学生的思想教育工作放在了第一位。为了将这项工作更好地落到实处，笔者非常重视了解学生的内心需求和兴趣爱好，本着先疏后导的原则去对学生进行思想教育。在笔者刚接手班级的时候，与学生彼此之间是非常陌生的。从开学初到现在笔者已经分班召开了班会，走访学生宿舍，找学生谈心以及通过线上与学生交流等方式加强彼此的沟通和了解。这些工作不但消除了我们之间的距离感，而且使笔者了解到大部分学生的思想动态和问题所在，为以后的工作打下了良好的基础。

学生一旦有了困难，第一想到的就是辅导员，这也证明学生们对笔者的信任。有同学因为生活窘迫而感到巨大的压力，笔者陪她痛痛快快地哭一场，然后带她去学校餐厅吃饭，与她谈心；有的学生失恋受挫，哭得像个泪人，笔者给予她安慰；这些点点滴滴，是笔者与这群 20 多岁的孩子们共同走过的记忆，笔者把他们当成弟弟妹妹，细心呵护他们的成长。

一、案例概述

在军训结束后不久，王同学来到办公室，看她迟迟不语，笔者便安抚她，并告诉她：

"无论是生活还是学习上的困难,我都会帮助你,希望你能向我敞开心扉。"随后沟通得知:王同学经过专升本考试,来到本校继续深造,王同学在专科时,因寝室楼上同学经常疯闹发出声响,尤其在夜间,导致失眠。再加上不敢去找楼上寝室沟通,最终导致严重压抑,性格敏感,不善于与人交流,经过医院确诊为重度抑郁。后来在药物治疗,以及家长和专科同学的帮助下,创造出相对安静的环境,使病情得到缓解,并且通过了升本考试,家长也十分开心,希望王同学在新的环境中能够结交新的朋友、完成学业,也顺利治愈心理疾病。结果相反,王同学说,自己到了新的环境,失去了熟悉的朋友,变得更加唯唯诺诺,新的学习环境也使她感到陌生,开始厌倦学习,夜不能寐,甚至出现双手抽搐症状,不自觉地哭,精神压力很大,使她没有办法继续学习,所以找到了辅导员。

二、案例分析与解决办法

在了解情况后,笔者第一时间与王同学家长沟通,将情况说明后,开展家庭教育与校园教育相结合的方法,为王同学减压,笔者又与其最要好的寝室同学进行说明,共同帮助王同学消除对人生、对未来的不积极的认知,为王同学建立健康向上的认知导向和人际导向,并与心理委员沟通,对王同学的异常情况进行留意,并加以调节,随后王同学的家长来到学校,与学校进行沟通,关于王同学的病情及其能否继续集体生活进行交流,随即为了王同学的病情稳定与后续的治疗,学校与家长一致同意王同学签订走读协议,并暂住其亲戚家。接下来的上课时间和班会期间,笔者总是会留意王同学的状态和情绪,使笔者欣慰的是,王同学内向孤僻的性格得到了改善,开始用良好的心态接受社会,渐渐走出了抑郁的困扰。

本案例技术路线图如图 1-17-1 所示。

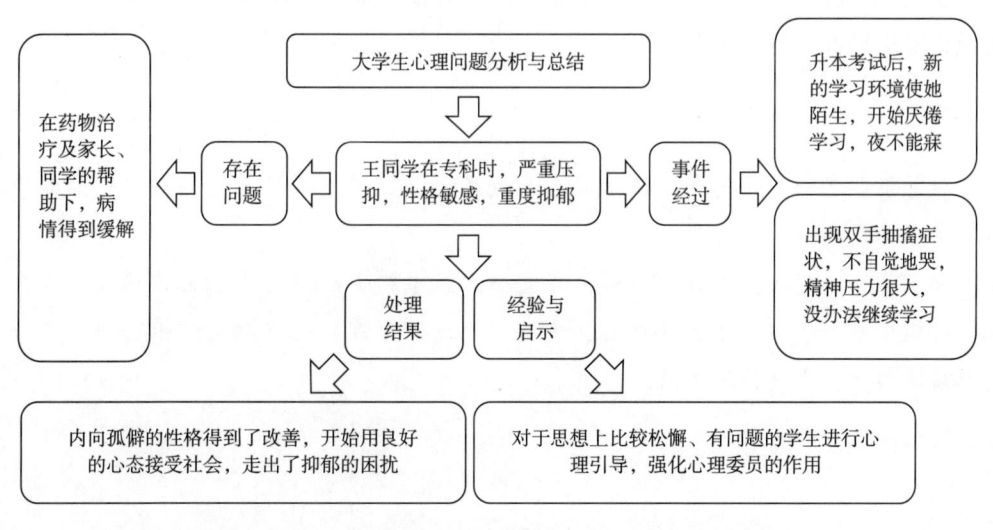

图 1-17-1 "大学生心理问题分析与总结"技术路线图

三、经验与启示

对于部分思想上比较松懈、有问题的学生，笔者先摸清他们的思想动态，了解其兴趣爱好，想其所想，然后给予一定的引导，取得了比较好的效果。其中一部分学生已经端正了思想。同时考虑到现在的学生因受自身条件、环境、教育和主观能动性的影响而存在较大的个体差异，笔者采取集体教育和个别教育相结合的方法，由点到面，力争使每一位同学在思想上能有一个健康、稳定的发展方向。另外还建立了每周一次的班会制度，在班会上总结过去一周的问题，指明下一周的努力方向。事实证明，例会制度的效果是明显的、长久的，并且高效的。

为了强化心理委员的作用，让心理健康教育到班级、到宿舍、到学生，更加贴近每一个学生，计划对班级学生骨干、心理委员进行心理健康知识的培训，使他们掌握一定的心理学知识，在日常工作中自觉运用心理学的手段开展工作，并成立心理委员会，经过各年级心理委员的踊跃报名，层层选拔，最终建立五个部门，二十五名成员，并在第一次会议后，深入探讨关于第一学期心理委员会将展开网格形式的心理教育，从而对少数有心理障碍或心理疾病倾向的同学给予更多的关心并进行有效的心理疏导，情况较严重的，及时与学工部和家长进行沟通，共同建设全体学生心理健康工作。

转眼，笔者已圆满完成本学期的学生综合测评及评优工作。各项材料按时上报，学生奖学金及证书发放及时，公平、公正、公开地进行评优工作，透明度高。及时统计汇总各类考研信息，为下一届学生考研提供帮助，便于广大同学分享考研成功经验。把辅导员工作当作自己的责任田。引导学生在政治上积极要求进步，树立科学的人生观、价值观。注重培养学生骨干，通过学生骨干影响带动班级同学积极向上，以学习为重，营造良好的班级氛围。

情景还原（图 1-17-2）

辅导员：王同学你怎么不说话呢？无论是生活上还是学习上的困难，我都会帮助你，希望你能向我敞开心扉。

王同学：老师我在专科的时候，寝室楼上同学经常疯闹发出很大声响，尤其在夜间，导致失眠。现在到了新的环境，失去了熟悉的朋友，变得更加唯唯诺诺，新的学习环境也陌生，我精神压力很大。

……

图 1-17-2 "大学生心理问题分析与总结"情景还原

第十八章
学生工作点、线、面

赵亚男

辅导员肩负着高校学生正确人生观确立、缓解心理压力及重塑自信心等此类重中之重的工作。笔者在辅导员的工作岗位上，接触最多的一个学生现象就是：许多学生在刚入学就出现了明显的懈怠和焦虑情绪。学生从高中毕业后进大学校园，由原先的老师管、家长管、有人督促学习转变为现在需要自己自理、自己约束自己、自己合理地掌控学习时间、自己融入集体生活，在这期间就需要一个习惯与适应的过程，而往往在这个过程中会产生某些消极或逆反的情绪。所以必须关注每一个学生的细节问题，哪怕学生出现的这个问题很小，微不足道。但往往一个小点，就会慢慢扩散成线，再慢慢积累成面。所以，细小不关注和不正确的解决问题方式，也会造成严重后果，我们要从小事做起，不断关注学生们的点点滴滴。下面，笔者就一个案例叙述一下学生面临的一个普遍问题，以及如何指导学生进行自我调整。

一、案例介绍

冯某，大一新生。从军训开始，教官就反映该学生时不时请假，但是能完成军训出勤率，也没有其他违规的行为。正式上课后，她的出勤率不是很好，和同班同学、寝室同学接触状况良好，就是不愿意参加早操、晚自习，以身体抱恙为由请假。系学生会学习部、体育部每天都会检查各个班级的早操、晚自习上课的出勤情况，每周都会及时向我反映学生的出勤情况，让笔者有效掌握许多同学出勤不好的情况。让老师做到心里有数，能准确地找到着手点。系领导也非常关心出勤不好的学生的状态和动态，这也是我们工作的基础着重点。

二、解决的方法

许多辅导员喜欢一对一沟通，但是我觉得，要看学生情况和聊天的内容轻重缓急程度，看是否需要一对一，不要给学生造成特殊心理压力。许多时候，当老师只找一个学生的情况下，这个学生会想，老师找我干什么，警惕性会很高，心理压力也会很大，也未必会达到好的辅导效果。根据冯某的情况，笔者没有直接只找她来办公室聊天，而是叫了她和另外一名出勤率有问题的同学一起来办公室。她有同学做伴，心里多少会有踏实的感觉，放松一点，笔者也好进入聊天状况一点。笔者没有直接询问为什么时不时请假，而是问了问她们最近的状态，适不适应学校的生活，能不能调节好自己的学习与生活。也问了问她们家里情况。在没有隔阂的情况下，问了问最近请假的原因，为了避免两个学生互相不愿意说自己的细节情况，笔者也和她们分别聊了一下。冯某，没有什么特殊的原因，就是对象在外校，有时去看看，不愿意出早操和上晚自习的原因是觉得没有意思、没有用，请假、偶尔不去上课，是因为已经都请假好几次了，觉得这学期也就这样了，有点自暴自弃的感觉。笔者劝说了一下，学生自己态度、状态都很好，决定从下学期好好开始。笔者开玩笑地说了说，我们都是成年人，我们自己都能沟通，是不是不用和家长沟通，冯某笑了笑说，老师不用。其实，互相谈谈话，学生知道老师的关注、关心，她也会主动把一些问题说出来。其实很多时候，学生和老师，只要有一方主动去关心一下，哪怕就是几句问候，都是一个互相信任的开始。

本案例技术路线图如图 1-18-1 所示。

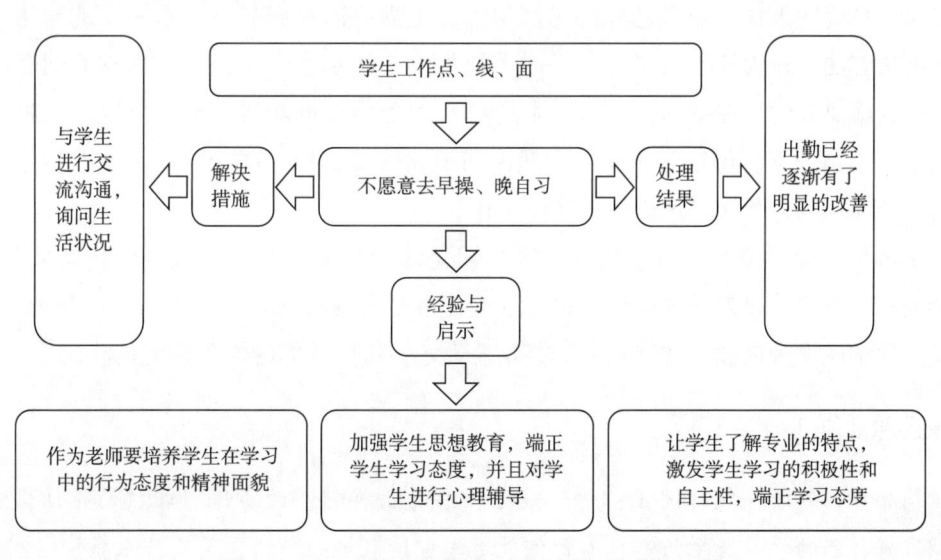

图 1-18-1 "学生工作点、线、面"技术路线图

三、经验和启示

学风是学生在学习上所表现出来的一种态度，作为老师更要培养学生在学习中的行为态度和精神面貌。加强学生思想教育，端正学生学习态度，并且对学生进行心理辅导的同时，也要让学生了解专业的特点，培养学习兴趣，激发学生学习的积极性和自主性，端正学习态度。在课外，也同样可以培养学生的学习兴趣，老师带领学生参加社会实践活动或者组织一些丰富多彩的文化活动等，如鼓励学生积极参加学习竞赛和科研创新活动。严明的考试纪律同样能够树立良好的学风，使学生养成诚信考试的好习惯，使学生充分意识到考试的严肃性和考试违纪所带来的巨大危害。其中，最重要的是要发挥学生的主体作用，充分调动学生的主观能动性，老师要经常督促学生到自习室或者图书馆学习，同时也发挥学生干部的模范作用，促进学生自我学习、自我管理，激发学生内在的学习动力。引导学生树立良好的学风意识，规范学生学习的行为习惯。老师在学校督促学生树立良好学风的同时，也应该适当地与家长联系，让家长清楚地了解学风建设的重要性，形成双管齐下的效果，共同创建良好的学风。作为辅导员，首先要和学生达成良好的共识，保证出勤率，只有小小的点站好，才能展开更大的学风面。

四、总结

这位学生出勤率已经有了明显的提高，期待她以后的学业顺利完成。学风建设是一项长期系统的工作，需要老师的不懈努力，也需要因材施教，针对不同的学生有不同的解决方法。作为辅导员老师，平时要更加细心地观察学生，一旦发现有问题的苗头产生，就要及时采取措施，并对学生进行心理辅导，重新树立良好学风。从根本上解决学风问题，不仅要完善学风建设理论知识，还要积累实践经验。掌握并结合学生的基本情况，深入落实和推进学风建设工作。

学风是一所学校的灵魂，是一种潜移默化的精神力量，并且激发学生奋发努力，健康成长。学风建设是学校建设永恒的主题，也是实现培养人才工作目标的重要条件。有良好的学风作为内涵，才能培养出高素质人才，希望我们的学生都能茁壮成长！

情景还原（图 1-18-2）

辅导员：开学一段时间了，你们最近状态怎么样啊？适不适应学校的生活，能不能调节好自己的学习与生活？我看你们最近军训请假挺频繁的，是有什么事情呢？

冯某：老师我没有什么特殊的原因，我男朋友在学校外面，我有时去看看，就不想参加早操和晚自习了。

　　辅导员：我们都是成年人，我们自己都能沟通，是不是不用和家长沟通了，哈哈。

　　冯某：不用老师。

　　……

图 1-18-2　"学生工作点、线、面"情景还原

第十九章

奋斗的你最美丽

郑 岩

一、案例事件

女学生S，学生会干部，长相甜美可爱，大三时提出要退出学生会，原因是要学好外语，以后好找工作。笔者经过与该学生谈话后了解到，该女生参加了一个外语协会，有学姐介绍她去游轮实习，学好外语毕业后就可以到游轮上做服务生，所以S女生认为学生会的工作会占用自己的个人时间，影响学习外语的效果，担心自己失去到游轮当服务生的机会。经过认真地沟通询问，了解到S女生在他人的影响下，认为在游轮当服务生很体面，工资丰厚，还能接触很多外籍人士，能让自己有机会过上光鲜亮丽的生活。

笔者时与S女生谈话过程中，发现该生语气轻松，描绘未来工作时充满幻想，完全沉浸在自己勾勒的美好未来中。

针对该生的情况，笔者与S女生进行了一系列的谈话教育，以下是相关分析和教育结果。

二、案例分析

（1）家庭中缺少关注。该生家中还有一个弟弟，也是在高校读书的艺术生，家中负担两个艺术类大学生的费用很吃力，作为姐姐总是担任照顾和牺牲的角色，内心渴望被关注。

（2）外界诱惑多。其所参与的外语协会，在组织一些学习活动过程中，总是有一些已经毕业的学生炫耀自己在游轮的工作，以学习外语、安排就业为名，吸引S女生向往游轮上的工作。

（3）缺少理想信念。没有通过奋斗去找寻并实现梦想的意识，将学习外语的意义用来当作满足自身虚荣生活的跳板。

（4）意志品质薄弱。忍受不了长期枯燥乏味的专业学习，想通过走捷径的方式满足自己的虚荣心。

（5）缺少职业规划。该生缺少对职业的认识，对自己的规划只是想要一份轻松、报酬多的工作，长远的打算也只是想通过认识有钱人来改变自己的生活。

三、教育方法

（1）与家长保持沟通联系。家庭是塑造一个人的性格和处事方法最直接的环境，也是成长过程中影响最深的因素。通过与家长的沟通，一同建议S女生准备参加研究生考试，做最好的自己，而不是靠依附别人成全自己的虚荣心。

（2）坚持沟通，建立信任。不定期地找她谈心，让她时刻感受到老师对她的关注。思想政治教育工作是循序渐进的，是需要润物细无声般的耐心和坚持。

（3）布置一些有意义的学生活动，让S女生既是活动的组织者，也是活动的参与者。在从准备到参加的过程中，帮助其体会作为年轻人奋斗才是最好的青春。

（4）分享一些名人传记和优秀书籍，帮助其陶冶情操，增加其文化积淀。加强理想信念教育。为学生树立正确的"三观"，通过学业教育、职业规划、主题班会等途径引导学生形成正确的"三观"，做好思想上的引领。

本案例技术路线图如图1-19-1所示。

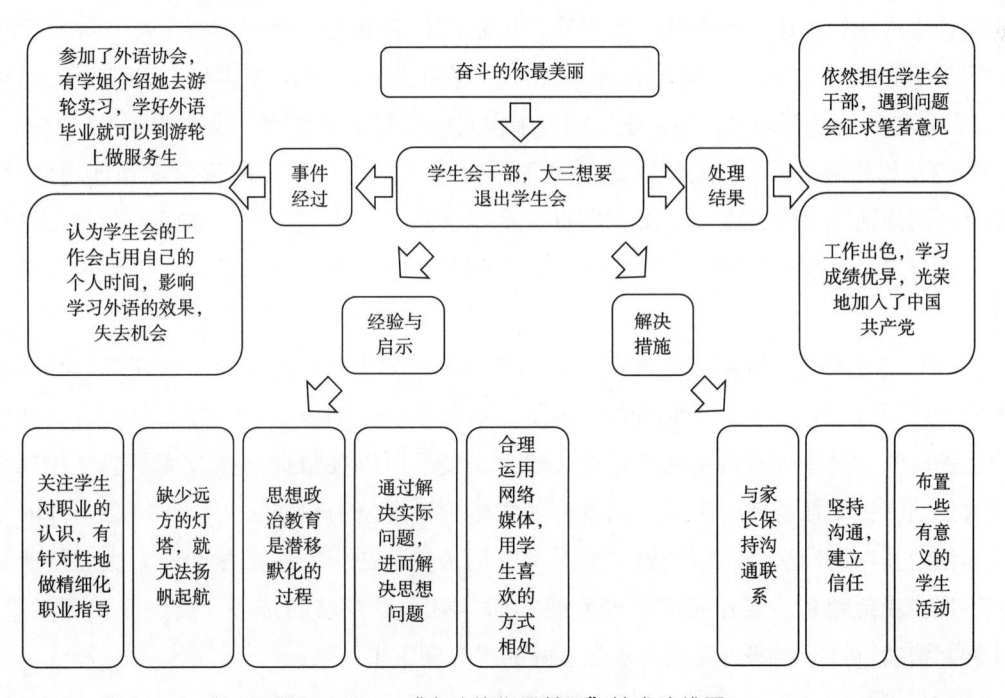

图1-19-1 "奋斗的你最美丽"技术路线图

四、教育效果

通过一段时间的谈话沟通，笔者帮助该生探寻学习的意义和方向，有针对性地对该生进行学业指导和职业规划，赢得了该生对笔者的信任。现在 S 女生依然在学生会担任主要学生干部，遇到问题会征求笔者意见，和笔者一起讨论工作中的方法，在学生会的工作中敢于承担重任。并在由于工作出色，学习成绩优异，光荣加入了中国共产党。经过充分地准备和认真复习，该生在今年的考研中总分达到了复试线。

五、教育案例反思

（1）关注学生对职业的认识，有针对性地做精细化职业指导。大部分学生对于自己所学的专业不是很了解，对社会上的职业关注，也只是关心工资待遇，完全不考虑职业发展规划。缺少对专业和职业的正确认识，使学生在学习和就业过程中找不对自己该有的方向。每一个学生的特点需求都不一样，所以在职业指导的过程中，需要有针对性地对学生做精细化的职业指导，帮助学生了解专业，找寻符合自己专业又符合其个人爱好和家庭需求的工作，有规划地学习、择业。

（2）缺少远方的灯塔，就无法扬帆起航。要关注学生的理想信念教育，坚定的理想信念就是学生心中茫茫大海中的灯塔，有了向往光明的力量，才有扬帆起航的勇气。理想信念的缺失会让大学生在生活中缺少坚定的信念和吃苦耐劳的勇气。在针对学生的理想信念教育过程中，更要有针对性地，遵循学生的成长规律和个人特点，坚持"以人为本"的教育理念，融入学生的思维模式中，帮助其理解、成长。

（3）思想政治教育是潜移默化的过程。帮助学生树立正确的价值观和理想信念，不是一次谈话、一次讲座、一次主题班会就能够达成教育意义的。要坚持在育人过程中，反复思考，反复实践，关注学生变化，随时调整教育方式，适应学生思想状态的变化。

（4）通过解决实际问题，进而解决思想问题。学生表面的选择，往往背后都有着不同的原因。要思考学生产生问题的本质，案例中女生的虚荣心一方面源自自身理想信念的缺失，另一方面是家庭负担重，缺少关爱。所以要帮助学生改变不能一味地只说大道理，更要帮助其解决实际困难，如学生生活经济有困难，可以在符合条件的基础上帮助其申请助学金，鼓励她好好学习，用优异的成绩获得奖学金；学生对就业认识不清，就帮助其从专业角度规划发展方向，树立对自己的信心，鼓励和认可学生，让她相信通过自己的努力会获得更加美好的青春和未来。

（5）合理运用网络媒体，用学生喜欢的方式相处。有些学生多心思细腻，内心敏感脆弱，缺少信心，考虑问题感性大于理性，不懂得如何表达自己的内心。面对面交谈往往使学生不敢表达，可以通过朋友圈、微信等学生喜欢的方式代替与学生面对面谈话，让学生可以在轻松自在的环境下与老师建立信任。

情景还原（图1-19-2）

　　S女生：老师我不想在学生会干了，我想退出学生会。

　　老师：干得好好的，怎么突然要退啊？最近是遇见什么事情了？

　　S女生：老师我要学好外语，准备以后好找工作。

　　老师：大概了解了一下你的情况，你这对未来幻想太美好了啊，不能沉溺在自己的幻想中，还是要脚踏实地才能有出路。

　　……

图1-19-2　"奋斗的你最美丽"情景还原

第二十章
A同学成长记

张洪梅

一、案例概述

A同学，入学当天就给迎新现场的所有人留下了深刻印象，因没分到中意的寝室而当场大喊大叫、痛哭流涕，从军训到上课不断与寝室同学发生各种矛盾，每次的矛盾都感觉自己是受害者，要求笔者处理的结果必须是她想要的样子，否则就会没完没了地找笔者解决。从大一开始到大三频繁换寝室，班级和寝室都没有朋友，同学中交流最多的是班长（因为通知和统计信息）。她的手机总是关机，平时只在教室、食堂、图书馆，基本不出校门。大三时因学工部寝室管理科学生干部查寝过程中A同学误解了学生干部，从早晨就坐在寝室管理科几个小时不依不饶，无论老师还是同学凡是在屋子里的挨个训斥，反复地重复一句话：你们的学生干部是怎么培养的？笔者赶过去把她请到笔者办公室，从接近中午到下班后一直在重复几句话。

二、案例分析

A同学性格内向且自卑。受父亲影响很深，父亲很爱A同学，在孩子身上付出很多心血，生怕孩子受委屈，所以任何事情都替A同学做主，让其没有任何可以选择的余地。从小到大长成了父亲想要的样子，却不是自己应该有的样子，习惯了任何事情问父亲，不自己决定，包括自己的衣服，都是父亲选样式，久而久之自己严重缺乏应有的判断和选择能力。

在父亲的"保护"下，A同学从小就没什么朋友，用其父亲的话说："她所有的老师我都熟悉，我家孩子听话。"进入大学，A同学和寝室同学关系紧张，第一时间不是找笔者，而是寻求父亲的帮助，在其父亲的帮助下，并未能成功解决矛盾，这给A同学带来很大苦恼。由于笔者对 A 同学的关注度提高到一级，她的异常笔者很快就能发现，从谈话中了解到，中学阶段由于经常和同学关系不融洽，父亲经常替 A 同学"出头"，导致同学们都不敢和 A 同学来往。

三、解决方案

1. 寻找适合的教育方法——陪聊

友好的聊天可以减压、舒缓情绪、提高正能量。笔者深知 A 同学在处理事情时没有自己的主见，为了帮助她重建应有的能力，聊天只是对问题进行客观分析，不作具体评判，不替她做决定。

无论何时何地笔者碰见 A 同学，都会主动走过去和她说话。如果笔者不和她说话，即使在路上碰见，她也会装作没看见笔者，其实她内心很想和笔者打招呼，但是怕笔者不理她，存在担忧和顾虑。

很多时候 A 同学遇到问题，找笔者解决，几句话反复说，能说半天甚至一整天，笔者会不厌其烦地陪她反复说，笔者知道，其实她不是有意想浪费时间说无意义的话，她一是太寂寞；二是想缓解当前遇到事情的压力，通过聊天的形式释放；三是笔者愿意真心和她接触并不给她压力，让她感觉心里踏实舒服。

因为她没有朋友，高兴无人分享，难过无人倾诉，笔者经常主动寻找机会找其谈心，笔者渐渐地成了她的朋友，她慢慢对笔者建立了信任，可以和笔者说心里话了，有时不和父亲说，来找笔者说。

2. 帮助恢复弱化的能力

A 同学善良、有上进心、聪明。随着 A 同学对笔者信任度的增加，和笔者说的话也多了起来，但依旧敏感，所以笔者必须做到和她说的每一句话都是经得起推敲的，只说确定的，不说不确定的，并且身体力行教她，但是笔者不说，让她用"心"去感受，慢慢感知到作为一名大学生、一个大人，应该用什么样的心态和什么样的行动去面对和解决生活中出现的各种问题。

3. 促进潜能的发展

每个人都是有潜能的，潜能的充分发挥有利于正常生活的实现和幸福指数的提高。A 同学由于受其父亲影响，其活动的空间和时间均被压缩，导致边缘化。A 同学具有强烈责任心，恰逢分寝室的时机，笔者先让 A 同学自己分到一个寝室，而后选寝室长，寝室同学异口同声地选了 A 同学。由于从小到大从来没有像这样成为"焦点"，A 同学很开心，主动思索该怎样为寝室和寝室同学着想，就这样触类旁通，A 同学慢慢地学会自己分析问题、解决问题。

4. 遵循"人在环境中"

人与社会环境是相互依存的。A 同学在学校读书，与学校的学习生活环境是分不开的，学校为学生的成长和成才提供了良好的学习和生活环境，而作为大学生应该做好自己的本职工作，通过努力学习增强本领，为将来走向社会奠定良好的基础，为社会作出自己的贡献。

本案例技术路线图如图 1-20-1 所示。

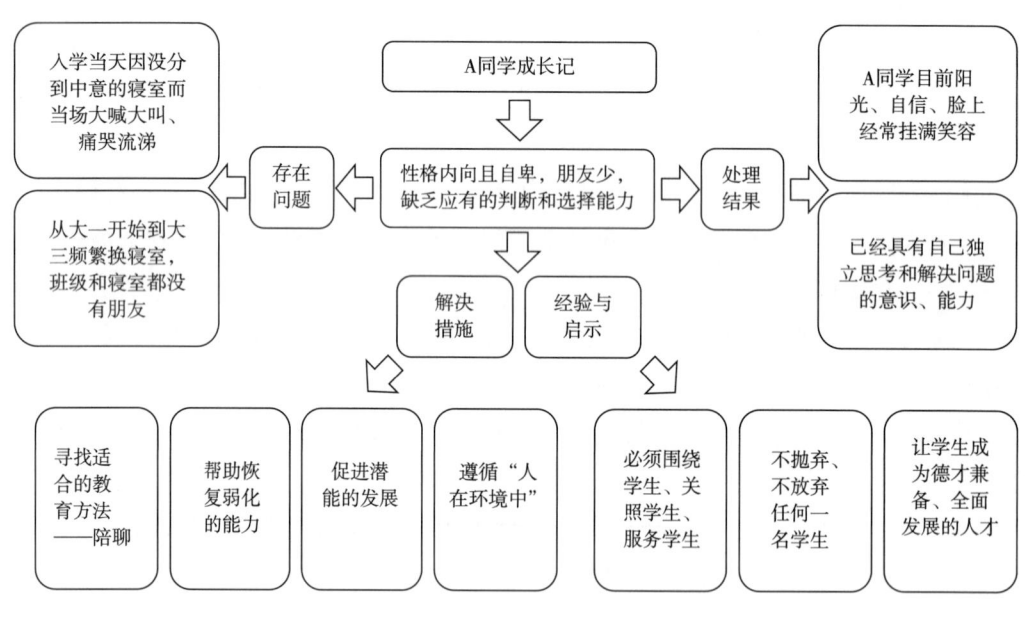

图 1-20-1 "A 同学成长记"技术路线图

四、教育效果

A 同学目前阳光、自信、脸上经常挂满笑容，路上遇见熟人能主动笑脸相迎、打招呼、问好，并且意识到原来父亲不是什么时候都是有道理的，这说明 A 同学已经具有自己独立思考和解决问题的意识、能力。

五、经验与启示

不抛弃、不放弃。"世界上本没有路，走的人多了，也便成了路。"思想政治工作从根本上来说是做人的工作，必须围绕学生、关照学生、服务学生，不抛弃、不放弃任何一名学生，让学生成为德才兼备、全面发展的人才。

情景还原（图1-20-2）

A同学：老师，我意识到了我父亲对我的管教有点过，时间久了，自己就严重缺乏应有的判断和选择能力。

老师：你以后处理事情的时候可以多参考你自己的想法，不要遇到什么事情就找家长，你也不小了，应该有主观的判断能力。

A同学：嗯嗯，好的，老师，我知道了，我也应该多想一想，不要什么事情都依赖他人。

……

图1-20-2　"A同学成长记"情景还原

第二十一章
新生班级干部工作矛盾案例分析

刘建波

对于刚刚步入大学校园的新生来说，大学生活是丰富多彩而美好的，大学校园也是充满梦想的地方。大学同学又是大学生活中的重要部分，伴随每一位学生，但是在相处的过程中也难免会出现各种小矛盾，这种小矛盾处理得当会避免进一步影响同学间的关系，处理不当就会激化矛盾，破坏同学之间的感情。下面以真实案例来分析高校辅导员如何构建和谐的同学关系和工作关系，增进同学感情。

一、案例概述

李某，男，性格活泼，做事认真、踏实，在入学军训期间各方面表现比较好，参加班委竞选并当选为班长，与同学关系也比较好，同时也是老师的得力助手。王某，女，性格外向，心直口快，平时做事也比较积极主动，与李某同在一个班级，也是班级干部。自入学以来二人表现都比较好，当选班级干部后，班级各项工作也都尽职尽责，与其他班级干部和同学之间的关系都比较好。临近期末考试，突然有一天王某来到笔者办公室，说有事要反映，这既在意料之中又在意料之外，意料之中的是，同学之间刚刚相识不久，在一起生活，难免会有些小问题出现，但是听了王某反映的问题后笔者又有些意外，王某向笔者反映的是，班长李某在考试座位的安排上出现了问题，王某觉得班长办事不够公平、公正，因此产生个人意见，并且当场已经向班长表达了不满意的情绪，态度可能有些生硬，二人都比较不愉快。

二、案例分析及解决方案

1. 案例要素分析

（1）通过分析此案例可以看出其属于人际关系类事件，主要是因学生干部之间的工作意见分歧问题诱发的矛盾。

（2）关键信息：学生干部、工作、人际关系、座位、公平公正。

2. 解决思路

（1）倾听学生的表达，只有充分听取学生的表达才能充分了解事件的经过，才便于更准确、更合理地解决问题。

（2）站在学生的角度思考问题，站在我们的角度去看待学生的想法、行为可能比较难以理解，但是，我们要掌握学生的成长特点，站在学生的角度思考问题，才更容易理解学生的所作所为。

（3）把握问题的根源，听取多方讲述事件的过程，找到问题的交集、矛盾点在哪里，这样才能更好地解决问题。

（4）公平、公正地解决问题，对于学生出现的问题，要在充分听取多方讲述情况后秉承着公平、公正的态度来处理问题，不能存有私心，这样才能使双方和其他同学都信服，才能在学生中树立个人威信。

（5）让学生透过现象看本质，处理学生之间的一个问题不难，但是老师需要做的是让学生通过事件反思做人做事的方式方法、为人处世之道。

3. 解决方法

（1）听取王某讲述事件的经过。王某说："班长排的座位不是按照老师要求随机分的，而是有同学私下和他说想坐在哪里他就给安排在哪里，班长这样做特别不公平，如果要是随机分的座位，坐在哪里我都能接受，但是我觉得这件小事都能靠关系，有些让人接受不了，我和他表达了我的不满，可能比较耿直，但我也只是针对这件事，并不是针对他本人。"

（2）评价王某的行为。首先对王某敢于向老师表达个人想法、意见，能够公平、公正地对待班级同学的事情表示赞赏，也对其针对这件事而不是班长个人的做法表示肯定；然后也提示王某，在对班长或者其他同学的想法或行为有不同意见时，表达上要注意语气、态度和方式方法，避免误会、矛盾的产生，必要时可以先向老师反映。随后，笔者让王某先回去，并告知她笔者会把这件事弄清楚，并按照随机分配的原则重新分配座位。

（3）听取李某讲述事件的经过。李某说："老师，我首先是按照随机的原则分的，但是，有个别同学和我说能不能排在自己想坐的位置，我觉得人家既然找到我了我也不好意思拒绝，而且大部分还是随机分配，他们几个人也不影响整体的座位分配。"

（4）评价李某的行为。首先笔者对班长能够替同学着想、懂得维护与同学之间的良好关系、为班级同学解决问题表示了认可；然后笔者也指出了作为班长做事一定要公平、公正，不管事情大小，都要秉承一颗公心，这是原则，为个别同学的个人需求这样做会让其他同学对他失去信任，让他失去公信力，也会让这几名同学觉得以后有什么事都能单独找他按照自己的需求处理。

（5）把握双方矛盾点，调解矛盾。因为正值期末考试，按照学校要求，每场考试前要将本班同学所在考场的考生座位提前安排好。笔者要求各班随机排序，一是要公平、公正，二是要避免违纪情况的发生，目的是让大家把注意力都集中在认真复习上。双方的矛盾点是在座位分配上是否有不公平的行为存在。笔者又将王某和李某叫到一起，分别说了双方的想法和关注的重点，并让双方发表了对此事处理上的不足之处。听了双方的表达后，笔者点评了两人的行为，告知两位同学接下来笔者重新安排座位。

4. 收获的成效

（1）使学生学会审视自身的不足，遇事从自身找原因。李某、王某事后纷纷表示，自己身上都有问题，王某说自己表达意见的态度有问题，李某也说自己确实做事有不恰当的地方。

（2）班干部的集体观念增强。两人都表示在以后的工作中，有问题及时沟通，注意方式方法，互相批评指正，为班级同学创造良好的学习、生活环境，团结一致，努力做好工作。

（3）同学之间懂得了相互理解，珍惜友谊。两人都学会了冷静思考，正确、恰当地沟通，锻炼了自己解决问题的能力。

本案例技术路线图如图1-21-1所示。

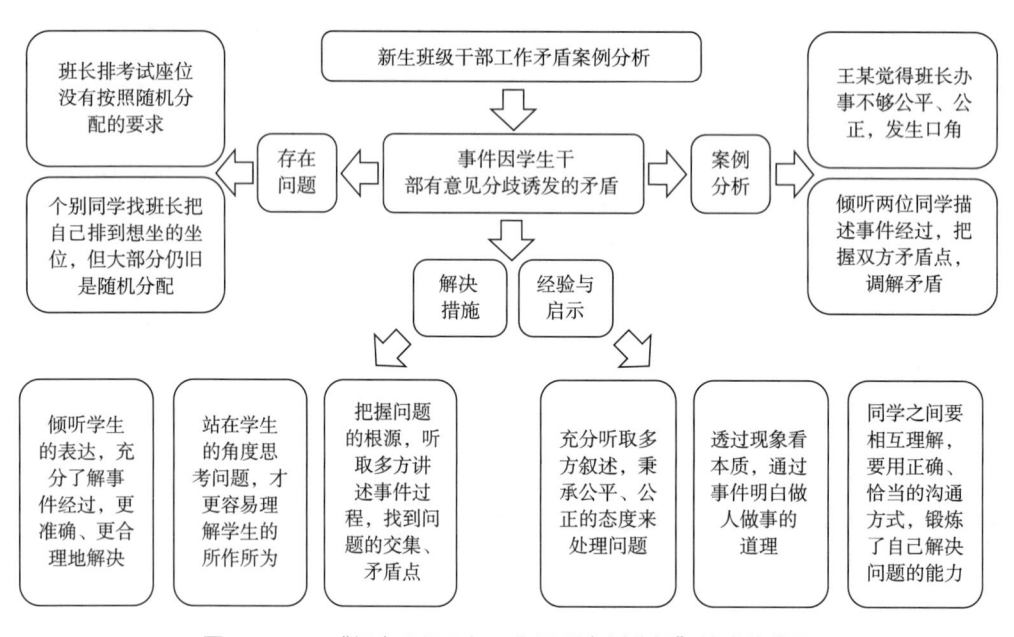

图1-21-1 "新生班级干部工作矛盾案例分析"技术路线图

三、经验与启示

（1）辅导员要把握学生个性化的性格特点，站在当事人的角度考虑问题，处理问题要公平、公正。

（2）辅导员在处理学生或学生干部间的矛盾或意见分歧时要多让当事人诉说，自己少说，多倾听。

（3）辅导员在处理问题时，批评不是主要手段或目的，而是要透过现象看本质，让学生通过这件事明白做人做事的道理。

（4）要让学生学会遇事从自身找原因，互相理解、互相包容，学会解决矛盾、处世之道。

（5）学生干部工作要秉承公平、公正的初心，不能因个人关系违反工作原则，对他人提出的意见要认真反思。

（6）学生干部之间工作要互相支持、互相帮助，有意见分歧要运用恰当的方式方法进行有效沟通。

情景还原（图1-21-2）

老师：王某，你大概说一下发生了什么事情。

王某：班长排的座位不是按照您的要求随机分的，有同学私下和他说想坐在哪里，他就给安排在哪里，特别不公平，如果要是随机分的座位，坐在哪里我都能接受，但是我觉得这件小事都能靠关系，有些让人接受不了。

李某：老师，我首先是按照随机的原则分的，有个别同学和我说能不能排在自己想坐的位置，人家既然找到我了，我也不好意思拒绝，而且大部分还是随机分配，他们几个人也不影响整体的座位分配。

老师：你这样做，确实不对，但是你这样确实也为个别同学考虑了。不管事情大小，都要秉承一颗公心。如果为个别同学开后门，别的同学也会对你有看法。

……

图1-21-2 "新生班级干部工作矛盾案例分析"情景还原

第二十二章
关于对大学生人际交往心理问题的一些看法

马 越

马克思说："人们在生产中不仅影响自然界，也相互影响着。他们只有以必须的方式共同活动，才能进行生产。"人类作为社会动物，无时无刻不伴随着信息交流，即人际交往。人际交往能力往往体现着一个人的综合素质。高校立身之本在于立德树人，要坚持把立德树人作为中心环节，把思想政治工作贯穿教育教学全过程，实现全程育人、全方位育人。心理健康教育作为高校立德树人的重要环节，而不良的人际交往问题会给大学生的心理健康造成负面影响，产生抑郁、焦虑及烦躁等消极情绪，较严重的甚至会发生无法挽回的事件。大学生在人际交往中产生的心理困扰直接影响他们的学习和生活。因此，在人际交往中的正确引导、及时干预、化解危机等积极措施对产生心理困扰的大学生具有重要意义。

一、大学生人际交往的重要性

大学生作为社会中的特殊群体，他们思想活跃、兴趣广泛、接受新事物的能力强，在人际交往过程中塑造自己的角色。成功的角色塑造往往对大学生的成长成才具有重要意义。

1. 人际交往是维护大学生身心健康的重要途径

大学生的心理健康水平反映他们的人际交往情况。一方面，积极的人际交往关系，可以促发饱满的精神状态，来客观辩证地对待包括人际矛盾在内的问题和困惑。另一方面，大学生人际交往情况影响着他们的情感变化。处于青春期的大学生，容易因实际问题处于情绪化状态。如果拥有良好的人际关系，对于大学生排解不良情绪有很大帮助。

2. 人际交往是大学生成长成才的必要手段

在人际交往过程中大学生能积累经验、获取信息、增长知识，在开拓视野的过程中结交新朋友，不断地学习、比较，提升综合素质。另外，大学生通过人际交往，可以了解他人，更能在他人眼里看到客观的自己，从而完善自我认知，得到全面发展。

3. 人际交往能力对大学生未来发展至关重要

在大学期间，大学生可以通过各种社交活动、课程学习、志愿者服务等方式结交各行各业的人士，建立广泛的人脉关系。这些人脉关系不仅能够为大学生提供学习、就业、创业等方面的帮助，还能够为大学生的生活增添色彩。

二、大学生人际交往中存在的心理问题

大学期间，大学生的身体及心理健康均处于发展的重要阶段，良好的人际交往不仅是学生学习及日常生活的实际需求，还是未来面向社会的现实需求。当前，大学生的人际交往及心理健康问题越发凸显出来。因此，如何强化大学生的人际交往能力，有效干预由此产生的心理问题是教育工作者重点关注的课题。

1. 自卑与孤僻心理逃避人际交往

大学生时期是一个社交的时期，但是很多大学生在面对社交场合时会感到焦虑、紧张甚至恐惧。这种社交焦虑可能是由于缺乏自信、社交经验不足、对自己的外貌及语言等方面的不满等造成的。这种焦虑会潜移默化地发展成自卑心理，在学习和生活中孤僻，不与人交流，并且回避他人主动的沟通和交往。自卑心理不仅限制了大学生日常的人际交流，对学生的心理健康也存在消极影响。学生在校园人际交往中，积极性和主动性都较低。这一现状，对大学生日后面向社会存在阻碍，学生也会逐渐与社会脱节，严重的甚至会产生抑郁情绪，最终呈现出人际交往障碍。

2. 嫉妒与虚荣心理影响人际交往

嫉妒心理在大学生人际交往中时常发生。往往表现在大学生与他人比较时，自身的某方面不足，进而产生的羡慕、嫉恨情绪，严重者甚至做出伤害他人和自己的行为。嫉妒心理是在人际交往中产生的负面心理问题，使学生不能树立正确的交往观。学生一旦形成这种心理，在人际交往中对于比较对象是否存在客观相对优秀的情况都会产生攻击情绪，不能在人际交往中形成对交往的正确认知，甚至做出损害他人健康及利益的行动，逐渐形成错误的心理。久而久之，身边的同学和朋友会对此渐渐产生厌恶心理，甚至仇视，引起更大的矛盾，不利于构建和谐积极的人际关系。大学生的不成熟、不健全心理的出现，表现在被比较人取得成功或者获得某些荣誉时，出现的悔恨、憎恨、愤怒等复杂的心态。有些大学生渴望成功、希望取得荣誉的心理非常强，当实践后的结果与期望不匹配时，加之被比较人的成功，或多或少在心理上出现一些异常，产生冲动心理和不能自控的情绪，从而容易在人际交往中出现问题。

3. 自负固执心理破坏人际交往

部分大学生人际交往中对自身价值评价较高。大学生正处于学习知识、了解社会、探索人生的重要发展时期，不仅要用新的心态应对学习和生活，更重要的是明白在人际交往中彼此该如何顺畅地沟通、增加了解，培养情感，但是部分学生在人际关系中出现的这种自负固执的心理，不能换位思考，带着偏执的情绪来进行人际交往、交流。这部分学生朋友少、圈子小，并且希望在生活和学习中得到别人的尊重，做人做事都带有强烈的主观性。

三、大学生人际交往中存在心理问题的原因

高校大学生产生人际交往心理障碍，既有大学生自身身心发展因素，又受社会价值观念、学校教育环境、家庭教育环境等外在的客观环境因素的影响。

1. 个人原因

大学生人际交往自我认知、人际交往能力、情绪控制等影响着其建立良好的人际交往关系。部分学生不能做到全面地认知自己和他人，认知过程容易带有片面性。大学生感情比较丰富，有些大学生可能过于以自我为中心，不愿意倾听他人的意见和建议，从而导致与他人产生矛盾；有些大学生可能过于敏感，对他人的评价和看法过于在意，容易被他人的言语所伤害；有些大学生可能过于孤僻，不愿意与他人交往。另外，一些大学生可能会沉迷于社交媒体，忽略了现实生活中的人际交往。这种社交媒体成瘾可能会导致大学生缺乏面对面交流的能力，影响他们的社交技能和人际关系。

2. 家庭原因

良好的家庭道德教育环境对大学生思想道德、人格品质的形成和发展起到了基础性作用。一是家庭教育方式是影响大学生人际交往的重要因素之一，家庭教育方式包括父母的教育观念、教育方式和教育行为等方面。如果父母过于严厉或者过于溺爱孩子，都可能会对孩子的人际交往产生负面影响。例如，过于严厉的父母可能会让孩子产生压抑和抵触情绪，导致孩子不愿意与他人交往；过于溺爱的父母可能会让孩子缺乏独立性和自我认知能力，导致孩子在人际交往中表现得过于依赖他人。二是家庭环境影响也是大学生人际交往的因素之一。家庭环境包括家庭成员之间的关系、家庭氛围和家庭经济状况等方面。如果家庭成员之间的关系紧张、冷漠或者矛盾不断，都可能会让孩子在人际交往中表现得不自信、紧张和孤僻。此外，如果家庭经济状况不好，也可能会让孩子感到焦虑和担忧，从而影响其人际交往能力。三是家庭文化背景也会对大学生的人际交往产生影响。家庭文化背景包括家庭的地域文化、宗教信仰、价值观念等方面。如果家庭文化背景与外界环境存在较大差异，也可能会让孩子在人际交

往中产生困惑和疏离感。

3. 社会原因

一方面，社会环境是影响大学生人际交往的重要因素之一。社会环境包括社会文化、社会价值观等方面。如果社会文化过于保守、传统，就可能会让学生在人际交往中感到拘束和不自在。例如，如果一个学生来自一个观念较为保守的地区，可能会在大学里面对异性交往感到拘谨和不自在。另一方面，随着社交网络的普及，越来越多的大学生开始依赖网络进行交往。但是，过度依赖网络交往也会导致大学生在现实中的人际交往能力下降，随着网络时代的快速发展，网络上虚拟的交往活动更容易引起学生的兴趣，反而对于现实生活中的交往活动存在恐惧或者逃避心理。❶ 例如，如果一个学生经常在网络上交友，但在现实中缺乏面对面交往的机会，就可能会导致其在现实中与他人交往时显得拘谨和不自在。

四、大学生人际交往中存在心理问题的对策与建议

1. 建立健全家校共育心理教育体系

家庭和学校对学生的心理健康及人际交往能力均起到关键性作用。因此，学校与教师应加强与家长的互动，形成多元化的心理教育体系，强化大学生的人际交往能力。一方面，在家庭教育中应该重视孩子人际交往能力的培养，营造和谐的家庭氛围，培养孩子的独立自主意识和社交技能。家长可以适当地给孩子提供一些社交机会，参加社区活动、兴趣小组等，帮助孩子与他人建立良好的人际关系。另一方面，学校应该加强心理健康教育，让学生了解心理健康的重要性和心理健康的维护方法，提高学生的心理素质。同时，开设针对性的心理咨询服务，为学生提供心理辅导和咨询，帮助学生解决人际交往中遇到的问题和困难，提高其心理健康水平；开展各种社交活动，为学生提供更多的社交机会，让学生能够在实践中学习和掌握社交技能，提高其人际交往能力。高校要创设健康的人际交往环境，抓好人际交往关键期，提供人际交往平台，促进大学生人际交往和心理健康的和谐发展。❷ 加强社团建设，鼓励学生积极参与社团活动。社团活动是提高学生人际交往能力的有效途径之一，通过参加社团活动，学生可以结交志同道合的朋友，培养自己的组织能力和领导能力，提高自己的人际交往能力；开设人际交往公选课程，帮助学生学习和掌握人际交往技巧，提高其人际交往能力。人际交往课程可以包括人际交往的基本原则、沟通技巧、情绪管理等方面的内容，帮助学生解决人际交往中遇到的问题和困难。

---

❶ 张文林、李景生、李玲玲：《大学生人际交往心理健康问题透视及对策研究》，《中国成人教育》2013年第11期。

❷ 吉菁：《关于学分制下大学生人际交往与心理健康教育的思考》，《思想理论教育导刊》2010年第11期。

2. 培养大学生养成优秀的人格和魅力

培养大学生形成正确的品格、德行，积极参与社交活动。积极参与社交活动也是提高大学生人际交往能力的有效途径之一。学生可以通过参加各种社交活动、参加社团、参加志愿活动等方式，扩大自己的社交圈子，与更多的人建立联系。在参加社交活动时，学生应该主动与他人交流，表达自己的观点和意见，增强自己的自信心和社交技能。加强自我管理也是提高大学生人际交往能力的重要途径之一。学生应该认识到自己的人际交往问题，积极寻求帮助和解决方案。此外，学生还应该加强自我反思和自我调节，学会控制自己的情绪和行为，避免因情绪波动而影响人际交往。学生还可以通过读书、听音乐、运动等方式来调节自己的情绪，保持心态平衡。大学生应该注重社会责任感的培养，通过参与社会公益活动、志愿服务等方式，提高自己的社会责任感和公益意识。通过这些活动，大学生可以更好地理解社会、关注他人。同时，也可以锻炼自己的领导能力和组织能力，还有健康的生活方式和自我约束，提高自己的形象和魅力。

3. 在社会实践中提高社交能力治愈心灵

大学生可以积极参加各种社交活动、参加社团、参加志愿活动等，扩大自己的社交圈子，与更多的人建立联系。在参加社交活动时，学生应该主动与他人交流，表达自己的观点和意见，增强自己的自信心和社交技能。在进行社会实践前，大学生需要对自己的内心进行深入的思考，了解自己的心理需求。例如，是否需要更多的社交活动来满足自己的交往需求，或者是否需要更多的独处时间来缓解压力和疲劳。只有了解自己的需求，才能更好地应对人际交往中的挑战和困难。社交活动除了可以帮助大学生拓展社交圈子，结交新朋友外，也可以增强大学生的社交能力和信心。在参与这些活动的过程中，大学生需要勇于表达自己的想法和意见，这样才能更好地与他人建立联系和沟通。在人际交往中，大学生需要学会倾听和理解他人。这意味着大学生需要关注他人的情感和需求，尊重他人的观点和意见，并且在表达自己的看法时要注意措辞，避免伤害他人感情。只有在互相理解和尊重的基础之上，才能建立真正的友谊和信任关系。在面对人际交往中的困难和挑战时，大学生需要积极寻求帮助和支持，包括向身边的朋友和家人寻求帮助，或者寻求专业心理咨询师的帮助。通过寻求帮助和支持，大学生可以更好地应对心理障碍和困难，同时也可以提高自己的心理素质和应对能力。

综上所述，如何培养大学生良好的人际交往能力，需要我们在学习与生活中慢慢地积累、体会和探索，每个人生命的主宰其实就是自己，针对自己人际交往中存在的问题，结合自己的个性特点，以用心的态度和行为对待人际交往，相信一定会找到适宜的方法挖掘自己的人际交往潜力，逐渐学会交往，建立和谐的人际关系。人不是抽象地蛰居于世界之外的存在物。人就是人的世界，就是国家、社会。大学生都必将走向社会，适应社会。适应是个人与环境间的互动，环境能影响个人的思想和行为，个人的思想和行为也影响着环境。社会适应主要是人际关系的适应，大学生要学会建立和谐的人际关系。人际交往受到多种因素影响，大学生只有具备正确的心理以及优秀的人格魅力，才能获得更好的人际关系，从而促进大学生心理健康发展。通过建立家校共同机制、加强社会实践、提高自身人格魅力，促进大学生心理健康发展，培育学生理性平和、乐观向上的健康心态，使大学生成为德才兼备、全面发展的中国特色社会主义合格建设者和可靠接班人。

第二篇　入学适应篇

第一章
合力育人，化解危机

马　越

一、危机发生

一天上午，辅导员老师接到专业课老师的电话，专业课老师表示正在上课的小白突然大哭，想找辅导员谈谈。

二、干预过程

辅导员在第一时间联系到小白，并一起在咨询室进行了交谈。在引导过程中小白由开始的崩溃大哭到逐渐可以交流。通过了解，小白由于刚步入大学一时间难以适应集体生活，时常感到不开心和心情压抑，由于专业特殊性对自身条件不自信、对未来充满恐惧。小白曾在中学期间遭受过校园暴力，有过离家出走、自我封闭的倾向。

辅导员在干预过程中引导该同学充分释放心理压力，建议其多与老师、同学敞开心扉，在新同学和室友中结交朋友；在当事人同意的情况下邀请专业课老师从专业的角度，一同对该同学在大学适应性、专业学习和就业前景方面进行引导。交谈完毕后小白的情绪得到了一定控制，但是并未停止哭泣，辅导员建议其与学校心理咨询师联系，小白并不排斥并且同意寻求心理咨询。

辅导员在交谈完毕后第一时间将此情况汇报给主管领导，并与学生家长取得联系，家长对小白的心理状态不甚了解，但支持并陪同其进行心理咨询与治疗。随后辅导员对小白的室友进行了约谈，了解到小白并未受到欺负或排斥，辅导员嘱咐其室友关注小白的情绪变化和行为倾向，并在日常学习生活中给予小白关怀，帮助其走出心理困境。

本案例技术路线图如图 2-1-1 所示。

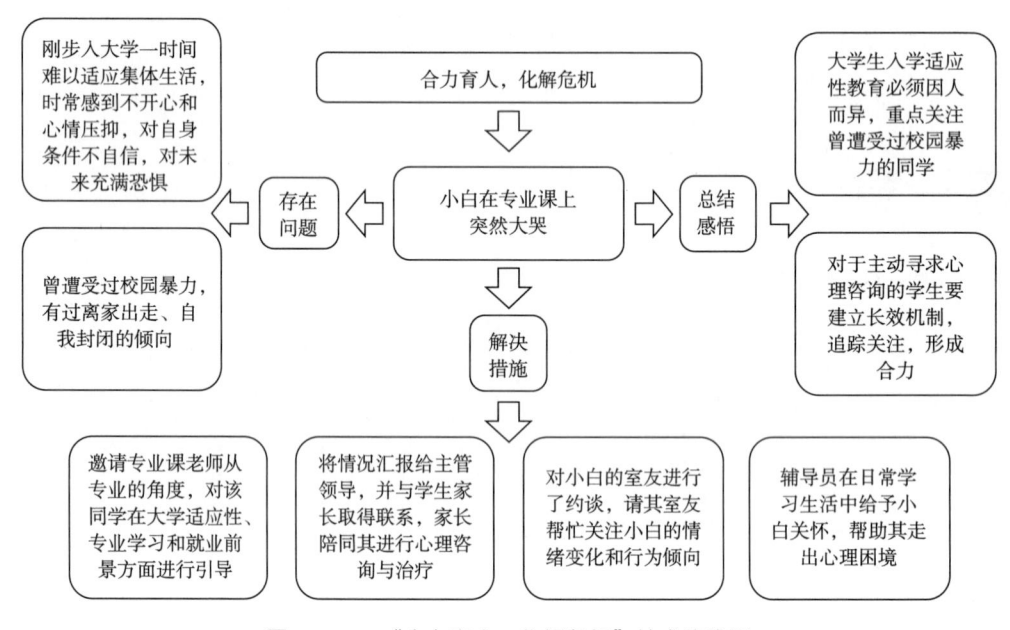

图 2-1-1 "合力育人，化解危机"技术路线图

三、干预结果

辅导员多次与小白进行交流，该同学情绪崩溃频率逐渐降低。从其同学和室友侧面了解到，小白对同学们伸出的友谊之手从不置可否渐渐变为接受，逐步适应。

从心理咨询师方面得到反馈，小白有轻微抑郁、轻生倾向，经过多次主动咨询，压抑情绪得到较大缓解，崩溃大哭现象减少。

经过一段时间的心理咨询（包括请假在家休息了一周）及家长的重视关怀，小白慢慢适应了大学集体生活，状态基本平稳，辅导员安排同学和班级干部保持关注，在后续谈心谈话中辅导员发现其能进行正常的大学学习生活，危机解除。

四、经验分享

大学生入学适应性教育必须因人而异，重点关注曾遭受过校园暴力的同学，并且对于主动寻求心理咨询的学生要建立长效机制，追踪关注，形成合力，避免情况进一步恶化，发生悲剧。本案例中危机能够成功解除得益于学校科学的心理危机工作体系，得益于学校心理健康中心、学院领导、辅导员、学生家长和同学的共同努力，密切协作。

（1）学生主动咨询、积极配合是危机解除的良机。对于主动寻求心理帮助的学生，辅导员要抓住其主动性，通过其自我剖析更直观地、全面地、及时地了解学生基本状况，更有利于找准问题所在、明晰根本原因、给予其合理化建议。这部分学生通常经过一段时间的心理咨询就能达到理想的教育效果。

（2）多方合力、持续追踪是危机解除的前提。学生在面对困境时首先想到的是找辅导员、主管学院学生工作的副书记谈心谈话，因此在心理干预过程中学生工作主体要给予学生充分的理解关怀，给予学生释放心理压力的机会和途径，帮助其走出心理困境。本案例中家长对学生的心理状况不了解、没察觉，对于心理健康知识没概念，没认识到曾遭受过的校园暴力经历对于学生本人步入大学生活产生的影响，但是危机发生后，在学生心理干预过程中充分的支持配合及持续关怀对于危机解除有较大帮助。另外学校心理咨询师进行的心理干预是危机化解的关键，多次的心理咨询、与辅导员的反馈交流逐步使学生走出心理阴霾。加上同学的关心，主动与其交流，持续向辅导员侧面反映该生情况，最终使该生的心理问题得到解决。

（3）学校的心理干预体系的及时启动是危机解除的关键。在本案例中，辅导员及时汇报，启动学生心理干预预案，学校学工部门安排尽快干预，在危机发生后学院党委副书记第一时间进行教育指导、辅导员谈心谈话、心理健康中心介入、简历学生心理档案、持续追踪关注，增强了心理健康教育的针对性，提升了干预成效，在学校、院系、师生三级心理干预网络的通力合作下，不仅解除了当下的心理危机，更形成了长效机制，帮助学生形成理性、平和、乐观向上的健康心态。

情景还原（图2-1-2）

小白：刚开学好不习惯啊，和高中的生活方式差别好大。

小白：好几个舍友围着我，问我去不去一起吃饭的时候我好害怕。

小白：我好害怕班级的同学会排挤我，好焦虑。

……

图 2-1-2 "合力育人，化解危机"情景还原

第二章

多方协作，化险为夷

杨德成

一、当事人基本信息

小美（化名），女，18岁，就读于某高校。家族无精神病史，父母健在。性格比较内向，朋友不多，经常沉迷于网络游戏。

二、个人成长史

小美，性格较为内向，家庭条件一般，从小学习刻苦，成绩优异，中学考入当地县城的重点中学，平时不善交友，少言寡语，喜欢网上聊天，总是独来独往，高考后来到了离家遥远的高校。

三、学生个人陈述

有一天夜里，熟睡中的笔者突然接到小美室友打来的电话，当时心情顿时紧张了起来。其室友描述小美同学今晚一反常态，有伤害自己的冲动。室友了解到小美曾患有抑郁症，觉得情况不对，就赶紧打电话告知了笔者。笔者马上打通小美的电话，了解情况。小美接听电话时，情绪还算稳定。她说从家乡来到大学后，发现大学生活与自己想象的不同，难以适应高校所在地区的气候和环境，由于性格比较内向，平时除了在网上与朋友聊聊天外，很少与同学当面说话，不善于跟同学交流，逐渐封闭自我，变得敏感、自卑，对专业知识感觉很难学懂，产生了焦虑、抑郁的心理，也希望能像其他同学一样拥有健康、快乐的大学生活，可却无法摆脱现状，很苦恼，一时冲动才有了不冷静的想法。

四、成因分析

小美的问题属于离开家乡和父母带来的失落，和大学目标不明确以及不自信带来的自卑，还有缺乏人际交往技巧带来的孤独。但该同学品质优良，寝室同学也并不排斥她，只是该同学不会社交且对社交行为有恐惧心理，再加上大学生活的不适应带来的焦虑心理，导致该同学心情低落，心理上出现了消极情绪。大学生是一个独特的群体，心理和生理方面都逐渐走向成熟，远离父母，独自面对现实的生活和所遇到的挫折。对于抗压能力较弱的大学生，就很容易对学习交往等失去热情和信心，变得自卑自责，从而患上不同程度的心理疾病。所以应积极开展大学生心理测评，针对有心理问题的同学进行及时引导、干预，及时治疗心理问题，将对学生伤害降到最低。

五、教育过程

经过电话询问过后，笔者主动找到小美，并与其面对面进行谈心谈话，也加了小美的微信好友。针对如何才能更好地与同学沟通这个话题，对她进行积极的心理疏导，了解其心理动态，缓解其焦虑心理。耐心地讲解作为新时代的大学生，首先要严格遵守学校各项规章制度，合理安排个人的作息时间，协调好在校期间的学习生活，积极参与学校各项活动，努力锻炼自己各方面的能力，提升自身素质；其次要合理规划大学生活，大一学会融入、学会适应、学会学习，争取不挂科；大二打好各方面的基础，确立人生目标，努力学习；大三定向目标，把握在校时间，抓紧学习；大四完成实习、论文任务，实现目标；最后顺利完成学业，都能理想就业（考研升学、考取公务员、事业编制、特岗教师等）。另外，笔者也分别找到小美同寝室同学了解情况，让所在寝室同学对她进行积极引导，平时多与小美进行聊天（谈谈人生理想、说说心里话、聊聊个人兴趣爱好等）。总之，在辅导员和同学们的积极影响下，让小美增强了自信心，敢于社交，逐渐消除了自卑心理。

六、初步解决方案

经过与小美的充分沟通，目前其已经恢复到平稳的情绪状态。随后小美的家长带领小美到精神卫生中心进行了复查，并通过药物进行治疗。小美的状态相对平稳后，辅导员安排同学保持关心和关注，通过谈心谈话也没有发现不正常的表现，危机解除。后期通过微信及办公室的面对面交流，从其同寝室的同学和所在班级的学生干部及她的个人朋友圈等多方面了解，可以看出小美心理状况有了明显好转，逐渐向朋友敞开心扉，更好地融入集体生活，自卑情况有了明显改善。

本案例技术路线图如图2-2-1所示。

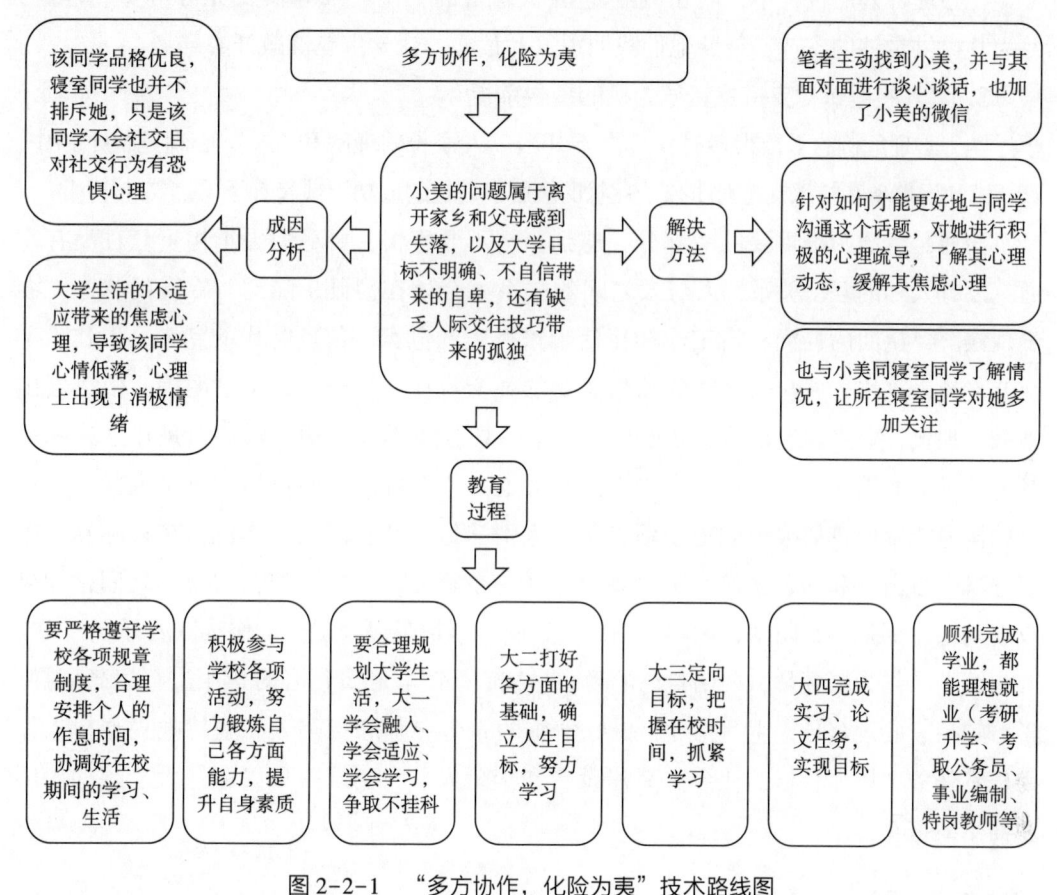

```
                    ┌──────────────────┐
                    │  多方协作，化险为夷  │
                    └──────────────────┘
                              ↓
┌──────────┐       ┌──────────────────┐       ┌──────────┐
│该同学品格优良│       │                  │       │笔者主动找到小美，│
│寝室同学也并不│       │                  │       │并与其面对面进行 │
│排斥她，只是该│       │                  │       │谈心谈话，也加了 │
│同学不会社交且│       │                  │       │小美的微信      │
│对社交行为有恐│       │小美的问题属于离开 │       └──────────┘
│惧心理      │←─成因─│家乡和父母感到失落，│─解决─→┌──────────┐
└──────────┘  分析  │以及大学目标不明确、│ 方法  │针对如何才能更好地│
┌──────────┐       │不自信带来的自卑，│       │与同学沟通这个话题│
│大学生活的不适│       │还有缺乏人际交往技 │       │对她进行积极的心理│
│应带来的焦虑心│       │巧带来的孤独     │       │疏导，了解其心理 │
│理，导致该同学│       │                  │       │动态，缓解其焦虑 │
│心情低落，心理│       │                  │       │心理            │
│上出现了消极情│       └──────────────────┘       └──────────┘
│绪          │                ↓                ┌──────────┐
└──────────┘            ┌────────┐             │也与小美同寝室同学│
                         │ 教育过程 │             │了解情况，让所在寝│
                         └────────┘             │室同学对她多加关注│
                              ↓                 └──────────┘
```

| 要严格遵守学校各项规章制度，合理安排个人的作息时间，协调好在校期间的学习、生活 | 积极参加学校各项活动，努力锻炼自己各方面能力，提升自身素质 | 要合理规划大学生活，大一学会融入、学会适应、学会学习，争取不挂科 | 大二打好各方面的基础，确立人生目标，努力学习 | 大三定向目标，把握在校时间，抓紧学习 | 大四完成实习、论文任务，实现目标 | 顺利完成学业，都能理想就业（考研升学、考取公务员、事业编制、特岗教师等） |

图2-2-1 "多方协作，化险为夷"技术路线图

七、总结与感悟

年轻人患有焦虑、抑郁症是一个必须重点关注的问题。干预的首要原则就是"生命高于一切"，也就是说我们要尽最大的努力避免悲剧的发生。本案例中，危机干预的成功进行得益于辅导员、当事人同学及室友、家长等的共同努力。

1. 不同人员之间的通力合作是危机干预成功的前提

学生面对危机时，最需要的是身边人的关心和理解，与学生关系最为密切的辅导员、学生工作副书记要想方设法让当事人与身边的朋友谈心、交流，释放自己的压力，从而使症状有所缓解或恢复到正常状态。在本案例中，抑郁症患者产生冲动后的危险性极高，必须高度重视、尽快干预。辅导员作为引导者、教育者和管理者，与学生接触的时间较多，他对学生性格、行为的了解与熟悉程度，深入跟进关心，对于危机起到了很好的预防作用。

2. 及时有效的心理疏导和心理评估对危机干预不可或缺

在心理咨询的过程中,对于处在危机状态中的学生,辅导员要充分尊重、理解,并为其提供足够的支持,帮助他们找回勇气和信心,让学生能够敞开心扉。

3. 家人的理解和支持是转危为机的重要前提

学生心理危机的干预很多时候都离不开当事人家长的理解和支持。心理危机干预中,家长的知识储备和情感支持对于孩子症状的缓解和危机的成功干预起着至关重要的作用。

沟通是生活中很重要的一部分,遇到事情不要害怕,要尽力去承担责任,没有沟通就没有人际的互动关系,人与人之间的关系就会处在僵硬、隔阂、冷漠的状态,会出现误解、扭曲的局面,给工作和生活带来极大的危害。信息时代的到来,工作、生活节奏越来越快,人与人之间的思想需要加强交流;社会分工越来越明确,信息层出不穷,现代行业之间迫切需要互通信息,这一切都离不开沟通。沟通,是建立人际关系的桥梁,如果这个世界缺少了沟通,那将是一个不可想象的世界。对个人而言,良好的沟通能够使我们很坦诚地生活,很有人情味地分享,以人为本位,在人际互动中充分享受自由、和谐、平等。不难想象,在一个家庭,一个单位,人与人之间,如果没有沟通,那是多么闭塞、无聊、枯燥、乏味。事情难以处理,工作难以展开。

综上,作为辅导员,要用自己的爱心、细心、耐心和责任心对学生进行思想引导、学习辅导、心理疏导、生活指导,做好学生的人生导师和指路人。坚持把立德树人作为根本任务,培养合格的社会主义建设者和接班人,为实现中华民族伟大复兴的中国梦而不懈奋斗!

情景还原(图 2-2-2)

小美:班里的同学都不懂我,只有网友才能理解我。

小美:这里冬天好冷,早知道不报这里了。

小美:上课的知识好难,下课后要好久才能学透。

……

图 2-2-2 "多方协作,化险为夷"情景还原

第三章

挽救学生退学心理案例分析报告

徐 晶

一、案例简介

高某，男，进校以来，不适应新环境，经常表现出烦躁的状态，性格孤僻，不爱与同学交流，有严重厌学症状，经常旷课，多次夜不归宿，有强烈的退学欲望。经过深入了解，高某在心理方面出现了很大问题。

二、案例分析处理

1. 分析原因，深入了解

大学新生进入校园后，经常要面对新的情况，扮演新的角色，执行新的任务，适应新的环境，大学生活的一系列变化逐渐使学生原有的习惯、心理结构和心理定式被打破，这让习惯了父母包办一切的学生不知所措，无所适从，在环境、学习、人际交往、心理等方面产生了一系列适应问题，即为环境适应不良。

通过同寝室同学了解到，该同学经常心情不好，情绪不稳，喜怒无常，而且不喜欢与人交往等。再通过查看入学资料发现该生家庭经济条件好，从其家长处了解到，高同学是第一次离家在外，并且是家中独子，自律能力差。中学阶段，都是父母或老师逼着学习，主动学习能力差，自控能力差，自我管理能力也差；父亲长期在外，缺少关爱，造成性格孤僻，缺乏人际交往能力。当他进入大学的新环境中，无法适应和理解这样的大家庭。

2. 找出学生的闪光点、逐步引导

通过全面的了解，发现该同学在写文章、书法方面很擅长。他是属于有特长的后进生，这对之后的思想教育工作有很大的帮助。

3. 解决问题的过程及效果

第一次交流沟通：辅导员第一次与该生面对面地交流，该同学提出退学申请，辅导员向他提出以下几个问题："第一，退学之后有何打算。第二，退学之后的谋生之路是什么或成家之后怎么养家糊口。第三，社会是一个大林子，在这个大林子中如何生存。第四，你退学想过父母的感受吗？如果你退学了，你这十几年的书是不是白读了？第五，辅导员已经和你父母沟通过了，他们非常关心你，希望你能够顺利毕业。第六，你是很优秀的，书法和文章都很有天赋，不要让你的理想消失在梦中。希望你回去好好想想要不要退学。"和该同学谈话后，辅导员请家长和学校一起努力把学生的厌学情绪转变过来，通过思想工作，努力树立好学生的人生观和价值观，使其重新树立起理想和目标。并希望家长多关心自己的孩子一些；希望家长每周至少打一通电话给孩子，这可以使孩子在思想上得到父母的关心和重视。

第二次交流沟通：辅导员主动找其谈话，以关心及和善的语气入题，谈论理想。辅导员肯定了他的特长，表扬了他，并给予鼓励，希望他继续努力，实现自己的理想。同时介绍他加入了系学生会宣传部。通过经常的交流和鼓励，辅导员发现高同学逐渐变得阳光了、变得有激情了、学习进步了很多。

三、案例解决的思路与建议

了解并帮助学生分析当前问题，给予相应的解决方法指导。学生在遇到困难时，因缺乏经验和全局观念，常常会出现如自暴自弃等较为极端的行为。这时，作为辅导员，要通过合适的方式，如找一个较为清静、不受打扰的地方与学生进行较深层次的沟通。只有切实了解学生的情况，才能采取更好的措施。辅导员在与学生的聊天中，将现有的问题一一分解成各个阶段的小问题，鼓励他们在不同的阶段将问题一一解决。

积极正确地联合学校和家长的力量。在处理学生情况的过程中，辅导员没有回避与家长的沟通。家长既然将孩子放心交给学校、放心交给辅导员，辅导员就有责任和义务适时向家长反映情况。在以上案例中，学校和家长的鼓励在解决学生的问题上发挥了巨大的积极作用。在学生心理遭受一定挫折时，最亲近的家人、朋友、学校老师能积极给予鼓励和支持，这对他们重新树立信心和勇气很有帮助。

本案例技术路线图如图 2-3-1 所示。

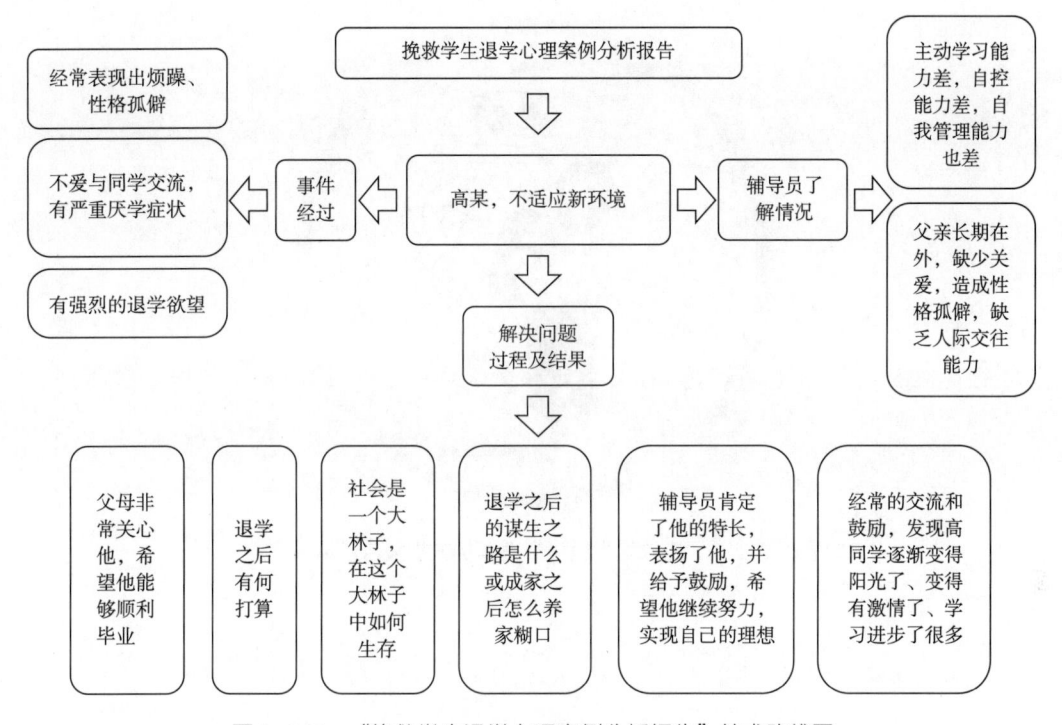

图 2-3-1 "挽救学生退学心理案例分析报告"技术路线图

四、辅导员工作思考

辅导员的工作必须具备"四心"即"耐心、爱心、细心、关心"。当问题出现时不能单靠自己的力量,还要利用学生家长、班干部和其他同学的力量,一起努力。与学生的交流沟通要采取平等的方式,积极赢得学生的信任,这样才能把工作做得更好。社会发展,科技进步,市场经济飞速发展的同时,西方的雅俗文化也随之进入人们的生活。高校数量日益增多,学生数量更是大幅增长。这就意味着,当代学生在生活、学习和就业方面将面临更多的困难和挫折。当今高校改革,注重学业调整,结构优化的同时,对大学生心理素质的培养也不容忽视。如何使大学生对自己、对人生充满自信,遇到困难挫折时不畏退缩,也是大学教育中的一项重要内容。

情景还原(图 2-3-2)

高某:大学的节奏好不习惯,不想学习,今天先不写作业了。

高某:这什么破洗衣机啊,好想回家,扫个二维码弹出一堆广告,还不好用,晒衣服都没地方。

高某:经常看见舍友和父母打电话,给爸妈打电话他们也不接,给我打那么多生活费有什么用……

图 2-3-2　"挽救学生退学心理案例分析报告"情景还原

第四章
及时沟通，转危为安

于子原

一、当事人基本信息

小明，在读学生，成绩中上，性格内向，多愁善感。父母常年在外打工，缺少沟通。初中因家长疏于管教，该生成绩下滑严重，未能考入高中，进入中职学校学习。对口升学进入大学后，开始反思自己，想通过参加考研、教师资格证、英语四、六级等考试提升自己，但是难以平衡日常课程与相关考试的学习，并且由于性格原因，不爱与人沟通导致产生心理问题。发现异常后，及时到医院就诊，经医院诊断为重度抑郁。

二、危机的发生

经班级心理委员汇报及室友反映，该同学上课时状况差，在宿舍整夜失眠，偶尔自言自语。经辅导员老师与该生沟通后了解到其已经产生生理不适，如心慌、心跳加速、头痛、手麻等情况。

三、干预过程

辅导员在了解到该生情况后第一时间通知其家长并在学院心理工作站备案，让家长陪同其去医院就诊，并定期复查。

医院诊断结果为重度抑郁，目前正在服药，症状已经得到有效的缓解，经复查已转为中度抑郁。辅导员处理如下：

（1）在沟通过程中，让该生认识到自己目前所处的心理异常状态，与该生共同协商进一步的解决办法，该生表示愿意接受专科门诊的进一步诊治。建议该生把目前的状态告知家人，从而得到他们的理解和支持，该生表示同意，并在咨询过程中就给母亲打了电话，并表示希望母亲能陪同自己去医院，其母当时表示会尽快来学校。

（2）让室友、班长多关心、帮助该生。向同寝室关系较好的同学和班长了解该生情况，在保护该生隐私的前提下，在学习、生活中多关心、照顾他，在寝室尽早休息，防止影响该生睡眠，多与他沟通交流，出现问题及时向辅导员汇报。

（3）定期和该生沟通。在和该生沟通的过程中，发现该生对自己的病情有正确的认知，也能按时就医、吃药。所以，在和该生沟通的时候，注意引导其正确对待抑郁症；根据自身情况适当运动；学会释放自己的情绪，多与朋友、老师沟通；学会客观看待问题，接纳事实，平衡学校课程与教师资格证考试的学习；注意劳逸结合，少熬夜。

（4）追踪随访阶段。在该生回家休息一周后，辅导员给其母亲打电话随访，其母亲表示该生服药后情绪和睡眠状况有所改善。辅导员向其母亲介绍了一些亲子沟通的方法和护理注意事项。两周后，辅导员给其母亲打电话随访，其母亲表示该生目前状态较之前有很大改善，辅导员建议可适当增加社会活动，目前该案例还在继续追踪随访之中。

本案例技术路线图如图 2-4-1 所示。

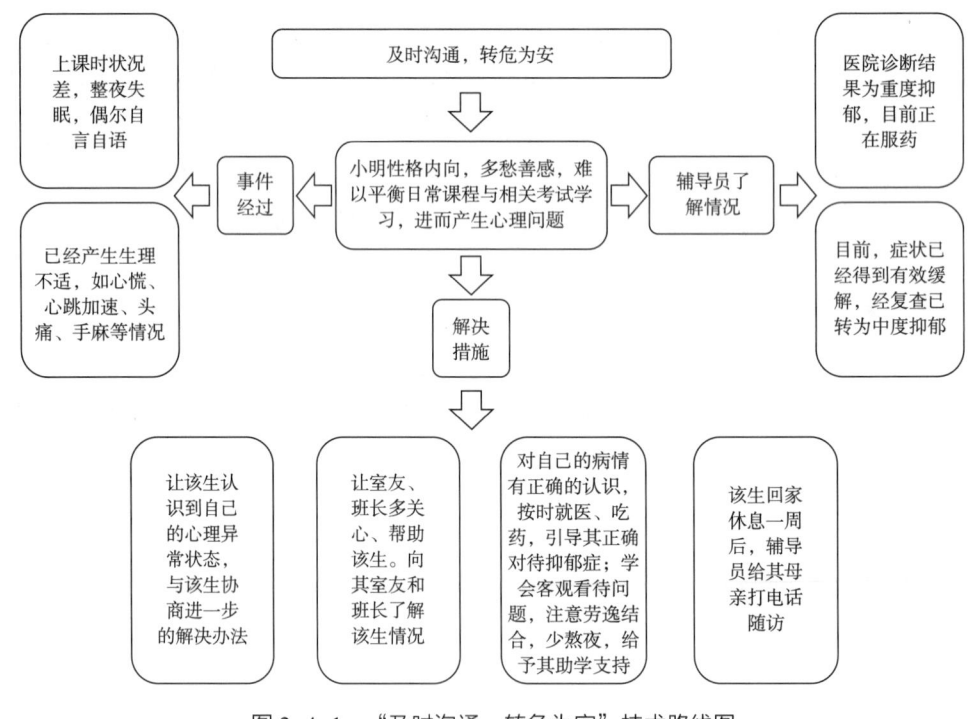

图 2-4-1 "及时沟通，转危为安"技术路线图

四、干预结果

想自我提升的压力、学校课程的压力，以及缺少与人交流引发抑郁，经过药物治

疗以及学生家人、同学、老师的陪伴使病情得到了缓解，该生对自己的抑郁有比较清晰的认知，能正确平衡有关考试及学校课程的学习，定期到医院复查。辅导员定期和小明沟通，小明目前状态良好，已经放弃负面想法。

五、经验分享

抑郁症从来都不是可以被忽视的疾病。抑郁症与抑郁情绪不同，当成为"症"以后，就需要足够的重视和治疗。

判断是否患有抑郁症的唯一正确方式是去看医生。网上的一些自测题不能作为确诊依据，因为能够造成抑郁症类似症状的疾病和原因有很多，需要医生进行检测、排除和确认。

抑郁症造成的一些问题有时会被人们忽视和无法理解，可能会被认为自身本就是"这样的人"或不与抑郁症联系在一起。了解抑郁症的相关常识、及时就诊很有必要。

由于抑郁症所造成的"无望"和"无价值"感有时会影响人们去寻求诊断和帮助，如果怀疑自身患有抑郁症，应了解相关知识，明白这是抑郁症导致的症状之一，看破抑郁症阻止患者寻求帮助的"伎俩"，能够帮助患者摆脱负面、扭曲思维的影响，从而寻求治疗。

如果是家人得了抑郁症拒绝寻求治疗，那么给他讲解相关知识，给予足够的关爱，使用恰当的方法"诱导"他寻求治疗也是可以的。事实上，家人的耐心和关爱，对于抑郁症患者寻求帮助和治疗，以及后续的治疗都会有所帮助，甚至起重要作用。

情景还原（图 2-4-2）

小明：我知道自己以前没好好学习，我现在反思。

小明：我想考教师资格证，考研，可是课程任务繁重，又没有时间，还要忙就业，好焦虑啊。

……

图 2-4-2　"及时沟通，转危为安"情景还原

第五章
由陌生环境和潜在抑郁引发的学生自我堕落危机的干预报告

张 东

一、当事人基本信息

L同学，女，系某高校大一学生。刚步入大学半年，由于对大学环境及生活方式不熟悉，之前读书时并未在校住宿过，加上本身的身体及心理方面状况不太好，对大学生活不太适应，内心情绪波动比较大，与舍友之间交流比较少，同学关系一般。面临多重压力，产生了内心抑郁、睡眠障碍等问题。经再三思考，她来到办公室找到辅导员，寻求学校心理咨询老师的帮助。经校心理老师与之沟通后，发现该生之前存在抑郁症等心理问题，并通过药物来进行治疗，但近期并未用药。心理老师和辅导员反馈之后，建议与该生家长沟通该生目前的状况，笔者让该生去医院接受治疗。

二、来访者基本资料

（1）家庭情况。该生为单亲家庭，一直跟母亲一起生活。平时与母亲沟通交流比较少，偶尔通过微信沟通，并且母女二人之间缺乏更深入的了解，且存在一定的代沟。

（2）校内生活。通过室友及部分同学了解到，该生平时与他人往来较少，经常独来独往，与他人缺少共同话题，严重缺乏安全感。

（3）学习情况。由于心理问题加剧，出现严重失眠的症状，每天心情沉重，学习效率降低，无法集中精力，学习成绩没有达到自己的要求，更加重了她的消极情绪和对自己的否定。

三、个人陈述

对大学生活不适应。由于自身适应能力较差，步入大学之后，对于大学的生活学习方式不适应，导致自身情绪消极、低落，本人性格较为内向，平时与其他同学来往甚少，和舍友关系一般，因此没有可以倾诉的对象。久而久之，孤立自己，从而影响自己的生活。该生为单亲家庭，一直跟母亲一起生活。平时与母亲沟通交流比较少，与他人往来较少，经常独来独往，与他人缺少共同话题，严重缺乏安全感。近一段时间出现了严重失眠，每天心情沉重，学习效率降低，无法集中精力。

四、评估与分析

该生存在的心理问题并未完全解决。通过了解，得知该生高中阶段心理方面正在接受治疗，但是近期并未服药，加上大学生活因素的影响，心理问题进一步加剧。再加上原生家庭的分裂，让孩子在成长过程中身心发展的环境有所缺失，得不到另外一半亲情呵护的孩子，容易性格孤僻或者自卑。

本案例技术路线图如图 2-5-1 所示。

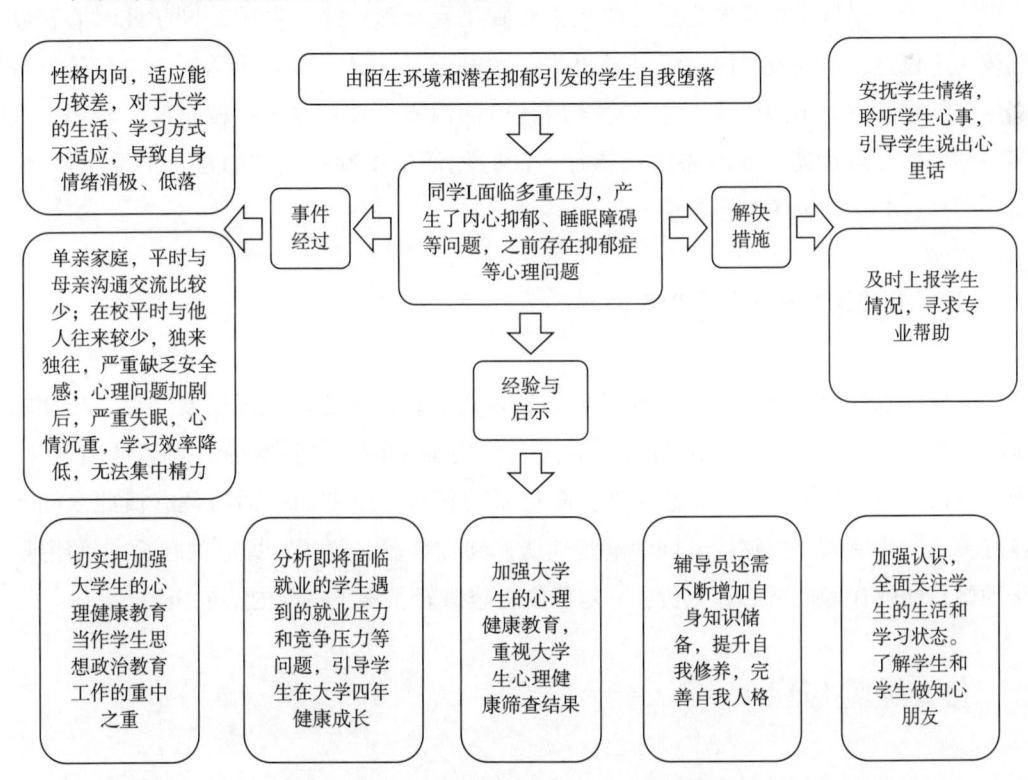

图 2-5-1 "由陌生环境和潜在抑郁引发的学生自我堕落危机"技术路线图

五、咨询辅导过程

1. 咨询辅导目标

由于 L 同学性格较为内向，平时朋友很少，在大学生活遇到困境之后，没有人可以倾诉，也不想找自己的亲人倾诉，加上之前心理问题的困扰，因此找到辅导员，希望能够得到心理帮助，解决自身目前的困难。

2. 咨询辅导方案与具体实施过程

（1）安抚学生情绪，聆听学生心事。辅导员告诉她有任何问题都可以放心说，辅导员会寻找最好的办法来处理困难，首先要说出问题才能想办法解决。于是，她开始敞开心扉，慢慢倾诉事情的来龙去脉。首先该生跟老师诉说近期什么都不想干，课也不想上，脑子非常混乱，不知道该怎么办。在这个时候，辅导员需要做的就是耐心聆听，并且告诉她有困难一定要告诉老师，千万不能憋在心里，老师就像是朋友，始终会帮助她、陪伴她，以引导学生说出心里话。

（2）及时上报学生情况，寻求专业帮助。经过进一步沟通，该生内心想要寻求学校心理老师的帮助，辅导员意识到已经不是单纯的生活和学习的困扰了，而是上升到心理层面了。因此介绍该生去校心理咨询室进行咨询，从而取得更为专业的帮助。校心理咨询老师了解学生情况之后，建议去医院接受心理治疗。由于 L 同学此时心理状况较为不稳定，需要及时向上级领导报告，做好记录，进一步开导学生。在与领导沟通后，结合心理老师的建议，与其母亲进行电话沟通，告知孩子在校情况，希望家人多关注她的心理动态，及时去医院治疗，同时生活中多倾听她的想法，不要责怪她，要理解她，共同帮助她走出困境。

六、后期学生情况跟踪

后期跟踪学生心理动态，定期进行心理咨询。在学生心理逐渐恢复之后，后期的跟踪工作意义更加重大。定期与 L 同学进行面对面谈话，关注她的心理和情绪变化，做到真诚对待、仔细聆听、耐心陪伴，赢得她的信任。定期的谈话对建立彼此之间的良好关系非常有利，能够让 L 同学清楚地认识到辅导员时刻在她身边关心她、陪伴她、帮助她，能够让她放下心理重负，一定程度上也减轻了学生本人内心的压力。

七、经验与启示

（1）加强大学生的心理健康教育，重视大学生心理健康筛查结果。随着社会的发展，社会竞争加大，因此大学生面临多方面的心理压力。比如，刚入学时面临的新环境适应问题、学业困难所带来的心理焦虑、个人情感困惑、家庭经济状况给学生本人带来的经济压力以及由此产生的不自信和自卑等心理。即将面临就业的学生遇到的就业压力和竞争压力等，如果这些问题带来的不良情绪不能够及时得到宣泄和缓解，将会带来不可想象的后果，这是家长和学校都不愿看到的事情。在日常工作中，高校辅导员要始终将学生放在首位，关爱学生、服务学生，引导学生在大学四年健康成长，抗压能力不断增强。切实把加强大学生的心理健康教育当作学生思想政治教育工作的重中之重。建立以学院负责人、年级负责人、班级负责人、宿舍负责人为主导的四级心理管理网络，密切关注日常行为异常人群，对于特殊情况及时上报，对于重点人群特殊关注，做好日常记录，并且做好相关的保密工作。

（2）辅导员还需不断增加自身知识储备，提升自我修养，完善自我人格，进而在日常的思想政治教育工作中，正确引导学生、正面影响学生，在潜移默化中触动学生，助其成长。此外，辅导员不仅要做学生的知心朋友，更要做学生的人生导师。辅导员不仅要帮助学生解决他们遇到的一个个困难，而是要通过这些问题真正从思想上、从根本上引导学生，培养学生解决问题的能力，使其遇到困难时能够冷静面对、理性处理，让学生从思想上真正进步，从心智上得到成长，从而有计划、有目标地规划自己未来的人生道路。

（3）加强认识，全面关注学生的生活和学习状态。全面了解学生的前提是辅导员要做学生的知心朋友，这样才能与学生进行良好的沟通。并且辅导员应该充分了解学生的家庭背景，对特殊群体予以高度关注。只有充分关注学生的内在感受、内心压力和需求，才能防微杜渐，预防和减少学生心理问题的发生。建立家校联系机制，加强与家长的沟通，普及心理学知识。熟悉心理突发事件的应对流程，在突发事件发生后，辅导员应立即赶赴现场，告知家长，识别学生的问题，及时向相关领导汇报，才能及时、迅速、有效处理学生心理突发事件，确保明确不同时期学生心理问题的应对措施。在危机事件处理完成后，辅导员必须持续关注学生的思想心理动态。为了使学生健康成长，应建立辅导员、学生干部、寝室同学、班级同学联合体系，给予学生温暖的学习生活环境，有利于学生迅速地恢复正常的生活，圆满地完成学业。

情景还原（图 2-5-2）

  L：第一次住宿，睡不好觉，处理不好室友关系，好迷茫，好焦虑啊！

  L：别人有问题都找家长，而我却不能，我自己该怎么办？

  L：学习也学不好，也学不进去，学业怎么办？

  ……

图 2-5-2　"由陌生环境和潜在抑郁引发的学生自我堕落"情景还原

第六章

关于新生适应障碍

张丽郢

一、一般资料

小 W，女，18 岁，本科一年级新生。该生家庭经济状况良好，为家中独女，从小学习成绩中等，高考后进入学校读工科。

二、学生个人陈述

小 W 发现自己难以适应大学的新生活。院学生会及各类学生组织的招新面试全都失败，而她的几位室友全部通过了面试，成为院学生会或者班级的骨干力量，由此小 W 渐渐产生一种自卑心理，觉得与室友差距太大。这种不自信导致小 W 在人际交往上也存在着一定的问题，变得害羞自卑，甚至害怕与人交流，缺乏交往的主动性。这一系列问题导致小 W 的精神状态越来越差，学习效率降低，期末考试还挂了科，甚至开始怀疑自己是否适合继续大学生活。

三、成因分析

进入大学之后离家较远，由于学习、生活方式都发生了很大的转变，与父母的沟通不够及时，同时由于性格内向，可以倾诉的朋友也不多。因此消极、压力大等心理问题集中于人际关系和学业方面，遭遇适应障碍和学业压力等心理问题。

四、教育过程

尽快使小 W 认识到自己所拥有的不合理信念，将小 W 的认知和评价从消极的方向引导至积极的方向，尽可能地消除不良情绪。对小 W 进行干预，帮助其改变认知结构，重构自身经验，树立具体行动目标，最终破除小 W 所陷入的"失败—负面情绪—再失败"恶性循环。

五、初步解决方案

帮助小 W 分析和解决问题，消除不合理信念，促进小 W 的内在观念和外在行为的转变。引导小 W 充分挖掘自身资源，激励小 W 在行为模式上进行改变，帮助小 W 尽快适应大学生活。增强自我调节与自我效能，促进人格完善。

本案例技术路线图如图 2-6-1 所示。

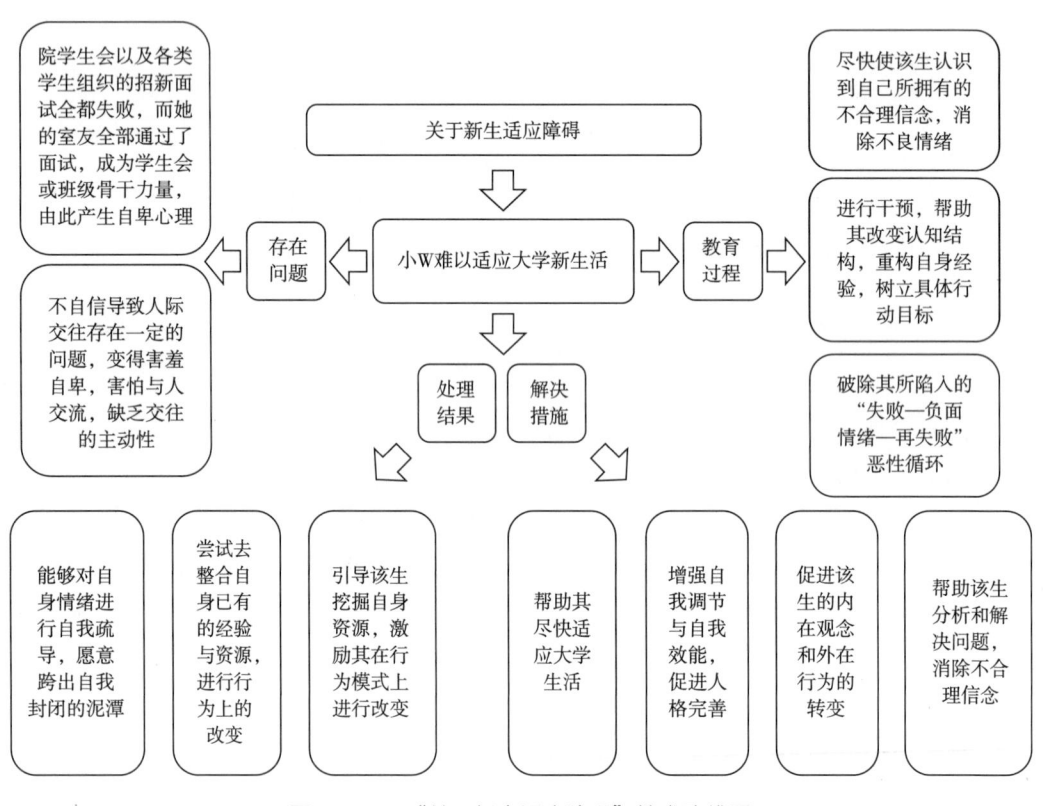

图 2-6-1 "关于新生适应障碍"技术路线图

六、总结与感悟

随着心理辅导的展开，小 W 开始认识到，更好的做法应该是以正面积极的态度挖掘自身的能力和资源，寻求问题的解决方法。这说明小 W 能够更好地对自身情绪进行自我疏导。小 W 所遭遇的适应问题不仅涉及心理的自我调适，也涉及实际学习方法的转换，小 W 愿意跨出自我封闭的泥潭，尝试去整合自身已有的经验与资源，进行行为上的改变。

经后续的追踪，尽管小 W 没有完全消除焦虑和紧张的情绪，也没有完全达到她理想中的学习状态，但是已经能够以更为积极的心态去面对自身的处境，不再急于求得完美，这使她的大学生活逐渐步入正轨，也达到了最初设定的目标。

情景还原（图 2-6-2）

室友：今天上午面试的学生会和社团面试都通过了耶，好开心！

小 W：为什么我的面试都没有通过？为什么？

室友：小 W，没关系的，是不是你面试的时候说话声音太小了，放不开呀。

小 W：是我的问题，是我声音太小了，是我的问题。

……

图 2-6-2 "关于新生适应障碍"情景还原

第七章

树立边界，自我成长

赵丹凤

一、当事人基本信息

女学生 J，父母年纪大，哥哥比她大 15 岁，负责打理她的一切事物，性格内向，比较胆小、自卑、不爱说话。在交际方面，不合群，害怕参加集体活动，上课从不主动举手发言。

二、危机的发生

同寝室同学经常不经过 J 同学的同意私自使用她的物品，J 同学感到非常困扰和难过，找到了笔者，笔者和她在交谈的过程中，了解到她从小到大经常有类似的困扰，哥哥经常批评指责她，安排她的事项，即使她不喜欢的事情，也不会去表达出来，任由哥哥安排。面对同学借东西，她也是有苦说不出，有怒不敢言，担心不借对方会不高兴。在谈话过程中，笔者观察到她的手一直在动，非常紧张，眼神飘忽不定，不敢与笔者对视，特别缺乏自信。

三、干预过程

针对该生的情况，与其进行了一系列的谈话辅导，以下是通过谈话了解到该生的相关情况后进行的情况分析。

（1）该生家庭条件优越，父母年纪较高，父亲常年在外地，母亲对孩子的事物负责较少，哥哥和其年龄差距较大，从小到大很多事情都是被哥哥安排好，哥哥习惯性指责和打压式教育，导致 J 同学极度缺乏自信心，感觉自己什么事情都做不好。

（2）J 同学曾经与同学发生过冲突，该生在中职一年级的时候，有一次哥哥打来电话说要给 J 同学调整寝室，J 同学无法与室友处理好关系，经常被越界，遇到事情习惯性逃避，不懂得捍卫自己的边界，也不主动寻求帮助。

（3）缺乏解决问题的方法。遇到事情容易情绪化，习惯压抑情绪，不愿和别人分享自己内心的感受，认为是其他人欺负自己，自己特别委屈。

（4）敏感而脆弱。平时在食堂打饭的时候，看到前面两名同学窃窃私语，就会感觉是在说自己，特别敏感又脆弱。

（5）经常莫名其妙的闹心、不开心。

在分析了该生相关背景的情况下，结合该生性格特征和实际情况，采取以下措施对该生进行教育引导：

（1）与 J 同学进行了一对一的沟通，倾听她内心的话语，感受她的感受，在意她的感觉，让她在老师这里能够得到良好的感受，感受到被爱。帮助其清晰定位目标，应用未来愿景法，使学生期待未来。最终 J 同学决定去临床实习，这一年做好准备，踏实实习，努力学习文化知识迎接明年的高职单招考试。

（2）J 同学感觉到被越界。同学经常不经过她的允许就使用她的物品，该生感到特别困扰，如果不借对方，又怕同学说她不好。笔者首先充分地表扬赞美该生的做法，然后告诉她如何捍卫自己的边界，一是知道边界在哪儿；二是有捍卫边界的勇气；三是能够解决因捍卫边界而引起的冲突。凡事至少有三种以上的解决办法。

（3）修复和哥哥的关系。J 同学表达当下和哥哥关系比较生疏，一想到哥哥，自己就有些不舒服，源自哥哥经常批评和要求她。通过和 J 同学沟通，让其看到当下自己所拥有的幸福，有哥哥事无巨细地帮助、照顾她，看到哥哥背后对她的是一份爱。想和哥哥有良好的关系，首先我们自己要先去做些什么，可以力所能及地提供一些服务，比如给哥哥倒杯水、做一些家务等，也可以和哥哥谈心。当被哥哥指责时，和哥哥如实表达自己内心的感受，可以和哥哥说："当你批评我的时候，我真的感觉自己什么都做不好，我特别难过。"

（4）教会区分两件事，自己的事要尽力而为，自己开不开心，买什么东西，都是自己可以做主的事。别人的事要保持好边界，我们不越界。

（5）做"三赢"的事情。做一件事，要符合我好、对方好、社会好，违背"三赢"的事不去做。

（6）列出人生愿望清单，从眼下的焦虑转向未来，对未来有所期待。

本案例技术路线图如图 2-7-1 所示。

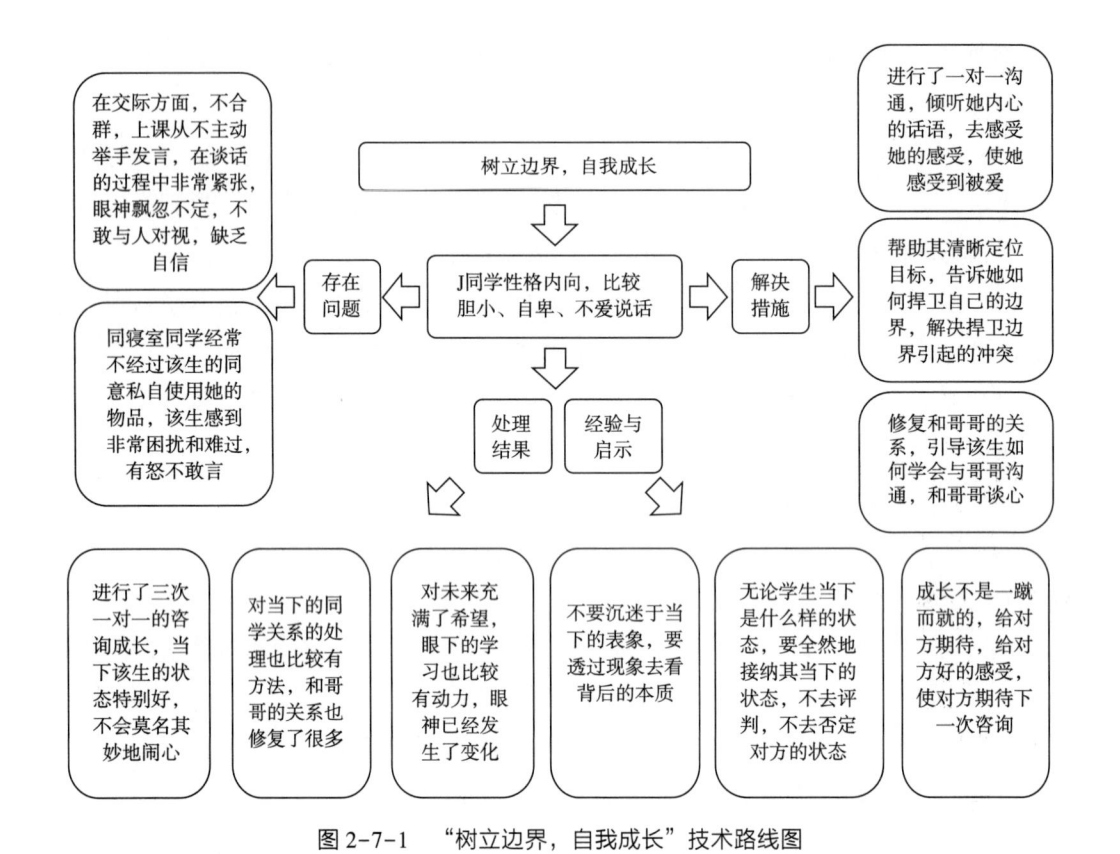

图 2-7-1 "树立边界，自我成长"技术路线图

四、干预结果

此案例已经进行了三次一对一的咨询成长，当下 J 同学的状态特别好，不会莫名其妙地闹心，对当下的同学关系的处理也比较有方法，和哥哥的关系也修复了很多，对未来充满了希望，眼下的学习也比较有动力。从很多细节也能够呈现出来，比如肢体语言，J 同学的眼神已经发生了变化，第一次聊天时，她特别迷茫，眼神飘忽不定，手不断地动，都是焦虑有情绪的表现；最近一次聊天，她眼神特别坚定，手也没有那么多小动作。笔者能够感受到 J 同学的内在力量的增强。

五、经验与启示

（1）无论学生当下是什么样的状态，要全然地接纳其当下的状态，不去评判，不去否定对方的状态。要在这样的情况下去找到对方的一些优点，表扬和赞美对方。

（2）不要沉迷于当下的表象，任何情绪和行为背后都是有需求的，要透过现象去看背后的本质。

（3）成长不是一蹴而就的，每一次的陪伴不用输出太多内容，引导对方自己去解决问题，给对方期待，解决当下的困扰，给予对方好的感受，让对方能够期待下一次的咨询。

（4）适时的心理咨询能够为学生解决很多困扰，如思想压抑、缺乏食欲、厌倦学习、情绪低落等。并针对个别学生的心理失衡、心理挫折，及时给予心理支援和心理疏导，密切关注他们、理解他们、倾听他们、帮助他们……

（5）心理健康教育更多的时候是一和"隐性"的教育，是一种潜移默化的教育，其效果并不是立竿见影的，也不是心理老师一个人所能支撑的保护伞。使心理健康教育朝着健康、科学、有效的方向发展是每一名专业老师义不容辞的责任。

（6）如果不能用大大的爱去做大大的事，那么就用这份大大的爱去做小小的事，每一名学生只是班级的一名成员，但却是一个家庭的全部。

情景还原（图 2-7-2）

老师：J 同学，你对未来工作有什么规划吗？

J 同学：老师我想考一个好的学校，踏踏实实认真学习。

老师：首先你的想法是正确的，我们要有自己的原则、边界感，更要有捍卫自己原则的勇气。

……

图 2-7-2 "树立边界，自我成长"情景还原

第八章

改变自己，向阳而生

陈　柳

一、当事人基本信息

男学生小丁，单亲家庭，由于家庭原因，该生易怒，情绪易激动，性格冲动。这些问题导致该生在班级内人际关系较差。但该生自己渴望交友，导致心里非常矛盾，在朋友圈发布一些悲观的内容。

二、危机的发生

班主任于早上7点在朋友圈发现这一情况，借着早自习的时间在办公室与学生进行了谈话，在谈话过程中发现该生堆积了大量不良情绪没有宣泄，该生知道是自己的性格导致目前交友情况不佳，但是苦于找不到方法去改正，交友不顺的情况和内心渴望朋友交织在一起，致使其生活态度悲观，自我感觉孤独，已经产生了退学的念头。

三、干预过程

针对该生的情况，笔者先和小丁的母亲进行了电话沟通，因为其母亲工作较忙，自己也清楚对孩子的陪伴和关心较少，也明白小丁情绪容易激动，很容易在冲动之下做出一些无法挽回的事情，但也苦于不知道怎样能帮助孩子。

在和小丁家长沟通之后，笔者又找了班级的其他几名同学了解情况。根据沟通得知，大家都有些惧怕小丁的冲动行为，不敢和他聊天接触，而这种情况被敏感的小丁察觉后，他变得更加自卑、激动，形成恶性循环，久而久之，大家也都不和他交朋友了。

明确了小丁的这些情况后,笔者思考了以下几种干预方法。

首先,再次和他的家长进行沟通。因为小丁情绪激动的问题持续时间较长,自身难以控制。所以,笔者建议家长先带孩子去专业的心理医院做一个测评,听取医生的建议。同时笔者也告诉家长,我们要做到"双管齐下",家长在孩子平时回家后也要多关注孩子的生活和学习,多与他进行沟通和交流,做孩子的倾听者。

其次,学校方面,笔者也会和学生再进行沟通和交流,运用罗森塔尔效应,即期望理论,向他表达信任、尊重和期待,并让他当班委,让他自己也坚信自己是可以改变的,消除他对其他人包括老师的敌对心理,让他愿意接受大家的帮助。同时笔者也对小丁多鼓励,消除他在交友方面的自卑感,增强他的自信心,帮助他走出困境。

最后,在班级其他同学方面,笔者叮嘱了几名班委同学,让他们多组织一些集体活动,帮助小丁融入班集体。

本案例技术路线图如图 2-8-1 所示。

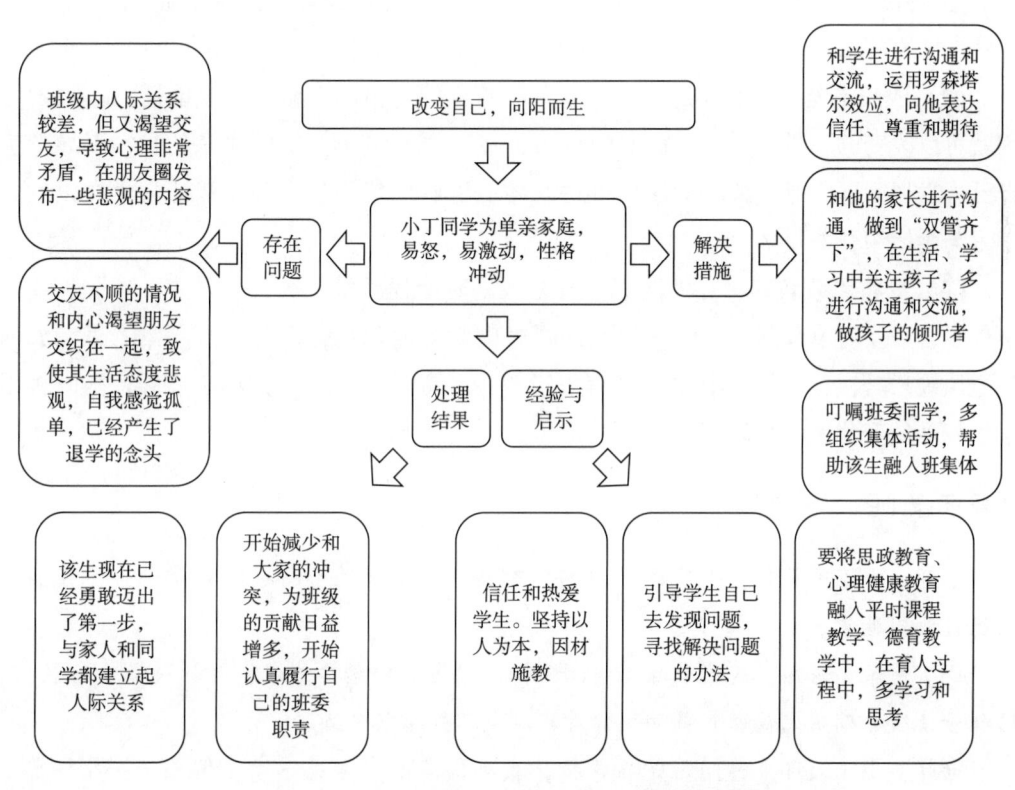

图 2-8-1 "改变自己,向阳而生"技术路线图

四、干预结果

此案例目前来看,干预的速度较快,案例中的该男生目前已有了很大进步,通过三个方面的干预,该生现在已经勇敢迈出了第一步,与家人和同学都建立起人际关系。笔者深知教育一个人、改变一个人非常困难,孩子的坏习惯是日积月累养成的,但通过干预和教育,他的进步也是所有人都有目共睹的,他开始减少和大家的冲突,为班级的贡献日益增多,开始认真履行自己的班委职责。笔者相信在不久的将来,笔者会见到一个全新的小丁,这需要大家共同的努力。

五、经验与启示

(1)教师只有信任和热爱学生,才可以架起师生之间相互信任的桥梁。教育家苏霍姆林斯基说:"教育技巧的全部奥秘在于如何爱护学生。"教师的信任会使学生产生一种幸福感和自豪感,从而缩短师生之间的距离。要更坚持以人为本,因材施教,根据学生个性性格的不同,采取不同的、适合他们的方式去教育干预,才能起到事半功倍的效果。

(2)成长不是一蹴而就的,学生十几年养成的习惯和性格也不是能通过一两次咨询就可以改变的。教育是一个长期的行为,在这个过程中,要更注意的是,引导学生自己去发现问题,寻找解决问题的办法,才能更好地帮助学生,才能让学生在以后的学习与生活中受益良多。

(3)要将思政教育、心理健康教育融入平时课程教学、德育教学中。首先,我们不仅要善于及时发现问题、解决问题,同时也要多加预防,提前做好预案,思考如何规避风险。其次,我们也要坚持在育人过程中,多学习和思考,勇于实践,随时根据学生发展的变化,调整教育模式。

情景还原(图 2-8-2)

老师:小丁家长啊,小丁最近状态不对啊,孩子最近情绪也比较激动,他在朋友圈里说他想退学。

小丁家长:老师,我这最近工作比较忙,确实有些忽略他了,对他关心也比较少,这孩子情绪也确实比较容易激动,你看我这也不知道怎么办了。

老师:小丁大部分时间还是在学校,我再找其他同学进一步了解一下,在日常生活中,家长对孩子的影响是很大的,要多和孩子沟通,多多关注。

……

图 2-8-2 "改变自己，向阳而生"情景还原

第九章

用爱唤醒，用心浇灌

孙　琦

"让每一个学生在学校里抬起头走路。"这是苏霍姆林斯基心灵的召唤。有这样一段话：如果一个孩子生活在批评中，他就学会了谴责；如果一个孩子生活在鼓励中，他就学会了自信；如果一个孩子生活在认可中，他就学会了自爱。班主任工作非常辛苦和不易，其间有欢笑、有泪水，但笔者最大的感受，则是充实，这一点可能是没当过班主任的老师无法体会到的。下面就以一个案例来说明。

一、当事人基本信息

男学生 S，高高瘦瘦，外形看上去很帅气，笑起来也很好看。但是有一个缺点，就是说话有些结巴，尤其是着急的时候。这学期他对学习有很强的抵触心理，上课时间多半是在睡觉，要么就是在发呆，对于专业课的学习，他也是毫不在意。

二、危机的发生

发现他的这个状态后，笔者找他深谈了一次，告诉他："老师相信你跟别人一样是好学生，只是没有把握好自己，没有找准自己的目标，希望你能树立学习目标。"他一开始的时候听了笔者这番话不以为然，但随着谈话的进一步深入，笔者了解到，在假期他和家人（他的母亲）起了冲突，现在已经很久没有和妈妈说话了，有点自暴自弃。

三、干预过程

针对该生的情况，笔者及时和 S 同学的母亲通了电话，了解到孩子说的的确是事实。每个周末回家，都把自己关在房间里，很少和家人聊天。家人尝试和他沟通，很少能得到他的回应。他妈妈也不知道该怎么做。

笔者只能安排S同学周围的同学，在他上课睡觉时叫醒他，没完成作业时提醒他。

后来又陆续发生了几件事，包括S同学和管理舍务的老师顶嘴，和班级好几位同学发生冲突，甚至还动手打了班级一位女同学。笔者意识到，他不是单纯的纪律不好，他应该是在心理上有了一些异常，如消极、易怒等。笔者带他去学校的心理咨询室做了心理量表测试，结果果然显示有些指标超高，已经到了一定程度。明确了他的这些情况后，和他的家长进行了及时沟通。家长也同意会在放假时带孩子去正规的医院进行诊治。笔者便开始经常找他聊天，利用之前所学的心理学知识，帮他分析他对任何事情提不起兴趣的原因。与他讲他的母亲即使做不到让他事事满意，但是也要尊重；告诉他生气时，快速让自己平静下来的方法等。渐渐地，他越来越信任和接受笔者了，愿意和笔者倾诉，也愿意拿起书来看。班级里的事不再与他无关，他开始积极劳动了，也开始关心爱护同学了。

本案例技术路线图如图2-9-1所示。

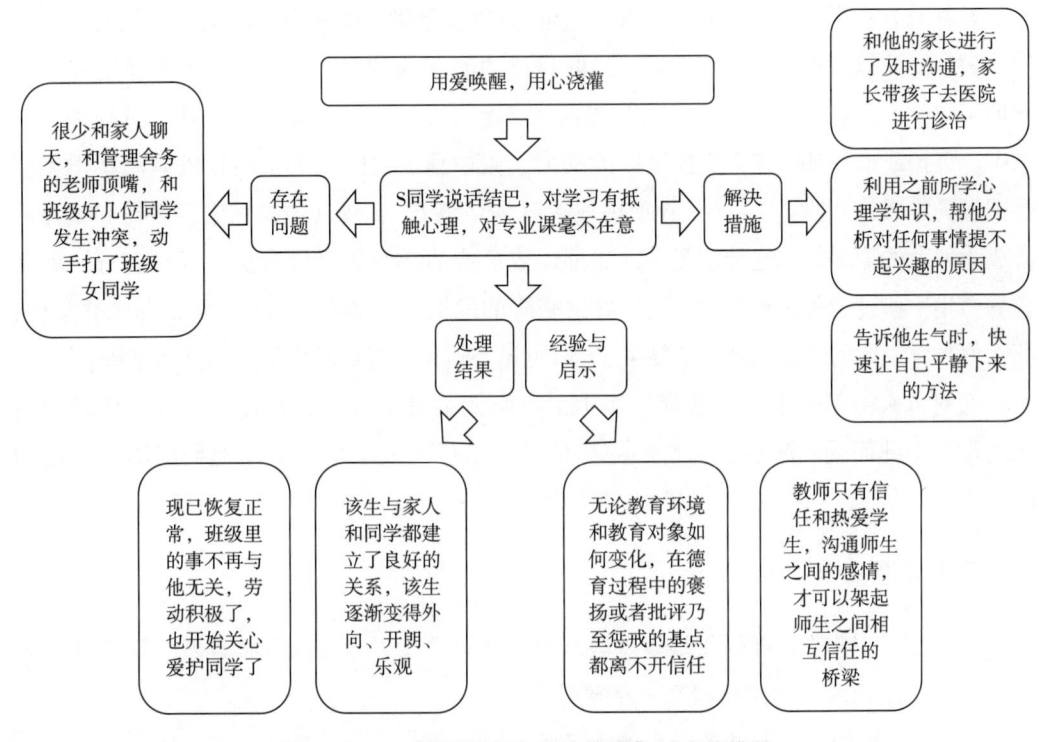

图2-9-1 "用爱唤醒，用心浇灌"技术路线图

四、干预结果

此案例目前来看，干预得比较及时，案例中的该生现已恢复正常，通过一段时间

的谈话沟通，该生与家人和同学都建立了良好的关系。前一段时间的一个周末，笔者问他在做什么。他给笔者发来视频，他一个人在黑暗的房间还流着眼泪。最近的一个周末，笔者又像以往一样，担心他无所事事，问他在做什么，他给笔者发来视频，正在和家人一起逗小妹妹玩。该男生逐渐变得外向、开朗、乐观。"师者，传道授业解惑也"，让每个学生在学校和家庭中能够保持身心健康成长，是每一个班主任的责任。希望他真的能走出来，找对方向，树立目标。

五、经验与启示

教师教育的对象是人，而且是人群中最年轻、最有朝气的、最易接受新事物、最富有情感和独特个性的群体。教师职业的这种特殊性，决定了教师必须信任和热爱自己的教育对象——学生。无论教育环境和教育对象如何变化，在德育过程中的褒扬或者批评乃至惩戒的基点都离不开信任，否则都会从一个误区走进另一个误区。

教师只有获得学生的信任，学生才会消除心理障碍，敞开心灵的大门，及时、如实地向教师反馈教育教学效果和意见，倾吐自己内心深处的声音。这时，教师就能深入准确地了解学生，有针对性地教育学生，学生就能愉快地接受教育。在和谐一致的师生关系中，褒扬或批评都会成为积极进取的动力。假如师生之间失去了信任的基石，学生就会把褒扬看成是"哄人"，把批评或惩戒看成是"整人"。在这种关系中，褒扬和批评就会成为教育的障碍。在这种情况下，被批评或惩戒的学生如果没有及时得到疏导，就很容易产生一些过激想法和行为，从而导致悲剧的发生。正如有人说："假如你厌恶学生，那么你教育工作的开始也就等于结束了。"可见，信任是尊重教育学生的感情基础。

面对未来的不确定，在德育工作中，我们就不得不将自己托付于信任。体验到信任的学生由此而受到激励，对自己充满信任。信任激发了信心，使他们能够对自己的前途充满自信。

情景还原（图2-9-2）

辅导员：S同学，老师相信你跟别人一样是好学生，只是没有把握好，没有找准自己的目标，老师希望你能够树立一个学习的目标。

S同学：老师，我知道了，我能走了吗？

辅导员：S同学，没课我们就再聊一会儿。你最近情绪不太好，老师非常能够理解，能说一说发生什么事了吗？老师是非常愿意帮助你的。

S同学：老师我在假期的时候，和我妈妈起了冲突，一直到现在也没有说话，我心情也越来越烦。

……

图 2-9-2　"用爱唤醒，用心浇灌"情景还原

第十章
"营造良好学风，共促学生成长"思政工作案例

赵晶媛

学风是学生思想道德品质、学习精神与综合素质的重要体现，是学生成长的基础和前提。学风的建设是高校校风建设的重要内容。优良的学风也是提高教学质量、建立良好校风的重要条件。在2019~2020学年第一学期，学院针对学风建设方面开展了一系列工作，效果显著。

一、指导思想和思路

积极营造浓厚的学习、学术氛围和生动活泼、健康上进的良好风气，努力培养具有扎实的专业知识、良好的专业技能和明礼诚信、团结友爱、勤俭自强、敬业奉献的基本道德规范，使同学们养成良好的道德品质和文明行为，促进思想道德素质和科学文化素质的协调发展。为同学们创造一个良好的学习环境，使同学们达到乐学、勤学、会学，早日形成长期有效的学习氛围，加强学风建设。

二、实施方法和过程

针对不同学制的学生，采取分类引导的方法，专科生主要结合本专业相关实践活动来培养他们的动手能力，本科生主要提高其专业理论知识，成立考研交流小组，定期举办四六级讲座，成立学习帮扶小组、学风调研小组，开展"一帮一"活动，以班级为单位定期召开学风建设主题班会，开展"学风建设提升年"工作。具体实施过程如下：

1. 抓课堂出勤

课堂出勤是一个难题，学生上课迟到、早退现象时有发生，上课睡觉现象也时有

发生。为抓好上课出勤率，一方面由学生工作处牵头，加强对学生的教育和管理，通过辅导员、院系和学生工作处三级检查体系狠抓上课出勤率，对迟到早退的学生进行通报批评并取消学年度评奖评优资格；另一方面由教务处牵头，加强对任课教师的管理，要求老师上课务必点名，并详细记录迟到、早退和旷课学生。全院各班上课平均出勤率均到达了95%以上，迟到率3%以下，上课睡觉的现象明显改善，达到了预期效果。

2. 抓早、晚自习

早、晚自习是培养学生养成良好生活习惯的重要措施，学院由学生会体育部与学习部对早、晚自习出勤情况进行检查与记录，各班级能够按照要求按时出席早、晚自习。同时，很多班级能够充分利用早、晚自习的时间，开展一些与学习相关的活动，如背诵单词打卡、演讲比赛等。

3. 加强学生寝室管理

学生寝室管理是校园管理的重要阵地，让学生养成良好的生活习惯，抓好宿舍卫生就是对学生进行素质教育。为此，学院开展了多头并进的方式，由生活部、辅导员进行定期检查，督促学生做好宿舍卫生和安全工作。

4. 定期召开学风建设主题班会

全班同学共同探讨学习目标、学习动力等问题，通过班会，同学们清楚地认识到：学风正、班风好、凝聚力强对多方面发展的正面影响。主题班会培养了学生的遵纪守法意识、礼貌行为习惯及团结、勤奋、互助、进取等优良品质，激励学生把学风建设的精神不断地发扬下去。

5. 成立考研交流小组

召开考研经验分享会，邀请我院已经考研成功的同学为大家介绍自己的考研心得，他结合自己的考研经历详细地给同学们讲解了考研的必要和备考期间应注意的问题，包括考研各科的复习方法、考研信心的树立、考研计划、备考心态的调整、生活饮食习惯、作息时间安排以及有关选择专业方向和复试等方面的一些心得，大大调动了我院同学考研的积极性，同时有效提升了我院的学风建设。

6. 成立学习帮扶小组

为帮助学习上有困难的学生提高各学院的整体成绩，学院搭建了自主学习的平台——学习帮扶小组。小组成员由各学院中各科学习成绩较突出的同学组成。每周集体解决学习方面的相关问题，同时，对学习困难的同学实行监督制度，时刻提醒他们。为此学院建立了QQ群，方便交流学习心得等，达到了预期效果。

7. 对于学风建设问题开展了一系列工作

专业教师和优秀学生给予困难学生学习上的帮助，形成一对一结对；院领导组织召开学风建设座谈会，旨在了解同学们在教风、学风等方面的看法；各年级的辅导员老师也召开年级大会，围绕激发学生学习动力、学业困难学生帮扶、班级建设等重点内容进行交流和分享。大家积极发表自己的见解，就学风建设工作提出了意见和建议，效果显著。

本案例技术路线图如图 2-10-1 所示。

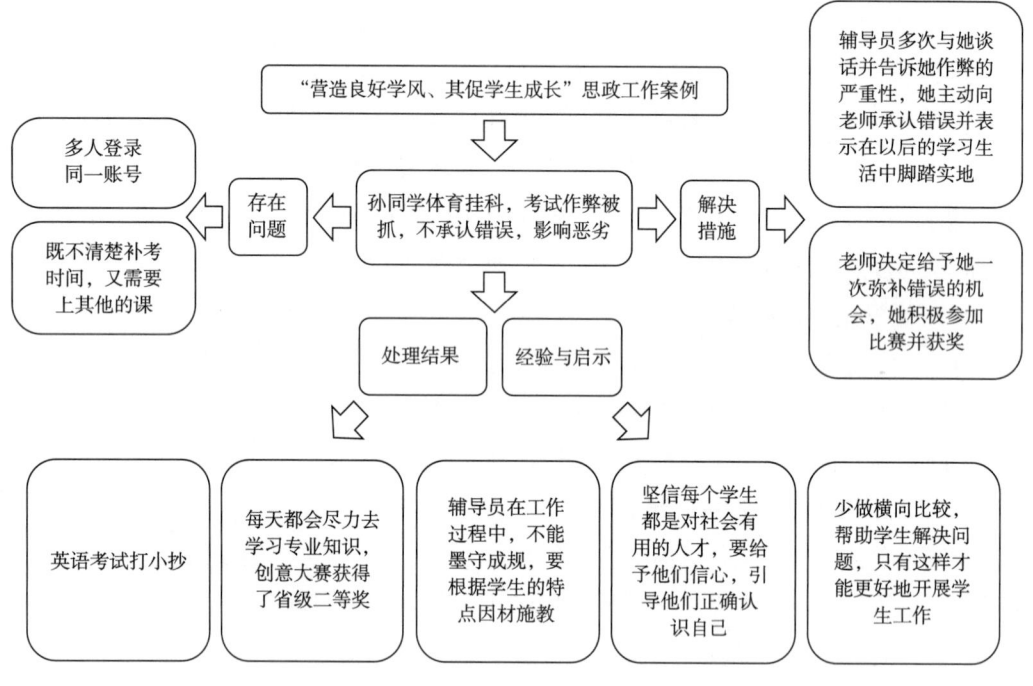

图 2-10-1 "'营造良好学风，共促学生成长'思政工作案例"技术路线图

三、主要成效和经验

1. 案例概述

孙同学，大一上学期因多人登录同一账号，导致体育挂科，体育补考因自己不清楚考试时间和需要上其他的课而没有参加补考，当体育重修时，因体育课上错了班，临时加两节课，个人课程时间的安排发生冲突，导致最后一节课未赶上，体育重修未过。大一下学期英语考试打小抄，最后被监考老师发现作弊行为，本人不但不承认错误，还做出了不恰当行为，影响极其恶劣。

2. 解决方案

在辅导员了解了整件事情的经过后，对本次事情进行分析，将她叫到办公室，经过多次谈话并告诉她作弊的严重性，她主动向老师承认错误并表示在以后的学习生活中脚踏实地，老师决定给予她一次弥补错误的机会。在下一学年第一学期，她能够做到上课认真听讲，积极完成老师布置的作业，态度认真，和大一相比进步很大。在期末复习时，她不希望自己再挂科，每天都会尽力去学习专业知识。在创意设计大赛中，她积极报名参加比赛，选择了自己比较擅长的策划案，经过了多日的精心设计，反复修改，最后交出了一份完整的策划，并荣获创意大赛省级二等奖。

3. 经验与启示

辅导员在工作过程中，不能墨守成规，要根据学生的特点因材施教，要坚信每个学生都是对社会有用的人才，要给予他们信心，引导他们正确认识自己，少做横向的比较。辅导员的职责就是帮助学生解决问题，只有这样才能更好地开展学生工作，让他们看到自己在学习之后一点一滴的进步和收获。

四、下一步加强和改进的计划

1. 加强学生的日常管理

遵循大多数学生的认知特点和身心发展规律，关注学生在思想、学习、生活等方面的问题，经常与学生沟通，及时了解、掌握学生的思想动态，成为他们的知心朋友，抓住工作契机，把工作做深、做细、做实。注重理论与实践相结合，有重点、有层次、有针对性地进行思想政治教育，坚持思想政治教育与其他学科教学相结合；贴近生活、贴近实际、贴近学生情感。扎实做好学生的工作，由浅入深，循序渐进，不断巩固，注重实效。

2. 以考研提升学风建设

要积极引导学生树立"学习要向更高层次发展"的意识，通过考研交流会，广泛动员考研学生做好考研的相关准备。另外，还要积极为考研学生创造有利条件，为考研学生提供自习教室，充分利用教师资源，为考研学生积极地联系和落实目标学校及导师，争取为学生做到上线一个走一个，为考研学生提供专业辅导等。

3. 加强考风考纪教育

考风是学风的具体体现，要端正考风，严肃考纪，切实抓好考风考纪教育，坚决杜绝考试作弊现象。通过给各班班委开会以及进行考风考纪教育，加强大学生诚信教育，深入宣传诚实守信的价值和意义，每学期考试都要学生写考试承诺书，给学生打好禁止考试舞弊的"预防针"。对考试违纪、舞弊学生严格按规定从快从严处理，以教育广大学生。以诚信教育为基础，严格考风为切入点，强化管理，进一步优化学风建设。对一所大学来说，学风是一个学校的标签，对学生来说，学风是学习态度、学习目的、学习纪律、学习方法和意志品质等方面的综合表现。优良的学风能够保证和促进学生更好地学习，优良的学风是造就人才的前提和基础，而辅导员相当于催化剂，只有在工作中始终坚持贯彻学校关于学风建设的各项文件和指示精神，推进学风建设工作，才能为学生的学习和生活营造一个优良的氛围，使学生工作再创佳绩。

情景还原（图 2-10-2）

　　辅导员：孙同学，你近期犯的错误都是很严重的，就拿英语考试作弊来说，这只是为了检验一下阶段学习成果，你是没有复习好吗，才迫不得已选择作弊？

　　孙同学：老师，我意识到了考试作弊、多人登录同一账号是很严重的错误行为。

　　辅导员：知错就改就是好同学，接下来看你表现吧，孙同学。

　　孙同学：好的老师，我一定会认真学习的。

　　……

图 2-10-2　"'营造良好学风，共促学生成长'思政工作案例"情景还原

第十一章
走出"校园贷"阴霾,阳光面对生活

郑 鑫

一、案例概述

学生小甜,女,21岁,大二时,在朋友的怂恿下在某"校园贷"网络平台借款1000元,由于忘记及时还款,两个月后小甜已经欠该平台将近2万元。面对欠款和来自"校园贷"方面的威胁,小甜一时不知该如何是好,始终不敢跟学校和家人坦白此事。

为了尽快还清欠款,小甜以帮忙注册某手机测试App为由借来同宿舍其他三名舍友的身份证,并在一年时间里利用这三名舍友的身份证信息在其他利息相对较低的网络贷款平台上多次借钱,试图用自己每月的生活费加上这些从其他网络贷款平台上借来的钱还清自己的欠款,之后再慢慢还清利用舍友身份证信息所欠下的网贷。然而,这一不理智的做法并未使小甜如愿以偿还清欠款,反而使她的欠款达到了8万多元。

终于,顶不住来自各方压力的小甜向家人坦白了自己的所作所为,由小甜的父母帮助她还清了所有欠款。欠款虽然还清,但舍友们知道了小甜利用自己的身份证信息进行网贷且险些造成个人征信污点后,一方面在宿舍疏远、孤立她,另一方面将小甜的做法在班里和学院中大肆宣传,使小甜的人际关系和自尊心都受到了很大的打击。自此之后,小甜开始不爱回宿舍,经常旷课,甚至开始夜不归宿。

二、案例分析及解决方案

1. 案例分析

得知此事后,笔者立即想办法联系上了小甜,将其约到办公室谈话。通过与她的谈话,笔者初步认定她会陷入"校园贷"很大程度上是因为虚荣心强而又缺乏自我保护意识。她认为只要是朋友找她,无论是做什么她都要去做,如果不做或做不到会被朋友看不起，自己不能被朋友看不起，另外，她认为自己的朋友绝对不会利用自己、坑骗自己。

而导致其不爱回宿舍，经常旷课，甚至开始夜不归宿的主要原因是在经历"校园贷"后她精神压力一直比较大，已经无法安心上学，加之自尊心强，性格自负、孤傲，不愿向舍友道歉、与同学们沟通，越来越封闭自己，心理负担越来越重，厌学情绪越来越强烈。

为了更进一步了解小甜的情况，笔者又先后与小甜的三名舍友、小甜父母取得了联系。小甜的舍友们表示，她们与小甜一直以来关系都不错，就是因为这一件事觉得自己被好朋友利用了，有了一种被背叛的感觉，如果小甜肯向她们真诚道歉认错，她们愿意原谅小甜。在与小甜的父母取得联系后得知，小甜的父母都在老家做生意，经济条件不错，但是很少有时间陪小甜，对小甜的关心很少，导致了小甜自负、孤傲的性格。

在此案例中，没有一个人是真正的获益者，小甜的性格、思想导致了其成为"校园贷"的受害者并造成了当前无法正常上学的后果。而舍友们个人信息被盗用，个人信誉受损，与小甜的人际关系始终处于紧张状态，得不到有效的语言沟通。

2. 解决方案

首先，笔者与其父母商量，老师与父母"双管齐下"，尽可能多与小甜交流沟通，了解她的心声，疏导她的心理问题，引导其建立正确的"三观"。

然后，针对小甜此次出现的"校园贷"事件，召开主题年级大会教育学生远离"校园贷"陷阱。会后，分别找到小甜的舍友和部分班级同学谈话，提醒他们以后要注意个人信息安全，不能随随便便将自己的个人信息泄露给他人。同时教育他们，小甜与班里的每一名同学都一样，是这个集体中的一员，遇到困难，大家应该互相帮助，同学之间出了问题，应该理解和宽容。

经过老师与家长的一番沟通疏导后，小甜意识到了自己当初被朋友怂恿去借"校园贷"是因为自己的虚荣心作祟，应该更加谨慎交友。但是小甜的精神状态还不是很好，依然存在心理问题，为了使她能够更好地调节心理问题，经其父母商量，安排小甜到医院进行心理咨询治疗。按照医生建议，在小甜进行心理咨询治疗期间，将小甜调离原宿舍，为考虑小甜的感受，将原来宿舍包括小甜在内的四名同学都分别换到其他宿舍。在小甜治疗期间，安排学生党员、学生干部关注其动态，对其进行开导，并在学习和生活中多帮助她。

经过近半个学期的心理治疗，小甜的心理逐渐恢复了健康。新学期开学后不久，小甜和三名舍友找到了笔者，要求重新住回一个宿舍。原因是小甜在开学初，主动找到了三名舍友，十分真诚地向她们道歉并取得了三人的原谅。笔者答应了她们的请求，而后笔者又进行了约两个星期的跟踪调查，结果发现她们确实摒弃前嫌，相处融洽，小甜也恢复到正常的学习状态，笔者很欣慰。

本案例技术路线图如图 2-11-1 所示。

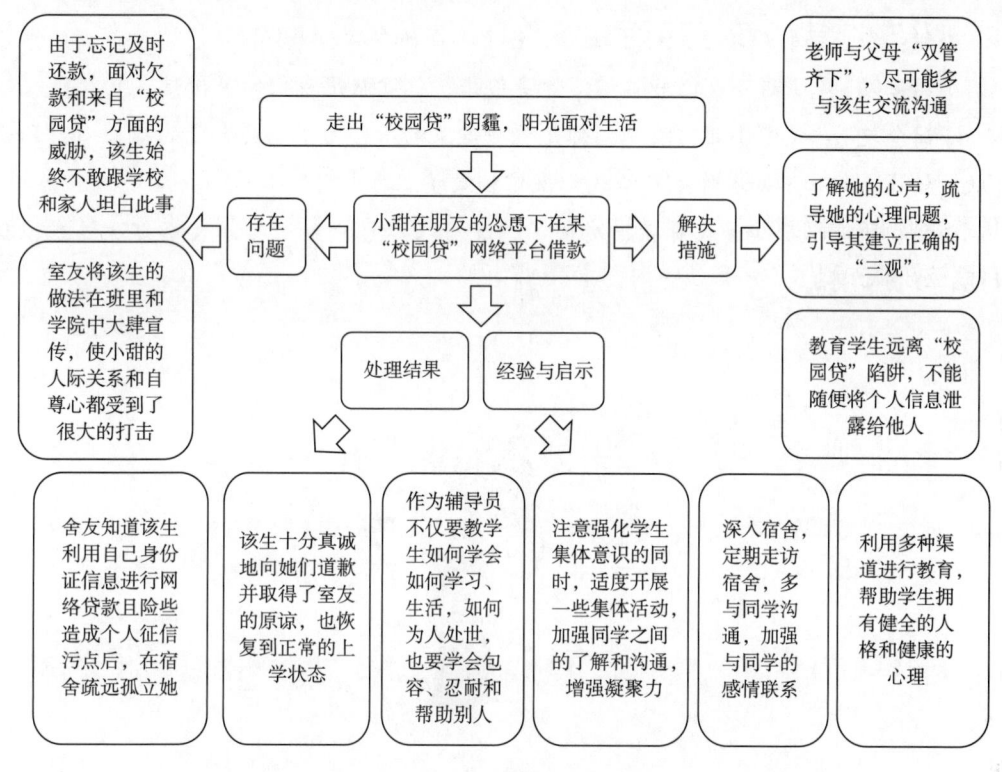

图 2-11-1 "走出'校园贷'阴霾，阳光面对生活"技术路线图

三、经验与启示

作为辅导员应该传授给同学这样一种思想：在学校不仅要学会如何学习、生活，如何为人处世，也要学会包容、忍耐和帮助别人。因此，在以后的工作中应注意做到以下四点：

首先，在平时工作中要对学生进行关于大学生活适应、人际关系、为人处世等方面的教育和引导，促使学生了解大学生活，更好地适应大学生活。

其次，在日常工作中在注意强化学生集体意识的同时，适度开展一些以班级或团支部为单位的集体活动，加强同学之间的了解和沟通，增强凝聚力。

再次，辅导员必须深入宿舍，定期走访宿舍，多与同学交流沟通，加强与同学的感情联系，使学生出现了问题能够主动寻求辅导员的帮助。

最后，利用多种渠道进行教育，尤其注意探索对于从小缺少父母关爱学生教育的方式、方法，特别是要更加注重学生的心理健康，及时地引导，帮助大学生拥有健全的人格和健康的心理。

情景还原（图2-11-2）

小甜：在爸妈的帮助下，终于还清了各个方面的欠款，好累。

小甜舍友a：小甜！我们好心借给你身份证，你竟然用我们的身份信息贷款！

小甜舍友b：是啊小甜，没想到你是这种虚荣的人，为了满足自己的虚荣心，到处贷款、借钱。你知不知道你差点给我们诚信档案整上污点啊！

小甜：所有人都知道我贷款、虚荣了，没有人愿意和我一起，大家都疏远我，我好烦、好伤心啊。

……

图2-11-2 "走出'校园贷'阴霾，阳光面对生活"情景还原

第十二章
大学生疾病突发事件的预防和处理

仲飞成

  高校辅导员是学生思想政治教育的骨干力量。然而高校作为学生密集处，会有突发事件发生，这在一定程度上影响了校园的稳定与发展。这就要求辅导员具备处理突发意外的素质和工作能力，为学生成长成才提供稳定的环境。下面通过介绍一起学生急性阑尾炎事件，提出解决思路和实施方法，总结经验与启示，为学生重拾学业信心。

一、案例介绍

  某日凌晨，辅导员接到班级学生电话，说小宋腹痛，难以忍受，出虚汗。笔者立即赶到学生寝室，经过询问了解到，入学两个月后，小宋时常伴有腹痛，刚开始也没太在意，觉得可能是最近气温低引起的肠胃不适，直到今天清晨疼痛难忍，小宋叫醒室友，说自己腹痛得厉害。笔者怀疑小宋很可能是阑尾炎，紧急联系院里领导和学校保卫处，将小宋送往最近医院。医生进行了各项检查，最终确定是急性阑尾炎，需要手术。笔者随后拨打了其家长电话，家长非常担心，笔者在电话里安抚了他们的情绪，也希望他们尽快过来，中午家长赶到，医生把情况再次说明，征得家长同意后，开始手术，直到晚上手术顺利结束。

二、问题关键

（1）如何快速、有效处理突发意外情况，保证学生生命安全；
（2）控制学生恐慌情绪，重拾学业信心；
（3）协调好学生、家长、学校之间的关系。

三、解决思路和实施办法

1. 赶赴现场、及时汇报

面对学生突发意外情况，辅导员要及时赶赴现场，这时候由于意外突然发生，学生可能没有这方面的处理经验，所以辅导员要稳住大家情绪，控制局面以免出现混乱，联系学校保卫处第一时间将学生送往正规医院，并为学生提供人力、物力援助，确保学生生命安全。在了解学生情况后及时向院里领导和学校有关部门汇报，寻求多方支持。

2. 陪伴学生，联系家长

这时候学生容易产生恐惧情绪，所以辅导员最好在学生身边，并把这一情况及时通知其家长，安抚家长情绪，并跟家长说明小宋现在的情况已经得到控制，另外小宋的手续费可以根据医保按比例报销，由学校相关负责的部门帮助他们解决。手术休养期间如果学校有考试可以按照《学生管理手册》相关要求申请缓考，班级同学会辅导他落下的课程。

3. 晓之以理，动之以情，鼓励完成学业

做完手术后，小宋父母担心小宋的健康问题，希望能休学一个学期，在知道父母担忧后，笔者积极联系医生，确认只要静养一段时间，不会留下后遗症，笔者耐心安抚小宋父母的情绪，引导他们乐观看待小宋的未来，跟他们说明学生休学在家不利于将来的发展，可以先在家静养半个月，回来之后，笔者会及时联系班级学生给他补课，现在最重要的是一定要对孩子有信心。

4. 后续持续关注

在小宋出院回家休养后，笔者通过QQ、微信与其联系，关心其恢复进度，鼓励他要对自己有信心。回到学校后，在平时的学习和生活上给予关注和关心，鼓励班委带动同学对小宋进行学业辅导，赶上目前的学习进度。在生活中，考虑到学生家庭经济状况，向学校提议为小宋申请勤工俭学岗位，在锻炼自身的同时，也缓解了家里的经济压力。

本案例技术路线图如图 2-12-1 所示。

四、经验与启示

辅导员作为学生日常工作的管理者，要及时把处理的案例进行总结。我们应做好经验的积累，基于上述案例分析，有以下几点启示：

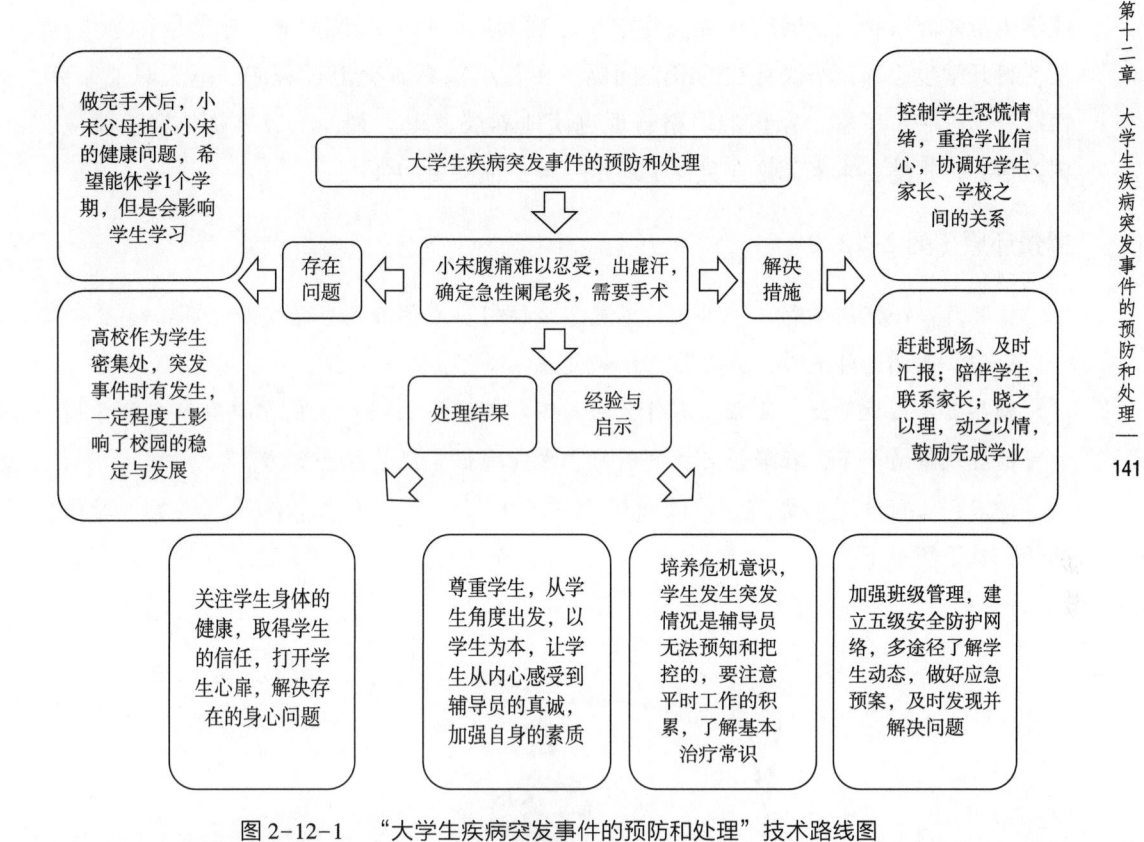

图 2-12-1 "大学生疾病突发事件的预防和处理"技术路线图

1. 培养危机意识

学生发生意外突发情况是辅导员无法预知和把控的，要注意平时工作的积累。辅导员平时对每一个学生的每一次谈话都可以作为工作案例。另外，增加学生对阑尾炎等突发疾病知识的掌握，本案例中刚开始小宋没在意，一直以为只是小问题，幸亏医院近，并且送医院时间及时，否则后果不堪设想。同时，辅导员要做好总结工作，在班里召开相关的班委会及座谈会，讲解相关的突发情况的处理办法及解决措施，使学生了解基本治疗常识。

2. 加强班级管理，建立五级安全防护网络

辅导员要关心、了解班级每一位学生，包括家庭情况、兴趣爱好、存在的问题等。建立特殊群体档案，做到心里有数。把思想教育和引领工作做在平时。建立寝室长、班委、辅导员、院领导、学校五级防护网络，多途径了解学生动态，做好应急预案，及时发现问题，解决问题。本案例中正是由小宋室友及时把情况报告给辅导员，笔者及时汇报给院里领导，联系学校保卫处，有效避免了意外情况的发生。

3. 从学生角度出发，以学生为本

作为一名辅导员，要尊重学生，从学生角度出发，以学生为本，让学生从内心感受到辅导员的真诚，同时也应加强自身的素质，不断提高能力水平。辅导员不仅要关

注学生身体健康状况，同时也要关注学生心理发展，只有真诚沟通，才能取得学生信任，打开学生心扉，解决存在的身心问题。在与小宋真诚交流过程中，笔者对他家庭情况有了进一步了解，家里的严格管理也使他养成自卑心理，笔者鼓励他迎接挑战，树立信心，相信在未来无论在身体上还是心理上都会更加强大。

情景还原（图 2-12-2）

辅导员：小宋同学啊，手术之后感觉怎么样啊？看你脸色感觉恢复得不错啊。

小宋：谢谢老师关心，我身体已经恢复差不多了。

辅导员：最近学业、课程上有什么问题不？都跟得上吗？我们学校有勤工俭学岗，你可以尝试申请一下，在锻炼自身的同时，也能缓解家里的经济压力。

小宋：之前落下的课程，班委他们都帮我补习了，最近也都能跟上进度。好的，老师，我了解一下。

……

图 2-12-2 "大学生疾病突发事件的预防和处理"情景还原

第十三章

学生就业指导与服务工作案例

李克强

一、案例概述

随着我国高校扩招，精英教育转变为大众教育，大学毕业生数量大幅度增加。毕业生就业无疑成为全社会关注的热点和焦点，毕业生就业率和就业质量也成为衡量学校人才培养和办学质量的重要指标，也是展现学校社会形象的重要窗口。高校辅导员主要负责学生思想政治教育与管理等工作，也是从事就业指导服务工作的主力军。

2018年10月笔者在学校担任所处学院的分团委书记，同时担任2019届毕业生辅导员。笔者所带2019届毕业生共287人，其中本科218人，专科69人。面对从担任辅导员工作以来所带毕业生人数最多的一年，面对新接手班级即是毕业班级，无任何信任基础，又恰逢学校校园搬迁，所有毕业生都处于不在校的状态，又面临毕业生人数较多的压力，笔者作为一名就业指导与服务工作的直接参与者，如何开展就业指导与服务工作，在保证就业率的同时，更好地服务学生，提高毕业生的就业质量，成了2019年的首要任务。

二、工作思路及措施

1. 拓展交流渠道，关爱学生，尊重学生

沟通是管理的浓缩，辅导员只有被学生接受与信任，在工作中才能不断提升自身影响力。因此，为了加深与毕业生的互相了解，来到新学院的第二周笔者就走访了上海、苏州、湖州等几个毕业生的集中实习点，白天与倒班同学个别交流，晚上开小组会，与学生一起用餐，参观宿舍，抓住一切与学生互相了解的机会。平时工作中，笔者也多通过召开班会、年级会等传统的方式与学生交流。在学生不在校期间，笔者还

充分利用多样化的自媒体平台，如在班级QQ群、微信群内多与学生交流。随着科学技术的介入，使沟通超越了时间和空间的界限。在与学生交流时，笔者经常换位思考，站在他们的角度思考，切实做到以学生为中心、尊重学生，和学生以诚相待、平等交流。通过亲情化的指导来影响和教育学生，使学生能够看到辅导员的付出，从而产生信任感。

2. 扩宽就业渠道，做好桥梁工作，增强就业指导与服务理念

由于主客观条件限制，学生获取招聘信息的渠道有限。作为毕业班辅导员，要动员、组织学生收集就业供求信息。在这方面，笔者主要从以下四个方面着手：一是要求全体毕业生关注、认证校创业就业处推行的"就业云平台"，以平台为依托畅通就业信息发布渠道；二是通过学校就业信息网、微信群、QQ群等，及时准确发布招聘单位就业信息，为毕业生提供第一时间的就业资讯，并鼓励学生关注兄弟院校发布的相关行业资讯与人才招聘活动的信息；三是发挥学生网络信息搜索能力强的优势，收集相关的招聘信息，及时在QQ群上共享就业信息并发布面试通知，为毕业生提供就业机会，拓宽就业领域，并且通过网上投递简历的形式，鼓励毕业生远程就业；四是在就业工作领导小组的领导下，以教研室为单位，发动全院教职工为毕业生联系实习和就业单位，推荐毕业生就业，为学生铺好就业之路。

3. 从"引导"着手，做好毕业生的心理健康教育

作为毕业班辅导员，笔者深入地在毕业生群体当中开展就业观和择业观教育，帮助毕业生牢固树立"先就业再择业""先上岗再发展"的观念。在毕业生的心理健康教育中，有针对性地帮助毕业生处理好学习成才、求职择业与情绪调节等方面的具体问题，缓解部分毕业生因就业压力而产生的焦虑情绪，减轻他们的心理负担。教育引导毕业生掌握心理调节的有效方法，提高克服困难、经受考验、承受挫折的能力，帮助他们做好就业心理准备，提高对社会生活和新环境的适应能力，培养良好的心理品质，始终保持健康向上的心理状态。

4. 认真做好就业服务工作，将就业工作落实到位

在开展就业工作的同时，笔者认真完成毕业生信息核对、毕业数据采集、就业派遣信息录入、毕业生档案整理邮寄等工作，及时上报优秀毕业生推荐表、毕业生就业协议书等材料。由于毕业相关事宜较多，信息量大，为使学生全面了解，与毕业生分批次、多次召开培训会，针对不懂就业方向和情况特殊的毕业生，开展一对一指导，做到有针对性地解答。认真开展毕业生文明离校教育和安全教育，充分发挥学生党员和学生干部的示范带头作用，教育和引导毕业生自觉遵守校规校纪，严格要求自己，树立文明之风，确保毕业生在校期间无违纪现象，安全离校。另外，在发放毕业证书时赠送每名毕业生一张自制贺卡，以表达学校、老师对学生的关怀与祝福。

本案例技术路线图如图2-13-1所示。

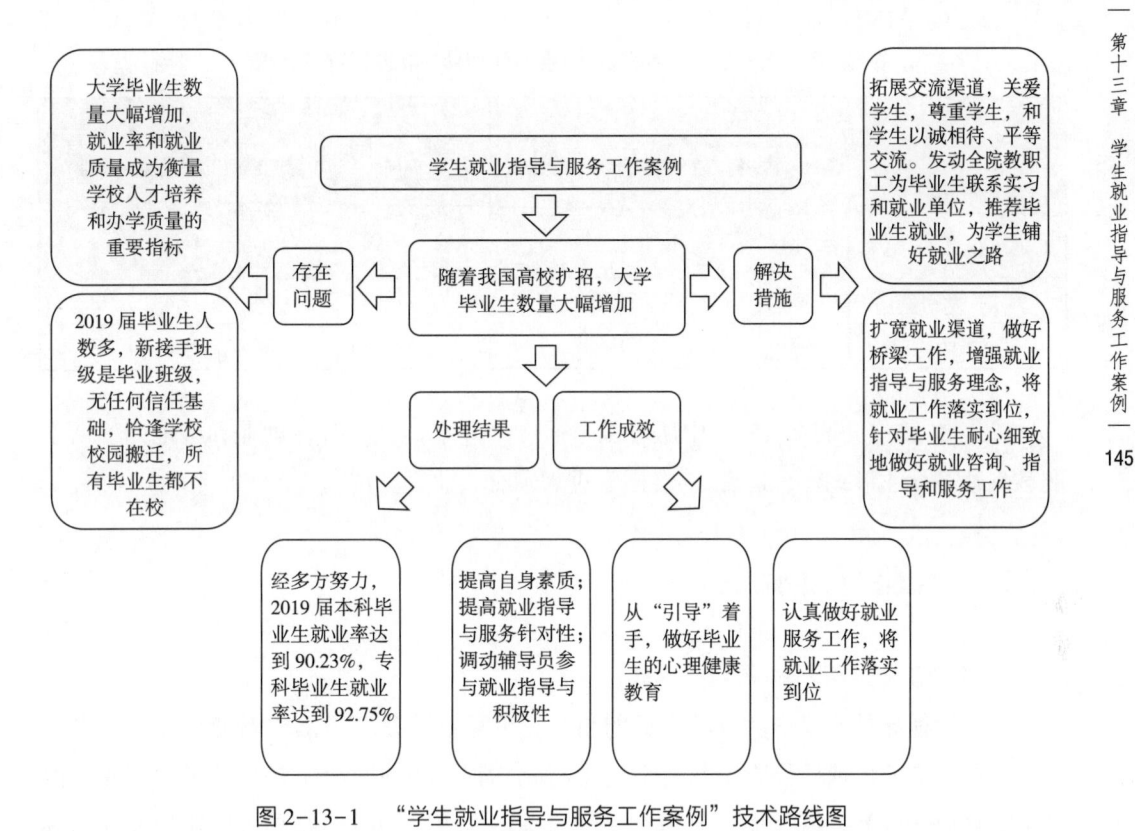

图 2-13-1 "学生就业指导与服务工作案例"技术路线图

三、工作成效

作为毕业班辅导员,笔者积极配合学校创业就业处及分院就业工作领导小组开展毕业生就业指导与服务工作,充分发挥好学校、企业与学生之间的桥梁作用,做好学生的人生导师和知心朋友。针对毕业生耐心细致地做好就业咨询、指导和服务工作,最终经多方努力,2019 届本科毕业生就业率达到 90.23%,专科毕业生就业率达到 92.75%,具体情况见表 2-13-1 和表 2-13-2。

表 2-13-1 ××学院 2019 届本科毕业生就业情况统计表

专业	毕业人数（人）	考电网（人）	考研（人）	公务员（人）	应征义务兵（人）	中职校（人）	协议及劳动合同就业（人）	就业人数（人）	就业率（%）
自动化	75		3	2		3	63	66	88
测控仪器与技术	30		1				29	30	100
电气工程及其自动化	110	25	1		3	1	94	98	89.09
合计	215	25	5	2	3	4	186	194	90.23

表 2-13-2 ××学院 2019 届专科毕业生就业情况统计表

专业	毕业人数（人）	考电网（人）	专升本（人）	公务员（人）	应征义务兵（人）	应征义务兵（人）	协议及劳动合同就业（人）	就业人数（人）	就业率（%）
电气自动化技术	69	1	39			1	24	64	92.75
合计	69	1	39			1	24	64	92.75

除表 2-13-1、表 2-13-2 中所显示考研、专升本等升学分流就业和考电网、从事职教教师等就业形式外，还有 23 名同学进入国有企业等单位。

四、经验与启示

1. 不断加强学习，提高自身素质

毕业生辅导员不仅扮演着辅导员的角色，更重要的是还扮演着就业指导工作者的角色。所以毕业生辅导员除了具有广博的文化知识，还应充分了解、熟悉国家相关的就业、创业等政策，以及社会与用人单位的实际需求，同时还要具备职业生涯规划理论和方法，以及求职择业技巧等知识。因此，辅导员要不断加强学习，提高自身素质，才能从容应对工作中不断出现的新变化和新挑战，以达到就业指导的专业化、专家化。

2. 做好调研工作，提高就业指导与服务的针对性

为了有针对性地做好就业指导和服务工作，辅导员除了要积极做好毕业生的就业意向和心理调查工作外，还要做好用人单位的调研工作，巩固和开拓就业市场。首先，在就业周期内，要针对不同时期的学生就业心理做多次调研，依据结果及时调整工作方向和方法，切实保证就业指导的针对性。同时，针对不同的学生群体，如考研、考电网等备考群体，以及就业困难群体，分别开展不同形式、不同内容的就业指导工作。

此外，作为负责就业工作的辅导员要努力赢得市场，一方面，建立用人单位需求信息库，保持已有需求单位的信息，建立毕业生在单位的反馈机制，巩固已有的就业市场；另一方面，辅导员还应该根据专业特色及学生特点等情况，积极走出去，主动与用人单位建立联系，调研单位真实需求、工作要求等，开发新的用人单位，不断开拓新的就业市场。

3. 建立激励机制，调动辅导员参与就业指导与服务工作的积极性

辅导员参与就业指导工作拥有许多优势条件，是学校开展就业指导不可忽视的力量。因此，在建立监督考核机制的同时，还要搭配有效的激励机制，调动辅导员参与就业指导与服务工作的积极性，如建立奖励制度，开展就业工作先进个人、优秀就业

指导教师等评选活动,把辅导员参与就业指导工作计入工作量。

情景还原(图 2-13-2)

同学 a:导员,我最近一个面试过了,拿到了 offer,但是其实我并不是很想往企业这个方向发展,我想放弃这个重新找工作。

辅导员:同学,当下的大形势你也看到了,你面试了那么多家公司,才得到了这个工作,这个工作的来之不易你比我更清楚,我建议你可以先有一份工作,先有着稳定收入再想其他。

同学 a:导员,我明白了,我就先在这个公司干着,再抽空考取我需要的一些证书。

辅导员:对的,对的,你这个想法很不错。在就业的同时又着眼未来。

……

图 2-13-2 "学生就业指导与服务工作案例"情景还原

第十四章
由突发事件引起的应激性精神障碍学生的心理疏导

于壮源

一、案例概述

2018~2019学年第二学期开学初,在查寝过程中,有人举报有同学每天在寝室酗酒,打扰其他人休息,并且多次有轻生的想法。笔者在得知该情况后,第一时间找到该生,与其谈心,了解问题的起因和基本情况。该生为女性,20岁,大二学生,父母离异,父母各自组建家庭,女孩与祖父祖母同住,父亲与继母育有一子,生母与继父育有一女。父亲经常与继母吵架,于是该生选择远离父母双方,搬去与祖父祖母同住。但祖父祖母年事已高,身体状况欠佳,她不忍心给祖父祖母添麻烦,于是该生在放假期间都是独自在学校居住。近期由于父亲与继母闹矛盾,继母劝该生寻找母亲,但母亲让该生不要打扰其现有的生活。该生觉得母亲冷漠无情,加上祖父祖母因为父亲与继母吵架身体状况不好,该生情绪和心理都产生了很大的变化,甚至产生轻生的想法。以上多种因素使她感觉到非常无助,故常在寝室饮酒,独自流泪、发呆,影响其他同学休息。

二、辅导过程

笔者在了解情况之后,第一时间找到该生,与其谈心,了解问题的起因和基本情况;在逐步取得信任后,经常与她在微信上交流,让她清楚自己的处境,鼓励她积极向上。在该生没课的时候笔者还会主动找到该生来办公室进行谈心交流,态度温和,讲究语言技巧,该生从而很愿意将自身存在的问题与老师分享。该生在倾诉的过程中有感而发,泪如雨下,笔者对其进行了心理安慰,劝慰她要自立自强,勇于面对现在遇到的情况,勇于面对生活,教育该生自力更生,树立一个明确的目标并为之不懈努力，劝她多与寝室同学交流，积极参加寝室学习活动，让她们寝室那些爱学习的孩子带动她一起学习，营造一个充实的学习氛围，避免她胡思乱想。同时也叮嘱她身边的同学和班干部多关心留意该生的日常行为，多多照顾她，让她感受到除了家庭以外，来自老师和同学们的温暖。

三、成因分析

该生的一系列在校表现是在应激事件发生后产生的，心理问题的表现与应激事件相关联。该生的精神症状主要表现为情绪低落、思维缓慢、意志减退等。但其人格与人际关系保持良好，只是社会功能显著减退，因此判断其为应激性精神障碍或反应性抑郁。主要是由突然或持久的应激性不良心理社会因素导致的，应激性精神障碍的症状表现往往是心理矛盾和精神创伤内容的反映。应激性精神障碍是典型的心因性障碍，病前有明确的精神创伤或应激性生活事件，起病常比较急骤，经过适当治疗，病情很快好转，恢复健康，愈后良好。如果无精神打击，不会再度复发，达到终身痊愈的满意疗效，一般被视为"良性心理疾病"。人们常误认为一切精神疾病都是由精神刺激诱发的，没有精神刺激因素不会得病。这其实是一种误解。严格地讲，大多数精神疾病并非以精神创伤作为病因的，精神创伤不过是一种诱发因素或促发因素。真正由精神创伤直接导致精神障碍的疾病就是反应性精神障碍。所谓"反应性"，是指对不良心理社会因素（通常指应激强度大、频度高和时限长的）作用下引致的精神障碍。该生受到母亲与继母的双重排挤，从而产生精神恍惚、抑郁心情无处排解等现象是可以理解的。完整的家庭被拆散后，本就对她的思想产生了冲击，之后又遇到母亲的冷漠与继母的排挤。种种复杂的情绪交织在一起，使学生产生了轻生的想法，借酒消愁。

本案例技术路线图如图 2-14-1 所示。

四、解决方案

1. 倾听

倾听学生的问题，耐心感受学生的感受，通过倾诉发泄心中积压的抑郁自责会产生一种轻松感。教师可以通过倾听充分了解学生的想法，使学生感觉到关心理解与支持。在倾听时，注意回述、归纳学生所讲的内容，有助于提高倾听的效果。通过该生的情绪表达或宣泄来减轻她的心理痛苦，鼓励其将问题或感受表达出来而不是压抑着。

2. 解释指导

通过倾诉对学生有关生理和心理问题给予耐心的解释并普及心理卫生知识的教育。矫正该生的不良行为并给予适当指导。使该生明白自己目前的状况，对治疗康复的前

```
┌─────────────┐                ┌──────────────────────────────────┐                ┌─────────────┐
│ 离异家庭,父母 │                │ 由突发事件引起的应激性精神障碍学生的心理疏导 │                │ 倾听学生的问题, │
│ 各自组建家庭, │                └──────────────────────────────────┘                │ 耐心感受学生 │
│ 对学生不闻不 │                              ↓                                      │ 的感受,通过倾 │
│ 问,导致学生缺 │         ┌──────┐      ┌────────────────┐      ┌──────┐            │ 诉发泄心中积 │
│ 爱,感到无助  │ ←──────  │ 存在 │ ←──  │ 该生在寝室经常酗 │ ──→ │ 解决 │ ──────→  │ 压的抑郁,会产 │
└─────────────┘          │ 问题 │      │ 酒,打扰他人休息, │      │ 措施 │            │ 生一种轻松感 │
┌─────────────┐          └──────┘      │ 有轻生想法      │      └──────┘            └─────────────┘
│ 父亲和继母闹矛盾,│                      └────────────────┘                         ┌─────────────┐
│ 继母劝该生寻找 │                              ↓                                    │ 通过倾诉对学 │
│ 母亲,但母亲让 │                  ┌──────┐      ┌──────┐                             │ 生有关生理和 │
│ 该生不要打扰其 │                  │ 处理 │      │ 总结 │                             │ 心理问题给予 │
│ 现有的生活,该 │                  │ 结果 │      └──────┘                             │ 耐心的解释并 │
│ 生因此产生情绪 │                  └──────┘                                           │ 普及心理卫生 │
│ 和心理变化   │                       ↓          ↓                                   │ 知识的教育,矫 │
└─────────────┘                                                                      │ 正该生的不良 │
                                                                                     │ 行为并给予适 │
                                                                                     │ 当指导      │
                                                                                     └─────────────┘
┌─────────────┐  ┌─────────────┐  ┌─────────────┐  ┌─────────────┐
│ 让学生树立自 │  │ 让学生用感恩 │  │ 悲痛是被亲人 │  │ 帮助学生鼓起 │
│ 我价值观,正确 │  │ 之心去回忆过 │  │ 抛弃的一种自 │  │ 勇气,提高应 │
│ 地认识自己, │  │ 去的美好时光,│  │ 然反应,要引 │  │ 对危机的信心,│
│ 为自己而活, │  │ 好的回忆和好 │  │ 导学生不要克 │  │ 对学生拥有的 │
│ 安抚学生    │  │ 心情有助于帮 │  │ 制自己的情绪 │  │ 良好品格加以 │
│             │  │ 助学生恢复  │  │             │  │ 肯定        │
└─────────────┘  └─────────────┘  └─────────────┘  └─────────────┘
```

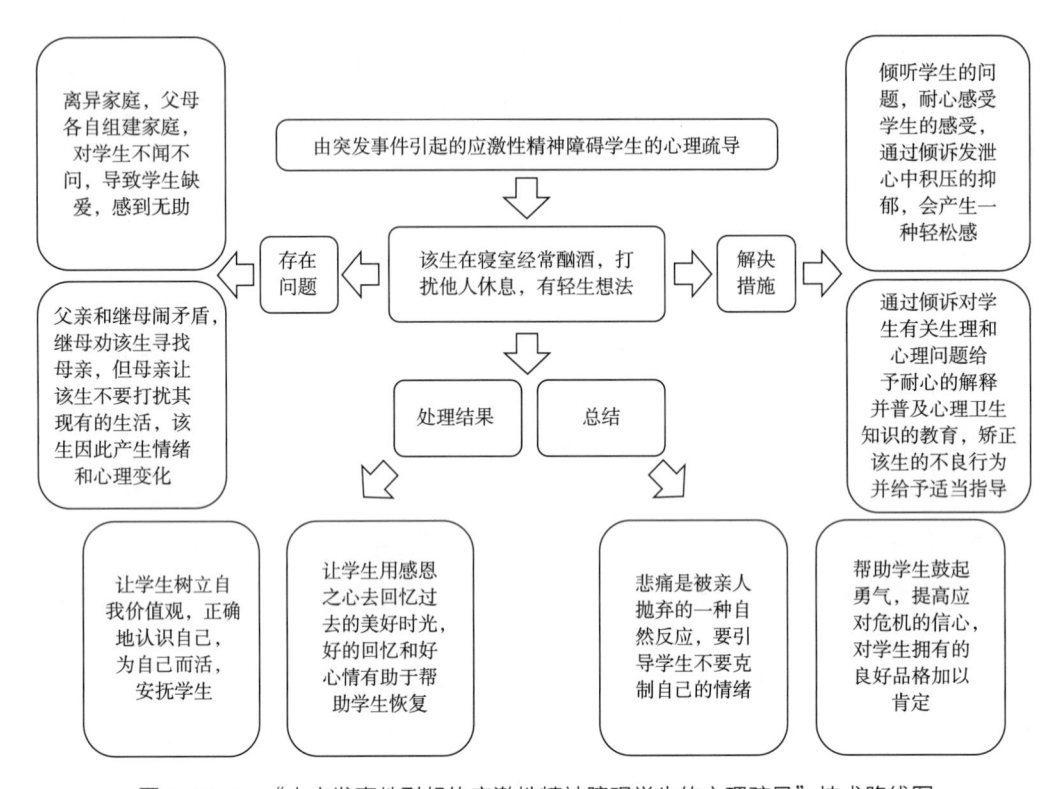

图 2-14-1 "由突发事件引起的应激性精神障碍学生的心理疏导"技术路线图

景做到心中有数。

3. 提高信心

针对该生消极悲观的特点,帮助学生鼓起勇气,提高应对危机的信心,对学生拥有的良好品格加以肯定。要让学生学会珍惜当下,而不是一味地自责懊悔,要学会向前看。人生的路是靠自己走出来的,只有做好当下的事,用自己的努力获得未来的美好生活,通过自己的成长,才能完成自身的自立自强,闯出一片天地。

4. 强调自助

最终的康复结果是使学生恢复以前的生活状态,或者以比之前更好的状态继续学习与生活。要让学生自己努力完成心理建设,而不是完全依靠教师的帮助。在咨询结束后,学生要有足够的能力自己摆脱负面情绪的困扰,向更好的方向发展。

五、后期跟踪效果

在经历了一段时间的咨询治疗之后,该生能够逐渐恢复往日的生活状态,不再回避班级集体活动,不再每日沉默,或者只是沉浸在自己的世界里,也不再酗酒。与之前相比,学习更加努力,同时根据授课教师和班级同学反映,该生进步明显。该生现在与寝室同学相处融洽，并与室友结伴准备考研。

经过该生同寝室学生的报告，咨询后三周，该生不再时常哭泣，上课也能集中精力。通过观察，发现其睡眠质量也逐渐得到改善。该生每日利用闲暇时间学习知识，积极备考，重塑自信，以面对将来的生活。

帮助该生改善学习生活条件，帮助其申请国家补助和校内勤工俭学，希望该生能更好地将心思放到学习上。在随后的多次会面中，也能逐渐感受到该生的精神状态恢复良好，虽然言语中偶尔还会透露出伤心，但这也实属人之常情。

六、总结

悲痛是被亲人抛弃的一种自然反应，是一个有着很多不同感受的过程。在这个世界上，任何人所经历的伤痛和感受都是独一无二的。当学生为所爱的亲人悲痛不已时，要引导学生不要克制自己的情绪，让其尽可能地大哭一场，或是说出自己的感受，让老师与学生一起分担痛苦。

多给学生一些时间，恢复是需要时间的。当学生被所爱之人抛弃后，她究竟会在何时摆脱悲伤的感受，是无法设定一个"正常"时间的。恢复是一个渐进的过程，只有随着时间的推移，痛苦才能慢慢消退。要让学生了解悲痛的过程并非一条直线，而是一个不断往复的过程。要尽量让学生看到身边的美好，哪怕在非常痛苦的时期，能够有片刻的笑容和快乐，也会给予学生力量。关爱学生，叮嘱其同学关注好该生的身体状况。被父母抛弃的压力会对学生的身心健康造成严重影响，为避免更严重的情况发生，一定要重视。安排同学每日陪她散步、吃饭等，这样能让学生的生活恢复规律。教会学生用感恩之心去回忆过去的美好时光，逐渐解脱。好的回忆和好心情有助于帮助该生的恢复。

情景还原（图 2-14-2）

老师：同学，最近遇到了什么事情吗，有同学反映你在宿舍喝酒喝了好几天呢？

该生：老师，我父亲和继母闹矛盾，我继母劝我去找我母亲，但我母亲不认我，还让我别打扰她的生活。她可是我亲妈啊，怎么这样对我。我心里很乱，只能借酒消愁。

老师：嗯，同学，我了解了。是这样的，你家里的事情对你影响这么大，但是你不能太消极，更不能一味地自责懊悔，要学会向前看。人生的路是靠自己走出来，只有做好当下的事，才能用自己的努力获得未来的美好生活。

……

图 2-14-2 "由突发事件引起的应激性精神障碍学生的心理疏导"情景还原

第十五章

走出阴霾，重新起航

王 斐

现在学生的思想问题与心理问题常常交织在一起，相互影响，结合个人的工作经历，笔者感受到高校辅导员的思想政治教育工作与心理咨询在运用主体、理念、方法等方面虽有不同之处，但最终都是要帮助他人构建合理情绪，健全完善的人格，而心理咨询中"助人自助"的工作理念对于辅导员帮助学生自我成长、自我塑造，实现人生价值有很好的借鉴意义。下面结合工作中遇到的实际案例来阐述笔者如何使用心理咨询技能解决学生失恋问题。

一、案例概述

一个周五的下午，一名女同学小 H 找笔者想请三天假，说要去外地散散心，其原因是她刚刚和男朋友分手，此时她的情绪十分低落。面对这种情况，批准的话，不放心她一个人出去；不批准的话，对她此时心理状态更是雪上加霜。根据经验笔者确定她正处在心理危机历程的第三个阶段，自己试过一些方式无效后，内心焦虑持续增加，此时容易尝试荒唐模式，但是也开始求助，是愿意接受帮助的最好时机，不然也不会请假，作为辅导员这个时候也更适合介入。

二、案例分析及解决方案

小 H 此时的状态正处于失恋的哀伤期，过度悲伤的情绪导致她不能上课、吃饭、睡觉，已经影响到她的日常生活、学习，应该是出现了严重的心理问题，对她而言首先要解决的是她的情绪问题，然后帮助她分析问题，自己找到解决问题的方法，度过哀伤期。于是按照这个思路，笔者运用了一些心理咨询技能。

1. 倾听技术

辅导员最常用的工作方式便是"谈话"，我们面对"问题学生"常常是一番苦口婆心的说教，一方面让学生产生抵触情绪，另一方面其自身的问题可能无法得到解决，反而会觉得没有得到老师的理解而不愿意敞开心扉，"以求助者为中心"的谈话技巧是人本主义疗法的一种技术。但是谈话的开始不是"说"而是"听"。

面对小 H 的状态，笔者先和她共情了一下说："我知道你现在一定很难过，心痛不已，那你就痛快地哭一场吧，老师陪着你。"听完这些话她就放声大哭起来，哭了半个小时，由开始的号啕大哭到后来的啜泣，笔者就一直在倾听，只不过在倾听她的哭声，做好陪伴，先处理她的情绪问题，建立信任和安全感，为后面进一步深入交谈打好基础，之后沟通也很顺畅，基本她心里的想法都会直接说出来，没有阻抗的状况发生。

2. 提问技术

心理咨询中的提问方式有"封闭式"和"开放式"两种。封闭式提问用于澄清事实，明辨是非；开放式提问为了让学生更详细地叙述，以便了解更多的信息。在心理咨询中，开放式提问通常使用"什么""如何""为什么""能不能"等词发问。

哭完之后小 H 情绪舒缓了一些，这种情况下笔者采用开放式提问，你愿意和老师分享一下到底发生了什么事情了吗？这种提问能促使她主动、自由地叙述，会得到更多的有效信息，有利于下一步判断。"我男朋友提出和我分手了，他说他放不下原来的女朋友，他还是想和他前女友在一起，我很伤心……"她自己讲出了分手原因、过程、现在的问题等，但是对于个别问题她阐述不清晰，比较混乱，这也是导致她此时情绪状态的重要原因，于是笔者又结合具体化技术提出一个开放式性问题"你说你很伤心，你能说一下伤心的是什么吗？"具体化也是参与性技术中的一种，目的就是把事情说详细说具体，帮助她厘清模糊、混乱的思绪，确定她伤心的是失恋这件事情，还是伤心不能接受男友放弃自己选择前女友，认为自己不如别人。厘清这一关键点后，笔者运用合理情绪疗法，转变不合理信念。让她认识悲伤的情绪其实对她伤害更大。

3. 重复与鼓励技术

直接重复学生的话或者用"嗯""还有吗""讲下去"这样的词语鼓励学生继续说下去，可以增强学生的自信心，克服学生的畏惧心理，鼓励学生全面讲出自己的真实想法。此案例中，小 H 不能接受分手的事实，不知怎么办好，笔者选择"不知要不要挽回"来重复，一方面抓住了学生的核心现状，表达了理解和共情；另一方面鼓励学生对其困扰的问题做更进一步地描述和分析，并对此进行鼓励。让她自己分析情况做出决策，这样也体现了咨询中"助人自助"的原则，让学生更好地成长起来。让辅导员工作真正摆脱传统的思想政治工作者的角色，成为学生的"知心人"。

4. 指导技术

指导是影响力最明显的一种技巧。辅导员可依据实际工作的具体要求，在使用指导技巧时，在确保学生已经准备好接收信息和建议之后，适时地对学生进行引导，使学生积极主动地做出决定，自愿地去做事。

在这个案例中为了缓解失恋给学生带来的痛苦，笔者用指导技术让学生做出尝试说："你可以试试看，在保证安全的前提下，你回去做什么自己会感觉好一些，记住这些感受，然后我们可以一起分享。"用指导技术让她尝试摆脱困境，让她主动去尝试，而不是直接告诉她做什么，这种方法也确实取得了较好的效果。

5. 情感表达技术

情感表达是我们在开展工作时，告诉学生自己的情绪情感活动状况，让学生明白老师的感受。会使学生感受到辅导员的形象，了解辅导员的人生价值观，也会积极地促进学生的自我表达。

最后小 H 想到如果自己的家人、朋友看到自己这样的话他们肯定会很心疼、很担心，那自己为什么要做这些没有意义却又让别人担心的事情呢？所以她最终走出低谷最有效的办法是：理性的思考问题做一些有意义的事，爱自己。这个时候笔者运用情感表达技术对她进行了肯定："你勇敢地面对现实，自己找到了答案，是这件事给你带来的价值，是很珍贵的经验，老师为你感到骄傲，老师相信未来人生路上你会好好利用这个经验，会越来越成熟、坚强！"她也开心地笑了："我相信自己以后会越来越好，谢谢老师，我周一就去上课。"

本案例技术路线图如图 2-15-1 所示。

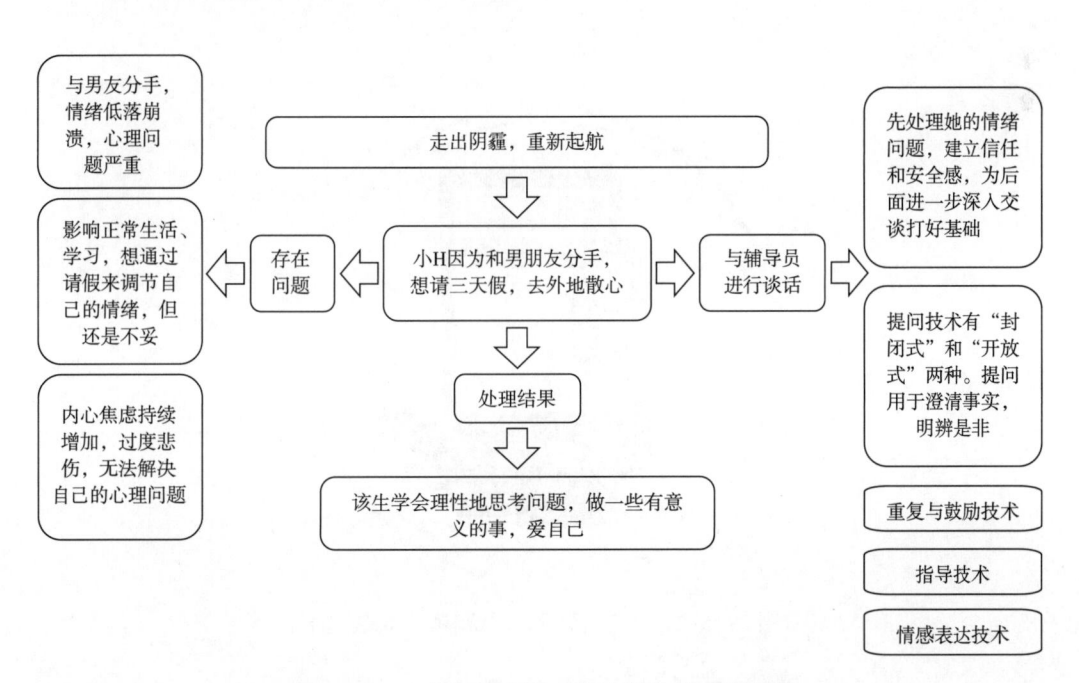

图 2-15-1 "走出阴霾，重新起航"技术路线图

三、经验与启示

在处理这个失恋危机事件时,笔者运用了心理咨询技能中的部分参与性技术和指导性技术及焦点技术等相关原理,用了两天加一个晚上把小 H 的状态调整到一个相对稳定的状态,使她能重返课堂,事情没有恶化,并且在这个过程中,完全是她自己决定、经历、感受,得到想要的答案,笔者觉得主要得益于合理利用心理咨询技术。

辅导员是一个温暖的称呼,也是一个平凡的岗位,但是作为辅导员却不应平庸,需要自身硬、自身强,提升自我修养,加强心理技能的学习会为我们的工作提供更多的方便和可能。让我们为学生服好务,为学校站好岗,为教育出好力,做学生服务工作的勤务员,实现立德树人有道,春风化雨无声。

情景还原(图 2-15-2)

小 H:老师,我男朋友提出和我分手了,他说他放不下原来的女朋友,他还是想和他前女友在一起,我很伤心……

老师:你说你很伤心,你能说一下伤心的是什么吗?

小 H:我男朋友认为我很好,不告诉我他的真实感受,这样对我其实不公平,而且分手不是因为我不够好。我不知道为什么。

……

图 2-15-2 "走出阴霾,重新起航"情景还原

第十六章
创新思政教育新途径，以志愿服务立德树人

杨　楠

一、案例概述

志愿服务是促进青年学生全面发展的新途径，更是高校立德树人、加强和改进学生思想政治教育的新方法。作为分院学生校园文化活动与校外实践活动的主要负责人，笔者一直在思考如何提高思政教育的实效性，探索出一条通过志愿服务活动，引导学生走上社会大舞台，积极参与社会生活，了解社会需求，在实践中成长成才，把个人追求和国家发展、社会需要紧密结合起来的思政教育新途径。

2017~2019年三年的时间里，笔者广泛联系社区、养老院、小学等，长期开展大学生志愿服务系列活动。仅以2019年下半年为例，开展志愿服务三十余场，涵盖理论宣讲、环境保护、义务支教、敬老护老、文艺展演、科普宣传、爱心义卖、助残帮困等多个服务项目。

在志愿服务活动中，一批批学生贡献了自己的才华、展示了青春风采、进行了自我教育，学生的能力得到全方位提升，用奉献、忘我、无私、友爱、互助，真正践行了社会主义核心价值观。以上志愿服务活动受到广泛好评和认可，电视台、《新文化报》、《人民日报（网络版）》、搜狐新闻、网易新闻等多家媒体也进行了相关报道。

二、案例分析

中共中央、国务院发布《关于进一步加强和改进大学生思想政治教育的意见》以来，各高校一直在认真贯彻文件精神，大学生思想政治教育得到了加强和改进。当代大学生思维模式和价值观与以往时代都有所不同，在社会和文化开放程度不断提升的背景下，获取信息渠道变得多样化，这一代大学生思想活跃、个性鲜明、自我意识强

烈，很多学生推崇个人主义，追求民主和公平，以自我为中心，不愿受约束，既有个人的意见和主张，也敢于表达、表现自己，质疑权威。而学生是祖国的希望，是未来的中流砥柱，青年强则国强。因此笔者认为，我们必须培养好、管理好、引导好这一代大学生，这是祖国给予的重托，高校必须不辱使命。我们应认真思索提高思想政治教育的有效途径，使学生在走出校门之际，不仅具有较高的文化素养、专业水平，更具备优秀的道德水平和高尚的思想境界，成为一名合格的公民。

志愿服务有其重要功能，可以使学生体察民情、增强对国家和社会的责任感，在服务中自我教育，培育对祖国的归属感，以及为人民服务的意识。志愿服务能对学生产生潜移默化的影响，使学生产生对参与社会生活的内驱力，从根本上促进了大学生思想政治教育的作用。

学生志愿者在许多项目中都作出了自己的贡献，体现了聪明才智、起到了积极作用、彰显了青年学生的风采，成为一道靓丽的风景线。我们应积极探索，如何更好地在新时代下创新大学生思想政治教育新途径、充分发挥志愿服务的育人作用。

本案例技术路线图如图 2-16-1 所示。

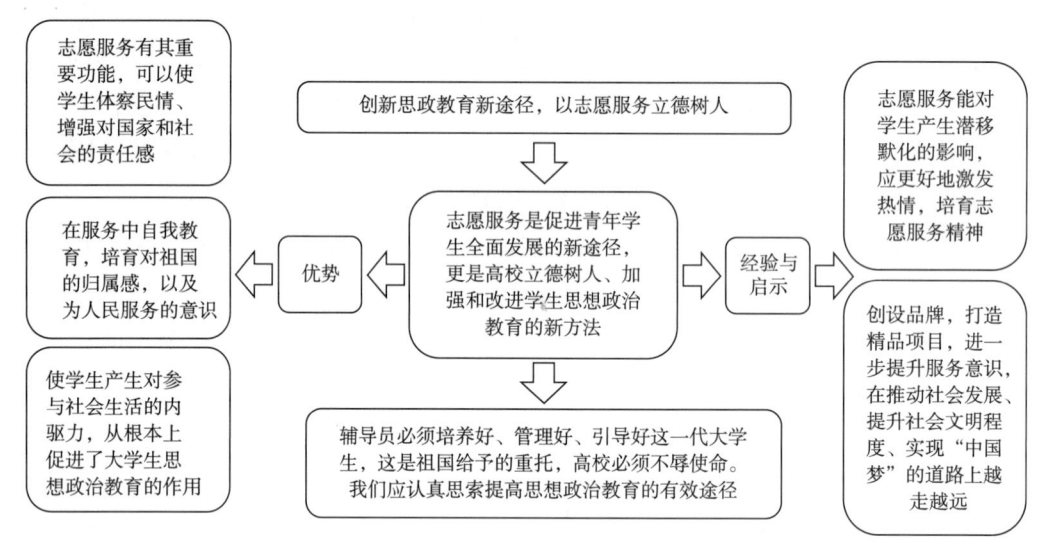

图 2-16-1　"创新思政教育新途径，以志愿服务立德树人"技术路线图

三、经验与启示

志愿服务是加强大学生社会主义核心价值观教育的重要途径，是高校实践育人的必然要求，是增进思政教育有效性的根本办法，我们应当充分认识到志愿服务的重要性。几年来的实践证明，学生在志愿服务中得到了锻炼和成长，增强了社会责任感，

将理论与实践有机结合起来，充分发挥个人主观能动性，锤炼了品质和意志，也得到了社会各界的认可。在组织、引导学生广泛参与志愿服务活动的过程中，笔者也思考了以下几个问题：

1. 应更好地激发热情，培育志愿服务精神

个别学生对于志愿服务的态度存在一些问题。例如，学生没有认识到志愿服务的重要意义，对于志愿服务缺乏应有的热情，作为社会成员不愿投身于改造社会、建设国家的事业当中，只享受其他社会成员创造的成果；或在社会实践过程中从利己主义出发，以能得到积分、档案记录等收益为根本出发点去参与活动。因此我们应加强引导和教育，激发学生的热情，使学生明确志愿精神，消除学生动力不足、热情不够、缺乏持续性、偶有盲目和随机性的现象，纠正学生对志愿服务理解上的偏差，最终将志愿服务精神内化为学生头脑中自觉的强烈动机，推动学生在实践中践行志愿服务精神。

2. 创设品牌，打造精品项目

部分高校业已打造了一批大学生志愿服务精品项目，使一批批志愿者长期坚守，传承了志愿精神，志愿服务得以长期持续下去；这些精品品牌项目，在社会上具有较强的知名度，高校的口碑和影响力均得到了提升，有利于学校整合资源，拓宽志愿服务平台。我们应继续学习、借鉴此类项目的经验，并强化品牌管理、培育志愿品牌，积极探索志愿服务模式，创建开发符合时代发展、社会需要、有助于学生锻炼和成长的新项目，塑造学校良好社会形象、提升学校知名度，引领学生积极参与社会活动。

3. 健全机制，促进志愿服务可持续发展

良好的机制是志愿服务得以顺利进行、持续发展的重要保障。志愿服务应该具有可持续性，使志愿服务活动参与者不断层、志愿服务活动本身不间断，能影响一批又一批学生，为社会发展提供源源不断的精神动力。因此应健全机制，加大对志愿服务工作的投入力度，保障经费，并从物质激励和精神激励两方面完善志愿者激励机制；同时加强志愿者队伍的管理工作，锤炼队伍，对志愿者定期培训，采用专家讲座、理论学习、实践操作、学习交流、传帮带等多种多样的形式，进一步提升服务意识，提高专业水平，使大学生志愿者成熟起来，在推动社会发展、提升社会文明程度、实现"中国梦"的道路上越走越远。

情景还原（图 2-16-2）

老师：怎么样，一天下来，身为志愿者有什么感受吗？

大学生志愿者：老师，我感觉特别充实，特别开心，虽然累点。

老师：你下次还想来不？

大学生志愿者：我想一直干下去。

……

图 2-16-2 "创新思政教育新途径，以志愿服务立德树人"情景还原

第十七章

迷途知返，回头是岸

李婧雯

一、案例概述

小王，女，性格内向，入学成绩是班级第一，第一年成绩处于中等偏上水平，随着学习内容的不断深入，由于学习方式不正确和不适应集体生活方式，不愿意与人交往等原因，导致成绩在大二一年内急速下滑。家中有一个小自己十二岁的弟弟，小王发现家里人越发地宠爱弟弟，她深感自己受到冷落，便也不愿意回家了。大二上学期该生通过网络方式认识社会人员陈某并马上确定恋爱关系，在认识三个月后陈某从她那里借了一笔高利贷，钱取出后马上消失了，小王借的钱已经从2000元涨到了9000元，走投无路终于向母亲求助并且将欠钱还上，母女俩没有跟任何人说也没有选择报警，而是就这样了事。从此小王再也不相信任何人，对自己未来也不再抱有希望，越发堕落。从一开始的班级优等生变成班级倒数第一，性格越发散漫，旷课、迟到、逃学，向父母、老师、同学撒谎，时常隐瞒自己的去向，并拒绝接别人的电话。小王不参加班级任何活动，不参与体育锻炼，对所有事情都不上心，宿舍卫生很差，长期不注意个人卫生引起了宿舍同学的不满，所有学生都对她议论纷纷。

二、案例分析及解决方案

这是校园思想政治教育工作，涉及心理咨询和"校园贷"。首先，小王并非独生子女，从小娇生惯养的环境由于弟弟的出生而发生改变，父母把更多的关注放在弟弟身上，使她倍感失望，因此性格孤僻，思想叛逆，向别处寻求关心和呵护。其次，家里对其管理松懈，对孩子不了解，其自制力和独立性较差。学习一直处于被动状态，虽然从小学到高中都是优等生，但不适应大学的学习方式，没有掌握自学的方法，学习一落千丈。

最后，由于被欺骗以后难以接受事实，无法面对家人和同学，性格抑郁。该生对高利贷、"校园贷"了解不多，防范意识差，法治意识较弱，在受骗上当时无法做出正确的选择。

1. 深入了解学生

作为高校的辅导员一定要深入了解学生，不用有色眼镜看待学生，耐心细致地了解情况，找到好的切入点，对症下药。首先要加强对小王的关注，多多了解她的生活、思想，向其家长、任课老师、室友、朋友了解其情况，必要时进行约谈。约谈要耐心倾听，建立信任关系，发现其长处并鼓励其向长处发展，发挥优势。

2. 重拾学业自信

在与小王的一番接触后，发现其心底仍然憧憬未来，但又不敢面对未来。要引导小王重拾自信，转变自己的学习方式，帮助其与室友和解，正视自己的生活现状，从"废墟"中挣脱出来，奔着奖学金努力。发挥党员、学生干部的优势，帮助她重拾自信，从学业、寝室生活各个方面给予帮助。

3. 认清现状及时改变

结合小王的状况，从心理和家庭方面做心理疏导。向领导汇报学生情况并联系学校相关部门帮助小王做心理疏导，并且与其家长紧密沟通，让学生和父母都能意识到症结所在，发现父母的爱。鼓励小王回归家庭，发现父母对她的爱，打开心结，向父母吐露心声，打开心扉，重拾乐观、积极、向上的心态。

4. 与过去说再见，重建人生舞台

帮助她认清现实，放下过去，朝着新目标前进，学习相关法律知识，自己的合法权益受到侵害时要懂得拿起法律武器保护自己。

本案例技术路线图如图 2-17-1 所示。

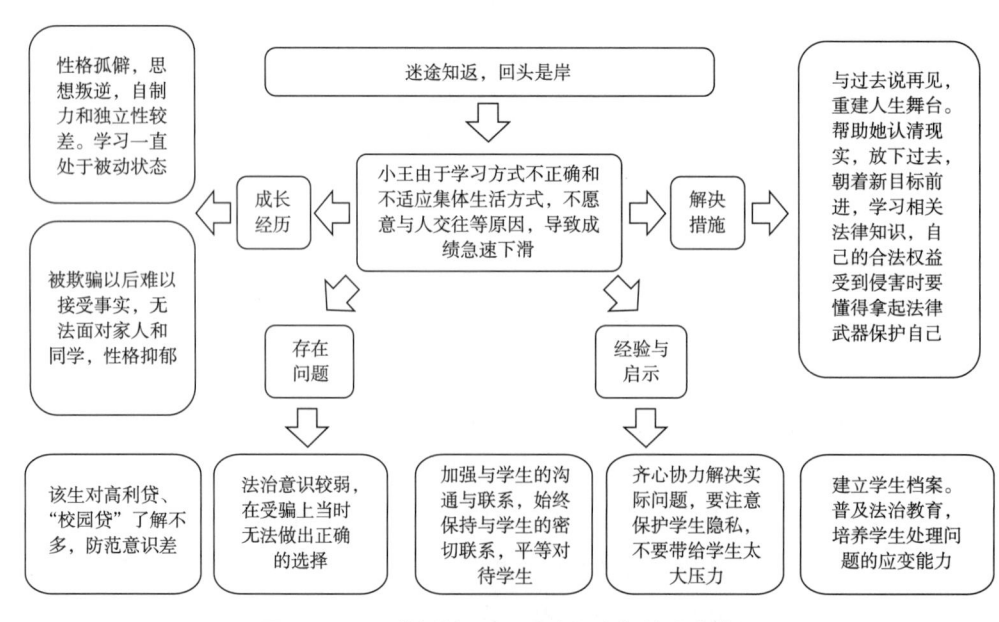

图 2-17-1　"迷途知返，回头是岸"技术路线图

三、经验与启示

（1）深入了解学生。了解每个学生的思想动态，他们是共性与个性共存的一个群体，要对他们的思想状态有准确的把握，及时发现每一个异常学生，通过多方面打听了解，制订解决方案。

（2）加强与学生的沟通与联系。要始终保持与学生的密切联系，常思考、常联系，学生有诉求时耐心倾听，学生需要帮助时及时伸出援手。平等对待学生，让学生感受到家人般的温暖。

（3）齐心协力解决实际问题。在工作中要始终与学生党员、学生干部、班干部、任课老师保持密切的联系。同时在处理学生问题时要注意保护学生隐私，不要带给学生太大压力，关键时要联系上级领导和学校有关部门寻求帮助。

（4）建立学生档案。为再次发生类似案件的提供有效解决方法，同时对学生做好跟踪记录。

（5）普及法治教育。大学生法治教育薄弱问题已经不容忽视，在督促学生学好自己专业课的同时要对大学生进行法治教育，在自身受到非法侵害时能够不慌张、不隐瞒，培养学生处理问题的应变能力。

情景还原（图 2-17-2）

小王：自从弟弟出生后，家里人几乎就不管我了，没有人关心我。

辅导员：嗯嗯，你继续说。

小王：家里人不管我，我自控力又不强，成绩一落千丈，最近还被"校园贷"给骗了，我很难过。

辅导员：可以找身边的同学一起学习，大家相互督促，适应一下这种模式，关于"校园贷"，我们平时可以多了解一下，必要时报警处理。这次被骗，咱下次就不会上当了。

……

图 2-17-2 "迷途知返，回头是岸"情景还原

第十八章
大学生心理问题案例干预

周倩倩

一、案例背景

她是一个特别热心、认真、负责的小女孩,特别乐意帮老师管理班级,而且很有眼力见儿,观察一段时间之后,笔者觉得她还可以胜任管纪律这项任务,因此,笔者把这项工作交给了她,主要负责课前、课间以及自习课的纪律。但是在她管纪律的过程中,笔者发现她和同学交流的口气、方法不对,而且不允许别人犯错误,但自己有时又控制不住自己,班里有几个人不听她的,并且她不能正确地认识到自己的缺点,不能正确地评价自己,也不能正确评价别人,因此和班里少部分学生的关系不太和谐、理想。因此,笔者想对她进行辅导。

二、初步分析

从以上现象表明,她从思想深处认为自己的做法永远是对的,别人如果不按照她的想法处理问题就是不对的。这种现象说明该生存在严重的"自我中心"意识,凡事不考虑别人的看法或想法,不会与人相处,在评价他人时,完全出于个人的片面感受,不能站在客观的角度评价他人。

三、辅导过程

(1)课间找她谈话,给她讲故事《镜子里的小花猫》,教她一些具体的方法,目的是告诉她,与人相处,她怎么对待别人,别人也会怎么对待她。即使她现在是班委,也不能像老师那样对待同学,当然了,老师有时候口气也不对,也是要改正的,跟同学们交流时，发现违纪的同学，先提醒他们给他们改正的机会，语气语调一定要温柔一些，再犯错你就把他的名字记下来，交给我就行了。

（2）找家长谈话一起来帮助她。跟家长交流孩子的具体情况，告诉他们一些正确的为人处世方法，可以一些小故事的形式告诉孩子一些简单的道理。笔者劝导家长多对孩子进行思想道德教育，从我国优良的传统对学生进行教育，严格要求孩子，教育孩子对待他人要学会宽容，团结互助，关爱身边的每一个人。

（3）时时观察，定期谈话，找其他同学了解情况。每天观察她的表现，是不是能用一种温柔的方法管住学生，既帮助老师管了纪律，同学也体会到了她的好，出现问题，及时提醒她，帮助她，同时也给其他同学做了工作，提高同学们对她的信任。

本案例技术路线图如图 2-18-1 所示。

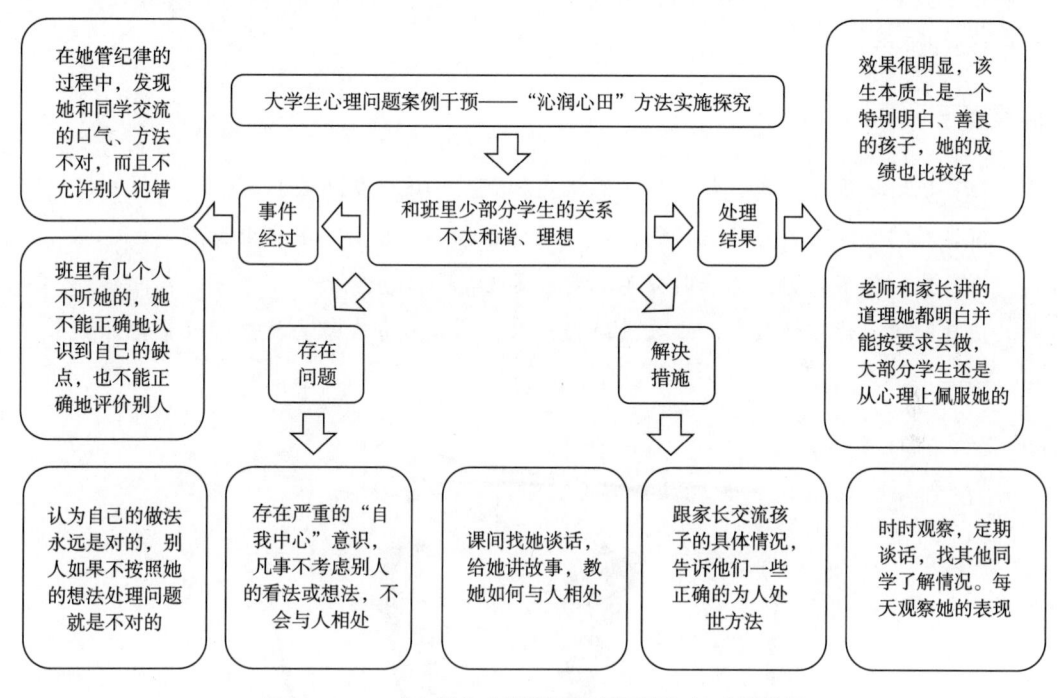

图 2-18-1 "大学生心理问题案例干预"技术路线图

四、辅导效果

效果还是很明显的，首先她本质上是一个特别明白、善良的孩子，不论是老师还是家长讲的道理她都明白并能按要求去做，大部分学生还是从心理上佩服她的，因为她的成绩也比较好。但是，她跟她的一个好朋友总有一种谁也不服谁的感觉，这一点还应再进行辅导，教给她一些跟朋友交往的方法。

五、辅导感悟

笔者认为培养学生健康的心理品质，是辅导员工作不可忽视的一个重要方面，它能使学生不断地正确认识自我，形成健康的人格和良好的个性心理品质。笔者认为，一个孩子的转变，是需要多方面配合的。不仅是老师在这里辅导，还应该争取得到家长、同学的帮助，最主要的还是孩子自身的努力。如果老师、家长能给孩子指引一条更宽更光明的道路，她自己也特别上进，那就什么都好办了。另外，在辅导过程中，也要全面，比如这个孩子，最后和其他同学相处得都不错，但和自己的好朋友之间存在隔阂，这也是需要老师关注并进行引导的。在辅导过程中，当然少不了耐心，一定要耐心分析学生出现问题的原因，帮助他寻找解决问题的方法。同时，做好记录，以便在日后的辅导工作中做得更加完美。

情景还原（图2-18-2）

她：拖地你不拖桌底啊你，你就只拖走廊啊，你这做得不对！

值日同学：你不会好好说话啊，你也就这点权力，拿着鸡毛当令箭。

她：你！你不服啊，你平时分不想要了是吧。

值日同学：你横什么啊，我又没做错什么，你扣我分我就去找老师赶紧把你撤了。

……

图2-18-2 "大学生心理问题案例干预"情景还原

第十九章
学生定位签到事件的案例分析

王一名

一、案例概述

为了快速与学生保持密切联系，通过网络更有效地对学生进行管理，我校利用辅导猫软件对学生实行定位签到管理。辅导猫的定位签到效果较为明显，为辅导员掌握学生的真实动态提供了便利条件。笔者带的班级中部分学生已参加一些兼职工作，时间紧张，位置变化频率高，不易掌控；还有一部分学生因不喜欢被限制不配合签到；更有的学生怕麻烦，找人代替签到。学生消极应对学校组织的定位签到任务，这对笔者掌握学生的真实动态产生了一定程度的干扰，作为学校与学生之间最直接的联系纽带，笔者一方面要执行学校布置的与学生的相关工作，另一方面又要确保每一名学生都安装好软件以便不耽误后续的定位签到任务。面对部分学生的消极、抵触情绪，笔者主要基于以下几个方面开展工作：

二、案例分析

辅导员布置定位签到任务落实不到位的原因主要有以下五点：
（1）学生本身态度不端正，对辅导员老师布置的签到任务不重视。
（2）因脱离学校束缚，产生心理安慰，或由于本身个性，不喜欢被限制，遂不配合签到。
（3）工作或其他事情繁忙，没有时间签到。
（4）担心所在位置被学校查出，引起麻烦，遂主观不签到甚至假签到。
（5）所在位置偏僻，无网络信号。

三、解决办法

1. 通过媒体手段，从思想上引领学生

面对态度不端正、不重视签到任务的学生，笔者的做法如下：

（1）通过与学生深入交流，让学生们在家多关注《新闻联播》《人民日报》和一些权威的多媒体平台。媒体发布的这些政策信息都是对社会正式公开，具有较高的权威性。学生每天接触这类信息的同时，也能看到从国家教育部到省、市教育部门对大学的规定和要求。按照这些政策的要求，学校也会结合实际情况采取相应的应对措施。同时，这类信息笔者也会通过学校的官网、学工在线平台等渠道进行公开发布，同时也将正式的红头文件发到学生群和家长群里。

（2）在多渠道政策发布的宣传下，学生对学校的政策和采取的举措就有了前期的思想准备。学生也会在思想意识上主观地与学校保持一致，重视并理解学校的措施。通过这种方法，使学生完成了从被动接受到主观意愿的转换，也使后续工作能够顺利开展。如果工作仅仅是通过口头相传，或者单纯的在班级群内发布通知，会造成学生对政策内容理解得不深入、不透彻，从而引起学生对学校的规定和制度不理解，甚至反感，抱怨，乃至抵触。

2. 通过有效沟通，从全维度教育学生

发现学生有抱怨和抵触情绪时，笔者首先做的事情就是进行沟通，不仅仅局限在发一条微信或者打一通电话的简单层面，而是要从多角度、多维度地与学生进行沟通，开展思想教育工作。因为笔者对所负责的学生的家庭情况和成长经历有一定程度的了解，对学生在校的日常表现也比较清楚，笔者通过结合这些客观情况，判断学生产生这样的抵触情绪，造成学生不满的原因：是理解上的误区还是思想上的差异，是实际执行过程中客观条件的不具备还是对政策认知价值观上的不认同等。在弄清这些问题之后，笔者利用同学之间、班干部与学生之间先进行最基本的沟通，摸清学生的真实想法，再亲自与学生沟通，让学生将情绪表达完整，对学生理解的误区和抵触的重点做进一步的解释，并与学生家长进行联系，争取家长的认同和支持，鼓励家长辅助笔者将学生工作做好，用更高效地沟通来解决实际问题。只有了解原因所在，才能运用有效的沟通方式，妥善地解决学生出现的问题。

3. 通过换位思考，从心理层面感化学生

辅导员的职责就是确保学生学习和生活秩序安全稳定。一切政策和举措都是为了更好地为学生服务；将学校的政策和精神传递给每一名同学，切实落实学校制定的规章制度，确保政策执行顺利是我们作为辅导员的责任和义务；对学生来说，应该理解并支持学校的决定，按学校要求做好应该做的准备工作。同时，笔者也会最大限度地理解学生。

笔者首先对学校的政策和措施都会进行详细地解读，充分了解这样做的初衷和目的，也为学生未来一段时间的学业提供帮助。让学生明白，这样做不是为了要监控学生的行为，限制学生的自由。同时，站在学生的角度，了解学生不配合的原因，从学生的角度发现问题、解决问题。了解学生的心理状态甚至可以将学生转化为辅导员开展工作的好帮手。提升学生的行为动机，使学生成为辅导员开展学生工作的管理助力。

4. 处理效果

以上几个方式，对学生中间产生了较好的影响。大部分学生端正了态度，并高度重视老师布置的签到任务。不喜欢被限制和担心所在位置被学校查出，引起麻烦的这部分同学，通过与他们进行深入的沟通交流，以及在班级干部的正确引导帮助下，思维也得到转变，从原本逆反抵触转换为积极配合。因工作时间紧张和所在位置偏僻，无网络信号等客观原因的同学，也通过联系班级干部，积极汇报自己的实时动态，主动配合。最后，班级签到人数从最初的几十人未签到，到除了几个无网络信号无法签到外，其余均每日签到，效果显著。

本案例技术路线图如图 2-19-1 所示。

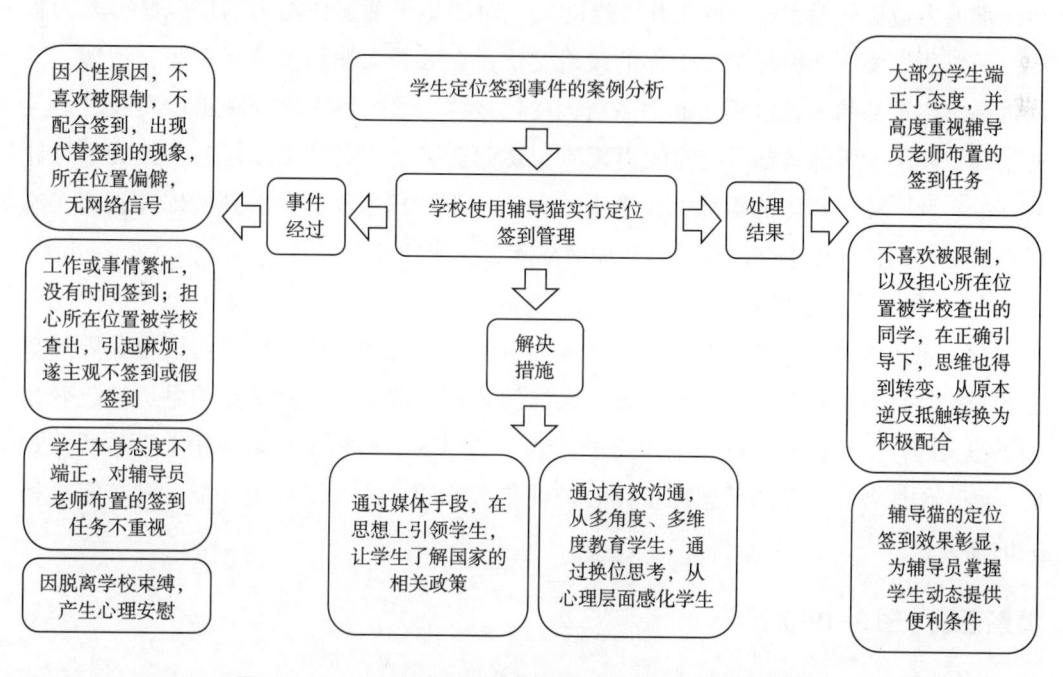

图 2-19-1 "学生定位签到事件的案例分析"技术路线图

四、启示与思考

1. 换位思考，重在引导

辅导员从来都不是站在学生对立面的人。在面对学生对学校的政策和规定抱怨和不满时，辅导员更应该积极处理，妥善解决。人与人之间的信任是相互的，我们在开展工作时，既要相信学生，更要关心学生，让其有归属感。这样学生才能主动配合辅导员工作。

2. 学会积累，重在提升

作为一名辅导员，不仅需要较高的思想政治素质，还必须具备一定的管理学、教育学、心理学等多学科知识，并能将其运用到实际教育工作中。在遇到各种复杂问题的时候，能够沉着冷静地分析和解决问题，在遇到重大事情的时候能够快速作出反应，并及时正确地对学生进行引导。作为辅导员要不断提升自己的综合能力，做到职业化、专业化。

3. 学会借力，重在培训

在辅导员的工作中，学生干部是辅导员不可缺少的重要力量。因为一些学生对老师有一种天然的抵触情绪，但是和同学却是无话不谈。因此，在工作中要学会借助学生干部的力量更好地完成一些工作。这时候，对学生干部工作能力的培养显得尤为重要。所以我们要不断提高学生干部的政治觉悟，在大是大非面前要保持头脑清醒。不断提高学生干部的思想水平、道德品质、文化素养。通过集中培训和工作实践进行及时指导，使学生干部具备一定的能力素质，要创造机会，安排工作任务，并给予有针对性的、及时的、具体的指导，使学生干部从中不断积累经验，得到锻炼和提高。这样在关键时刻，学生干部才能更好地冲锋陷阵，完成任务。

4. 学会借势，重在渲染

学生思想教育的开展绝不是依靠个人力量就能实现的，要利用一切资源开展好学生的思想教育。从此案例可以看到宣传媒体的政策，舆论压力对学生的思想的改变起到了很大的作用。在辅导员的工作当中，学会利用国家的相关政策，让学生对所面对的一些工作任务有一定的思想准备和心理铺垫，从而在主观层面上，配合学校完成相关的任务。

情景还原（图 2-19-2）

老师：同学，你不是之前找我请假了吗，不在学校，上次怎么定位签到！

某同学：老师，不好意思，添麻烦啦，我，我搞错了。

老师：你别油嘴滑舌，你这是什么原因？

某同学：老师，我找了同学帮我代签，我忘记告诉他我请假了，他就帮我签了。
老师：学校一再强调签到的纪律问题，你身为学生干部，怎么知错犯错！
……

图 2-19-2 "学生定位签到事件的案例分析"情景还原

第二十章

沟通是走进学生心里的钥匙

董 琛

一、案例概述

学生 Y，从军训结束到现在的这一个学期之内，在学校宿舍住的时间不足一个月，多次旷课。其中"大学英语""思想道德修养与法律基础""制图基础""形势与政策""大学体育""设计素描"这些课程都没有修满本学期全部课程的三分之一，专业课的作业均未上交。除此之外，她也没有参加"形势与政策"和"学习筑梦"的随堂考试，以及大学体育考试。

Y 同学的家庭不算十分富裕，她理解自己母亲的辛苦，曾在学校小市场做过很多兼职，如学校食堂超市、麻辣烫店、奶茶店等。但是，从 Y 同学一段时间的花销来看，并不节省。从她室友处了解到，Y 同学 2019 年 9 月支付宝（包括花呗）和微信账单的花费约为 8000 元。另外，2019 年 11 月，Y 同学为自己的男友庆祝生日，她对同学声称此次生日花费最低 2000 元，所有的钱均来自母亲、爷爷、奶奶。辅导员老师知道此情况后，立即联系 Y 同学，询问她每月的生活费，有没有贷款（高利贷、校园贷等）情况，并跟她讲述了贷款的危害，Y 同学称自己并没有贷款等行为。

据 Y 同学本人与其他同学的描述，Y 同学的母亲了解她谈恋爱的状况。两人在谈恋爱不久后，Y 同学见过男生的家长，并曾与男生父母一同出游过。旷课离校期间，Y 同学居住在男友家中。起初，Y 同学的男友会陪她一起上公共课，专业课依然旷课。一段时间后，专业课与公共课都旷课。从任课老师和同学那里得知 Y 同学的旷课情况之后，辅导员老师立即跟 Y 同学说明了挂科、学位预警的情况，Y 同学承诺辅导员老师以后会按时上课。在交谈中，Y 同学的态度逐渐好转，她深知自己母亲培育自己的艰辛，也想为自己的未来做打算，承诺以后会努力为自己学习。但是，在此之后的一个星期，Y 同学会去上公共课，但是专业课只是偶尔去。

2019 年 10 月 20 日，辅导员助理与 Y 同学沟通她旷课及挂科等情况，提到这些情况会影响毕业，以及学位证书的颁发等。此前，Y 同学所有的挂科情况自己全部知情。10 月 21 日，辅导员老师也与 Y 同学的母亲进行联系，让家长了解 Y 同学在学校的情况。在辅导员老师与 Y 同学母亲联系后，Y 同学母亲与 Y 同学进行了视频通话，Y 同学说会回到宿舍住。通过这些沟通，Y 同学承诺以后会好好上课，不再逃课，按时交作业。在此期间，Y 同学寝室同学也多次提醒 Y 同学按时交作业。但是，2019 年 10 月 29 日~11 月 4 日，Y 同学又没有来上课，也没有回复辅导员老师的微信消息，拒绝接听辅导员助理的电话。从 Y 同学朋友圈了解，这段时间，她在为男友庆祝生日。直至 11 月 5 日，因学校需统计个人信息，Y 同学回复辅导员助理一条微信，但仍然没有回复辅导员老师旷课情况。

2019 年 11 月 7 日，"制图基础"任课老师通知辅导员助理，Y 同学从未上过"制图基础"的课，课程作业也未交。辅导员助理与 Y 同学取得联系后，Y 同学表示已经知情。11 月 10 日，Y 同学没来上晚自习且联系不到人。11 月 13 日下午报告厅举行讲座，Y 同学自称肚子疼要去医院打针，辅导员助理同意请假，并要求打针时拍一段小视频。随后，辅导员助理并没有收到视频，也联系不到 Y 同学。11 月 18 日，学校在三教 108 举行比赛，Y 同学没有签到，不接电话，但在比赛过程中学校要求交一张截图，辅导员助理在班级群发通知收截图，Y 同学立即上交了截图。11 月 20 日，按学校要求统计学生名册表，Y 同学看到班级群消息后也立即上交了文件。12 月 5 日晚 7 点，辅导员助理给 Y 同学打电话，Y 同学称自己正在回学校的路上，半个小时内可以回学校，并答应回学校后到分团委找辅导员助理。一个小时后，辅导员助理与 Y 同学进行联系，共打了 12 通电话 Y 同学并未接听，微信消息也没有回复。12 月 6 日，因学校统计医保照片，Y 同学与辅导员助理取得联系。在 2019 年 12 月 9 日 Y 同学下午回过宿舍一次，晚上没有在宿舍住。到 12 月 12 日，Y 同学仍然没有上课，没有回宿舍。

二、案例分析

1. 学习主动性低，自我管理能力欠缺

从高中步入大学后，摆脱了高考的压力，在较为宽松的大学环境里，学生的思想上有所懈怠，学习动机不明确，失去上进心和求知欲，没有形成主动学习的意识，出现旷课行为。

2. 兼职及社会工作影响

学校食堂超市、麻辣烫店、奶茶店等学生兼职队伍逐渐庞大，刚开始，学生是利用课余时间去打工，但慢慢地，观念上产生偏差，从而出现了逃课、旷课去打工"本末倒置"的现象。

3. 学生恋爱情况对旷课的影响

学生沉浸在谈恋爱的状态里，将时间和精力放在感情的事情上，晚上不能按正常时间就寝，出现夜不归宿的现象。不能正确处理学习与恋爱、学习与娱乐、学习与休息的关系，对待学习懒散且不负责任，缺乏目标，逐渐丧失了自我提升和管理的动力。

4. 学生不良的消费观影响

作为尚不具备独立经济能力的学生，个人理财意识淡薄，缺乏科学理性消费的理念。

三、教育方法

针对 Y 同学的旷课情况，笔者积极联系学生干部、任课教师和家长，形成四方联动的帮扶模式，共同加强 Y 同学的学业管理。

1. 走进学生，加强思想引导

为了探寻 Y 同学旷课的原因，笔者多次与她谈话。从中了解到，学生正处于青春期的恋爱阶段，笔者也提出了一些自己的建议，提醒学生要把握好爱情与学业之间的度。同时，笔者对学生的旷课行为提出口头警告，并告知其如果继续旷课，达到《学生手册》对于旷课处理规定的学时，就会给予相应的处分。

2. 联系家长，改善旷课情况

在与学生沟通过后，笔者主动联系其家长，将学生在校学习生活情况如实反馈，并且深入了解学生成长经历。一般来说，笔者平均每两周与她父亲通话一次，每次会保持在半个小时以上。这个工作得到学生家长的支持，比如一个月给她提供多少生活费，她的父亲都会征求笔者的意见。而她在校的一点小小进步，笔者也会在第一时间告知她的家人。

3. 访谈教师，加强学业帮扶

因学生旷课，落下了很多课程，笔者及时与学生专业课老师沟通，让老师多关注 Y 同学学习上的问题。另外，对于需要重修或是补考的科目，笔者也告知了 Y 同学的同班同学，督促其尽快把课程赶上来。

4. 与同学沟通，加强课程监督

发动学生干部、党员找她谈话，督促其按时上课，以及对其进行专业课学习的指导。从同学的角度出发，不定期地进行沟通，安排她的室友多带 Y 同学参与班级的集体活动，形成良好的学习、生活氛围。同时，让 Y 同学逐渐培养集体生活的意识和观念，向周围同学学习，加强自我管理能力。

本案例技术路线图如图 2-20-1 所示。

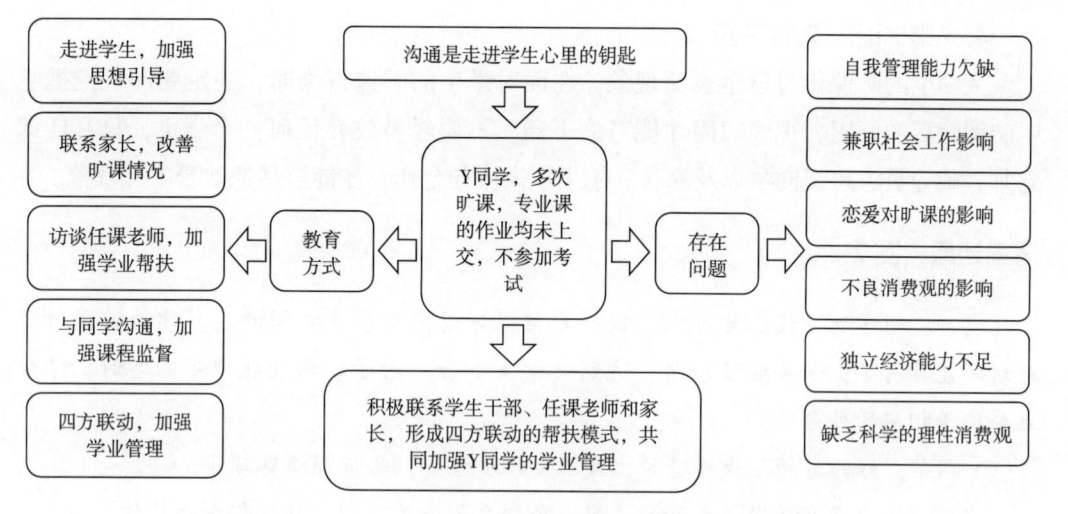

图 2-20-1 "沟通是走进学生心里的钥匙"技术路线图

四、教育效果

通过多方沟通，该生与笔者之间已经建立一种信任关系，学习态度开始好转，对于自己需要重修或补考的课程，会主动询问笔者。谈到未来打算，她也开始意识到自己的责任。在恋爱观方面，她也努力地平衡学业与爱情，做到有意识的自我管理。看到她的这些进步，笔者也经常鼓励她，不断激发她的学习热情。

五、教育案例反思

1. 要善于发动学生干部以及普通学生共同参与思想工作

要对经常旷课的学生做到心中有数，经常找学生谈话，走访寝室，了解学生的内心想法，做好思想工作。安排同班同学督促其按时上课、完成课堂作业，并参加学业考试。必要情况下，可以和学生家长保持沟通，共同帮助学生走出迷惘的误区。

2. 对于这类学生的关注一定要保持连续性

大学生旷课现象的原因很复杂，要改变这种现状不是一朝一夕之事。在这个过程中，辅导员首先是不能够放弃学生，然后要循序渐进地引导、耐心地沟通和长期督促，增加人本关怀。

3. 家校联动，学校教育与家庭教育相互补充

高校学生受家庭教育和学校教育的共同影响，因此，构建学校家庭联动教育体系，使学校教育与家庭教育相互补充，形成联动机制，是大学生成才的必要条件，这样才能使家长及时了解、掌握学生的在校情况。

4. 深挖原因，对症下药

大学生的旷课行为只是表面现象，在面对学生的旷课行为时，一定要深入挖掘学生旷课背后的原因，正确归因才能对症下药。不要轻易放弃任何一个学生，只有任课老师、辅导员、班级同学以及家长、学生本人协同合作，才能够尽快改善旷课现象。

情景还原（图2-20-2）

老师：同学啊，谈恋爱可以，但是要把握好爱情与学业之间的度。你的旷课行为绝对不能再有了。如果继续旷课，达到《学生手册》对于旷课处理规定的学时，学校就会给予相应的处分。

Y同学：好的老师，我知道了，我不会再旷课了，给老师添麻烦了。

老师：你自己有觉悟是最好的，我也会联系你身边同学，让她们帮助你的。

……

图2-20-2 "沟通是走进学生心里的钥匙"情景还原

第二十一章
学困生案例

姚 聪

一、案例概述

T同学是个典型的学困生，从入学开始，由于缺少自控能力，经常旷课，沉迷于网络游戏，期末考试也由挂科发展为旷考，从成绩预警发展到降级。笔者是在他降级后的大三开始带他，当笔者知道他的情况的时候已经开学半个月了，联系到他时，他正在老家打工，想要退学，但家长不知情，联系了他的父亲，他父亲以为T还在学校上课。沟通后，T父亲带T返校，劝导T继续完成学业。T返校后，依然存在旷课、挂科、玩游戏甚至是和家长吵架的情况，在研究生备考时由于缺乏自控能力导致考研失败，之后又试图以逃学、退学的方式来解决问题。笔者发现，T的问题很多，如学习完全凭心情，喜欢任课老师就认真学习，不喜欢就逃课、睡觉等，父母的教育对他来说是负担，不喜欢被管制，沉迷游戏甚至为了游戏里的胜利，以报名学习班为由多次欺骗父母共计3万余元，各种网络贷款数万元。而T同学的父母在他返校后无条件地给他偿还了所有欠款。但T却并不感恩父母的付出，曾和笔者说："我爸只会打我骂我，我妈只会哭，我又没让他们管我。"

二、案例分析及解决方案

1. 案例分析

T同学的案例从表面来看是一个学困生的问题，但是更深层次上，笔者觉得是其不健康的自爱观所导致的一系列问题，而他错误的自爱观的形成原因有很多，如不健康的家庭教育方式；初高中叛逆期的延续；自我控制能力的缺失等。T同学的父母对其的家庭教育存在一定的问题，其父亲对儿子采用的是棍棒教育，从小将其与其他亲戚朋友家孩子进行对比,因此造成了他强烈的叛逆心,母亲对于儿子与父亲之间的问题选择了沉默和哭泣,并没有予以正确的引导,而且其父母的教育观念是只要你是在学习,那无论花多少钱家里都可以承担。上大学后虽然父母不能像以前一样耳提面命,但是依然每天通过电话和网络催促他学习,夸奖其他人家的孩子,而大学又没有老师和家长的全面监督,T同学叛逆行为越发严重。在L同学返校继续学习后,虽然也意识到要好好学习,争取顺利毕业,但是长时间的旷课逃学、沉迷网络游戏让他的自我控制能力变得很差,上课依然会有迟到、不认真听课、不及时完成作业的情况。总的来说,T同学对自爱的理解是不健康的,在他的意识里自爱就是爱我自己就好,其他人的付出都是他们自愿的,我没有绑着他付出,不必在乎也不必感恩;身体、生命都是自己的,自己是独立的个体,所以怎么样都无所谓。T同学的"自爱"本质上更多的是自私,正如弗洛姆所说:自私的人对自己不是大爱,而只是小爱。这种对自己缺乏爱和关心的态度,使他变得异常空虚并屡遭挫折。而他畸形的"自爱"又让他无法正确地面对和承受这些挫折,只能更加憎恶自己,从此陷入恶性循环。在他为了游戏里的快意恩仇选择"省吃俭用"、沉迷网络时,其实他就已经失去了爱的能力。

2. 解决方案

针对L同学存在的问题,笔者制定了一系列的解决方案。首先针对其错误的自爱观和叛逆的情绪问题,采用谈心谈话的方式帮助他逐渐改正。利用笔者与其年龄接近的优势,经常性地找他谈心,挖掘其内心深处真实的想法,如他与父母之间的问题存在已久,一直以来父亲的打骂式教育,母亲的溺爱,以及父母双方经常将他与其他孩子进行对比,都造成了亲子关系的疏离,L同学对父母不敢说实话,时间长了也不想说实话,只有在没钱的时候才会主动联系家里;刚开始考试不及格、降级的时候也很害怕家里知道,但后来发现没有人告诉家里,就开始了肆无忌惮地逃课;自己在外边打工的时候其实也发现了自己挣的钱不能完全承担自己的生活,每月骗取父母的生活费来补贴;高考基本是靠考前几个月的突击考上的;探索到他的真实内心后,笔者会用自己及周围人的真实故事将道理融入其中与他分享,探讨怎么做才是正确的。并根据谈心发现的问题逐个找到突破口,解决问题,在家庭教育问题上,笔者与其父母多次沟通,帮助家长换位思考,站在孩子的立场上去理解孩子,以便逐渐更改教养方式,既不溺爱他,也不一味地采用打骂的方式,对于T同学的生活费按正常标准给,额外的大额花销父母及时和笔者联系以确认用途是否真实。在自控能力差的问题上,笔者充分发挥朋辈的作用,委派他所在班级的班长、学委、寝室同学共同监督他,帮助他逐步建立良好的自控能力,在他有懈怠意图的时候,及时指出并督促他完成学习任务,这样既可以帮助他改正懒散的毛病,又避免了老师和家长过多的督促导致其产生厌烦逆反情绪。同时,笔者也会经常与任课老师和班级同学沟通,了解他的学习情况,并明确告知 L 同学，会将他的情况如实地告诉他的父母，以此来再次达到督促的效果，避免出现曾经的情况。

经过对 T 同学的一系列帮助措施后，在他自己、家长、学校老师的共同努力下，T 同学已顺利毕业，现在某大型央企驻外工作，在工作之余，逐步完成其高中时的写作梦，把自己的心路历程写入小说中，希望可以让更多和他一样迷茫过的学生找到正确的路，并且还将工作后每月收入的 90%转给父母，用以补贴自己大学时的开销，更是多次向笔者表达对在大学时帮助过他的老师、同学的感谢。

本案例技术路线图如图 2-21-1 所示。

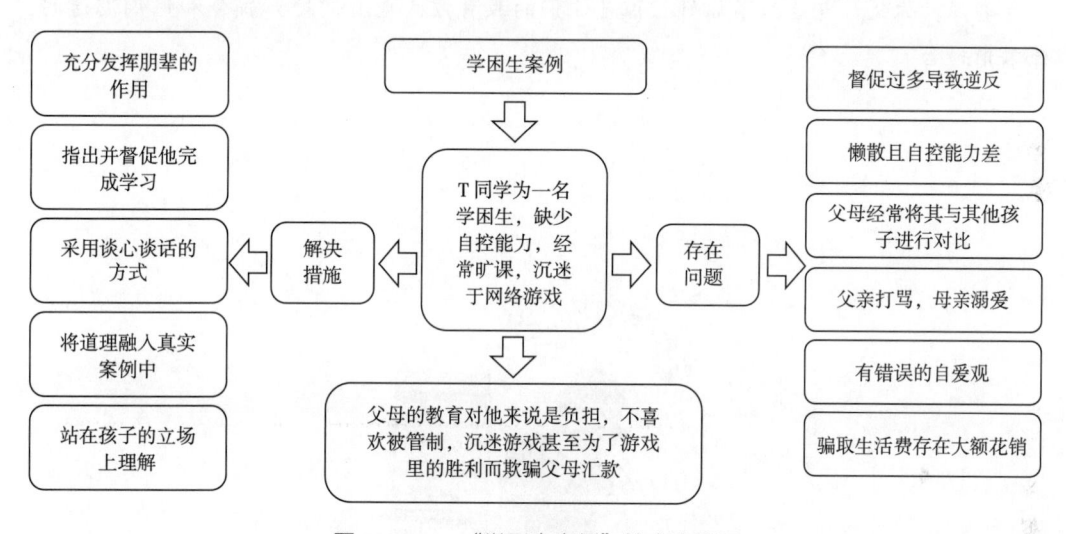

图 2-21-1 "学困生案例"技术路线图

三、经验与启示

T 同学的案例让笔者明确了在以后的工作中，应该加强与学生的沟通联系，及时发现问题，避免类似事件再次发生。高校辅导员既要做大学生的引路人又要做他们的知心朋友，在学生出现问题时要能够第一时间给予帮助，让他们少走弯路，少碰壁。在日常工作中，要充分承担起育人这一重任，要不断地帮助学生树立正确的自爱观，平时要加强与此相关的理论教育，积极开展各项实践活动，让学生在日常活动中，感受到爱与被爱，拥有健康乐观的心理素质，帮助他们更好地爱己、爱家、爱校、爱党、爱国，平时也要强化校园管理，要做好高中与大学、大学与社会的衔接工作，帮助他们培养较好的自控能力，实现自我独立。在培养关爱学生的同时，也要适当地与家长互动，避免出现家长的大撒手和不撒手的极端现象。

情景还原（图 2-21-2）

老师：同学，你这个问题很多啊，你这对学习的态度太消极了吧。

T 同学：对啊，我喜欢哪个老师就认真上哪门课，不想上就睡觉呗，自己想干什么就干什么呗。

老师：你这是不对的啊，这态度不对，太恶劣了。

T 同学：我爸妈从小对我不好，我才不想挣钱给他们养老呢，我小时候他们就打我。

老师：你父母也是为了你好，但是他们的教育方式也有问题，我会和他们沟通的，你不用担心。

……

图 2-21-2 "学困生案例"情景还原

第二十二章

清源正本，润物无声

张柏羽

一、案例概述

学生杨某，男，家庭经济情况特殊，母亲生病，家里有姐弟3人，他有两个姐姐，已经工作，家里对他的教育方式很宽松，从大一进校就在校外做兼职，自己解决生活费用。到了大二下学期，他参与"校园贷"，借钱创业，但是没有将参与"校园贷"的情况告知老师和家长；期末有3门课程的考试不及格，无故缺课15节，学院给予他严重警告的处分；他两次表示想退学到校外创业，班主任、辅导员曾多次找他谈话，但是他的学习情况依然没有明显改观。

大三上学期开学不久的一天晚上，几个校外社会人员在校门口堵住杨某，他们自称是催债公司的，与杨某有经济纠纷。据了解杨某因为创业在网络平台跟他们借了5000元钱，但是创业失败一时拿不出钱来，利滚利已经到了2万多元，他也不敢跟家长和老师说。对方多次索要，甚至语言威胁，他非常害怕，不敢接他们的电话导致对方找到学校来。对方称如果学校不协助解决，他们就赖在学校，或者把杨某交给他们带出校外他们私下解决。双方有语言冲突，甚至还有过激的行为冲突趋势，一时间双方陷入了僵局，这时杨某给辅导员打了电话。

二、案例分析

从以上案例过程对杨某同学问题进行分析：
（1）家庭经济情况特殊，想通过创业解决实际困难。
（2）创业影响到学习，对于学校的教育、处分持无所谓的态度。
（3）对学习兴趣减弱，有退学的想法。

（4）缺乏创业的经验和资本，通过"校园贷"借钱，创业失败，利滚利导致欠款偿还不了。

（5）前期出了问题不敢跟老师、家长说，致使对方找到学校，事态扩大。

该案例中有两个核心问题，其一是学生学习与创业的冲突，创业影响学生学业的问题。其二是学生与"校园贷"讨债人员之间的经济纠纷问题。前者属于学生思想政治教育问题，工作对象是学生，属于高校学生事务管理的范畴；后者属于经济纠纷问题，工作对象是学生及校外人员，属于法律的范畴。

三、处理办法和过程

1. 赶赴现场，稳定局面

辅导员在接到电话后，第一时间赶赴现场，同时向学工部、校卫队、学院书记汇报，通知班主任和家长，先稳定双方的情绪，仔细了解整个事件脉络。首先与催债方负责人沟通，了解他的诉求，再与学生杨某谈话，了解事件的原委和学生的想法。辅导员作为桥梁与双方沟通，做好记录，做好前期的痕迹管理。

2. 出面协商，防止事态扩大

此事件发生在学校大门口，围观人员很多，为了减少不必要的麻烦，辅导员出面把双方请到了学校学生工作会议室，对方有6个人，校方学工部、校卫队、所属学院相关人员悉数到场，双方表示不想走法律程序，也不想事情恶化，只想尽快解决问题。辅导员从保护学生的角度出发，建议不要把事态扩大升级，帮助双方找出协商解决的办法。

3. 稳定情绪，查找重点

了解情况后，主要矛盾就是还钱的事情，学生承认借钱的事实，主要是此时拿不出钱来。由于对方好几天找不到杨某，怕失去联系，也怕再也找不到他，要求他现在马上还钱，对方宣称，如果学校协商解决不了，就要把学生带出去他们私下解决，对方人多，掺杂有社会青年，将学生交给他们将会危及学生的人身安全。

4. 依法依规，妥善处理

辅导员在与杨某家长联系后，家长由于离学校太远，赶不到学校，请求老师帮忙保护孩子，辅导员得到家长的同意和授权后，从法律和学校的规章制度出发，给双方做工作。辅导员认为，由于金额比较大，关系到杨某的人身安全，先通过协商解决，解决不好再报警，双方最后走司法程序解决。辅导员从学生的利益出发，向对方强调，杨某属于学校的学生，学校只有教育管理的权利，杨某违反校纪校规的行为，学校将按规定处理杨某，但是作为老师现在要保护自己的学生；虽然只是杨某跟借款方的纠纷，双方的问题跟学校没有关系，借款方如果对杨某进行言语威胁，对其人身造成伤害，影响学校的正常秩序，学校将会马上报警，此事交由警方解决，但这是双方都不希望看到的。

5. 缓和矛盾，提出解决路径

辅导员与学校部分老师一起想办法，咨询了相关法律专业人士，他们给出的建议是：参与网贷的这个学生已经成年，网贷属于他与网贷公司之间的债务关系，学校在这组关系中属于第三方，作为教育单位只有对学生批评教育和保护学生安全的义务和权利。建议学校老师从教育挽救学生的角度，从中斡旋协商，使事情得以合理地解决。辅导员反复做工作后，双方之间的气氛有所缓和，都愿意坐下来协商想办法。辅导员提出了解决的方案：杨某创业失败，承诺一定会还钱，但身上只有几百块钱，现在确实拿不出这么多钱；最后，辅导员自己拿出一部分钱借给杨某，凑足2000元先还一部分；杨某与家长协商尽快想办法解决，具体的还款方式、还款金额、还款期限双方自由协商；催债方承诺以后不为难杨某，不到学校滋事。

6. 雪中送炭，帮助其走出困境

辅导员认识到，对方6个人气势汹汹地找杨某，有3个看似像社会上的不良青年，拿不到钱就誓不罢休，杨某没有求助的人，辅导员拿出自己的钱先帮他垫上，其实就是为了帮助他走出困境。赢得他的信任，双方在辅导员的见证下达成协议，此次纠纷画上圆满的句号。事情处理后，辅导员把杨某的家庭情况向学院领导作了汇报，借助学院的力量为杨某争取资助，给予他一定的生活困难补助。

7. 感化教育，持续关注

辅导员不只要帮助杨某解决眼前的问题，还要解决他接下来的分期还款、学习上的问题。通过此次事件，辅导员的行为感动了杨某，辅导员与杨某家长联系，由家长想办法解决还款的事情。接下来重点关注杨某的学习情况，对他学习态度的转变、学习情况持续跟进。让他认识到此次事件的教训，先把学习搞好，顺利完成学业，为以后创业打下坚实的基础。

8. 亡羊补牢，点面引导教育

通过本案例笔者深刻认识到，由于辅导员对杨某前期"校园贷"的情况了解不够，对学生拒绝不良网贷的教育还需要加强；老师对学生创业的教育引导不够，使学生盲目创业，把"校园贷"作为创业经费的来源，学生对"校园贷"的危害认识不够。辅导员在这方面要深刻反思，亡羊补牢，对全院学生进行点面结合，加强引导教育，召开班会让学生分析讨论，以正面教育为主抓好学风建设，把杨某参与不良网贷的事件作为案例，教育引导学生拒绝不良网贷，理性创业。

本案例技术路线图如图2-22-1所示。

```
┌──────────────┐
│ 赶赴现场，稳定 │
│     局面      │
└──────────────┘
┌──────────────┐                    ┌──────────────┐
│ 出面协商，防止 │                    │ 清源正本，润物无声 │
│   事态扩大    │                    └──────────────┘
└──────────────┘                            │
┌──────────────┐   ┌──────┐   ┌──────────────┐          ┌──────────────┐
│ 稳定情绪，查找 │ ← │解决  │ ← │ 杨某，男，母  │          │家庭经济情况特│
│     重点      │   │措施  │   │ 亲生病，家有  │ → 存在  → │殊，想去创业  │
└──────────────┘   └──────┘   │   姐弟3人     │   问题   └──────────────┘
┌──────────────┐              └──────────────┘          ┌──────────────┐
│ 依法依规，妥善 │                      │                 │创业严重影响学习│
│     处理      │                      ↓                 └──────────────┘
└──────────────┘              ┌──────────────┐          ┌──────────────┐
┌──────────────┐              │    事件      │          │对于处分无所谓│
│ 缓和矛盾，提出 │              │    经过      │          └──────────────┘
│   解决路径    │              └──────────────┘          ┌──────────────┐
└──────────────┘                      │                 │  学习兴趣减弱 │
┌──────────────┐                      ↓                 └──────────────┘
│ 雪中送炭，帮助 │   ┌────────────────────────────┐      ┌──────────────┐
│   走出困境    │   │家里对他的教育方式很宽松，通过兼职│      │借贷失败，事态扩大│
└──────────────┘   │工作解决生活费用，参与"校园贷"，│      └──────────────┘
┌──────────────┐   │借钱创业，但未告知老师和家长；3门│      ┌──────────────┐
│ 感化教育，     │   │课程不及格，无故缺课15节        │      │欠款过多无法偿还│
│   持续关注    │   └────────────────────────────┘      └──────────────┘
└──────────────┘
┌──────────────┐
│ 亡羊补牢，点面 │
│   引导教育    │
└──────────────┘
```

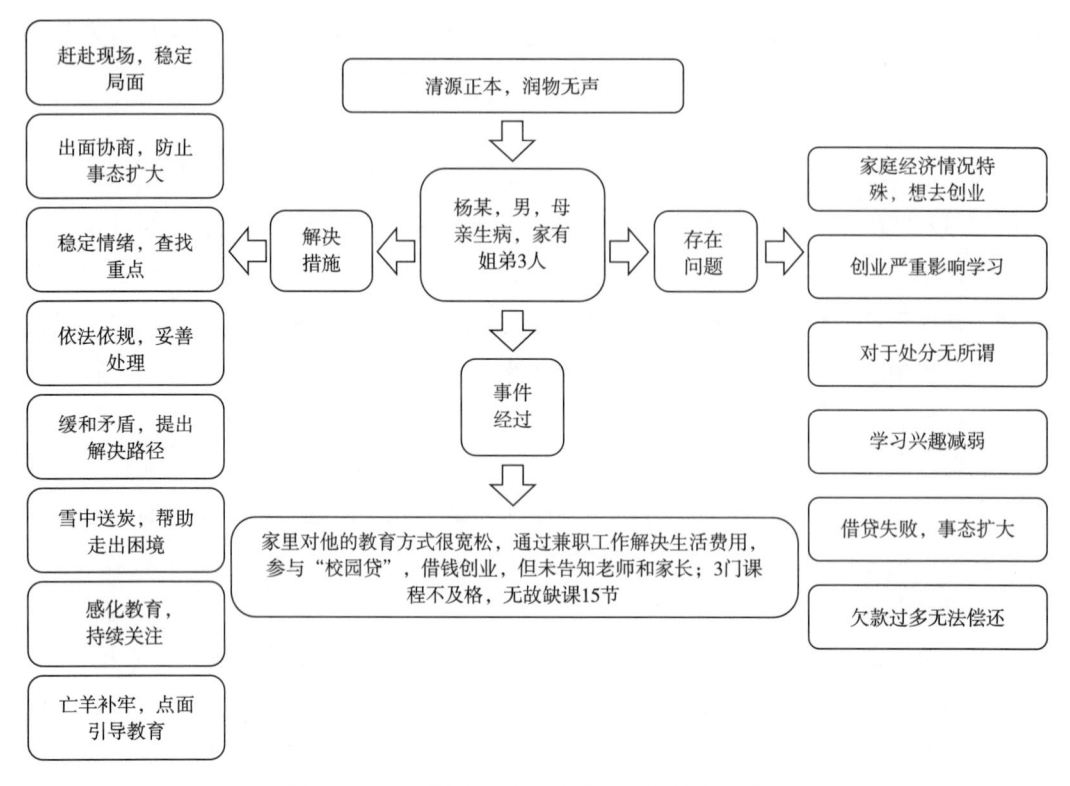

图 2-22-1 "清源正本，润物无声"技术路线图

四、处理结果

双方最终约定，杨某先还 2000 元，分几次将钱还清。杨某放弃退学的念头，决定努力学习，先完成学业。一个学期结束，杨某学习态度发生了改变，学习成绩提高很快；性格变得乐观开朗，经常找辅导员聊天，他很感谢辅导员的宽容和帮助；他利用周末和假期打工，把辅导员的钱还上了，还计划利用假期打工，通过自己打工还一部分欠款；杨某与催债方的债务纠纷在辅导员的帮助下得到妥善解决。

五、案例思考和工作建议

1. 熟悉国家关于学生教育管理的法律法规、教育主管部门发布的各项管理规定

在日常的学生管理工作中，辅导员要特别加强对《中华人民共和国治安管理处罚法》《中华人民共和国高等教育法》《高等学校学生行为准则》《普通本、专科学生管理规定》《关于银行业风险防控工作的指导意见》中的相关规定的学习，在面对突发事件时，能够做到依法依规处置。

2. 对大学生拒绝不良网贷要进行教育引导

通过正面引导大学生确定合理消费观念，树立好学业与创业之间的关系，同时要通过"校园贷"的案例，加强宣传，让学生认识到"校园贷"的危害，邀请法律人士到校作专题讲座，为大学生讲授参与"校园贷"的法律风险。通过正反两方面的教育引导让学生真正认识到"校园贷"的危害性。

3. 建立处置突发事件的应急预案

当突发事件发生后，辅导员务必在第一时间赶到现场，把事件损害程度降到最低，防止事态进一步恶化、蔓延，了解掌握事件的来龙去脉之后，及时上报相关职能部门。辅导员在面对突发事件时应沉着、冷静、理性，始终把学生安全放在第一位，要果断采取措施，必要时可直接向110、120报案求助，切勿延误时机。

4. 加强与家长的联系，形成辅导员与家长齐抓共管的局面

要逐步构建家校互动沟通的工作模式，学生在学校的行为和表现与家庭环境有密切的联系，提前做好基础工作，建立家庭联系制度，深入细致地了解每一个学生的基本情况，加强对特殊学生的关注。在事情发生后，及时与家长（监护人）取得联系，提前做好学生家长工作，家长的参与有助于问题的解决，在稳步推进工作的同时，一定保证与家长的沟通；注意在重要事情上，辅导员一定要取得家长同意并授权后才可以代为处理，切勿盲目履行监护职责。

5. 存有一颗爱心和责任心，理解宽容学生

辅导员要以平等的身份去和学生沟通交流，成为学生的良师益友，理解学生，宽容学生的错误，以爱心、责任心去关心、帮助学生，不让任何一个学生"掉队"，善于发现学生身上的闪光点，事情处理后，还要做好学生的教育、引导及转化工作。

6. 工作中需要注意方式方法

在面对学生的时候，要通过多方面调查，对真实情况进行全面、深入的了解，针对不同的学生、不同的问题采取不同的方法，使教育方法有针对性、实效性。

7. 对学生要持续关注，对工作要查漏补缺、举一反三

对突发事件不是处理了就结束，还要对学生持续地关注，要跟进引导教育，关注学生的后续发展。对于工作要通过案例进行反思；对工作要查漏补缺，整理存档，形成预案，为以后面对同类事件形成借鉴和参考。

情景还原（图2-22-2）

辅导员：这钱先还了一部分，剩下的我们再想办法，我们平时还是要以学业为主，奖学金也是一笔不少的钱呢。

杨某：嗯嗯，对的，老师，我会努力学习，利用课余时间、假期打工。

辅导员：你的想法是很不错的，遇到事情及时和老师家长说，大家都是很愿意帮

助你的。

杨某：好的，谢谢老师。

……

图 2-22-2 "清源正本，润物无声"情景还原

第二十三章
关于对大学生入学适应心理问题的一些看法

马 越

大学生新生入学进入人生的关键转折点,其熟悉的生活环境、人际关系、学习方法都出现颠覆性的转变,需要一个适应的过程来面对外部变化。大学生在大学生活中是否能尽快适应角色转换,对他们的健康成长具有重要作用,部分大学生因理想与现实的差距产生失落感,人际关系以及自我定位改变会产生焦虑、社交恐惧、心理障碍等不良反应。个体需要根据新环境提出的要求,积极地调整心理行为,有效地利用各种资源,从而与新的外部环境重新建立平衡关系。[1] 因此,帮助新生尽快融入大学生活、预防和尽早干预学生在入学适应中发生的心理问题,为学生后续的学习和生活奠定坚实的基础具有十分重要的意义。

一、大学生入学心理适应问题

1. 学习方面

一是适应新的学习环境的心理问题,大学与中学有很大的不同,大学学习更加自主、开放、多元化,需要学生具备更强的自我管理和自我学习能力。因此,许多大学新生在进入大学后,对新的学习环境感到陌生和不适应,难以适应新的学习方式和学习节奏。缺乏自我管理和自我学习能力,无法有效地组织和安排自己的学习时间,导致学习效率低下。对自己的学习能力和学习成绩产生怀疑和不安,缺乏自信心。二是应对学习压力的心理问题,大学生在学习中面临来自学业、社交、就业等方面的压力,这些压力可能会对他们的心理产生负面影响,学业压力过大,产生焦虑和抑郁情绪,影响学习效果和身心健康。社交压力过大,导致

---

[1] 潘彬、肖永明:《生活导师制:本科生入学适应教育新模式》,《大学教育科学》2016年第3期。

人际关系紧张,产生孤独和无助感。就业压力过大,导致对未来的不确定性和担忧,产生焦虑和抑郁情绪。三是缺乏学习动力的心理问题,大学生在学习中可能会遇到挫折和困难,这可能会导致他们失去学习的兴趣和动力。对学习失去兴趣,产生学习倦怠和懒惰的情绪,影响学习效果。对学习目标缺乏清晰的认识,缺乏明确的学习动机,导致学习积极性不高。缺乏自我激励机制,无法有效地调动自己的学习积极性。

2. 人际交往方面

一是适应新的人际环境,大学生需要适应新的同学、老师和社会环境,对新的人际环境感到陌生和不适应,难以适应新的社交方式和人际关系。缺乏自我表达和交流能力,无法有效地与他人沟通和交流,导致人际关系紧张。对自己的社交能力和人际关系产生怀疑和不安,缺乏自信心。二是应对人际关系压力的心理问题。大学生在人际交往中面临着来自同学、室友、老师等方面的压力,这些压力可能会对他们的心理产生负面影响,导致人际关系紧张,产生孤独和无助感,致使心理健康出现问题。对他人的期望过高,产生自卑和自我否定的情绪,影响人际交往。对他人的批评和指责过于敏感,产生抵触和防御的情绪,影响人际关系。三是缺乏积极的人际交往态度的心理问题。大学生在人际交往中可能会存在消极、被动的心理状态,对人际交往缺乏兴趣和热情,产生人际交往倦怠和冷漠的情绪,影响人际关系。对他人缺乏信任和包容,产生偏见和歧视的情绪,影响人际交往。缺乏自我认知和自我反省能力,无法及时发现和纠正自己的人际交往问题,导致人际关系疏远。

3. 生活方面

一是适应新的生活环境,大学生在入学后需要适应新的生活环境,包括新的住宿环境、饮食环境、学习环境等,可能会对新的生活环境感到陌生,难以适应新的生活方式和生活节奏。缺乏独立生活能力,无法自主解决生活中遇到的问题,导致心理压力,对自己的生活能力产生怀疑和不安。二是应对生活压力,大学生在生活中面临着来自学习、生活、人际关系等方面的压力,这些压力可能会对他们的心理产生负面影响,生活压力过大,产生焦虑和抑郁的情绪,影响心理健康。对生活的期望过高,产生失落和挫败的情绪,影响生活质量,对自己的生活状态和生活目标产生怀疑和不安。三是缺乏积极的生活态度,大学生在生活中可能会存在消极、被动的心理状态,这可能会导致对生活缺乏兴趣和热情,产生生活倦怠和冷漠的情绪。对自己的生活状态和生活目标缺乏认知和反思,无法及时调整自己的生活方式。缺乏自我认知和自我反省能力,无法及时发现和纠正自己的生活问题,导致生活质量下降。

二、大学生入学心理适应问题的原因分析

1. 适应新环境的压力

学业压力，大学生需要适应更高难度的学习内容和更严格的学术要求，同时需要适应更多的学习任务和更繁重的学习负担。这些学业压力可能会使大学生感到不安和焦虑。大学生可能需要学习更多的专业知识和技能，需要适应更高难度的课程和考试，需要完成更多的学术作业和研究项目。这些都需要大学生花费更多的时间和精力来适应和完成，可能会使他们感到压力和焦虑。大学生需要适应新的社交环境，结交新的朋友和同学，同时需要适应不同的社交规则和文化背景。这些社交压力可能会导致大学生感到孤独和无助。例如，大学生可能需要适应新的社交圈子，需要主动与陌生人交流和建立联系，需要适应不同的社交文化和规则。这些都需要大学生花费更多的精力和勇气来适应和完成，可能会导致他们感到压力和不安。家庭压力，大学生可能会面临来自家庭的压力，比如父母的期望和要求，家庭的经济负担等。这些家庭压力可能会影响大学生的情绪和心理状态。大学生可能需要承担家庭的经济负担，需要满足父母的期望和要求，需要照顾家庭成员的生活和健康。这些都需要大学生花费更多的时间和精力来处理和适应，可能会导致他们感到压力和不安。大学生可能会对自己产生过高的期望和要求，如取得好成绩、获得好工作、实现自我价值等。这些自我压力可能会导致大学生感到压力和焦虑。大学生可能会对自己的学习成绩和职业发展有过高的期望和要求，需要不断努力和提高自己的能力和素质。这些都需要大学生花费更多的时间和精力来适应和完成，可能会导致他们感到压力和不安。

2. 适应新人际关系的压力

一方面，进入大学后，学生需要适应新的社交环境。与高中不同，大学里的同学来自不同的地方，有不同的文化背景和不同的家庭背景，这可能会导致学生在交际方面感到压力。他们可能会担心自己无法融入新的社交圈子，或者感到自己的社交能力不足以与其他同学竞争。另一方面，大学里的同学来自不同的地方，他们的文化背景和生活方式也有所不同。学生可能需要适应新的文化差异，如语言、饮食、礼仪等方面的差异。这种文化差异可能会导致学生在与其他同学交往方面感到不适应和困惑。大学生可能会面临自我认同的问题。他们可能会开始重新思考自己的人生目标和价值观，并试图找到自己的定位。这种寻找自我认同的过程可能会导致学生在心理上感到压力。另外，由于正处于个性勃发的阶段或由于自身性格内向再加上先前人际交往的经验不足或是一些连自己也意识不到的直觉影响，使他们在情感上对交往对象或交往关系难以接受并产生抗拒心理。由此产生的心理压力是导致部分大学生出现心理问题的重要原因。

3. 缺乏学习和生活目标

（1）缺乏规划。许多大学生进入大学时缺乏明确的学习和生活规划，不知道自己要达到什么目标，缺乏目标感。他们可能没有经历过这样的转变，因此不知道应该如何规划自己的学习和生活。进入大学后，许多学生会面临来自不同方面的压力，如来自学术上的挑战、来自社交上的困难等。这些压力可能会导致学生缺乏自信心，不敢制定明确的学习和生活目标。

（2）迷茫不清。许多大学生在进入大学后会感到迷茫不清，不知道自己想要什么，不知道自己的兴趣爱好和长处是什么。这种迷茫可能会导致学生缺乏明确的学习和生活目标。

（3）缺乏自我认知。许多大学生在进入大学时缺乏自我认知，不知道自己的优势和劣势是什么，不知道自己适合从事何种学习和生活方式。这种缺乏自我认知可能会导致学生缺乏明确的学习和生活目标，感到学习生活的动力不足，对大学生活感到茫然、空虚、乏味。这是部分大学生入学适应中产生心理问题的又一个重要原因。

4. 对学校或专业的不满

首先是学校设施不足。在一些学校中，学生可能会发现学校的设施不足以满足他们的需求。例如，图书馆的书籍数量不够、实验室的设备老旧、食堂的饭菜质量不高等。这些问题可能会影响学生的学习体验，使他们感到不满。另一个可能引起学生不满的原因是教学质量不高。例如，教师的授课水平不高、课程内容过于枯燥、教学方式单一等。这些问题可能会使学生对所学的专业失去兴趣，从而影响他们的学习效果。学习压力过大，也可能会导致他们对学校或专业产生不满。学生可能会感到自己的学业负担过重，课程进度过快，考试压力过大等。这些问题可能会影响学生的身心健康，使他们感到疲惫不堪。最后一个可能引起学生不满的原因是就业前景不明朗。学生可能会发现自己所学的专业就业机会不多，或者就业竞争非常激烈。这些问题可能会使学生对所学的专业产生怀疑，从而影响他们的学习积极性，有的学生能够慢慢接受，趋于向好；有的学生则对学校无法接受或对本专业毫无兴趣从而心灰意冷，无法安心学习，甚至有强烈的抵触情绪和精神痛苦。对学校或专业不满意的问题较严重地困扰着部分大学新生的心理。

三、大学生入学心理适应问题的对策和建议

1. 充分认识大学生入学适应指导工作的重要性

据调查，至少有 20% 的学生认为自己入学一个学期尚未完全适应大学生活。青年人会对价值观、世界观，以及诸如爱与生命等重大人生课题形成比较稳定的认识，并

确认自己到底是怎样的人。[1] 大学生入学适应中的心理问题不仅直接影响着大学生自身的成长成才，还影响着高校人才培养的质量。大学生在入学时需要适应新的学习环境和生活环境，这对他们的心理素质和心理健康有着很大的考验。如果缺乏必要的心理适应能力，可能会出现各种心理问题，如焦虑、抑郁、自卑等。因此，通过适当的指导和帮助，帮助大学生适应新环境，建立自信心和适应能力，对于他们的个体发展具有重要意义。大学是一个集体生活的场所，大学生需要适应新的社交环境和人际关系。在这个过程中，他们需要建立自己的社交网络，学会与不同的人相处，并逐渐融入大学的文化和氛围。所以他们需要一定的社交适应能力，避免孤独感和社交障碍等问题。帮助大学生适应新的社交环境，建立自己的社交网络。大学生入学适应中的心理问题在高校中普遍存在，要充分认识到在入学教育中贯穿心理适应教育工作的重要性。

2. 开展新生入学心理普查

在入学后，学校要对学生心理问题进行初步排查和疏导，需要对大学生的心理特点、心理问题和心理需求等方面进行了解。可以通过问卷调查、个别访谈、小组讨论等方式，了解大学生的心理状况和心理需求，为后续的心理普查工作提供有力的支持。采用科学、客观、专业的方法，确保普查结果的准确性和可靠性。可以采用标准化的心理测量工具，如心理问卷、心理测试等，对大学生的心理状况进行全面、系统的评估。同时，需要注意保护大学生的隐私权和个人信息安全，确保普查过程的合法性和公正性。在完成心理普查后，需要对普查结果进行分析和处理，制订相应的心理干预方案和措施。可以根据普查结果，对大学生的心理问题进行分类和分级，制订个性化的心理干预方案，帮助他们解决心理问题，提高心理素质和心理健康水平。只有通过科学、客观、专业的心理普查工作，才能更好地了解大学生的心理状况和心理需求，为后续的心理干预工作提供有力的支持，促进大学生的心理健康和发展。

3. 优化入学教育工作

组织学生学心理健康知识，培养积极向上心态。开设心理课堂、知识专栏，组织心理适应主题讲座、座谈和访谈，开展心理电影展播、破冰素质拓展、朋辈成长营、心理健康与发展中心体验日等活动，营造自尊自信、积极向上的校园心理文化氛围。开展心理健康测评，根据测评情况，准确了解新生心理健康状况，帮助新生理性平和地开启人生新阶段。在大学生入学前，可以通过组织新生训练营、开展心理健康教育等方式，为大学生的入学心理适应做好充分的准备。可以通过这些活动，让大学生了解大学生活的基本情况、学习要求和社交规则等，同时也可以帮助他们建立积极的心态和信心，减轻入学带来的心理压力。大学生入学后，可以通过开展心理咨询、心理辅导等方式，帮助大学生解决心理问题，提高心理素质和心理健康水平。可以在辅导

---

[1] 滕国鹏、金盛华、马莹华：《新媒体对大学新生入学适应的影响及教育策略》，《东北大学学报（社会科学版）》2015年第17卷第3期。

员等人员的指导下，对大学生的心理状况进行跟踪和分析，及时发现和解决心理问题，避免心理问题的扩大化和恶化。在完成入学教育工作后，需要对入学教育的效果进行分析和处理，及时发现问题并解决问题，提高入学教育的质量和效果，更好地帮助大学生解决心理问题，提高心理素质和心理健康水平，促进大学生的全面发展。

综上所述，把新生入学教育作为学生知识学习和人格培育的起点，在新生入学时，紧抓教育契机，夯实大学生思想政治工作基础，充分认识新生入学教育中心理健康教育的重要意义，通过多种形式的教育活动，采取线上和线下相结合的形式，帮助新生尽快适应环境，自觉把他人和自身生命安全和身体健康放到第一位，明确学习目标，合理规划大学生活，为实现学校人才培养目标打下良好基础。

第三篇　恋爱情感篇

第一章
心理危机干预案例

李　响

一、当事人基本信息

小李（化名），男，20岁，就读于某高校某专业，父母健在，家族无精神病史。性格外向，办事能力强。

二、危机的发生

某天上午，李同学到办公室找到笔者，面色很不好，只说心里不好受，想请假一周回家调养。笔者问到底为什么，他环视下四周，就是不说原因。笔者说："这样吧，这里人多，不适合谈话，等下班后我们约个时间再谈吧。"李同学微微点头，表示同意。

三、干预过程

李同学走出办公室后，笔者找到他的同学和室友进行了谈话，了解李同学的在校生活情况和思想动态。通过谈话，笔者了解到李同学性格开朗、思维活跃、人际关系比较好，就是最近几天有点反常。

当天下班后，李同学来到办公室，此时其他老师都已经走了，谈话氛围比较轻松，笔者示意他坐在办公桌旁，并给他倒了一杯水。此时的他，面色比上午好了许多，就连说话也明显流利了。

他说："老师，我最近心里不舒服，如果我能回家调整一周，回来一定会好的。"当他说完想法以后，笔者第一反应是他一定遇到了什么问题，于是我试探性地说道："我可以给你假进行状态调整，但是一周的假期不在我的批复权限内，你是我的学生，我们要相互理解，你可以说说你最近遇到了什么事情了吗？"他笑了笑，说道："我喜欢上同班的一个女生，玩得很好，经常打打闹闹很开心，为了不影响学习憋着没有告诉她，但有时会分心，后来成绩不理想，期末考的不是很理想。觉得挺对不起家里人对我的期望，我很自责。一天终于鼓足勇气去向她表白，她说她已经有喜欢的人了，也是我们班的，我感到很痛苦，我很后悔自己为什么要去告诉她，好没面子啊，她一定很看不起我，其他同学知道了也会看不起我的，今后该怎么面对啊！渐渐的我变得很孤僻，常常不愿和同学出去玩，后来是见了女同学就紧张、脸红、心慌、出汗，平时也不与其他女生说话，放学后就直接回宿舍，看见同学一起玩得很开心想去，但心里总是害怕，再后来就常常自己一个人待在屋里。不愿参加集体活动，也不愿和其他女生交流。由于运动少了身体也慢慢胖了，也就更不好意思去和同学玩了，心烦时就使劲吃东西，上课注意力无法集中，为此特别痛苦，这种状况让我每天晕晕沉沉的，心里混乱无比。"看着他眼眶里含着泪水，笔者马上劝慰道："任何事情都有两面性，你不能只看这件事对你的负面影响，那样的话你接下来的大学生活都会被压迫得喘不过气。你现在已经步入大学，已经成年了，你要理性地看待爱情这个问题：第一，虽然不能为爱情长跑，但还是可以做朋友；第二，如果你遇到挫折不去总结经验，不去化解，你就是身处何地也都一样，虽然家能给你带来温暖，但离开家后这份温暖能一直伴随你吗？解决问题的最好办法还是靠自己……"笔者和李同学交流了一个多小时，一直引导他走出心理困境，转变他看待问题的思维。

因为他特别倾向考研，所以笔者告诉他把精力投入学习当中，重新规划大学生活，并让他写了一份大学生活规划书，以明确他的目标和方向。谈话结束后，笔者叮嘱他每个月找笔者谈话一次，汇报学习情况，以便跟进他的思想动态，做出相应调整。

本案例技术路线图如图 3-1-1 所示。

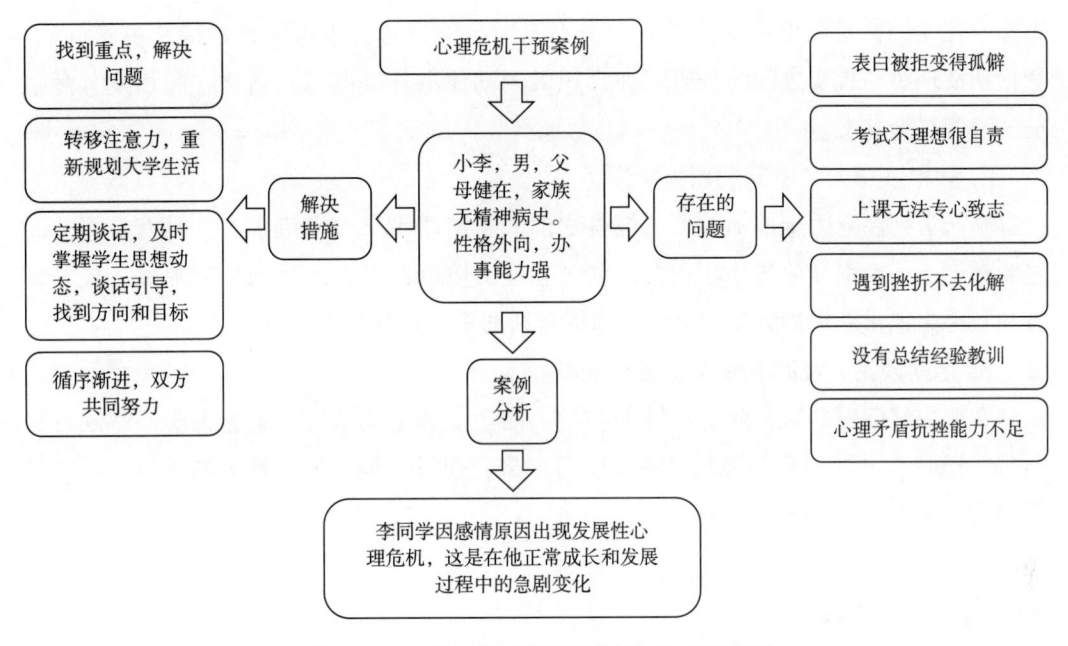

图 3-1-1 "心理危机干预案例"技术路线图

四、案例分析

（1）李同学因感情问题出现发展性心理危机，这是在他正常成长和发展过程中的急剧变化。因为被喜欢的人拒绝，导致出现心理挫折和心理压力是许多学生都面临的一个问题。

（2）在与李同学交谈的过程中，笔者发现他存在应激反应，他对自己的看法在认知上发生了改变；情绪上他表现很低落，对于被拒绝过于悲伤；行为上他不愿与其他异性沟通，刻意疏离他人。

（3）在李同学的心理特点中有一点矛盾，即追求卓越与抗挫能力不足之间的矛盾。只有抓住矛盾，才能抓住解决问题的重点。一方面，李同学正处在"风华正茂"的年纪，对学业和人生满怀美好的愿景，而对困难和挫折缺乏足够的认知；另一方面，由于事物的矛盾运动，整个人生都是前进性和曲折性的统一，各种困难和挫折都是先于坦途或与坦途相随。不完美的现实往往对大学生的自尊心和自信心造成伤害，这也是一大部分学生心理问题的症结所在。

五、教育方法

1. 找到重点，解决问题

李同学因表白被拒绝而产生心理危机，笔者及时对他进行心理干预，引导李同学走出心理逆境，帮助他确立勤勉务实、不图虚名的思想，告诉他应正确地看待问题，让他认清理想与现实之间的分野，并且积极调动他自身潜能来重新建立和恢复其危机前的心理平衡状态。

2. 转移注意力，重新规划大学生活

李同学把注意力全部都放到了被喜欢的人拒绝所带来的弊端上，并没有认真总结经验教训，那么引导他转移注意力，走出心理困境，就成为解决问题的抓手。最好的方法就是为他重新规划大学生活，为他树立新的奋斗目标和方向。

3. 定期谈话，及时掌握学生思想动态

在解决好问题之后，就要持续关注学生的学习和生活情况。笔者为李同学制订了"考研计划"，并让他每个月总结一下学习成果，通过谨慎、循序渐进的过程，双方共同努力，促进学生进步。

六、教育效果

经过谈话和引导，李同学已经找到了新的前进方向和奋斗目标，他懂得了积极进取、攻坚克难的真谛，勇于直面问题和挫折，现在他正在为考研而努力学习。

七、教育案例反思

第一，在解决学生问题时，老师要克制主观判断，不要盲目地给予肯定的或否定的答复。

第二，尽量选择安静的环境与学生谈话，耐心地询问事情的缘由，让学生倾诉心里话。

第三，要耐心细致地和学生谈话，认真倾听，抓住重点，谈话结束后，要从中总结出学生的想法和要点，总结工作经验。

第四，问题解决后要继续关注、关心学生情况，同时做好总结，不断积累经验。

情景还原（图3-1-2）

小李：老师，我最近心里不舒服，如果我能回家调整一周，回来一定会好的。

我：我可以给你批假进行状态调整，但是一周的假期不在我的批复权限内，你是我的学生，我们要相互理解，你可以说说你最近遇到了什么事情了吗？

小李：我喜欢上同班的一个女生，我们玩得很好，经常打打闹闹很开心，为了不影响学习憋着没有告诉她，但有时会分心，后来成绩不理想，期考的不是很理想。觉得挺对不起家里人对我的期望，我很自责……

我：任何事情都有两面性，你不能只看这件事对你的负面影响，那样的话你接下来的大学生活都会被压迫得喘不过气。你现在已经步入大学，已经成年了，你要理性地看待爱情这个问题。

……

图 3-1-2　"心理危机干预案例"情景还原

第二章

一例由分手引发长时间哭泣的干预报告

许 奇

一、当事人基本信息

小祺，女，21岁，就读于某大学某专业。家庭经济情况良好，父母健在，家族无精神病史。性格内向，沉默寡言，不爱表达，内心脆弱，与同学关系比较疏远，不爱参加班级活动。

二、危机的发生

一天晚自习期间，管理人员发现小祺在走廊里哭泣，管理人员上前安慰，该生不讲话，反而哭得越来越厉害，安慰接近半个小时没有得到有效控制，管理人员束手无策，于是给小祺的辅导员打了电话，辅导员了解到这些情况后，马上拨通了小祺的电话，可电话无人接听。她赶紧开车来到了该学生所在的校区。

三、干预过程

辅导员来到现场后，将小祺带到了办公室。据了解，该生从小缺少家庭关爱，祖辈"重男轻女"思想严重，其在高中时期患有抑郁症，经过治疗，病情得到了有效控制，本次事件是因为小祺在一周前与男朋友发生了争吵，争吵没有得到有效的控制并提出了分手。分手一周以来自己都睡不着，睡着也容易醒过来，不自觉地流泪，认为没有人能够理解她，同学不会关心她更不会安慰她，控制不住地想去联系男朋友，不断地猜测，认为自己是一个无关紧要的人。直到当天，情绪无法控制，她在走廊里痛哭。

辅导员在办公室与小祺进行思想沟通，给予了无条件的支持、安慰和鼓励，帮助宣泄痛苦情绪，经过三个小时的沟通，小祺与辅导员建立了相互信任的咨询关系。辅导员确认是因为失恋导致的心理危机，判断其所处的心理危机阶段，引导小祺学习放松技术、帮助其调节情绪，告诉学生睡前要运用放松法平复身心。通过长时间的沟通，确认小祺发生过激行为的可能性较低，但仍然需要持续关注。

该事情发生后的第三天，辅导员将小祺再次叫到了办公室，经过沟通，认为小祺情况良好。

本案例技术路线图如图 3-2-1 所示。

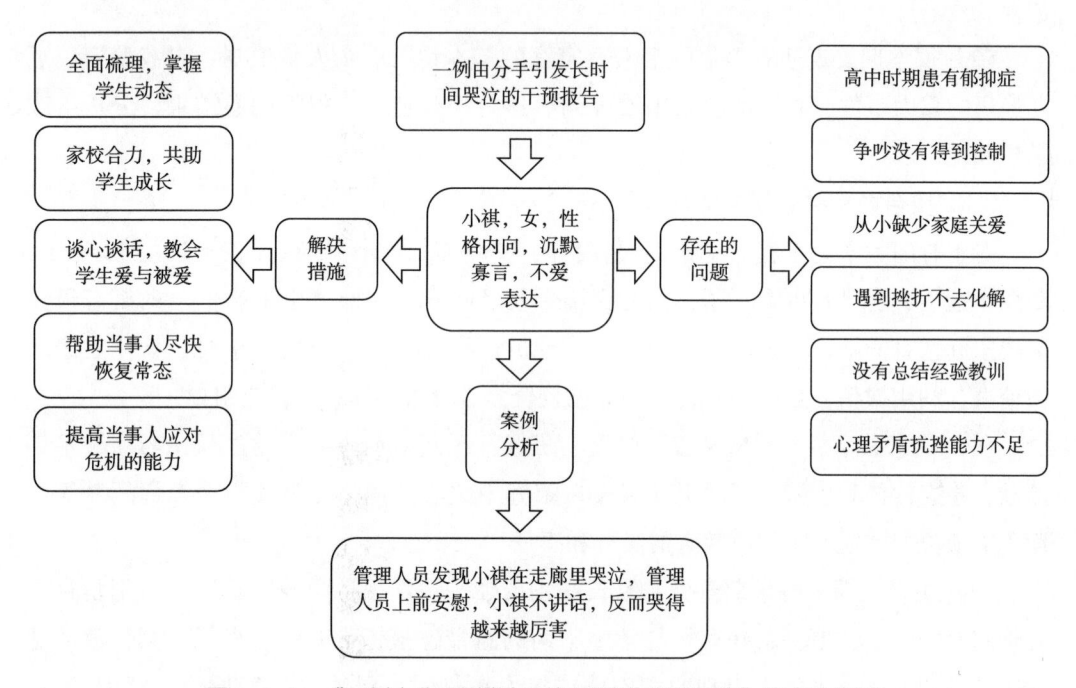

图 3-2-1 "一例由分手引发长时间哭泣的干预报告"技术路线图

四、干预结果

经过与小祺的充分沟通，从保护小祺生命安全的角度出发，辅导员在小祺所在校区的教工寝室居住了一周，以便发生突发情况时，能够尽快到达现场。并且在该事件发生后，辅导员与其家长进行了沟通，将此事件告诉了家长，从家长处了解了小祺目前的情况。辅导员找了小祺的班长、寝室同学，要时刻关注小祺的心理状况，如果有异常情况，要及时上报给辅导员。

辅导员与小祺定期谈话，建立信心，引导该生正确看待两性关系，要学会善待自己，取悦自我，爱护自己，引导其积极自我调适，提高自我治愈的能力。

通过一系列的措施，危机解除。

五、经验分享

1. 全面梳理，掌握学生动态

作为辅导员，在接手班级时，应该注重基础管理，第一时间系统掌握了解学生的基本情况，做到手中有账，心中有数。

（1）分析学生学籍卡片，对于情况特殊的学生要及时梳理跟踪，精准掌握学生的情况。

（2）每学期要定期对学生的个人及家庭的基本情况、个人价值观、自我鉴定、近期经历的重大事件、心理困惑及困难等内容进行问卷调查，根据问卷结果，分析解决学生问题。

2. 家校合力，共助学生成长

对于有的大学生家庭，家长们很容易陷入一种认识误区，认为孩子过了18岁了，距离也远了，自己管也管不了，只能交给学校老师管，这种"甩手掌柜"的姿态极易造成家庭教育的缺位。因此，作为高校辅导员，我们可以在新生入学时，就建立家长微信群，利用微信公众号等平台，加强家校合力教育重要性的宣传与引导。

（1）信息共享。及时将学校、学院、班级情况及时通报共享给家长，与家长定期互动，建立信任和支持。同时引导家长在家庭中关心关爱、经济支持、教育教养等方面不能缺位，重视心理健康教育的义务和责任。

（2）主动反馈。每学期至少与家长联系反馈一次学生在学校的情况，特别是存在心理问题的学生，更要做好家长与学生中间的纽带连接，平时沟通多了，家长就清楚学校教育的力度。当学生出现心理问题或突发事件时，更能取得家长的理解和支持，不至于家长一味指责学校，而会理性看待学生问题。这样才能更好、更高效地解决学生的心理问题。

3. 谈心谈话，教会学生爱与被爱

一名辅导员所带学生有300~500人，在日常思政教育中，心理健康主题教育必不可少，同时可以借助网络推文推荐学生夜读，润物细无声。当然，更要做好一对一的谈心谈话，帮助学生剖析自我，认识自我，分析问题，解决问题，引导学生积极正面地看待事物，培养学生良好的心理素质和健全的人格，以适应时代的发展需求。

4. 帮助当事人尽快恢复常态

人的心理与生理类似，都具有一定的自我恢复能力。但自我恢复通常需要比较长的时间，有时甚至因为危机事件的影响太过深远而造成无法自我恢复的可能。心理危机干预能够像药物治疗伤病一样帮助当事人逐渐脱离危机的影响，尽快恢复常态。

5. 提高当事人应对危机的能力

危机事件发生后，成年人通常也不知道该如何应对，学生经验不足，更显得手足无措。校园心理危机干预能够为当事人量身定制一系列应对措施，当事人学习、巩固以后，当下一次危机事件来临时，便能够比较从容地应对了，从而提高了应对危机的能力。

情景还原（图3-2-2）

辅导员：小祺，你怎么了？

小祺：我和男朋友分手了，我们吵架一周多了，解决不了问题，这一周以来，我没有一天睡得好。

辅导员：小祺，我也是从你这年纪过来的，我理解你现在的心情，这件事情啊，我们可以慢慢来，时间会帮助你忘记。

……

图3-2-2 "一例由分手引发长时间哭泣的干预报告"情景还原

第三章
一例由恋爱挫折引发学业危机的干预报告

隋国旗

一、当事人基本信息

小于（化名），男，20岁，就读于某大学某专业。父母健在，家族无精神病史。朋友不多。在刚入大学不久，交了一个女朋友，后来分手，对其影响较大，造成多门课程挂科，学业困难。

二、危机的发生

大一刚入学不久，小于想在班级中交一个女朋友，在这期间学习成绩和心理方面一直比较平稳，没有发生较大的浮动。但是在第一个学期因为与女朋友分手，直接打击了他的自尊心，以至于不愿参加班级活动，后期竟然怕遇到前女友而不去上课，严重影响学习成绩，并且在大一下学期期末收到学业预警。

这是一个典型的由于恋爱挫折引发的学业危机案例，如果不及时进行干预，很有可能造成更加严重的后果。根据以往的工作经验，笔者意识到问题的严重性，第一时间采取各项措施进行干预。

三、问题分析

根据平时的观察了解、谈话谈心，笔者分析得出，小于出现这种症状是由多方面因素导致的：①自尊心较强，具有完美主义者倾向，对自己的要求过高，给自己的压力也比较大。②家里对他关注较少，父母认为他已经长大成人，对他的关心、关爱较少，导致他与家里沟通较少，进而事情发展至此。

四、解决方法

1. 引导教育，及时进行干预

在与小于的谈话谈心中，笔者作为倾听者，耐心、细致地倾听小于同学倾诉自己情感以及生活中的苦闷，笔者积极地表达了同情和关心，让小于可以畅所欲言、敞开心扉，便于笔者发现问题、解决问题。

2. 及时向领导汇报工作，启动危机干预预案

把掌握的第一手资料汇报给领导，并将目前的处理办法向领导反馈，听取领导的处理意见。根据领导的指示以及领导的意见，进一步开展接下来的工作。做好学生的安抚工作，密切关注学生的思想动态和上课表现，并且及时和学校领导汇报，跟踪学生的思想动态，确保学生的学习成绩得到提高，并且心理问题得到解决。

3. 积极与家长取得联系，家校合作

在得知事情发生之后，第一时间找到学生进行交流，详细询问事情的来龙去脉，事后也与学生的家长取得了联系，将事情如实告知了家长，请求家长配合。通过恰当的方式将他对父母关爱的渴望委婉地告知家长，使家长从感情上给予精神支持。

4. 朋辈合力，密切关注学生动态

在家长、辅导员以及同学们的帮助下，小于逐步意识到成绩的重要性，生活和学习步入正轨，为了防止他成绩退步，笔者安排了班级的班委、小于室友随时关注小于的情况，尤其是情绪变化和学习态度，安排与其关系密切的同学陪伴左右。在他没课的时候，经常与他聊天、谈心谈话，引导他正确看待学习和生活，拥抱美好的大学生活。

本案例技术路线图如图 3-3-1 所示。

五、经验与启示

1. 找准根源

单看这一事件，表面上是学生的学业问题，但是同样的学业危机却有不一样的导致因素，比如有些学生是因为沉迷网络，有些学生是因为对专业不感兴趣，而该案例中的学生问题是因为情感挫折。因此，在判断一个问题时，应该要先找准事件的根源，对症下药，这样才能高效地解决问题。

2. 感化教育

针对该生的情况，根源在于无法排解失恋带来的伤痛，因此面对这样的情况，就需要设身处地，感同身受，给予理解和尊重。再通过"责任担当"这个切入点进行感化教育。教育者是做人的工作，而人是需要理解、信任、关怀等情感支持的。

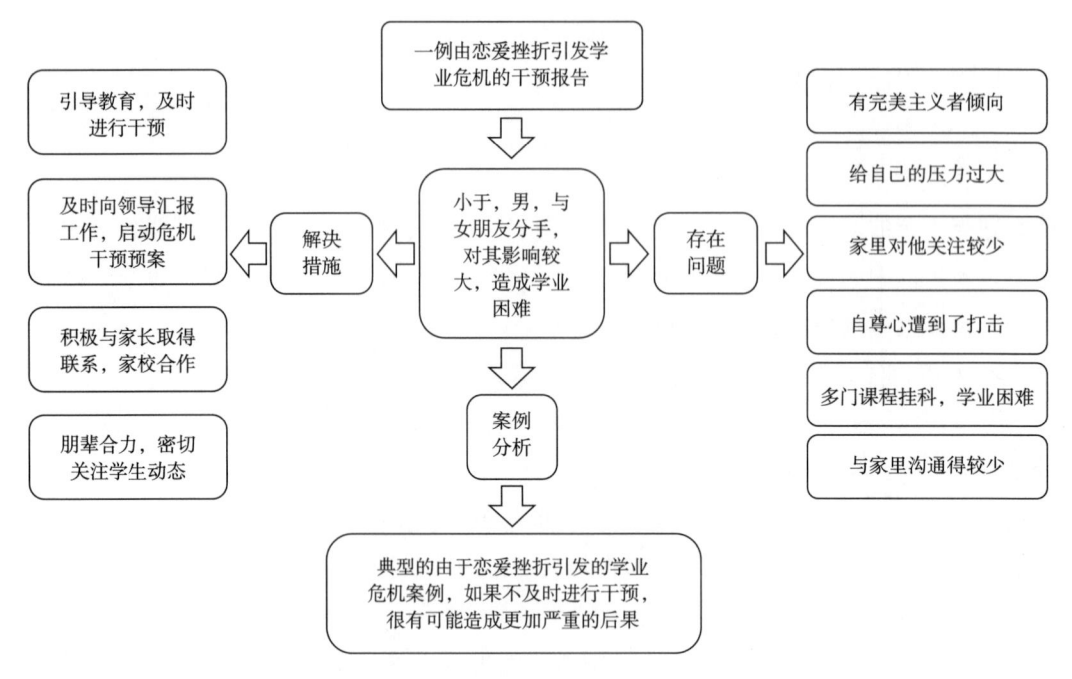

图 3-3-1　"一例由恋爱挫折引发学业危机的干预报告"技术路线图

3. 解决实际困难

相关文件《关于加强和改进新形势下高校思想政治工作的意见》中提到"要在服务引导中加强思想教育,把解决思想问题与解决实际问题结合起来,做到既讲道理又办实事,加强学生学业就业指导,帮助大学生顺利完成学业……"因此,就学生面临的实际问题,我们要"急他人之所急",切实解决实际困难,而不是仅仅停留在口头上的说服教育。

情景还原（图 3-3-2）

小于：她为什么要和我分手啊,我对她那么好！

小于：我现在每天都在想她,我现在饭也吃不下去,学习也分心。

小于：我哪里不好,我真的想不明白。

……

图 3-3-2　"一例由恋爱挫折引发学业危机的干预报告"情景还原

第四章
学生失恋焦虑情绪的案例分析

周文喆

一、当事人基本信息

小 Z，男，为大学二年级学生，20 岁，为独生子。父母每年有部分时间外出务工，与奶奶一同居住，学习成绩良好。突然出现连续旷课情况，且情绪十分低落焦虑。

二、个人成长史

小 Z 在父母外出期间，奶奶为其主要抚育人。与父母关系较差，略疏离。初中毕业后，上了职业高中，学习专业技术，希望有一技之长傍身。学校以男性同学为主，与女同学相处经历较少。

三、学生个人陈述

从小到大与父母相处时间不多，个性较为独立。假期考驾照时，认识了女友。最近，两人异地，矛盾增加，女孩提出分手。

四、成因分析

（1）与父母相处时间较少，没有良好的关系，同时对关爱更加渴望。在与异性朋友相处方面，还有待学习。

（2）从小未经历过太大的挫折，对于女友提出分手这件事，难以接受。

五、教育过程

积极进行心理疏导，进行谈话谈心。帮助学生宣泄情绪，接纳学生的情绪，稳定其情绪。引导学生自行分析失恋原因，对原因进行合理讨论。对于消极不正确的分析，给予纠正，帮助学生正视挫折。肯定学生之前的学习态度，讨论之后的职业规划，帮助学生细化目标，进行自我提升。强调学习纪律，明确长期逃课后果。

本案例技术路线图如图 3-4-1 所示。

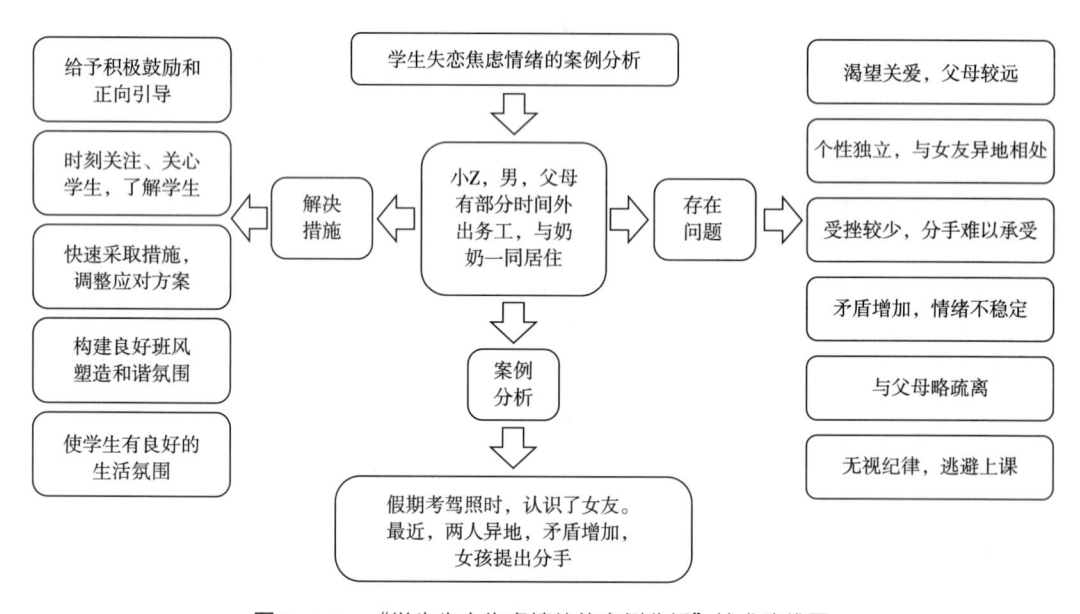

图 3-4-1 "学生失恋焦虑情绪的案例分析"技术路线图

六、初步解决方案

（1）发动小 Z 同学的室友陪同、关心小 Z 同学，如小 Z 有过激行为，及时与笔者沟通。

（2）联系小 Z 同学喜欢的任课老师，在上课时适时给予小 Z 学习方面的肯定。

（3）不定期与小 Z 同学沟通交流，帮助其树立新的学习、生活目标，给予鼓励和正向引导。

七、总结与感悟

作为辅导员老师，需要时刻关注、关心学生，了解学生，及时发现异常现象，并了解其背后原因，快速采取措施，调整应对方案。这种工作能力需要不断地学习和积累。

（1）在加强思政教育的同时，也应注意学生的挫折教育。老师本人需提高自己的心理健康教育知识储备，能够给予学生情绪疏导，以及学生心理问题初步判断。根据问题严重程度，及时联系家长和专业人士。

（2）让学生感受到老师对他的关爱，能够了解学生学习生活上的困难并实际解决，建立良好的师生关系，让学生信任老师。以便有更多的学生在学习生活遇到困境时，愿意与老师及时沟通。

（3）随着时代的进步，面对面交流的机会变少，但是网络和电话交流不受时间和地点限制，同时学生的微博朋友圈等，也更能表达学生的情绪，需给予关注。

（4）构建良好班风，塑造和谐班级氛围，使学生有良好的学习、生活氛围。

情景还原（图3-4-2）

　　小 Z：爸爸妈妈还有奶奶都会宠着我，而她却突然提出分手。

　　小 Z：她遇到问题从不解决，却把责任推脱到我身上，我该怎么办，我该怎么办啊？

　　……

图 3-4-2　"学生失恋焦虑情绪的案例分析"情景还原

第五章

巧开心锁，重塑自信

马 帅

一、案例主题

张同学由于家庭、情感问题，变得不自信、与同学关系紧张，辅导员进行危机事件处理。

二、案例背景和概述

某天凌晨，笔者接到张同学室友电话，说张同学在水房摔倒了，接到电话后笔者及时赶到现场并带着张同学前往医院，医生诊断结果眉骨破裂，需要缝针。此次摔倒成了该生行为的导火索。次日，室友找笔者反映，张同学近期总是威胁室友。摔倒事件后，张同学一直在疑神疑鬼。

三、危机事件原因和分析

1. 家庭方面

该生为家中独子，从小体弱多病，家庭经济来源单一，从小勤俭求学，母亲时常与其沟通交流，父亲与其沟通交流不多。

2. 情感方面

在参与学校组织的素质拓展训练过程中，喜欢过一名女孩，追求失败后，情绪低落，对自己失去信心。

3. 人际方面

该生平时沉默寡言，不爱与人交流，上课、吃饭总是自己一个人，刚搬进某校区时迷路过，性格内向，班上少有同学与其交流。

4. 学习方面

临近期末，教师资格证和期末考试来临，加剧了该生的学习负担，该生入学以来一直没有挂科，在学习方面对自己要求很高。

四、危机事件处理与应对

1. **发动学生关注该生，并联系家长**

笔者找到该生的班长、室友以及接触较多的几名同学，向他们了解详细情况，同时嘱托班长和室友，对其多多关注并及时汇报情况，让室友平时多与该生交流。然后笔者又及时联系了张同学的家长，将张同学威胁同学和疑神疑鬼的情况告知家长，由于家长住的地方离学校不是很远，笔者要求家长尽量赶往学校。

2. **立即赶到宿舍，并将此事汇报领导**

学生会生活部一起前往该生所在宿舍，征得张同学同意后，对其寝室进行了搜查，并没有发现任何危险物品，当天向领导反映了此事。

3. **与医院、学生家长做好沟通协调，并将学生交给家长**

虽然眉头的伤不严重，按时拆线换药就可以，但是张同学的心理状况却需要进一步关心关怀。通过医院、学生家长与张同学进行沟通，决定先将张同学接回家，第二天再去专业医院做相应的心理诊断与治疗是最妥善的处理办法，当日张同学跟随父母回家。

4. **把握学生心理变化，做好善后处理**

学生虽然回家休养，笔者作为他信任的班主任老师，深感责任重大，因为有太多的案例是学生回家后仍然得不到情感支持而出现二次突发事件的。因此，在张同学休养期间，笔者与他保持密切联系，提供不间断的关心，并沟通人际、学业和未来发展等问题，多方面为其提供精神支持。几日后，张同学返回学校，状态有所好转，笔者找到之前被他"威胁"的几名同学，张同学表示认错，几名同学也原谅了他。之后笔者让室友持续关注该生情况，有异常及时上报。目前，该生情况稳定，状态良好。

本案例技术路线图如图 3-5-1 所示。

五、案例反思和启示

1. **事前防患于未然**

（1）了解学生、获得信任，是做好学生工作的基本前提。此案例比较成功之处在于笔者对该生情况熟悉，能够获取学生的信任，这是一切工作的基础，也是做好心理

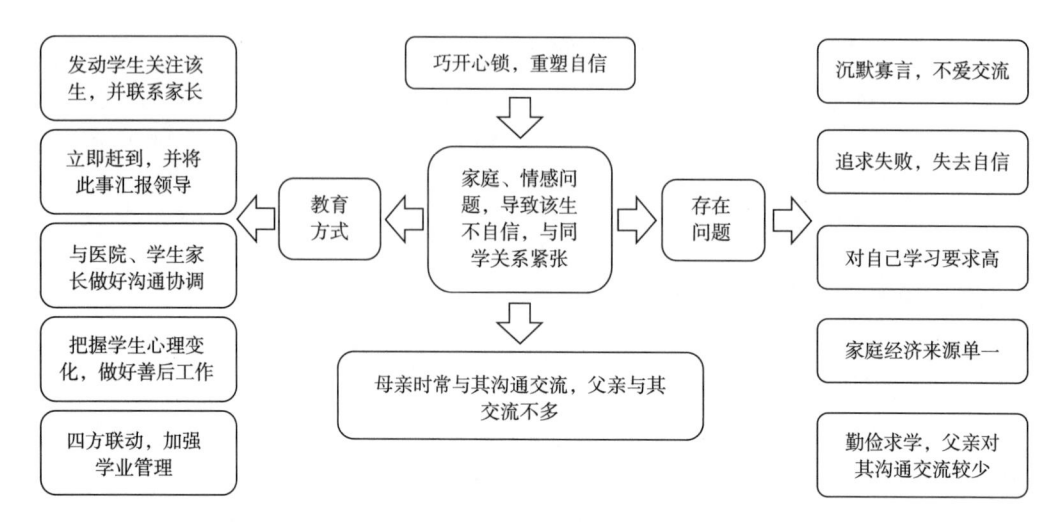

图 3-5-1 "巧开心锁，重塑自信"技术路线图

问题学生工作的重要法宝。作为辅导员，笔者认为首先要培养与学生的感情，获得学生的充分信任，同时要心怀教育情怀，对学生工作有无限的热爱。

（2）重视班级信息员的培养。在对班委干部的培养中，要教育班委干部多留心班级事务，多留意班级同学，如班级同学发生突发事件，要第一时间将事情汇报给辅导员。

2. 事中处变不惊

（1）及时到达现场，进行处理。学生突发紧急情况，辅导员必须第一时间到达现场，根据现场实际情况，采取有针对性的处理措施，以免事态进一步扩大。

（2）若事件紧急且重要，要及时汇报给领导和学生家长。如果事件已超越辅导员自己处理的权限范围，那么这种情况辅导员必须请示上一级领导。此外，还需与涉事学生家长取得联系，必要时需要家长赶到现场。

3. 事后总结经验

（1）针对学生开展主题班会。针对张同学的案例，带学生开展一次心理健康知识讲座，提高学生心理调节能力。

（2）家校配合，切实发挥家庭支持作用。辅导员在日常工作中，与学生家长进行沟通是十分必要的，也是形成"家校合力"的重要途径。在沟通过程中，与家长探讨成长经历、家庭氛围对学生有重要的影响，希望家长能多关心学生，给予学生必要的家庭支持。争取与家长达成一致意见，共同为学生的成长成才保驾护航。

六、总结经验

针对此次危机事件处理，要总结经验，做好工作记录，形成工作案例。在以后学生管理工作中更加重视学生的日常教育工作，注重班级信息员的培养，重视学生家长信息库的建设。

情景还原（图3-5-2）

张同学：和一直喜欢的女孩表白了，她当众拒绝了我，是我太丑、太矮、不够优秀吗？

张同学室友a：张同学怎么自己一个人吃饭上课啊？

张同学室友b：叫他好几次和我们一起他也不来啊，人家不想和我们一起呗。

张同学：你们都别惹我。

……

图3-5-2 "巧开心锁，重塑自信"情景还原

第六章
帮助学生走出失恋困扰

包洪亮

一、案例概述

在人生中，每个人都会遇到一些情感问题，尤其对学生而言，遇到恋爱、情感等问题对自身的生活影响较大，如何帮助学生克服情感困惑，是每位辅导员都会碰到的问题，某院一对情侣，因恋爱情感问题，导致男生患上抑郁症，女生数次有轻生的想法。在中秋节放假期间，也是笔者担任辅导员的第一个月，R同学向笔者反映他与P同学分手后，逐渐疏远P同学，与另一个女同学产生了好感，经常约会，发朋友圈，而P同学无法接受分手的事实，不断发信息打电话对他进行骚扰、威胁，R同学因无法承受已分手P同学的纠缠而心理严重抑郁。

二、案例分析及解决方案

1. 案例分析

（1）个人因素。R同学，男，对待感情缺乏理性思考，觉得两个人高兴了就在一起，不高兴了就分开，没有考虑对方的感受，比较自私。P同学，女，长期被骄纵，独立性较差，情绪化严重，比较任性，爱面子，情绪易怒，极易采取极端行为。

（2）家庭因素。R同学的父亲为事业单位工作人员，母亲为初中教师，家庭条件中等，是家中独子，经常去奶奶家，父母忙于工作，对R同学疏于教育，导致R同学形成比较叛逆的性格，喜欢在网络平台上发表个人动态，性格张扬。P同学，父母均为个体工商户，家庭条件中等，家中有姐姐和弟弟，P同学家里孩子较多，父母的精力有限，无法面面俱到，因此对孩子比较骄纵，对孩子的所有要求几乎言听计从。P

同学在与别人相处时，也要求对方对她言听计从，导致她几乎没有朋友，该生承受挫折能力较差。

（3）其他因素。网络的负面信息影响当前青少年的心智，大学生处于一个比较特殊的阶段，无法独立判断事情的对错，网络的一些不正确的恋爱观念侵蚀他们，使他们有极端自我的想法，当前婚恋自由，一些学生可能无法掌握自由的尺度和界限。

2. 解决方案

R 同学将事情经过告知笔者后，笔者第一时间向党总支副书记进行了汇报，在认真听取了书记的意见后，笔者立刻通知了 P 同学的家长，如实说明了情况，并叮嘱 P 同学母亲一定要控制住情绪，不要因为此事与 P 同学发生冲突，进一步打击 P 同学，之后通过 P 同学和其的朋友及时了解二人的具体情况，制订下一步具体的解决方案。

3. 处理过程

（1）面对突发情况，首先保持冷静，第一时间向领导汇报并且通知 P 同学的家人，阻止悲剧的发生。

（2）分别找到两名同学的室友、班级同学、班长，对两名同学的情感纠葛进行了细致的了解，对症下药。

（3）要求 P 同学家人来学校，与院领导一起面对面讨论解决问题的方案，之后与其家人保持通畅的联系，了解到很多她的个人情况。

（4）分别与两名同学进行谈话，教导两名同学应该树立正确的恋爱观，引导他们把时间和精力用在学习上。

（5）与两名同学的室友、同学、班干部进行谈话，嘱托他们平时多关注两名同学的情况，一旦发现异常，及时汇报。

（6）不定期地找他们二人进行谈心，在社交软件上给他们留言，了解他们的最新动向。

4. 处理的效果

在事后通过不定期地与 R 同学和 P 同学进行谈心，同时与 R 同学和 P 同学的好友、室友、班长等经常谈话，了解 R 同学和 P 同学的状态，R 同学与 P 同学现均已恢复正常，目前可以以乐观饱满的状态出现在课堂、寝室。同时两名同学与笔者之间已经建立起信任关系，很多时候会主动发短信向笔者倾诉心情。换言之，他们已经从恋爱问题中走了出来。

本案例技术路线图如图 3-6-1 所示。

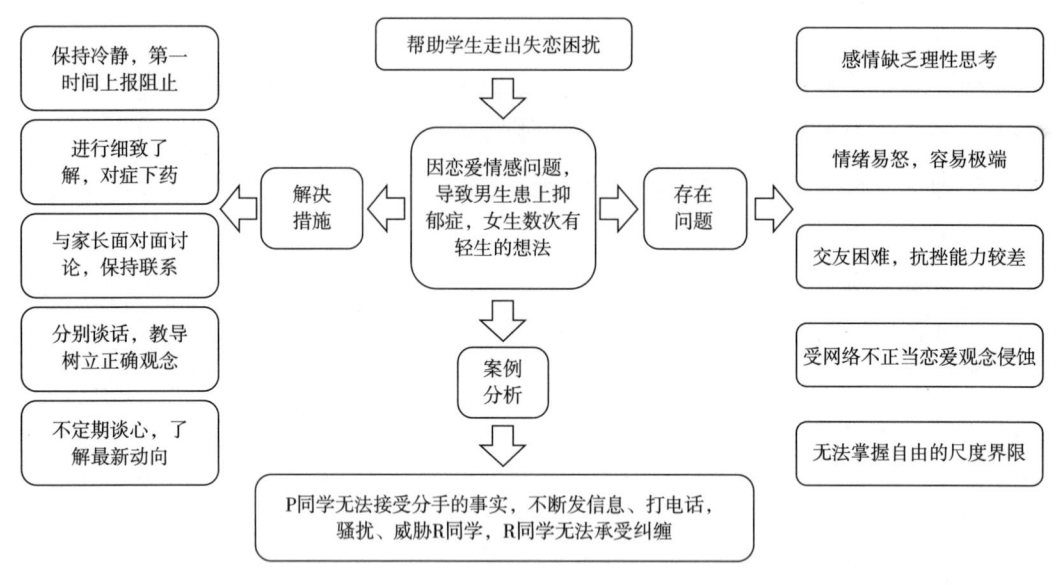

图 3-6-1 "帮助学生走出失恋困扰"技术路线图

三、经验与启示

大学的恋爱是纯真的、美好的,同时也是不成熟、不理性的,部分同学没有形成健全的人格、端正的品行及责任感,还有部分同学抗挫能力较差,容易在现实生活中受伤,因此辅导员要不断地提升自己的工作方式方法。

(1) 要经常与同学谈心、深入同学中,了解同学的所想所需。

(2) 要做好与家长的沟通,最了解学生的还是家长,在平时的工作中,要经常与家长们进行沟通,了解家长们的想法,倾听家长们的意见,及时了解学生们的变化。

(3) 要善于发动学生干部共同参与工作,由于笔者刚接手这个年级,与学生的信任感并未建立,在这种情况下,应主动联系学生干部,发动学生干部的力量,以便收集自己所需要的信息。

(4) 要善于通过社交软件,了解学生们的动态,发现不对的苗头,立刻了解情况,把危险扼杀在摇篮里,同时不要满足于眼下问题的解决,要往长远看,思考为什么会发生问题,如何避免问题的发生。

此案例目前来看,预防得比较及时,案例中的男女同学现在都已恢复正常,这是学院领导与老师同学们共同努力的结果,"师者,传道授业解惑也",让每个学生在学校里能够保持身心健康的成长,是我们每一位辅导员的责任。

情景还原（图3-6-2）

老师：R同学啊，咱这都大学了，谈恋爱怎么还像小孩呢，你这对待感情缺乏理性思考，要学习一下，树立正确的理念啊。

R同学：老师，我舍友也和我这样说，我认识到了自己的错误，我确实该学习改进一下，我的认知有错误。

老师：知错就改，好孩子啊。有问题及时向我反映和同学沟通，大家都会帮助你的。

R同学：好的，好的，谢谢老师。

……

图3-6-2 "帮助学生走出失恋困扰"情景还原

第七章
关于对大学生恋爱情感心理问题的一些看法

马 越

大学生该不该谈恋爱？大学生正处于从青春期到成年期的过渡阶段，生理上趋于成熟，由于单纯和天真，他们这个时候的感情是最为纯粹、最为真诚、最为痴情的。一旦被爱情捕获，深陷其中而无法自拔；一旦关系破裂，马上分道扬镳。恋爱产生的心理问题正影响着大学生的成长。大学生恋爱情感中出现心理问题会影响到他们的学业和职业生涯。一些学生可能会因为情感问题分心，注意力不集中，缺乏动力，或者把时间花在处理他们和伴侣之间的关系上，而忽视了学术上的重要任务。这些问题可能会延续到他们的职业生涯，影响他们的职业成长和工作总体表现。大学生恋爱情感中出现心理问题也可能会导致无法正常地进行人际交往，与老师和同学产生问题，甚至对个人社交能力造成影响。这些问题可能会导致孤独和隔离，限制了他们学习和生活中的交往范围，进一步加剧了他们的心理问题。老师需要意识到他们在学生情感生活发展中的关键作用，并为需要支持和建议的学生提供支持和宣传服务。大学生恋爱情感中出现心理问题还可能导致严重的心理健康问题，例如高度焦虑、沮丧或抑郁等。如果这些问题持续存在而得不到妥当处理，会给学生的健康和全面发展造成巨大的心理、生理和情感风险。因此，应该为学生提供积极和正面的心理支持，与学生建立联系，并防范和应对情感问题所引发的心理健康风险。

一、大学生恋爱情感心理主要问题

1. 恋爱过程重于结果

大学是学生成长成人的关键时期，部分学生没有恋爱经验，没有形成正确成熟的恋爱观。部分学生只重视恋爱过程，轻视恋爱结果，无法正确处理恋爱关系。一方面，一些大学生只把注意力集中在恋爱的过程中，追求浪漫和刺激，而忽视了建立稳定和健康的关系所需要的努力。这种行为可能导致他们在恋爱关系上无法成熟,难以建立真正的情感沟通和理解。导致关系破裂,进而影响他们未来的情感生活。另一方面,部分大学生只关注恋爱过程而不关注恋爱后果也可能会损害大学生的情感健康。当一些大学生关注快乐和兴奋时,他们可能会无意中损害他人的情感利益,忽视对他人的关心和体贴,从而导致他人心理受伤,导致他们产生焦虑、沮丧、孤独等情绪问题。此外,当一些大学生只关注恋爱过程而不考虑恋爱后果时,他们可能会无意中侵犯他人的身体自由或导致相关问题的发生。这不仅会损害受害者的权益,而且会进一步导致社会和道德的问题。

2. 恋爱观念片面化、功利化

一方面,部分大学生在恋爱时过于关注对方的财富和社会地位,而忽视了情感和性格的匹配度。他们认为只要恋爱对象有钱、有能力,就可以通过恋爱获得更多的物质和社会地位。这种功利性的恋爱观念,容易在恋爱后期导致双方关系出现裂痕,甚至最终破裂。若恋爱过程中出现不利于恋爱对象的变故,这种恋爱观念还可能导致对方彻底放弃恋爱,从而导致心理发生扭曲,产生心理问题,对大学生心理健康产生不利影响。另一方面,部分大学生在恋爱中忽略了恋爱后可能带来的责任和后果。这种恋爱观念,容易导致恋爱后期出现矛盾和冷漠。例如,有些大学生提倡"玩玩恋爱",即不考虑恋爱的后果和责任,只关注与恋爱对象进行浪漫和刺激的约会行为。这种恋爱观念容易让恋爱对象感到失落和失望,导致恋爱结束,继而对爱情产生怀疑,还有可能走向极端。

3. 恋爱自控力差、失恋的耐挫力弱

一方面,大学生的自我控制能力在恋爱初期的表现常常较为薄弱。这种情况表现为:在恋爱中大学生更多地表现出对恋爱对象的依赖,控制不住自己的情感和行为,甚至影响自己的学习和生活。比如一些学生在恋爱过程中,经常会为了与对方约会而违反学校的规定和时间安排,导致学业和日常生活受到了影响。另一方面,大学生对失恋的耐挫力弱。当大学生经历情感事件,如失恋之类的事件时,心理障碍的发生率较大。这就暴露出大学生恋爱情感中失恋的耐挫力弱这个问题。许多大学生在恋爱中经常会因为不理解或不接受分手而恼羞成怒、生气或哭闹,反应激烈或妥协,这种情况是自我情感调节缺陷的一种表现。研究发现,学生视恋爱为生活的重心,失恋和不愉快的情况即使仅仅是暂时的,仍可以对学生的心理造成长期的影响,这种影响在某些情况下可能会引发各种心理问题,甚至走向极端。

二、大学生恋爱情感心理主要问题的原因

1. 家庭的影响

父母是孩子的第一任老师,家庭是孩子的第一所学校,原生家庭在潜移默化中影

响着子女的成长。家庭环境是一个孩子成长过程中最为基础的情境，一个温馨和谐的家庭环境，有助于孩子形成健康的人格和情感态度。相反，如果家庭环境存在各种负面的影响，比如家庭冷漠、矛盾、家暴等，都会对孩子的情感发育造成一定的负面影响。比如，有些孩子在家庭中缺乏安全感，会出现不信任、不依赖他人、自私等倾向，从而可能导致其与异性建立不稳定的恋爱关系。家庭教育对于孩子的人格和情感态度具有深远的影响。家长的言传身教、实际行动，对孩子的恋爱认知和情感生活都会产生重要的影响。一些家长在教育孩子时存在过度溺爱、过严苛待、心理虐待等问题。这些教育方法会使孩子在恋爱情感方面缺乏应有的经验和能力，从而引发孩子的依赖情结、过度自卑、自我否定等心理问题，从而影响其对爱情的认识和感受。家长与孩子的关系如果缺乏沟通、理解和支持，可能导致孩子情感内心的压抑和心理负担。家长的教育观念、亲子关系的质量，均会对孩子的恋爱情感造成重要的影响。如果家长过分干涉或反对孩子的恋爱，会导致孩子在情感表达和沟通上出现困难，从而影响其恋爱情感生活的质量。

2. 个人需求的影响

一是自我认同的需求。在大学阶段，很多人开始形成自我认同。自我认同是个人心理健康的基础，但在寻找恋爱关系中，很多人会用来弥补自我认同方面的缺失。如果一个人对自己的认同水平较低，容易对自己的品质、实力产生怀疑和不满，从而希望通过恋爱关系得到肯定和认可，而如果在找寻自我认同的过程中受挫，则容易产生心理障碍。二是情感满足的需求。恋爱关系是大多数人获得情感满足的重要途径。在缺乏足够的亲近和支持的情况下，大学生会倾向于通过恋爱关系来满足情感上的需求，如倾诉、依靠、理解、支持等。这时，如果恋爱关系没有得到双方的满足，就可能产生一系列的情感问题。三是探索未知的需求。大学生正处于人生的探索和感悟阶段，对生活和社会的未知充满好奇。在这个过程中，一些大学生会尝试新的恋爱关系来满足自己的好奇心和求知欲。这种人也许会追求新鲜、奇特的恋爱体验，但当体验过后还是会面临更多的情感问题。

3. 社会环境影响

一是文化环境的影响。不同的文化背景会对大学生的恋爱观产生很大影响。在传统文化的影响下，大学生可能更倾向于认同婚姻制度和传统的恋爱观，会有更高的期待和要求，缺少必要的审慎和思考。而在现代化的文化情境中，大学生的恋爱观往往倾向于更积极开放，更重视自由与个体的权利，但同时会因为经验不足而缺乏对现实的正确理解。二是同辈关系的影响。同龄人的互动会对个体的情感经验和意识产生至关重要的影响。在大学校园内，同龄人之间的关系网络往往较为复杂。在这个复杂而又充满机会的环境下，大学生可能往往受到性别角色、流行文化等方面的影响，会有一些没有足够认知和情感基础的恋爱关系。三是社会支持网络的影响。社会网络对大学生的恋爱关系产生重要影响。大学生在校园内可能处于一个相对比较封闭的社会网络中，缺乏更广泛的社会支持和指导。在这种情况下，大学生可能无法获得有效的帮助和指导，往往需要自己去摸索和解决恋爱情感问题，这也会导致一些恋爱关系的破裂。

三、大学生恋爱情感心理主要问题的对策建议

1. 引导学生以学业为重

恋爱情感可以让人开心和幸福，但并不是生活的全部。应该引导学生树立正确的价值观，明确学习目标。学生应该认识到恋爱情感只是个人生活的一部分，大学生正值学习文化知识的黄金时期，应该以学习任务为主。要抓住这宝贵的四年黄金时间，排除一切杂念和干扰，静下心来全身心地投入学习中。同学们更要树立与这个时代主题同心同向的理想信念，勇于担当这个时代赋予的历史责任，立志做有理想、敢担当、能吃苦、肯奋斗的新时代好青年。

2. 引导学生树立正确的恋爱观

（1）引导学生理性看待恋爱。学生应该认识到自己仍处于学习和成长的阶段，恋爱不应该成为其全部，而应该是生活的一部分。同时，学生应该了解恋爱中存在的各种风险和挑战，以及如何应对这些挑战。

（2）教育学生关注自己的个性和兴趣。学生应该了解自己的兴趣和爱好，以及自己的优点和缺点。他们应该根据这些因素选择恋爱对象，而不是盲目追求外在的条件或者跟风选择流行方式。

（3）培养学生独立自主的思想。大学生应该有自己的思考，在恋爱中应该相互尊重、相互理解。教育学生经常与恋爱对象交流，共同解决问题，共同实现自己的目标。

（4）强调恋爱中的责任和承诺。恋爱并不是一种游戏，而是要付出责任和承诺的。大学生应该意识到，恋爱关系必须建立在相互尊重、理解和关怀的基础上，并应该为维护恋爱关系付出努力和责任。心理学家弗洛伊德曾说过："爱情并不在于寻找完美的人，而是在于用完美的眼光审视人。"这句话意味着恋爱并不是找到一位完美的伴侣，而是通过理性和情感来看待恋爱关系，这与引导学生树立正确的恋爱观相契合。

3. 构建新媒体沟通平台

大多数心理危机事件都有征兆，辅导员应深入学生各类活动场所，敏锐发现学生的异常行为，完善心理危机排查网络，第一时间了解学生的心理问题。除了传统的面对面谈心谈话外，更要注重开辟辅导员工作的新阵地，利用网络微信、QQ、微博、抖音等工具与学生沟通，构建网络心理咨询平台。一些大学也可以为学生建立专属的社交平台，如"校园恋爱"等，供学生进行沟通、讨论和分享交流，也可以邀请一些专

业人士或老师加入其中，提供专业的心理咨询和指导，开设网络心理咨询服务。学校可以在学校网站或社交平台上开辟一个心理咨询频道，为学生提供咨询服务，如在恋爱情感方面遇到问题的官方咨询渠道。这种方式可以方便学生随时进行咨询，解决学生在恋爱、人际关系等方面的心理问题。利用好学校的资源和管理机制，灵活地采取措施，让大学生在恋爱情感心理问题方面得到很好的解决。

4. 提升自我心理防御能力

积极的思考，转移注意力。当发生不如意的恋爱情感问题时，大学生可以通过积极地思考自己的处境，从不同的角度去分析问题，以及转移注意力来缓解情绪。例如，可以参加一些志愿者服务行动，或者是通过阅读、音乐、运动、旅游等方式来放松心情。学会自我反思和调节。当大学生遇到情感问题时，要学会对自己的情绪进行自我反思和调节，从而找出解决问题的办法。通过反思，可以让自己认识到问题的根源，调节则可以帮助自己减轻不良情绪。例如，可以采用正向思维转变，以建立积极的心态。寻求支持和帮助。当自我心理防御能力难以应对大学生恋爱情感问题时，可以寻求支持和帮助。例如，咨询心理医生或心理治疗师，或者寻求校园内的心理辅导服务，学会放松压力。大学生在恋爱情感问题上往往会感到压力很大，因此学习放松自我压力也是非常重要的。例如，通过改变饮食和睡眠习惯，或者进行瑜伽、冥想等来减轻压力。

综上所述，青春期是一个个体生命中的关键时期，情感的发展存在不确定性和矛盾性，保护机制不成熟容易导致情感问题的产生。社会文化背景的不同，每个人的文化、地域、环境、家庭教育背景都不同，这导致了大学生在处理情感问题时具有多样性和个体差异性，如恋爱期望值过高、压力巨大。由于社会文化的变革和多方面的信息交流，很多大学生对于恋爱问题的期望值过高，面临来自家庭亲友、社会的压力和期望，容易陷入情感焦虑或失衡。大学生在恋爱情感中产生的心理问题需要学校、家庭、学生三个方面协同发力，通过加强大学校园内的恋爱、情感和婚姻等问题的教育，培养大学生健康的恋爱观念和情感态度，提高社会影响，建立多样化的心理支持和服务体系，为大学生提供心理咨询、心理治疗和心理辅导等服务，鼓励建立良好的社会关系和支持系统，并加强大学生的师生关系，拓宽情感交流渠道，引导大学生树立正确的恋爱观，形成积极的健康心态。

第四篇　家庭关系篇

第一章
抑郁症干预案例

李　雷

一、获知病情

某天，秋同学给笔者发信息表示自己患有抑郁症想休学，但是由于父母不理解，心情很郁闷。她讲述自己高中就患有较严重的抑郁症，到大学之后，觉得并没有好转反而有越发严重的趋势，无心上课且经常有轻生的想法。她很想回家，但是家里人都不同意，认为她没问题，就是想逃避，不想面对现实，不想读书。笔者听完孙同学的叙述之后，首先对她目前的情绪状态运用共情的方式表示理解，告诉她休学学校是允许的，最重要的是她与家人要好好商量一下是否有必要休学。接着笔者试探性地问其是否愿意接受学校心理咨询师的辅导，她表示愿意。在给予了一些心理支持后，让秋同学先回去跟家里人沟通，后期孙同学一直状态稳定。

二、突发情况

秋同学父亲常年在外打工，她同母亲和爷爷关系较好。秋同学之所以有抑郁症，主要是因为自己身上会散发一种臭味，以至于从高中开始同学们就嘲笑她、疏远她，甚至她觉得连老师都看不起她。来大学前已经去医院各科室检查过，但是都没有查到任何问题。也曾经到其他医院看过，医生只是随便开了一些药，她吃了之后就晕倒了，因此也没有再继续深入治疗。上了大学之后，还没发生过任何同学嘲笑她的问题，该生的人际关系也还可以，但因她认为自己身上有问题，所以不喜欢人群，不想去上课，心情持续性抑郁，觉得生活真的很绝望，时常有极端的念头出现。她来大学之前已经有两次极端行为。经过学院心理老师的初步诊断，孙同学的情况已经属于危险级别，情况十分紧急，必须密切关注。

经过一个多月的跟踪了解以及沟通协调，孙同学的情绪还是一直处于持续反复状态，并无明显好转，休学的想法一直很强烈。在跟家长沟通协调后，最后她与家长一起提交了休学申请，回家进行治疗。该生回去之后，笔者还经常打电话、发短信给予其鼓励。目前她还在治疗之中，具体治疗效果还是要过段时间才能体现，我们将会继续给予关注。

三、其他重要事宜

有心理方面障碍的学生最需要的是周围人群的关注，无条件地给他们温暖。学校各级部门以及基层辅导员要想方设法让他们多和身边的朋友谈心、交流，释放自己的压力，从而缓解症状甚至是恢复到正常状态。

四、问题分析

（1）该生随时有发生极端事件的危险。由于之前已经两次轻生未遂，因此必须高度重视。除了发动班级班委以及同宿舍同学密切关注该生情况外，笔者每天早、中、晚都及时发信息了解她的情况及状态，几乎每天都会利用各种时间与其面对面交流，给予情感上的关心与支持。上级领导也十分重视，及时指导笔者如何利用资源做好该生的预防干预工作。

（2）该生的心理状况已经达到必须进行专业治疗的地步，单靠辅导员以及学院心理咨询老师已经无法解决类似心理问题。心理老师及时联系有关方面的专家，与同行密切交流类似事件的处理意见。本着对该生负责的态度，及时向家长分析转介治疗的必要性，并为家长联系了相关方面的医生及正式的咨询机构。

（3）该生家长不重视，对心理疾病的认识不够透彻，认为小孩这样不是疾病，而是在逃避现实，甚至对于之前学生两次轻生未遂，都抱着较无所谓的态度，给学校开展危机干预工作带来很多不便。虽然家长也及时赶到学校，同我们一起商量治疗方案，但是对于学校提出的危险性，家长还是不能接受并认为学校想得太严重了。更糟糕的是家长还给孙同学灌输一种思想："学校现在都不要你了，你休学以后就没希望回来了。"家长的种种言行对于我们的工作都起到了严重的阻碍作用。

五、处理措施

联系家长到校签署告知书，要求家长带孩子立即就医。家校联动互相反馈信息，建议家长逐步调整家庭关系。建议家庭治疗，建立课堂、宿舍、家庭全方位的信息网，保持对其的关心与帮助。定期要求复诊，并反馈诊断意见。

本案例技术路线图如图4-1-1所示。

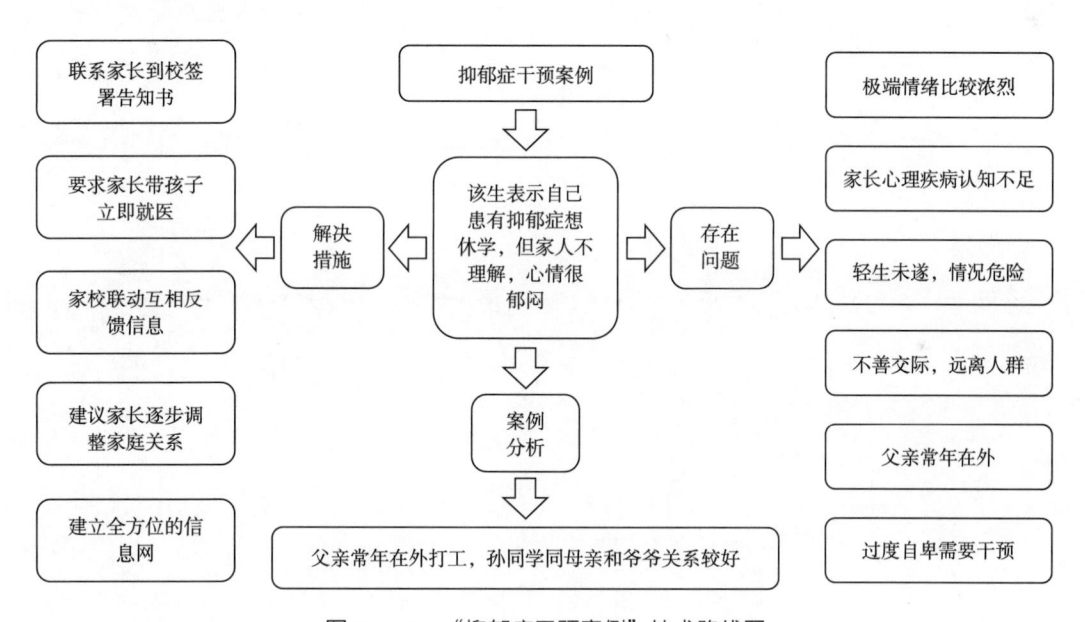

图4-1-1 "抑郁症干预案例"技术路线图

情景还原（图4-1-2）

秋同学：高中的时候，他们就不想和我玩，都怪我身上的味道。

秋同学：现在大学了，去治疗也治不好，我不想面对同学，不想面对家人了。

秋同学：我不想社交了，他们都不喜欢我。

……

图 4-1-2 "抑郁症干预案例"情景还原

第二章
家庭经济情况引起的学生对于学业规划迷茫和自卑心理问题

木塔力普·吐尔洪

一、一般资料

小文，女，该生性格开朗，善于与人沟通，与人协作。

二、个人成长史

小文母亲是个体户。从小到大，父母对她的教育都很重视。在小时候，小文学过电子琴、戏曲、朗诵等艺术类特长，从小培养了自己的艺术素养和文化素养，小学时期参加过奥林匹克数学竞赛。虽然该生父母离异，但是并没有因此自暴自弃，而是努力学习。

三、学生个人陈述

该生在高中时期，找到了自己真正的兴趣，并为之努力奋斗。考上了某高校的某专业，并且辅修了影视。大学期间在学生会担任过干事，在大学生艺术团担任了主持部部长，也参加了各项赛事活动，如大学生创业创新大赛、中国诗词大会。假期时，在社区街道、联想集团、阿里巴巴集团及华润集团进行过实习实践。

某天，该生突然申请休学，不久后家长给笔者打电话，要求停止办理休学手续，并让孩子回校继续学业。笔者跟该生电话沟通后了解了她的休学原因。主要原因是该生想在外面兼职挣钱，不想给父亲压力，想靠自己生活。笔者再跟家长电话沟通，家长描述去年他的生意不顺利，欠了20万元债务，因为生意不好做，家里的经济收入出现负增长。目前该生只靠母亲的收入生活，怕会受到歧视，未申请经济困难生，想逃避现有环境。情况发生时，该生仍在某家公司兼职。

四、成因分析

该生小时候父母离异，容易自卑，缺乏陪伴、爱护。因此该生选择了通过努力学习，加强与人协作并且试图改变命运。另外，该生因家庭经济情况产生消极情绪。

五、教育过程

作为辅导员，笔者先从她的宿舍同学、班干部那里进一步了解她的思想、心理状况，并通过与家长沟通，了解家庭情况，并引导小文将自己内心深处的想法先倾诉出来，引导该生正确认识自己，不断积极进取，使自己变强大。

六、初步解决方案

休学只是暂时可以缓解家庭压力，但现在不只有休学这一个选择。例如，努力学习拿奖学金或者周末兼职打工等，都可以减轻家里的经济压力。让学生树立自信心，对生活充满希望，能够积极看待自己。另外，也积极与家长沟通，希望家长也可以干预学生的退学决定，劝学生继续完成学业。鼓励该生走出自卑的阴霾，建议该生平时多参加一些校园文化活动，锻炼自己人际交往能力的同时安排本系勤工助学岗位给她。

本案例技术路线图如图 4-2-1 所示。

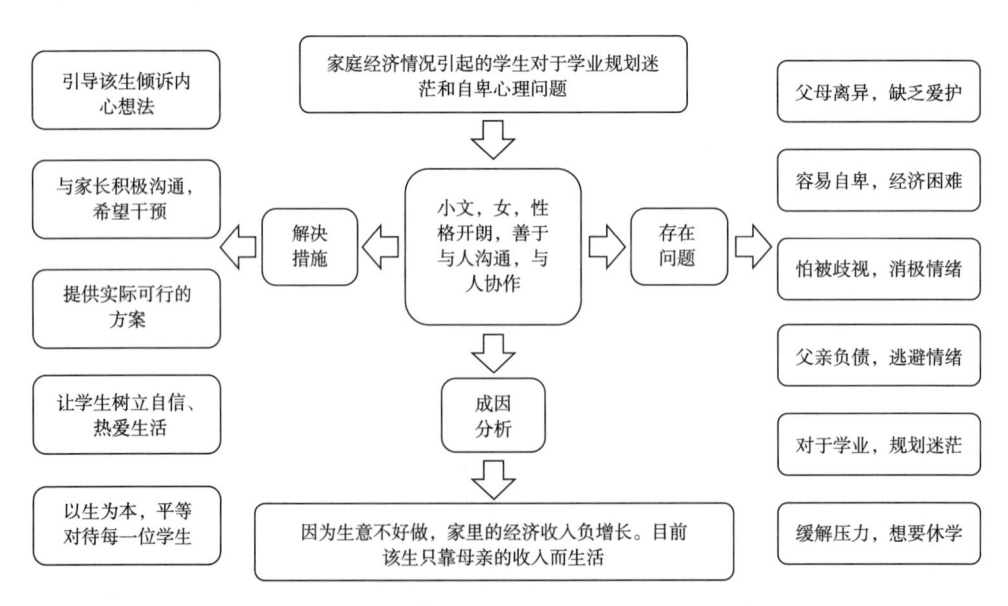

图 4-2-1 "家庭经济情况引起的学生对于学业规划迷茫和自卑心理问题"技术路线图

七、总结与感悟

此案例主要是由家庭经济情况引起的学生对于学业规划迷茫和自卑心理问题。笔者认为辅导员应该本着以人为本、以生为本的原则对待每一位学生。首先应该在心理层面对学生进行帮扶，让学生在心理层面"富"起来，其次要在实际生活中为学生提供实际可行的物质解决方案。

当有此类心理问题的学生将自己的问题倾诉出来后，辅导员要用爱心、耐心去关注学生，一方面为学生保密，另一方面真心地去帮学生解决问题。真正地做到学生的人生导师和知心朋友。

情景还原（图 4-2-2）

小文：家里经济突然不好，我想自己赚生活费，不想给家里增加压力。

小文：虽然可以申请一定补助，但我觉得申请了被别人知道会看不起我，我一直没有申请。

图 4-2-2 "家庭经济情况引起的学生对于学业规划迷茫和自卑心理问题"情景还原

第三章

多方合力，共筑心理健康

刘松健

一、一般资料

小陈（化名），女，20岁，就读于某大学某专业，父母离异，家族无精神病史。性格内向，不喜与人沟通，内心敏感脆弱，朋友不多，存在自卑心理。自身矛盾性格与自卑心理严重到影响其正常的学习与生活。

二、个人成长史

小陈童年时期父母离异，随母亲一起生活，父母一年后又都与他人再婚，对小陈的关心与照顾也逐渐变少。离异家庭使小陈内心自卑敏感，怕被同学知道自己的家庭情况，怕别人议论自己，久而久之小陈的自卑心理越来越严重，甚至出现过轻生倾向。

三、学生个人陈述

从小到大小陈都一直生活在父母离异的阴影中，他们对小陈的关心越来越少，甚至有时根本不会管小陈，她不敢与同学和室友交流，害怕他们知道自己的经历，她无法融入班集体，也不愿意参加任何集体活动，对生活失去了信心，甚至不想再继续读书了。

四、成因分析

因为小陈的心理问题已经影响了正常的学习与生活，所以小陈决定向辅导员咨询心理问题，希望能在老师的帮助下走出心理阴霾，辅导员在与小陈探讨心理问题后，经过分析和评估，得出小陈的种种心理与行为的原因：第一，辅导员认为离异家庭和父母对小陈的态度是小陈心理问题产生的根源；第二，辅导员也发现小陈自身的性格十分矛盾内向，如果小陈能和父母、老师和同学积极沟通，懂得化解自己内心的痛苦，不至于越陷越深，最后因为心理问题影响了学习与生活。

五、教育过程

辅导员通过分析小陈心理问题的原因，决定采取恰当的方法来帮助小陈进行心理疏导，从而解决心理问题。首先是对小陈提供有针对性的心理咨询服务，辅导员认为小陈需要一个可以信任的人来进行倾诉，发泄内心的不快，所以辅导员将小陈带到了本校的心理咨询中心，找专业的心理医生来对小陈进行心理疏导。另外，辅导员还和小陈的舍友进一步了解了小陈的具体情况，叮嘱舍友多关心和帮助小陈，若有不良势头，一定要及时告知老师。同时，辅导员主动联系小陈家长，告知小陈的目前状况，积极寻求家长的配合，帮助小陈解决问题。辅导员的努力使小陈渐渐敞开心扉，开始慢慢接受新生活，性格也逐渐开朗起来，心理问题得到了很大的改善。

六、初步解决方案

（1）真诚谈心谈话，及时心理疏导。耐心倾听学生的心理问题，开展一场有温度的对话，站在学生角度考虑问题，以平易近人的方式引导学生打开心扉，促进交流。

（2）了解心理问题，家校合力解决。求助家长的配合和支持，让学生感受到家庭的温暖，从而帮助学生恢复乐观的心态，帮助学生树立自信心。

（3）师生互动配合，寻求心理帮助。通过温暖的师友协助，为学生营造良好的学校氛围，起到治愈心灵的作用，让学生有一个健康的心理状态。

（4）全面了解状况，及时观察变化。对学生持续关注，加强关爱，细心关注学生心理变化状况，对学生进行贴心的心灵陪伴。

（5）以点及面分析，加强群体教育。开展心理健康主题教育活动，加强对全体学生的心理健康教育，以小陈的事例作为个案，吸取经验，从而为加强全体学生心理健康打基础。在老师、父母、同学的共同帮助下，小陈逐渐摆脱自卑，忘却孤独，增强自信，她的心理素质也不断优化，心理变得健康，开始有了大学生的活力，学习成绩也有所提高。

本案例技术路线图如图 4-3-1 所示。

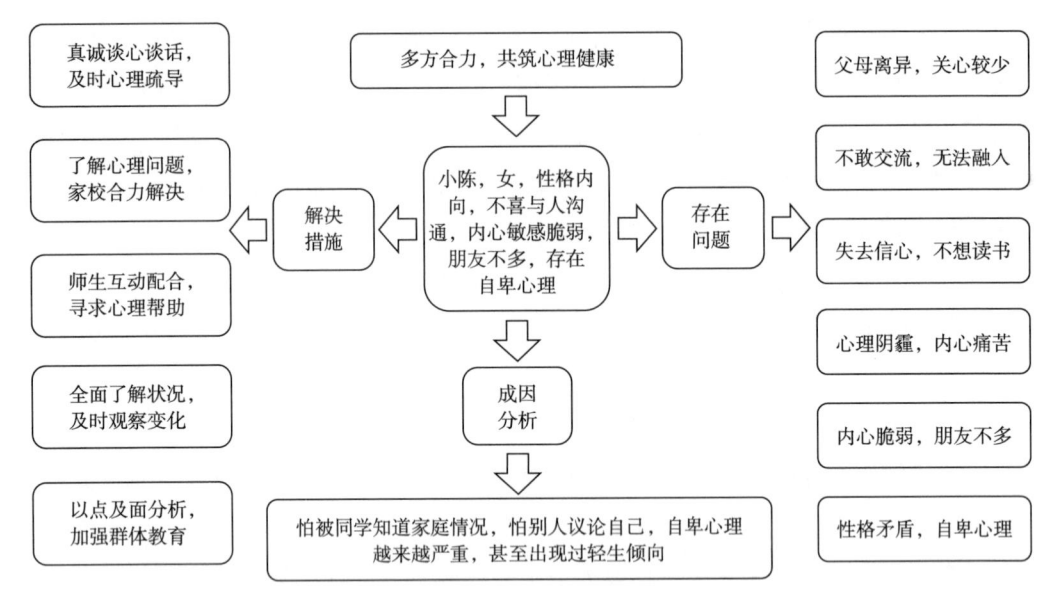

图 4-3-1 "多方合力，共筑心理健康"技术路线图

七、总结与感悟

正心以为本，修身以为基。随着时代的发展，心理健康越来越重要，大学生虽然有着独自面对社会的能力，但是仍不能忽视心理健康的重要性。本案例中，小陈心理问题的成功解决得益于老师、父母、同学的合力帮助，得益于学校对心理健康的重视。

（1）合力帮扶，携手共进，营造温暖的群体氛围。人是具有群体性的，人一旦脱离群体就容易出现自闭和恐慌，学生心理问题可通过多方合力来解决。当学生出现心理问题时，应当充分利用周围集体进行心理扶持，帮助学生打开心扉，经常对学生进行心理安慰，让学生感受到周围群体的温暖。

（2）家校协助，共同成长，构建暖心的育人机制。学生的心理问题与周围环境息息相关，在处理学生心理问题时可以寻求家长的支持和帮助，促进学生与父母之间的沟通，让学生感受到家庭的温暖，从而激发学生对生活和学习的信心。

（3）密切关注，了解情况，及时强化学生心理健康教育。对有心理问题的学生应该充满耐心，密切了解学生的学习与生活状态，当学生出现心理问题时，应该及时鼓励与安慰，帮助学生解决心理问题。

情景还原（图 4-3-2）

小陈：爸妈不关心我，室友也不待见我，没有人在乎我。

辅导员：你的情况我大概了解了，你的家庭情况对你影响确实很大。

小陈：别人问起我的家庭情况，我都不好意思说。

辅导员：其实你可以大胆一些，多和室友、同学交流一下，性格再放开一点。

……

图4-3-2 "多方合力，共筑心理健康"情景还原

第四章

师生携手，转危为安

张柏羽

一、当事人基本信息

小丽（化名），女，20岁，就读于某大学某专业，父母于其幼时离异，自小与爷爷奶奶生活，无家族精神病史，性格敏感多疑，不自信，沉默寡言，学习成绩优异。

二、个人成长史

童年生活虽然并不缺少物质方面的资源，但是父母离异，自小与爷爷奶奶生活，缺少来自父母的关爱，且受到部分同学对此方面的攻击，导致小丽虽然成绩优异但是性格敏感多疑，不自信。此情况在爷爷奶奶去世后越发严重。

三、学生情况

从小到大她一直都觉得她和大家不一样，她也很羡慕那些有父母接送放学的小孩子。她小时候很愤怒大家对她的攻击。她唯一擅长的也就只有学习，基本不会处理人际关系，没有朋友，爷爷奶奶去世后就更加没有人关心她了。上了大三之后，身边的同学都准备考研，但有些东西她学起来真的力不从心，压力太大，她看不到未来和希望。

四、成因分析

通过学期初学校安排的网络心理测试，辅导员老师发现了小丽心理状态的异常，通过调查，老师发现小丽同学的情况已经影响了正常的学习和生活。因此，老师对小丽的心理问题成因进行了分析，并针对她的心理问题制定了一系列帮扶办法。经分析，小丽心理问题产生的原因有以下三点：

1. 家庭问题

由于小丽父母离异，与父母的沟通交流较少且从父母处得到的关心爱护有限。导致父母并不能及时了解到小丽受到的伤害，以及内心的想法。所以小丽缺少来自家庭的情感宣泄出口。

2. 人际交往问题

小丽的性格沉默寡言，不善于与同学交流。且在少年时期受到过来自周围同学的恶意，所以导致小丽不轻易相信他人，也不主动与人交朋友，甚至对于来自同学的善意也不敢轻易接受，导致了恶性循环。

3. 学业、就业问题

小丽处于大三关键时期，面临考研以及就业等多重压力。且小丽从小成绩优异，但是在面对大三的强压下，感到力不从心。在自我擅长的领域中受挫，就受到了更大的心理伤害，导致过分的自我否定。

五、教育过程

辅导员了解情况后迅速联系小丽家长，询问其是否知道小丽的心理状况。了解到家长并不知情后，告知其家长具体情况。辅导员与小丽所在班级的心理委员一同前往小丽的宿舍，在询问过小丽的室友后得知，由于小丽已经处于大三，面临考研、就业压力，加之本人性格多思多虑，最近状态极差。辅导员立即与小丽进行了对话，并对其进行心理疏导。辅导员积极引导小丽感知生活中的美好，同学们的关心以及老师的爱护，并对其自我价值进行肯定。同时联系小丽的家长，叮嘱劝解家长对小丽的成长以及近况多多关心。联系本班同学以及室友，多多表达自己的善意，多与小丽同学沟通交流。

本案例技术路线图如图 4-4-1 所示。

六、初步解决方案

（1）多方了解，客观分析。全面了解事情原委以及学生近期的表现情况。客观分析，抓住事情关键，为后续谈心做准备。

（2）安抚好学生情绪，换位思考，并提出积极建议。一步步引导，深入学生内心。了解后进一步开导，让其产生积极的人生态度。

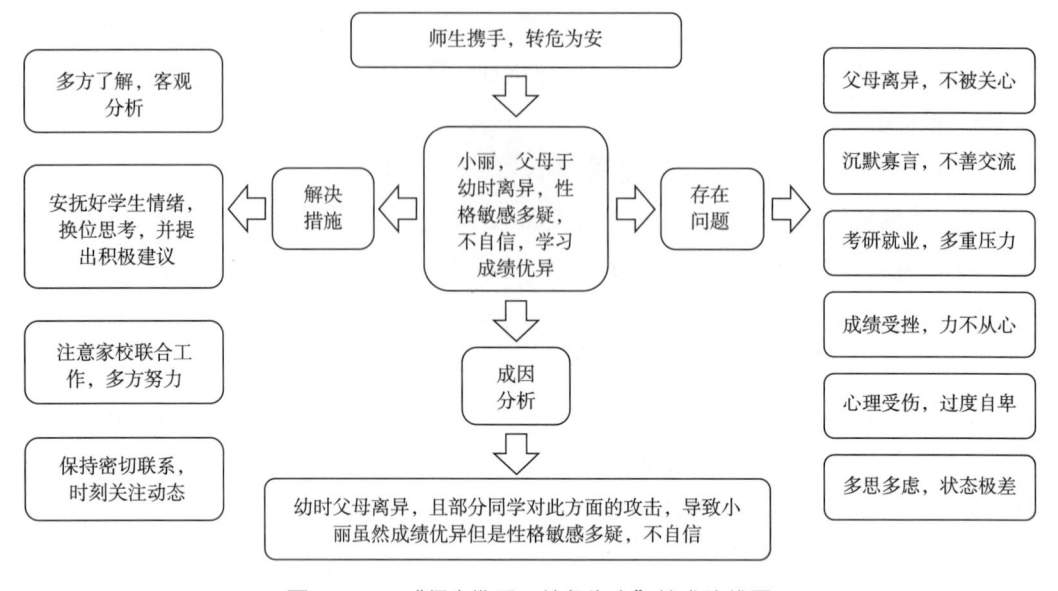

图 4-4-1 "师生携手，转危为安"技术路线图

（3）注意家校联合工作。家庭与学校多方努力，为学生营造良好的环境。让周围同学多多注意小丽的心理状态及表现，并邀请学校专业的心理导师，进行心理疏导。

（4）保持密切联系，时刻关注小丽动态。日常学习生活中更加关心小丽，鼓励其多多参与校园活动，积极面对人生。

七、总结与感悟

由点及面做好班级教育，由浅入深做好思政教育。完善心理健康方面相关机制，并做好预防机制。多方面了解学生信息，充分发挥心理测评和班级心理委员的作用，建立学生与老师之间的沟通网络。对特殊对象要重点帮扶，持续关注。及时做好反思，总结工作上的疏漏。大学是一个人人生中最美好的时光，老师们应该关注大学生的心理健康问题。及时发现，正确疏导，也许就可以挽救一个绚烂的生命，拯救即将枯萎的花朵，让他们绽放在阳光下。

情景还原（图 4-4-2）

小丽：舍友、同学有问题都会和家里人说，我却无人可说，我也不想和班里的同学过多交流。

小丽：同学们给我小零食，我就会敏感多疑，不敢轻易接受。

小丽：现在已经大三了，对考研、找工作，毫无头绪，又焦虑，又迷茫。

……

图 4-4-2 "师生携手，转危为安"情景还原

第五章
提升积极心理品质

张洪梅

一、当事人基本信息

B同学，女，单亲，和父亲生活，家中两口人，母亲在B同学很小的时候就过世了，父亲年过半百，无工作，无固定收入，对B同学管教很严，任何事情都替B同学做决定。B同学经常和寝室同学闹矛盾，班级和寝室中没有朋友，需要打电话时手机开机，通话完毕手机关机。平时只去教室、食堂、图书馆，独来独往，基本不出校门。

二、危机的发生

B同学痛哭流涕、大喊大叫，找辅导员解决问题，在寝室（B住在毕业生寝室）晾衣服的杆子不见了，认为是有人故意拿走，她没有得到应有的尊重，要求辅导员处理结果必须是自己想要的样子，拿杆子的同学及其带班老师一起给她赔礼道歉。

三、干预过程

1. 寻找适合的教育方法——陪聊

友好的聊天可以减压、舒缓情绪、提高正能量。辅导员深知B同学在处理事情时没有自己的主见，为了帮助她重建应有的能力，聊天只是对问题进行客观分析，不作具体评判，不替她做决定。

无论何时何地笔者碰见B同学，都会主动走过去和她说话。若不和她说话，即使在路上碰见她，她也会低头，装作没看见，其实她内心很想打招呼，但是怕别人不理她，存在担忧和顾虑。

很多时候 B 同学遇到问题，找辅导员解决，几句话反复说，能说半天甚至一整天，辅导员就会不厌其烦地陪她反复说，其实她不是有意想浪费时间说无意义的话，一是太寂寞，二是想缓解当前的遇到事情的压力，通过聊天的形式释放，三是愿意真心和她接触并不给她任何压力，让她感到心里踏实舒服。

因为她没有朋友，高兴无人分享，难过无人倾诉，辅导员经常主动找其谈心，辅导员渐渐地成了她的朋友，慢慢建立了信任，可以说心里话了，有时不和父亲说，来找辅导员说。

2. 帮助恢复弱化的能力

B 同学善良、有上进心、聪明。随着 B 同学对辅导员信任度的增加，说的话也多了起来，但依旧敏感，所以必须做到和她说的每一句话都是经得起推敲的，只说确定的，不说不确定的，并且身体力行教她，有时不说出，让她用"心"去感受，慢慢感知作为一个大学生、一个大人，应该用什么样的心态、什么样的行动去面对和解决生活中出现的各种问题。

3. 促进潜能的发展

每个人都是有潜能的，潜能的充分发挥有利于正常生活的实现和幸福指数的提高。B 同学由于受其父亲影响，其活动的空间和时间均被压缩，导致边缘化。B 同学具有强烈责任心，恰逢分寝室的时机，笔者先让 B 同学自己分到一个寝室，而后选寝室长，寝室同学异口同声地选了 B 同学。由于从小到大从来没有像现在这样成为焦点，B 同学很开心。

4. 遵循"人在环境中"

人与社会环境是相互依存的。B 同学在学校读书，与学校的学习生活环境是分不开的，学校为学生的成长和成才提供了良好的学习生活环境，而作为大学生应该做好自己的本职工作，通过努力学习增强本领，为将来走向社会奠定良好的基础并为社会作出自己的贡献，B 同学当寝室长当得很用心，在这个寝室的小环境里，能够主动思索该怎样为寝室和室友着想，就这样触类旁通，A 同学慢慢地开始学着自己分析问题、解决问题。

本案例技术路线图如图 4-5-1 所示。

四、干预结果

B 同学目前心态积极乐观，路上遇见熟人能主动笑脸相迎打招呼问好，并且意识到原来父亲不是什么时候都是有道理的，但对父亲依然尊重孝顺。这说明 B 同学已经具有自己独立思考和解决问题的意识、能力。

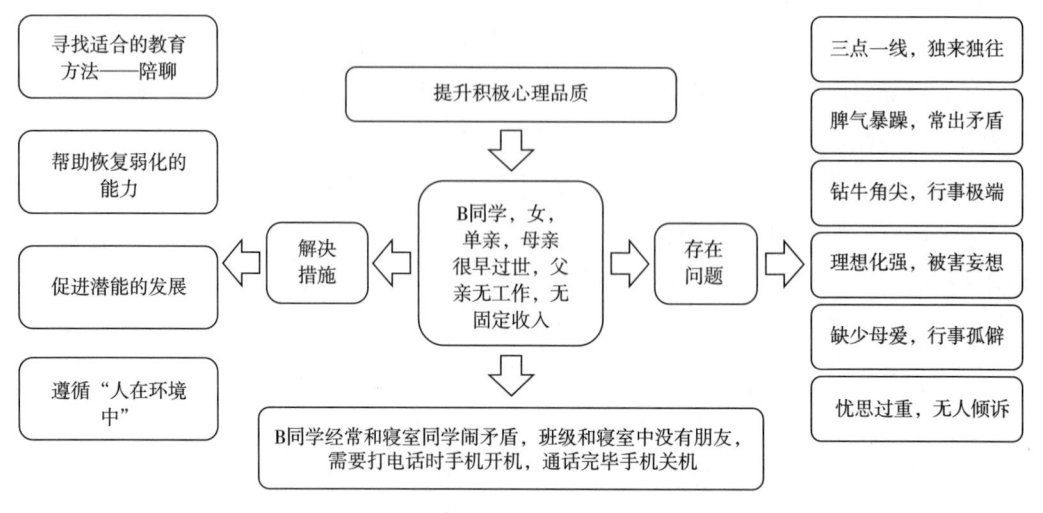

图 4-5-1 "提升积极心理品质"技术路线图

五、经验与启示

培养学生积极心态、良好的心理品质是立德树人的主要载体和落脚点，也有助于个体幸福指数的提高，对迎接未来社会的挑战、营造和谐家庭具有积极影响。

1. 家庭的完整、父母关系以及教育方式对大学生的心理具有一定的影响

大量工作实践经验表明，在关系幸福融洽的家庭中成长起来的大学生，性格开朗、乐观、乐于助人、人际关系良好。而本案例中父亲的"爱"太"沉重"。

B同学性格内向且自卑。受父亲影响很深，父亲很爱B同学，在其身上付出很多心血，生怕她受委屈。希望她通过努力学习改变命运，担心她学坏，管教很严，所以任何事情都替B同学做主，包括交往对象和细节，让其在成长过程中从来没有任何自主选择的余地。B同学长成了父亲想要的样子，却不是自己应有的样子，习惯了任何事情问父亲，不自己作决定，包括自己的衣服，都是父亲选样式。久而久之，形成唯有读书高、一白遮百丑的单一价值观和非黑即白、非对即错的思维模式，严重缺乏与年龄相适应的人际交往所具有的判断能力、选择能力、包容能力和适应能力。

2. 家校共同培养是学生成长成才的"肥沃土壤"

此案例中B同学在父亲的"保护"下，从小就没什么朋友，用其父亲的话说："她所有的老师我都熟悉，我家孩子听话。"进入大学，B同学和寝室同学关系紧张，第一时间不是找辅导员，而是寻求父亲的帮助，在其父亲的帮助下，并未能成功解决矛盾，这给B同学带来很大苦恼。辅导员发现了B同学的异常表现，从谈话中了解到，中学阶段经常和同学关系不融洽，父亲经常替B同学"出头"，导致同学们都不敢和B同学

来往。

在大学里，大学生的人际交往能力的培养和提高是高校教育的一项重要工作，针对此类问题辅导员要在解决矛盾中分析学生个人问题产生的原因，包括家庭基本状况、学生个人经历等。要与学生和家长分别交流，通过交流找出问题的主要原因，再加以有针对性地疏导和正向引导，修正、补齐家庭教育的不当和不足之处，以及中小学教育难以顾及的领域。使其具备适应社会的基本能力和主动自我审视，学习他人自我完善的能力。摆脱被原生家庭不良因素影响。

情景还原（图4-5-2）

　　辅导员：B同学，你怎么了，发生了什么事？

　　B同学：我放在寝室晾衣服的杆子不见了，肯定是被人拿走了，他们一点都不尊重我！

　　辅导员：同学，你先别急，可能是别人拿错了，我给你解决。

　　B同学：我要求道歉。

　　……

图4-5-2　"提升积极心理品质"情景还原

第六章
走出心灵孤岛

马 帅

一、案例摘要

陈同学由于家庭成长史、家庭经济等原因，成绩不理想，十分内向，人际关系很差。经过笔者的辅导，该生在学习中有了很大进步，在人际关系方面也有了很大的改善，在该生的自我阐述中，也表示对未来有了明确的规划，会一直保持这样积极、良好的态度生活下去。

二、当事人基本信息

陈同学，男，从小由爷爷奶奶抚养长大，家中有一个弟弟。家里的经济来源依靠父亲在外打工，因而家里的经济状况不是很乐观。陈同学的父亲长时间在外打工陪伴孩子的时间少，陈同学平时也与母亲缺少交流，父母也甚少关心该生的学习成绩，因而缺少来自家庭的关爱。父母对于弟弟的关心和照顾，使其产生了负面的情绪。平时在学校成绩处于中下游，上课不爱发言，平时话很少，不擅言谈，不会处理人际关系。

三、个人诉求

（1）主诉求助（问题）原因。陈同学对于现在的生活状态感到不满意，希望做出一些改变。他想从不良情绪中摆脱出来，让自己积极开朗起来，能更好地面对生活，处理好和舍友、同学的关系。同时也希望与家人多多沟通，与父母亲对于就业问题方面达成一致，更早地为家里分担经济压力。

（2）个人基本陈述。缺少父母的关爱、理解和支持，与母亲在毕业后的就业问题产生分歧。生活中与室友的关系不是很融洽，不能很好地与他人沟通和交流。学习方面没有学习规划，缺少学习积极性。长时间的负面情绪导致陈同学极度焦虑。

四、评估与分析

通过几次与陈同学的沟通，笔者对该生的情况有了详细的了解：

（1）因从小缺乏父母关爱而产生自卑心理，比如在与同学和室友的相处过程中过于不自信、情绪抑郁、控制力差。对于身边的人缺乏信任感，不敢真实地表达自己的想法，产生了过多的自卑、焦虑的负面情绪。

（2）家庭问题导致不自信，在学校摸排困难家庭时隐瞒了自己的真实情况。有的同学家里经济条件较好，同学之间的攀比心理使该生产生了过大的压力。

（3）没有处理好与室友的关系，同宿舍的同学不能相互包容，因而发生过矛盾冲突，导致室友关系不融洽，难以融入集体。

（4）该生目前面临毕业后的就业问题，与母亲在就业方面产生分歧，母亲对于就业期望值过高。就业观念没有转变，极度要找一份理想工作，求职期望非常高，与现实不符。这样给该生造成了极大的心理压力。该生目前正处于就业方向抉择期，母亲的不理解更使该学生长期精神压力较大。

（5）思想不积极，行为散漫。一是由于长期的精神压力和经济压力，加上母亲对他学业的不重视，没有很好地加以规范和引导。二是没有对学业进行规划，没有长期的目标，整天无精打采、无所事事，在彷徨中打发时间。导致意识消沉，没有自我进取的意识，间歇性的努力使学习效果不理想。

（6）学习成绩不理想。上课期间跟不上老师的讲课速度，学习效率不高，与同学老师缺少沟通，期中期末成绩不理想，存在挂科重修现象，补考没通过，自学自考很困难，只能继续选择重修。

（7）社交少，沟通交流欠缺。对待事物的专注性不够，参加的活动少，捕捉重要信息的敏锐性不够，导致有时与人交谈时顾左右而言他，交谈不在一个频道上；沟通的策略性不够，交流过程中对于别人说的内容不清楚、不掌握，自然无法继续交流，也就更谈不上随机应变了。

五、心理辅导（咨询）过程

（1）心理辅导目标。帮助陈同学认识自己、完善自我。帮助他解决面临的问题，应对危机，摆脱困难，增强面对逆境和压力的能力与勇气。指导学生做选择、做决策。帮助他制订相应的计划，鼓励他在别人面前勇于表现自己，充分发掘自我潜能。要把思想引导和心理引导相结合，学生的自我调适和老师的辅导相结合，家校的沟通和学生之前的交流相结合。秉持着尊重和理解学生的原则，建立平等的谈话关系。要把自己当成帮助者，而不是训导者。

（2）心理辅导方案与具体实施过程。首先应使他克服自卑心理，多方了解情况后，先从该生和父母关系入手，告诉该生在成长期内心会和父母的期望有冲突很正常，要尊重父母的想法，父母的爱是无价的、无私的。尽管有时他们的表达方式和做法会和你的期望格格不入，但要理解这一切是因为他们成长的时代和背景不同造成的。另外，跟他父母进一步沟通，告诉他们要学会理解、包容孩子，即使孩子犯了一些错误，也要用引导的方式而不是粗暴地干涉，要尊重孩子、理解孩子，并且为孩子的独立和自强感到骄傲，孩子在这样的环境中成长确实不易，要多多关注孩子的内心世界，让其在亲情的温暖中更好地成长；其次鼓励其参加形式多样的评选活动，在自我评价和他人评价中重新认识自我，在他人的肯定中得到满足，获得自信。在他人的批评中逐步完善自我，更好地做出改变，迸发个人力量。作为他的老师也会将他的突出表现，及时反馈给他的父母，让其父母对其正确积极的评价，给予他适当的鼓励和肯定；再次发动该生的舍友，通过做思想工作让舍友消除对他的偏见和误会，促成他们相互团结，室友之间难免产生一些误会和矛盾，互相包容是前提，通过助学的方式为该生解决一部分经济问题，从而减轻其生活压力；最后对该生进行一些心理疏导，不要因为家庭经济情况而感到羞愧。帮助学生树立正确的人生观、价值观。挖掘闪光点，树立新的目标，学业是学生的主业。由于他平时的行为散漫，无法约束自己，没有相应的学习计划，久而久之导致他对学习失去了自信，接下来的工作就是跟他一起分析学习中存在的问题，并且帮助他确立今后的就业方向。

（3）心理辅导效果。经过一段时间的心理辅导后，父母相较从前更加关心他的生活和尊重他的想法，他也与父母主动沟通，主动诉说内心的真实想法，解开心结，并在毕业后的就业问题也达成了一致意见。该生的交往自信心明显提高了，和室友的关系也明显改善许多，同学们也逐渐发现了他的闪光点。所教学科老师都看到了他的进步，再也没有迟到或者早退的情况，学习成绩也有了进步。

本案例技术路线图如图 4-6-1 所示。

六、后期情况跟踪

经后期了解，该生在学习中有了很大进步，在人际关系方面也有了很大的改善，也培养了自己的兴趣爱好，丰富了自己的课余生活，在生活中结识了许多好友。从家长和老师的反馈中，也能看出该生的巨大改变。在该生的自我阐述中，也表示对未来有了明确的规划，会一直以这种积极、良好的态度生活下去。

"走出心灵孤岛"技术路线图

走出心灵孤岛

陈同学由于家庭原因，成绩不理想，十分内向，人际关系很差

存在问题：
- 缺乏父母关爱，产生自卑心理
- 舍友关系处理不恰当，难以融入集体
- 家庭原因导致不自信，攀比心理产生过大压力
- 思想不积极，行为散漫
- 社交少，沟通交流欠缺
- 效率过低，成绩不高

解决措施：
- 帮助陈同学认识自己、完善自我
- 使他克服自卑心理
- 鼓励参加多种评选活动，重新认识自我
- 做思想工作，清除舍友对其的偏见和误会
- 通过助学方式解决经济问题
- 帮助学生树立正确的"三观"
- 一起分析学习中存在的问题，帮助确立今后的就业方向

处理结果： 经过辅导、谈心，该生在学习中有了很大进步，在人际关系方面也有了很大的改善

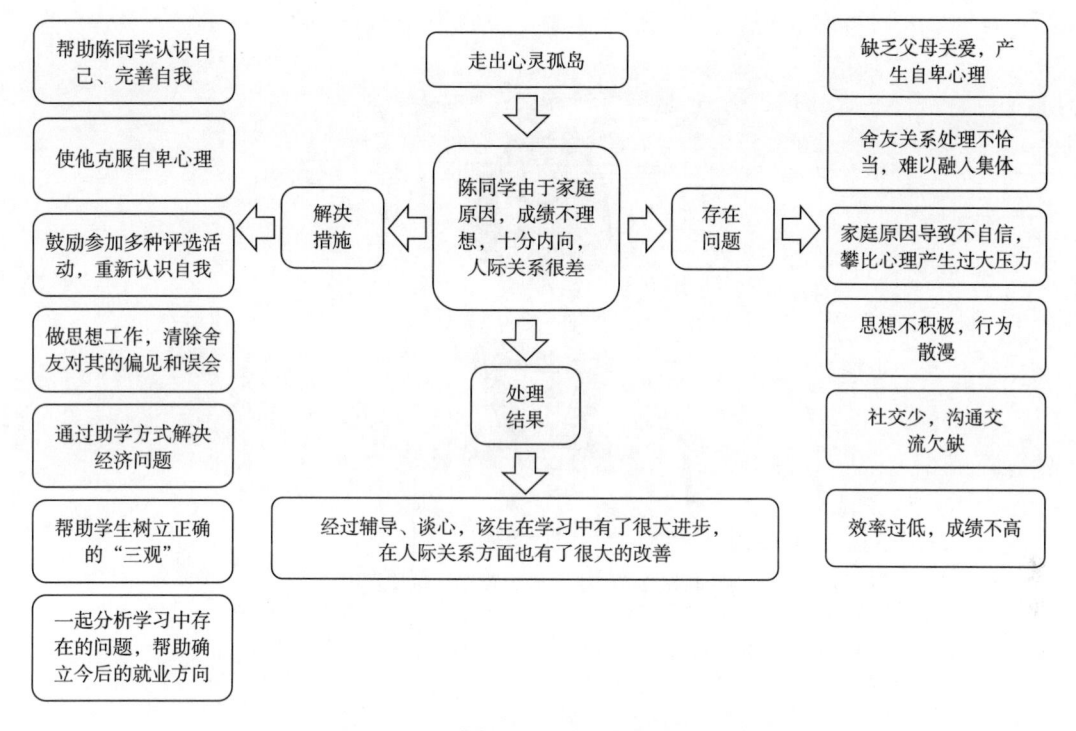

图 4-6-1 "走出心灵孤岛"技术路线图

七、总结

大学既是培养各类专业人才的摇篮，更是培养思想健康和人格健全的优秀青年的主阵地。作为高校辅导员，从事一线学生工作，与学生接触最频繁，了解学生的情况最详细，与学生的关系也最密切，抓好、落实好学生的思想政治工作，对学生健全品格的培养和形成具有重要意义。心理健康教育不仅需要专门的心理辅导，还有赖于整个教学环境。大学生成长成才过程中会遇到诸多压力，及时处理好这些问题才是辅导员工作的重心所在。

情景还原（图4-6-2）

陈同学：自从有了弟弟，我就被送去了爷爷奶奶家里，爸妈对我的关心越来越少，我也想要父母的关心，我却不敢和他们说。

陈同学：上课期间跟不上老师的讲课速度，学习效率不高，我想做出改变，又不知道从哪里开始改变。

陈同学：舍友也不待见我，与他们有矛盾，我想解决，但自己却不善交谈，不好意思说。

……

图 4-6-2 "走出心灵孤岛"情景还原

修身 养性 静心 赋能——大学生心理健康教育情景分析与探讨

第七章
大学生心理危机干预的案例与思考

孔灵昕

大学阶段是学生从学校到社会的过渡阶段，学生在学业、就业、恋爱、人际交往等方面的压力显著增加。在心理危机干预抑郁症的案例中，精准评估危机风险，及时转介到专业的机构、组织或医院，给予学校、家庭、医院等多方位的社会支持，使其身心向着健康的方向发展。

心理危机干预是一种良好的心理治疗方式。无论是从保护学生健康成长的层面，还是从为国家培养合格接班人的角度，各高校都十分重视大学生心理危机干预工作。同时，帮助大学生走出心理危机的阴影也是每一名高校学生工作者的责任和义务。

一、案例概述

1. 来访者基本情况

小月（化名），女，大四学生。其父亲在其小学三年级因病去世，让原本不富裕的家庭雪上加霜，一直与母亲相依为命，母亲身体不好，只能做一点针线活来维持生计，供她上大学，日子过得很艰苦，母亲由于劳累，眼睛看不清东西，腰直不起来，也不舍得去医院花钱治病，身体每况愈下，让这个家庭举步维艰。小月为了给母亲治病，还要努力学习，所以她自己除了完成学业，课余时间打工挣钱，赚到的钱分给母亲，每个月只有几百块钱的生活费。小月身体状况良好，目前在实习，借住在一个亲友家里。由于家庭情况等原因，小月有自卑心理，性格内向，不善表达，平时喜欢独来独往，不喜欢社交，几乎不参加学校和班级组织的活动，和同宿舍、同班的同学少有交流，不信任他人，无亲近朋友。小月想不开，有焦虑甚至有轻生想法，有时候自己无法控制，心理情况异常，情绪易激动，思想易偏激，其所在学工办主任联系学校心理健康教育与资助中心，需要心理健康老师对其进行心理咨询，评估其心理问题严重程度。

2. 引发心理问题的原因

（1）家庭情况引起的自卑心理。

（2）父亲去世带来的严重打击。

（3）母亲积劳成疾需要花钱治病带来的经济压力。

（4）兼顾学业和工作带来的挑战。

（5）独来独往，无知心朋友，长期不沟通，情绪积压带来的心理问题。

二、危机干预过程

1. 分院及时发现报告并启动学校快速干预机制

小月同寝室的室友发现小月行为有异常，情绪激动，第一时间向辅导员报告，辅导员马上向分院领导反映情况并一起赶往现场，与其进行交流沟通并对小月进行安抚，稳住其情绪，并安排两个同宿舍的人24小时陪伴，随时汇报情况。辅导员平时对小月的情况有所了解，在进一步和其同宿舍的人沟通了解后，联系其母亲，向其母亲说明情况，要求母亲尽快来校陪小月进行沟通和疏导。

2. 辅导员谈心谈话

从谈话中了解到，小月有点焦虑，觉得各方面困难让她分身乏术，家庭、学业、经济等问题压得她喘不过气来。在这次谈话过程中，小月低头不和老师直视交流，身体轻微颤抖，眼神飘忽不定，面露痛苦状。辅导员提出助学金资助等帮助其渡过家庭的经济难关，同时进行心理疏导，以谈心谈话的方式让学生情绪平复，但孩子不太愿意沟通。

3. 专业心理咨询师的帮助

辅导员在进行谈心谈话之后，寻求专业心理咨询师的帮助。谈话期间，小月情绪几近崩溃，谈话一度进行不下去。经过观察，小月情绪低落，兴趣丧失，咨询师初步判断其可能是焦虑症。由于该生的排斥情绪强烈，并且有一定心理问题，整个谈话持续近30分钟。

4. 危机干预并迅速作出反应

心理老师向分院领导和学校学生处汇报谈话情况，告知该生的心理状况评估结果，并建议学生可以转介到医院，让精神科医生对其进行确诊和治疗，必要时，该生可以提出休长假或者休学的要求。分院联系小月母亲后，小月母亲第一时间赶往学校，经过分院和小月母亲的进一步深入沟通交流，出于对小月的身体、心理、家庭状况等综合考虑，学校和其母亲商议，决定让小月进行一定心理疏导和沟通，休息一段时间观察一下再作决定。

5. 多方心理咨询并取得成效

考虑学生情况，在学生返校之前，要定期心理复查，观察学生反应及反馈。心理老师定期进行心理疏导，辅导员定期与其谈心谈话，随时记录学生情况，若学生情况加重，必要时去医院治疗；若学生情况好转，将有计划安排其返校正常上学。后期，辅导员又与她的班长和室友进行了谈话，嘱咐她们在生活上多关心她，有情况及时汇报。之后，辅导员将谈话过程记录并向领导作了汇报。后来学生情况好转，院领导把小月请到办公室与其辅导员一同谈话，进行了多角度的心理疏导。一周后，校心理辅导老师又对她进行了一次心理疏导。通过多次谈话，小月的情绪稳定下来，心理危机渐渐得到解除。此后，院领导、班主任和学院心理辅导中心的指导老师在小月身上投入了更多关注的目光，经常找她谈话。同时还通过班干部和她的室友侧面了解情况，发现她的状态越来越好。现在大四的她，思想积极，要求进步，心态积极，学习成绩提升，前几天，她跟老师说以后要考公务员，告诉我们"老师们放心，经过自己努力，生活会越来越好的"。

本案例技术路线图如图4-7-1所示。

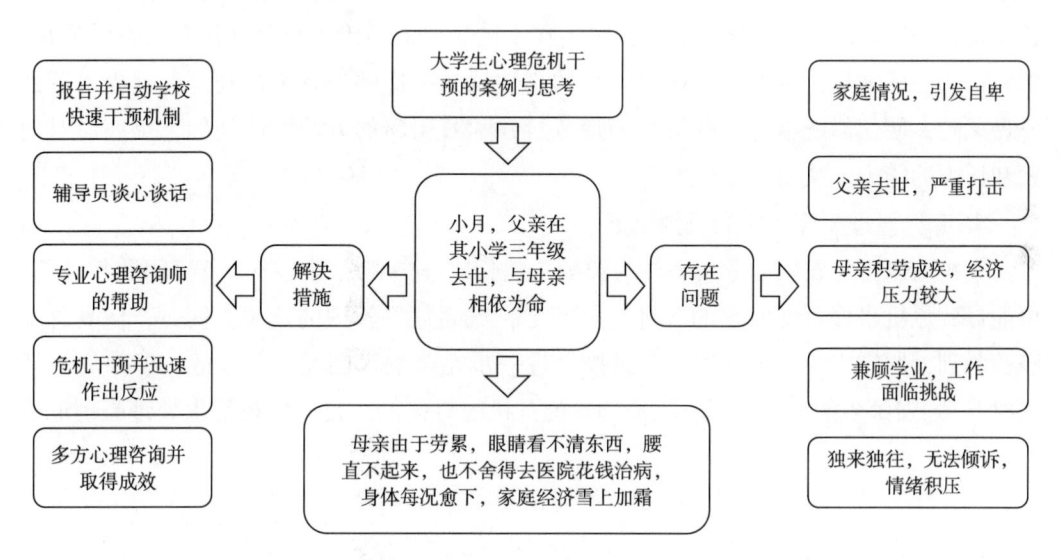

图4-7-1 "大学生心理危机干预的案例与思考"技术路线图

三、心理干预反思与总结

1. 建立心理档案，完善预警机制

高校应始终坚持"防止危机事件发生重在预防"的工作理念，在新生入学时就进行全面的摸底排查。深入全面地了解心理问题学生的详细情况，科学地分析成因建立档案。同时建立严格的档案管理制度，设定借阅权限，保护学生个人隐私。每学期初，

辅导员都要对这些学生的情况进行调研、跟踪记录。另外，学校要建立寝室长、班级心育委员、班主任、院心理教师、校心理教师之间自下而上的五级预警机制。这样，就可以对学生的问题做到早发现、早预防、早干预，防患于未然。

2. 开展教育宣传，积极预防危机

目前一些有心理问题的大学生一方面意识不到问题的存在，另一方面他们知道自己有问题但不愿意被别人知道做过心理咨询或找过心理医生。要扫除这些盲区，必须加强宣传和教育。根据学生的生理和心理发展特点，在不同阶段，学校要集中开展心理健康教育讲座，设立心理健康知识宣传栏，举办心理剧大赛、心理健康主题日等活动。以此帮助学生了解相关心理特征、心理问题的症状表现及其危害，增强心理卫生保健意识，掌握一些常用的自我心理调节技巧，提高自身的抗挫折能力，树立正确的心理咨询观念，以便及时能得到心理咨询员的帮助，避免心理问题加重而导致更严重的后果，力图将心理危机事件的发生率降低到最低水平。

3. 加强沟通配合，跟进心理辅导

心理危机事件处理之后，并不意味着管理危机过程已经完成。学校危机管理进入一个新的阶段，即跟进辅导阶段。校、院心理教师、班主任、辅导员、学生干部和家长要加强沟通与配合，继续跟踪把握学生在不同阶段的情绪、行为和认知状态的变化。随时进行心理辅导，帮助学生恢复创伤的理性认知、情感和行为的功能，减少以后的心理风险，使他们能用适当的方法处理危机，学习用新的方法解决问题，提高应对问题和压力的能力，从而健康地生活。

4. 完善管理制度，化危机为机遇

学校应以已经发生的危机事件为契机，配套地解决和控制一些与危机问题相关的、可能导致危机事件再度发生的各种有关问题，巩固危机管理的成果。同时，认真总结经验教训，制定未来危机管理的改进措施进一步完善危机制度。并以危机事件为"活教材"，加强师生的危机意识，提高师生的危机应对技能，提高学校师生处理心理危机的水平。

四、结语

只有积极探索大学生心理问题的规律，寻求解决心理问题的科学途径，把存在心理问题的学生从危险的边缘解救出来，帮助大学生建立有效的心理防卫机制和有效的心理健康教育体系，才能为学生的成长和发展打下良好的基础，避免和减少心理问题带来的各种安全隐患，确保高校的安全与稳定。

情景还原（图4-7-2）

小月：有点焦虑，各方面的困难让我分身乏术，家庭、学业、经济等问题压得我喘不过气来。

辅导员：有很多办法可以帮你渡过难关的，如助学金资助等，想法不要那么消极。

辅导员：这样吧，小月我带你去专业心理咨询师那里，对你会有帮助的。

……

图 4-7-2 "大学生心理危机干预的案例与思考"情景还原

第八章
与心灵相约，与健康同行

刘广鑫

一、当事人基本信息

韦同学，女，19岁，父亲在国外工作，常年不回家。母亲在沿海城市工作，不常陪伴在身边，和姥姥在一起生活。双胞胎妹妹在外地读大学，不常联系。家族均无抑郁症史，高中有过中度抑郁，受到冷落和同学发生冲突，发生过轻生行为。平时安静沉默，性格敏感，易受刺激，长期睡眠不好，吃饭不规律，情绪低落，说话躲闪回避。

二、个人成长史

童年时，韦同学父亲常年在国外工作，很少陪伴她，以至于缺少来自父亲的安全感和依靠感。双胞胎妹妹和她关系也不好，经常吵架，缺少玩伴。在高中时，与同学关系不好，受到冷落发生冲突。久而久之，患中度抑郁，一直靠药物进行治疗。

三、学生个人陈述

从小到大缺少父亲陪伴和姐妹的互相关爱。母亲也忙于工作，没有时间照顾自己。所以，一直在姥姥家生活。自己的性格安静，情绪低落，受到同学冷落后患中度抑郁。

四、成因分析

韦同学的男朋友提出分手，韦同学不同意，经常食欲缺乏，呕吐，晚上熬夜缺少睡眠。因受到男朋友语言刺激，在上高数课的路上，韦同学觉得自己喘不过来气，然后跌倒在天桥上。

五、教育过程

辅导员带着韦同学去了心理咨询中心，心理老师和辅导员为韦同学提供了放松舒适的环境，在单独的房间内进行耐心疏导，询问事情的起因，了解了事情的大体情况。经过了半个多小时调节和开导，韦同学情绪稳定，呼吸正常，不再哭泣。在班长和室友的搀扶下回到寝室吃药休息，班长和室友同她聊开心的事情分散她的注意力，缓解焦虑。为了让韦同学有宽敞的环境，保持舒畅的心情，室友们帮助她把床帘卸掉。害怕她发生状况，帮助她取快递、取外卖，去洗手间时室友也会陪同。辅导员向其家长说明情况，家长连夜赶到学校。当晚韦同学和母亲去了学校附近的宾馆居住，母亲和她进行沟通。第二天上午带韦同学去医院进行全方面检查，结果显示韦同学心烦、情绪低落、兴趣下降，有抑郁倾向和轻生行为。为了韦同学的健康和安全着想，经院里协调让韦同学回家休息一周，补充睡眠，调整情绪。情绪稳定后回到学校上课。两周后，上晚自习的路上再次发生突发情况，心里不舒服。辅导员与其家长联系说明情况，好朋友和辅导员陪其散心，家长与其打电话沟通，没有问题了，才回到寝室休息。大约两周后在经济学课上，韦同学再次不舒服，还好任课老师及时发现。任课老师给辅导员打电话说明情况，为确保韦同学的安全让室友和辅导员陪同其回到寝室。辅导员联系其家长后也赶到寝室，询问事情的原因，向她确认情况。进行开导后，韦同学情绪有所好转，回到班级上课。家长在周六下午赶到学校，领她出去散心。第二天带韦同学去医院进行全方面沟通和检查。

本案例技术路线图如图4-8-1所示。

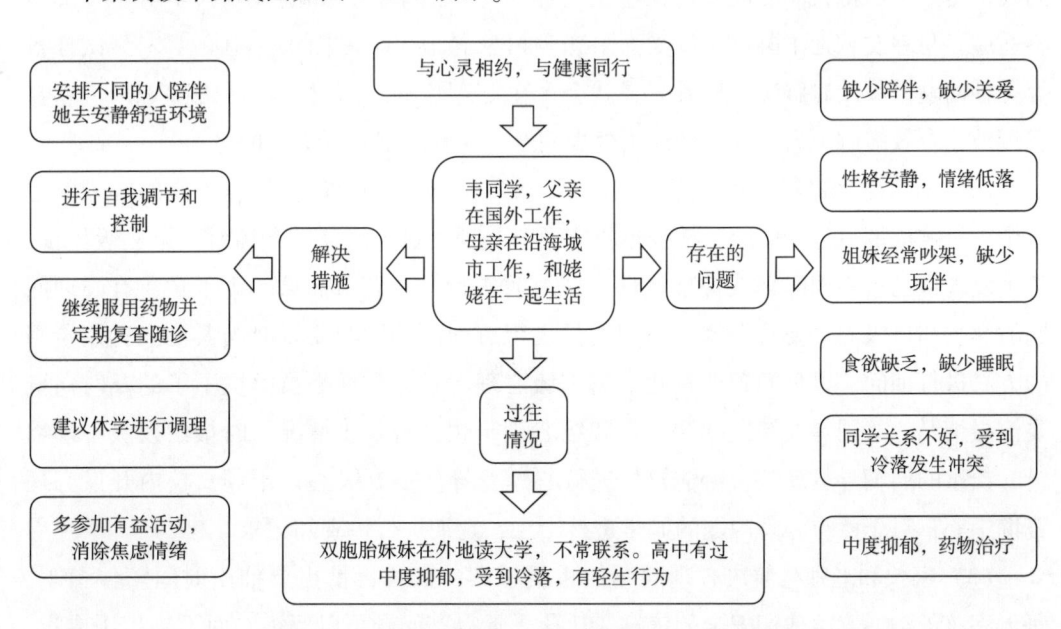

图4-8-1 "与心灵相约，与健康同行"技术路线图

六、初步解决方案

辅导员安排不同的人陪她去安静舒适的环境中，让她情绪舒缓，缓解压力，同时韦同学也要进行自我调节和控制，绝不采取不恰当的方式发泄情绪，保证自己身体健康。为了韦同学的健康和安全起见，辅导员建议韦同学休学进行调理，稳定情绪确保没有问题再返回学校上课。家长要定期带韦同学去医院复查和治疗。第二次复查结果显示存在抑郁、焦虑和失眠，在人际关系中存在自卑感，需要继续服用药物并定期复查随诊，情况相对稳定，可以正常上学。为保证孩子尽快恢复，妈妈要每天给韦同学打电话进行沟通陪伴，每个月来学校一次改为每两周来一次，并带她去医院进行全方位检查和随诊。同时，辅导员安排班长和心理委员每天与其沟通，有困难时及时给予帮助，带她多参加有益活动，消除焦虑情绪，缓解压力。

七、总结与感悟

对于学生们来说，生命高于一切，健康最重要。韦同学这个例子多亏了辅导员和医生的及时协调和处理，避免了更严重的事情发生。这也告诫我们平时要多关注自己的心理健康状况，有问题及时倾诉。尽最大可能避免危险的发生，多学习心理健康知识，必要时能够镇定处理。

（1）大学生学习心理健康知识必不可少。虽然学生们已经上大学了，但心理健康问题仍是一个值得关注的问题。大学里会经历更多的事情，如刚步入大学对学校环境不适应，与室友相处不融洽，接受不了恋爱对象异地，学习困难，担心期末测试挂科等种种问题。不及时解决，积累久了就会产生心理疾病。通过学习心理知识，可以自我调节，有效缓解压力，知道如何去处理问题，对心理健康有极大的好处。

（2）对大学生进行分级心理干预。不同的人有不同的心理问题，不同的心理问题对个人影响程度也是不同的。学校也相应设有心理委员五级联动和监督。第一级干预，学生发现自己有心理问题或抑郁倾向，应及时进行自我调节。第二级干预，有心理问题的学生和班级心理委员咨询。心理委员发现有问题的同学要及时与其沟通，用恰当的方式进行询问，以免问题严重化。第三级心理干预，心理委员解决不了的及时向班委汇报情况，共同寻找解决办法。第四级心理干预，班委将情况及时报给校级心理委员，严重的向辅导员反映，由辅导员进行心理开导。第五级心理干预，校内开设心理咨询中心，对于严重心理问题的同学进行干预，定期进行检查和记录。

（3）家长和老师是解决心理问题的重要枢纽。家长再忙也要抽出时间陪伴孩子，每天和孩子沟通，给他们安全的依靠，让孩子觉得有问题可以倾诉，而不是积压成疾。

对孩子要有足够的理解和支持,发生了问题,要了解好情况,让孩子有解释的机会,而不是直接进行批评和教育。发现孩子有心理问题调节不了的,及时去医院检查,以免长期下去导致抑郁。主动和医生进行沟通,寻找解决办法。学生出现心理问题,作为老师要及时开导,提供解决问题的方法,鼓励他积极参与学校的活动,保持乐观向上的心态,让他相信大学是充满美好憧憬的。

(4)正确对待恋爱。很多人在高中由于学业压力和家长反对以及学校的不支持,而没有谈恋爱,从而希望在大学里找到合适的对象,不想让自己的青春白走一次。在大学里,手机是交流的重要工具,很多人可能利用网络结交朋友,甚至网恋。同学们要正确对待恋爱。

学生们现在处于人生最宝贵的阶段,要勇敢面对问题,从"心"出发,让同学们与心灵相约,与健康同行!

情景还原(图4-8-2)

韦同学:从小到大就缺少父亲陪伴和姐妹的互相关爱。妈妈也忙于工作,没有时间照顾我。所以,我就一直在姥姥家生活。

韦同学:我的男朋友提出分手,我并不同意,我就难受的食欲不振,呕吐,晚上熬夜缺少睡眠。

韦同学:我太难受了,身体很不舒服,就倒在天桥上了。

……

图4-8-2 "与心灵相约,与健康同行"情景还原

第九章

以爱为源，用心守护

王一名

一、当事人基本信息

包同学，男，平时沉默寡言，不爱与人交流，缺乏自信，半夜在其微信朋友圈转发一些网络丧文。后来，笔者经过与其他同学的交谈侧面了解该学生情况后，才得知原来包同学童年时父亲突发疾病，住院治疗，需要一笔不小的费用，亲属能提供的帮助甚微。另外一个主要原因是该学生在刚入学期间，初入大城市，自己普通话水平不高，语言表达能力不足，未曾离家去过外地，在班级总觉得别人对自己有歧视，对待大学生活目标不明确，面对周围同学极度不自信从而产生自卑心理。

二、个人成长史

包同学童年时，爸爸得了一场大病，家里的猪又发生了瘟疫，家里的经济变得拮据起来，感觉自己身上有责任。其在少年期为了父母努力读书，成绩从没下过班上的前三名。后来家里交不起他和姐姐两个人的学费，姐姐只好辍学去打工。曾一度想和姐姐一样去打工帮助家里赚钱，但被父母痛斥了一顿，于是立志一定好好读书，也答应父母将来一定会出人头地，以报答父母和姐姐。

三、教育过程

鉴于该生的情况，作为他的辅导员，笔者感到该生的问题需要耐心处理，通过开展主题班会、参观励志宣传栏、参加励志成才宣讲活动，并通过政策解读，帮助该生减轻思想负担，走出心理困境。因此，笔者采用以下几点解决方法：

首先，细心关怀，无微不至。安排班长和班委会以及宿舍同学主动与包同学说话、聊天，打消其心理上的顾虑，鼓励其与同学一起参加班级活动，让其感受到班集体的温暖，逐渐消除其对同学的敌意，尽快融入集体生活。

其次，申报学校学工部为该同学争取了一个勤工俭学的工作岗位，在食堂打工并管该生伙食。这样在一定程度上解决了他的经济压力，让他可以安心学习。

再次，笔者与他父亲取得联系，将学校的临时解决方案告诉他，让他同时也劝说自己的孩子继续完成学业，树立家庭的自信，通过家庭与学校的双重关怀帮助该生建设强大心理。

最后，笔者安排该生进入学生会，担任一名普通的学生干事，通过与不同专业学生的接触，树立该生的自信心，增强集体荣誉感和责任意识，并对该生进行重点培养和关注。在经过励志教育主题的班会、参观学院励志宣传栏、参加学校励志成才宣讲活动学习之后，该生各方面发生了明显的变化。同学和笔者都欣喜地看到该生变得自信了，积极主动地与人交流，还主动问笔者要考教师资格证的复习资料说以后想回家乡做一名老师。

本案例技术路线图如图4-9-1所示。

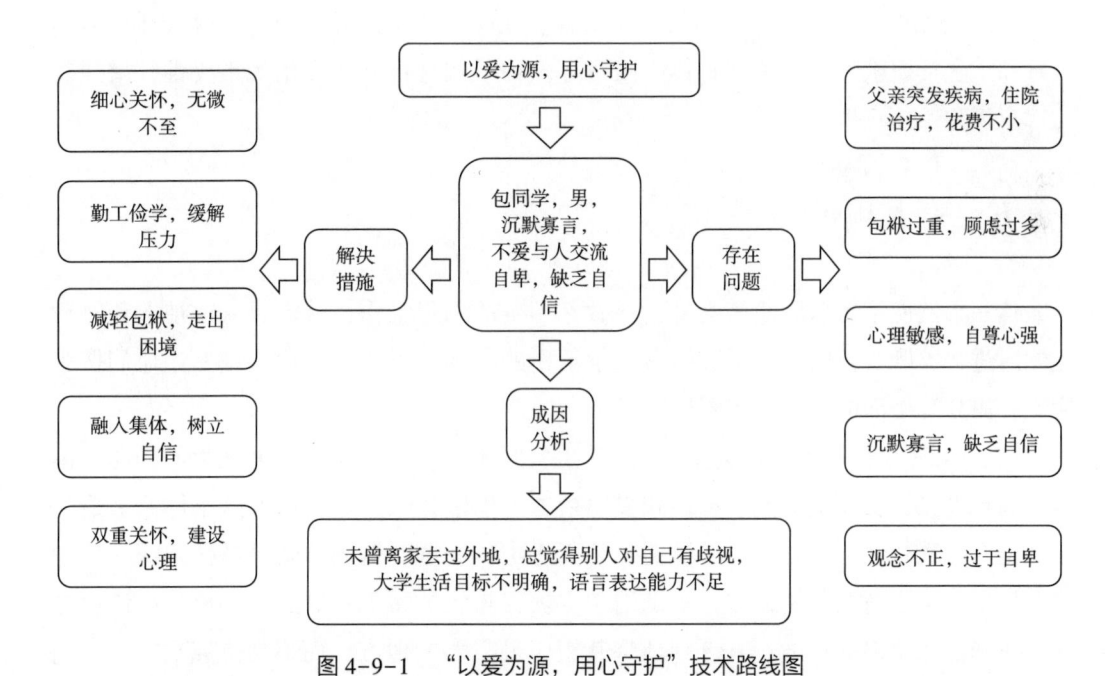

图4-9-1 "以爱为源，用心守护"技术路线图

四、经验总结

对心理敏感、自尊心较强的同学，我们在工作中要做到：

（1）将资助政策的精准宣传与理想信念教育相结合。把握好新生入学时间节点，做好资助相关政策和文件、生源地贷款的精准宣传服务工作。将习近平新时代中国特色社会主义思想的宣传与政策宣传工作相结合，引导学生树立共产主义和中国特色社会主义共同理想，增强其中国特色社会主义道路、理论、制度、文化自信，筑牢理想信念的根基，立志肩负起民族复兴的时代重任。

（2）把家庭经济困难学生的精准认定与心理健康教育相结合。注重学生的心理健康教育，特别是要关注家庭经济困难认定过程中学生的心理动态，及时开展心理疏导，帮助其树立正确的观念，引导其心理健康成长。

（3）要把奖助学金与培养奋斗精神、感恩教育精准相结合。营造良性竞争的评选环境，培养学生争先创优的奋斗精神；深入开展励志教育和感恩教育，引导学生知恩图报，以自己的实际行动回报父母、社会、国家，增强受助学生的感恩意识和家国情怀。

（4）把勤工俭学与自立自强教育相结合。将勤工俭学与学生专业相结合，多样化发展兼职岗位与形式，拓展勤工俭学新方式，着力培养学生的劳动意识和自立自强精神，激发奋斗热情。

（5）将助学贷款过程与诚信教育相结合。在助学贷款办理过程中，深入开展诚信教育和金融常识教育，利用新媒体、网络等多种形式宣传诚实守信的重要性，增强其法律意识和诚信意识。

五、育人启示

这一案例使笔者深深地体会到，要做好学生的思想工作，就需要从精神上和物质上同时进行，既要帮助学生解决学习和生活中的实际困难，又要从心理上让他们摆脱阴影，树立起生活的信心，需要长期探索。

（1）合理利用国家助学体系，解决学生实际困难。为解决学生上大学的问题，国家在高校设立了奖、贷、勤、补、减多项措施的助学体系，如何用好这个体系，最大限度地发挥其功效，是高校辅导员需要认真思考的问题。首先，辅导员必须深入仔细了解学生的实际情况，使最需要资助的学生获得最大的帮助；其次，辅导员应该引导学生正确使用获得的资助，有计划地将其用于最需要的地方，而不是讲究吃穿，与同学比阔气。

（2）加强对学生的心理健康教育与引导。在帮助学生解决物质困难的同时，更重要的是解决他们心理上的问题，帮助他们走出自卑的阴影，树立信心。首先，要加强对学生自尊、自强、自立、自爱及社会责任感的教育；高等教育是一种人生的自我投资，作为已经是成人的大学生有为这种投资付出的责任；苦难和逆境是对个人意志的一种磨炼，是人生的一笔财富。要让学生认识到，尽管目前大学生就业存在一定的困难，但一个掌握了科学文化知识，又有着坚强意志的大学生，在社会上是具有竞争优势的，前途是光明的。其次，对学生进行有关挫折感、人格完善等方面的心理辅导，使他们学会自我调节，正确看待生活中的挫折，以积极乐观的人生态度迎接生活的挑战，以坦然豁达的心态面对困难。

情景还原（图 4-9-2）

包同学：我小时候爸爸得了一场大病，家里的猪又发生了瘟疫，家里的经济变得拮据起来，我就感觉自己身上有责任了。

包同学：再往后，姐姐打工供我读书，我励志好好读书，报答姐姐和父母。

包同学：我有时也想在课余时间打工，减轻姐姐的负担，却又不想和其他人交流。

……

图 4-9-2 "以爱为源，用心守护"情景还原

第十章
千斤重担，化险为夷

胡昊琨

一、当事人基本信息

小周（化名），男，20岁，就读于某大学某专业。家庭经济情况优越，父母健在，家族无精神病史。性格外向，善于表达和交际，成绩优异，常年居于专业前十。

二、危机的发生

某天晚上，辅导员就本次考试成绩展开班会，发现小周缺席，辅导员去寝室查看情况，经调查发现该同学一天未进食，有重度晕眩现象卧床不起、意识不清，辅导员随即将该同学送往医院。

三、干预过程

小周得到了及时的救治，经过两天的康复时间，该生情况有所好转，随即辅导员来到该生寝室并询问具体情况。据了解，该生从小缺少家庭关爱，父母信奉"棍棒之下出孝子"，望子成龙心切，从小只关心该生的成绩，从不顾虑该生的感受和他的兴趣爱好，干预他的生活。由于阶段网络教学模式，该生在此期间学习有所松懈导致学习成绩下滑严重，在这次考试成绩出来后，该生父母知道后大发雷霆随即对他进行了严格批评，并且辱骂该生，禁止他随意出入家门并禁止其使用电子设备。过了一段时间，学生正常返校，实行线下教学模式，随后展开考试，该生成绩依旧下滑，情绪不稳定，因畏惧其父母施压，害怕成绩依旧不好，每天都寝食难安随即绝食。辅导员在得知并了解情况后，在该生寝室与该生展开了思想沟通，积极开导该生，并与该生的父母取得联系，积极协调该生与父母之间的关系，给予了无条件的支持、安慰和鼓励，帮助其宣泄痛苦情绪。在长达五小时的沟通后，该生与老师建立了相互信任的咨询关系，确认是家庭给予的压力过大导致的心理危机，判断其所处的心理危机阶段，引导该生学习放松技术、帮助其答疑解惑，告诉学生如何高效学习。通过长时间的沟通，确认该生发生过激行为性较低、危险性比较低，但仍然需要持续关注。

该事情发生后的第三天，辅导员将该生再次叫到办公室，经过沟通，认为该生情况良好。

本案例技术路线图如图 4-10-1 所示。

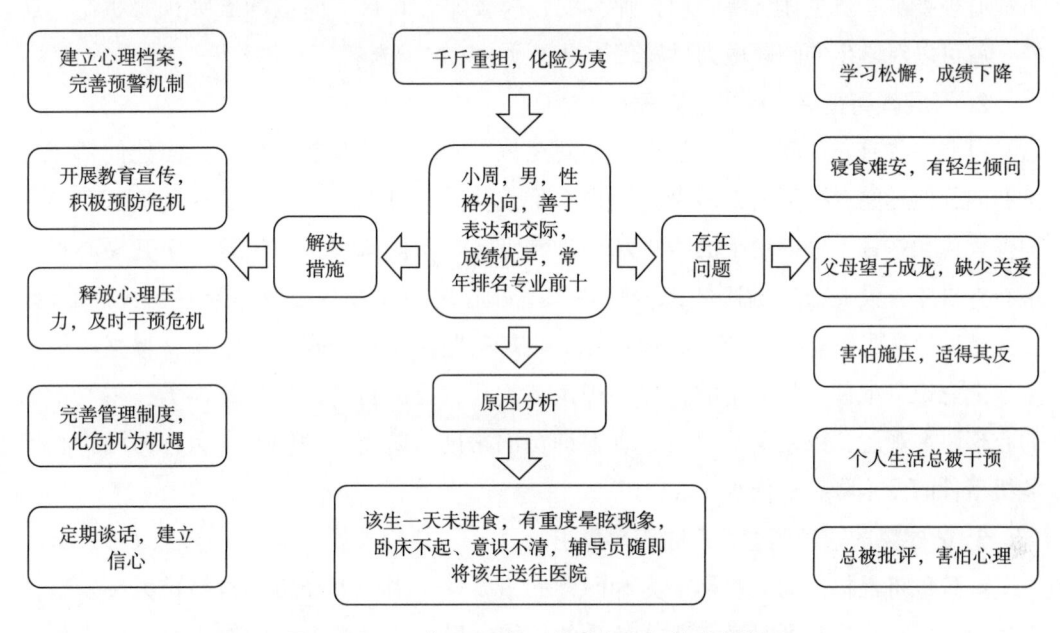

图 4-10-1 "千斤重担，化险为夷"技术路线图

四、干预结果

经过与小周的充分沟通，从保护小周生命安全的角度出发，辅导员在小周所在校区的教工寝室居住了一个月，以便发生突发情况时，能够尽快到达现场。并且在该事件发生后，辅导员与其家长进行了沟通，劝告父母改变其培养方式，多关注孩子的身心健康与兴趣爱好，辅导员找了小周的班长、寝室同学，要他们时刻关注小周的心理状况，如果有异常情况，要及时上报给辅导员。

并跟小周定期谈话，建立信心，引导该生和家长积极沟通，维持与父母之间的关系，要学会善待自己，爱护自己，引导其积极自我调适，提高自我治愈的能力。

通过一系列问题的解决，危机解除。

五、经验分享

1. 建立心理档案，完善预警机制

高校应始终坚持"防止危机事件发生重在预防"的工作理念，在新生入学时就进行全面的摸底排查，深入全面地了解心理问题学生的详细情况，科学地分析成因，建立档案。同时建立严格的档案管理制度，设定借阅权限，保护学生个人隐私。每学期初，辅导员都要对这些学生的情况进行调研，跟踪记录。另外，学校要建立寝室长、班级心理委员、班主任、院心理教师、校心理教师之间自下而上的五级预警机制。这样，就可以对学生的问题做到早发现、早干预，防患于未然。

2. 开展教育宣传，积极预防危机

目前一些有心理问题的大学生一方面意识不到问题的存在，另一方面他们知道自己有问题但不愿意被别人知道做过心理咨询或找过心理医生。要扫除这些盲区，必须加强宣传和教育。根据学生的生理和心理特点，在不同阶段，学校要集中开展心理健康教育讲座，设立心理健康知识宣传栏，举办心理剧大赛、心理健康主题日等活动。以此帮助学生了解有关大学生心理特征、心理问题的病症表现及其危害，增强心理卫生保健意识，掌握一些常用的自我心理调节技巧，提高自身的抗挫折能力，树立正确的心理咨询观念，以便及时得到心理咨询员的帮助，防止心理问题加重，力图将心理危机事件的发生降到最低水平。

3. 把握释放心理压力，及时干预危机

导致危机最根本的因素是压力和问题的重要性，当个人经历或目睹重大突发事件发生时，一旦超过其平时身心所能承受的压力，又无法通过常规的解决手段去应付面临的困难时，便会陷入惊慌失措的情绪状态，使个人失去方向和自控力。这是一种无法承受的局面，它具有引起人的心理结构颓败的潜在可能，因此必须尽早干预。尤其要及时提供释放的时机，引导学生及时恰当地释放不良情绪或冲动，从而减轻心理压力，摆脱心理危机。同时，在可能的条件下，尽力帮助其解决面临的实际问题，以消除引发其危险行为的导火线。

4. 完善管理制度，化危机为机遇

危机既意味着"危险"，又意味着"时机"。一方面危机是危险的，因为它可能导致个体严重的病态；另一方面危机也是一种机遇，因为它带来的痛苦会迫使当事人寻求帮助。如果当事人能顺利突破这一时机，那么危机干预能帮助个体成长和自我实现。另外，学校应以已经发生的危机事件为契机，配套地解决和控制一些与危机问题相关的可能导致危机事件再度发生的各种有关问题，稳固危机管理的成果。同时，认真总结经验教训，制定未来危机管理的改良措施，进一步完善危机制度。并以危机事件为

"活教材",加强师生的危机意识,提高师生的危机应对技能,提高学校师生处理心理危机的水平。

情景还原(图4-10-2)

小周:爸妈只在乎我的成绩,从来不会在乎我的感受、我的兴趣爱好。

辅导员:你父母的初心是想关心你的,只是方式不对,力度把握不好,这点我会和他们交流一下的。

小周:在家的时候,我爸知道我没考好就会打我,时间长了,我越来越害怕,我不知道该怎么办了。

……

图4-10-2 "千金重担,化险为夷"情景还原

第十一章
搭建家校沟通桥梁，共促学生发展

李克强

一、当事人基本信息

小佳，女，19岁，某专业大一新生。父母健在，家族无精神病史。性格内向，沉默寡言，朋友不多，学习困难，不爱说话。

二、危机的发生

一天上午，小佳向老师反映自己想退学，初入大学，觉得学习工科专业很痛苦，没有办法坚持下去，每天都在崩溃的边缘。辅导员与她进行交流了解情况，但该生情绪起伏较大，一直哭泣不止，无法进行有效的沟通。

三、干预过程

辅导员在得知小佳想法的第一时间，与小佳进行了线下谈心谈话。充分了解小佳想退学的真正原因，深入了解找准病根。小佳，考上大学是家里的骄傲，父母对其寄予厚望。在开学后的这两个月，小佳发现周围的同学都比她优秀许多，对工科专业学习非常吃力，在学习上与别人有很大的差距，这更让她觉得自己与别人相差甚远。小佳刚开始是努力想改变的，但学习是一个长期积累的过程，短期看不到效果。和父母沟通时，父母却觉得报考志愿填报工科专业更好就业，所以填报志愿时没有考虑小佳的感受，而要求小佳报考了工科专业。至于成绩不好的原因，父母认为是小佳抗压能力不够，学习还不够刻苦。小佳觉得身边的同学都比自己优秀，进而更加焦虑不安，着急的同时又得不到家人的安慰，整晚失眠，每天都在崩溃的边缘，已经无法面对学习，身体情况也越来越糟糕。退学是小佳能想到的给自己的透气孔，可父母对她的想法反应激烈，让小佳更加不知所措。辅导员在了解小佳的想法后及时联系她的家长，家长的看法确实如小佳所说。小佳的父亲认为考上大学的小佳是自己的骄傲，如果退学亲戚朋友们会有不好的看法，小佳咬咬牙就能撑过去的，觉得是小佳不懂事，在为自己不努力找借口。辅导员经过耐心地沟通和交流，让小佳的家长先关注孩子的感受而不是自己的感受，尝试去理解孩子的想法并真正关心她的需求。通过和家长的连线，辅导员成了他们之间的沟通桥梁，把小佳真实的想法告诉家长，并希望家长能够配合，给予孩子更多的关怀和理解，多去倾听孩子的声音。之后家长与小佳又进行了多次平等且有效的沟通，父母尝试去理解和接受小佳的想法，不再指责和训斥。

经过与小佳的充分沟通，辅导员找到相关任课老师对小佳进行一对一线上辅导，提高其学习能力，使其了解学习方法，减少学业给其带来的心理压力。并找到学生干部和身边的党员对小佳进行一对一帮扶，在学习上给予小佳关心和帮助，提升小佳的归属感，并协助小佳在学习上取得进步。辅导员与学工部大学生心理咨询中心联系，让大学生心理咨询中心老师协助进行咨询。

本案例技术路线图如图4-11-1所示。

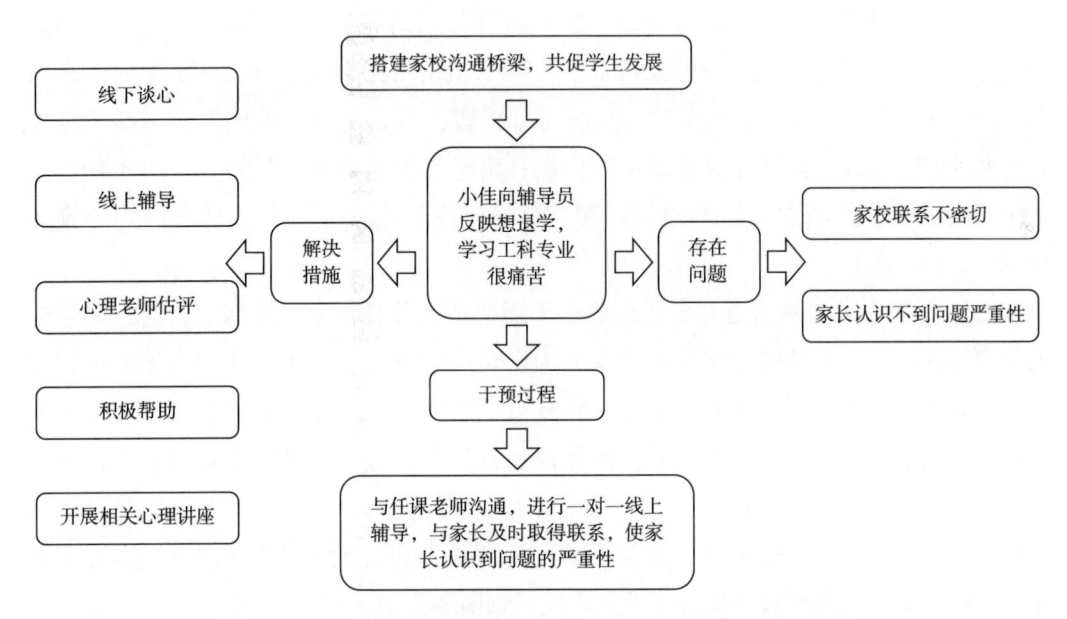

图4-11-1 "搭建家校沟通桥梁，共促学生发展"技术路线图

四、干预结果

心理咨询老师初步评估，认为小佳的心理状况需要专业诊疗服务，咨询师提出转介的必要性。在征得小佳同意后，辅导员老师和家长也进行了沟通，阐明小佳问题的

严重性，希望家长能够配合陪同小佳到专科医院就诊，家长同意。

咨询结束后，家长陪同小佳到医院就诊，小佳被诊断为中度抑郁症，并通过药物进行治疗。经过与小佳的充分沟通，谈心谈话，小佳慢慢放下了心理压力。家校联动，与学生家长深入沟通交流。另外，小佳与父母也进行了多次平等且有效的沟通，双方都尝试去理解和接纳对方的想法。多方合作，与老师交流、发动学生干部进行帮扶，在积极向上、互相帮助的氛围下，小佳提高了学习能力，了解了学习方法，减轻了学业带来的心理压力。在同学和老师的帮助下找到了方向，树立了正确的价值观念，也向学校提交了入党申请书。小佳的失眠等问题得到了有效缓解，心情也愉快了很多。

五、经验总结

辅导员在日常工作中应建立健全的心理危机预防、干预机制，针对大学生的心理健康问题同样需要引起高度重视。针对大学生新生入学后的适应问题，应及时关注和预警，及时排查心理有问题的学生并进行干预，稳定学生情绪并进行高效帮扶。同时做好家校沟通，化解学生与家长之间的冲突，建立沟通桥梁，有效实现协同育人。

（1）大学生心理危机可通过分级干预措施进行识别和干预。一级干预是指当出现心理问题时，大学生首先进行自我调节。二级干预是指当学生自身无法解决时，可求助同学、寝室长、心理委员的帮助。当面对危机时，身边的同学可能发现当事人存在的一些征兆，可及时向辅导员老师反映情况，由辅导员老师介入，构成三级干预。四级干预是指在分院心理工作站预约咨询。五级干预是指学生可在心理咨询中心预约咨询。

（2）不同人员之间的通力合作是危机干预成功的前提。学生面对危机时，最需要的是身边人的关心和理解，与学生关系最为密切的辅导员、学生工作副书记要想方设法让当事人与身边的朋友谈心、交流，释放自己的压力，从而使症状有所缓解甚至恢复到正常状态。辅导员作为引导者、教育者和管理者，与学生接触的时间较多，其对学生性格、行为的了解与熟悉程度，深入跟进关心，对于危机起到了很好的预防作用。辅导员对于特殊的学生给予特别的关注也是极为重要的。学院党总支副书记也应非常重视，强调要利用各种资源做好当事人的危机预防和干预工作。

（3）及时有效的心理疏导和心理评估对危机干预不可或缺。在心理咨询的过程中，对处于危机状态中的学生，咨询师要充分尊重和理解，并为其提供足够的社会支持，给予他们关爱和帮助，使他们找回生存的勇气和信心，接下来再探讨解决问题的办法。咨询师在咨询过程中充分做到了尊重、共情，让来访者能够敞开心扉，建立良好的咨访关系。家人的理解和支持是转危为机的重要前提。学生心理危机的干预很多时候都离不开当事人家长的理解和支持。本案例中，当事人家长对心理疾病的认识不够透彻，认为孩子这样不是疾病,而是逃避现实。虽然家长及时赶到学校,进行沟通,但是之前家长批评孩子的种种言行还是对双方的关系造成了一定的影响。辅导员给家长普及心理健康知识,说明问题的严重性,让家长对孩子的问题有一个比较正确的认识,并教会家长如何与孩子相处、沟通,为家长提供了一定的指导,使家长能够配合开展工作。因此,心理危机干预过程中,家长的知识储备和情感支持对于孩子症状的缓解和危机的成功干预起着至关重要的作用。

情景还原(图4-11-2)

小佳:自己想退学,初入大学,觉得学习工科专业很痛苦,没有办法坚持下去,每天都在崩溃的边缘。这不是我喜欢的,这也不是我想学习的专业,是爸妈逼着我报的。

小佳:我知道我自己根本就不适合学习这种专业,现在学起来非常吃力,别人一节课能懂,我消化却需要好几节课的时间。

……

图4-11-2 "搭建家校沟通桥梁,共促学生发展"情景还原

第十二章
以真诚去沟通，用心灵去感悟

杨孟雪

一、当事人基本信息

小郑（化名），男，19岁，性格沉默、寡言、易怒，缺乏自信心和安全感，不愿意与他人交流，遇事自己一个人默默承受，拒绝他人帮助。

二、危机的发生

小郑对学习失去兴趣，经常旷课，没有目标，整天浑浑噩噩，面对班委的督促不予理会，甚至与其发生冲突。喜欢胡思乱想，不愿意与他人沟通，习惯回避问题，却在很多小事上喜欢较真并且深陷其中，这些导致他晚上经常失眠，精神高度紧张。渴望得到关注，又害怕与他人交流。小郑的父亲脾气暴躁，不善言辞，将小郑母亲的遗物烧毁变卖，使小郑心理问题更加严重。

三、干预过程

针对该生旷课、失眠、焦虑等多项问题，辅导员找他谈心谈话，但是多次遭到小郑的拒绝。因此辅导员先与他的父亲进行了电话沟通，大致了解了小郑的家庭状况和就读大学之前的学习、人际交往情况等。在清楚基本情况后，辅导员再次以朋友的身份约小郑一起吃饭、谈心。久而久之，他打开了心扉，哭着发泄了自己的情绪，同时也表达出了他的想法。后来，在辅导员的引导与同学们的帮助下，小郑同意与校心理咨询中心联系。在辅导员与小郑家长协商后，小郑家长决定带小郑到心理咨询中心进行咨询。

四、干预结果

辅导员联系心理咨询师对小郑进行心理疏导，让他正视自己的问题，乐于接受别人的意见和帮助，小郑在进行三次辅导之后能够主动来找辅导员沟通了，但还是有失眠的现象。

同时，辅导员鼓励小郑参加学校的相关活动，班干部组织活动时也会邀请他参加并让他发表自己的意见。班上同学也会主动与他交流，督促他上课，让他意识到每个人都在帮助他，提高了他的存在感和自信心。通过与其室友交谈得知他晚上睡眠质量有所提升，课上明显精神很多，学习积极性也在不断提高。针对他的家庭情况，辅导员还积极帮他申请了国家助学金。

最终，通过亲人的关心、老师的关爱、同学的帮助和社会实践的锻炼让他重拾信心，懂得了自己的责任感和担当，学会了感恩和关爱，也找到了自己的价值。

本案例技术路线图如图 4-12-1 所示。

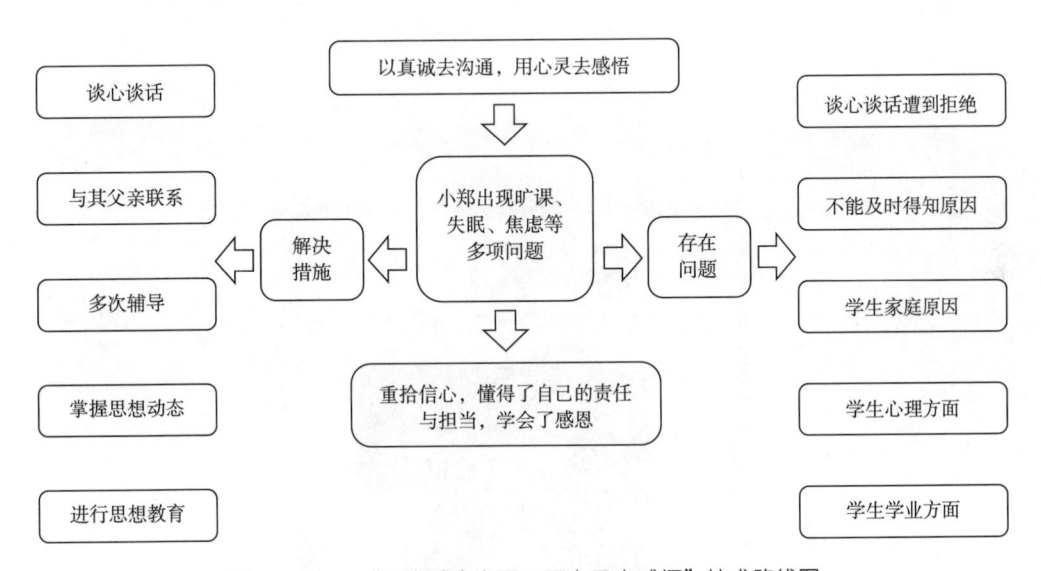

图 4-12-1 "以真诚去沟通，用心灵去感悟"技术路线图

五、经验分享

小郑心中缺少安全感和关爱，没有存在感。而解决的办法就是家庭成员深层次的沟通和朋辈的关爱。父亲的道歉、老师的关爱、班委同学的帮助，使他一步步敞开心扉，愿意去与他人交流，愿意去原谅父亲。大学生的心理辅导就像是一门交流的艺术，要去把握对方的感情、行动中的微妙变化，只有这样大学生才能根据情况来制订下一

步的计划。在平时的工作中一定要多去了解班级学生的家庭情况，大部分大学生在学校中的各项心理问题与从小生活的家庭环境有着莫大的关联。在平时多去了解这些问题并且找到方法及时解决，才能将更大的问题在最开始的阶段就进行解决。应该高度重视每一位大学生的心理变化，一个人的心理动态可以影响一个人的一生。对于高年级的学生应该更加重视和关心，因为他们即将迎来社会的考验，有时可能表面没有任何异常，但心里已经出现极大的变化。因此需要与学生多进行谈心谈话，及时掌握学生的思想动态。同时在思想道德和人生价值观上也应采取一些有效的措施，对他们进行思想教育。例如，召开主题班会、读书交流会等，对大学生的思想动态重视起来。

情景还原（图4-12-2）

小郑：最近对学习失去兴趣，也经常旷课，没有目标，整天浑浑噩噩，不想上学。

辅导员：小郑同学，我是鼓励你参加学校的相关活动，我和班干部说一下组织活动时邀请你参加，积极一点。

小郑：我的父亲脾气很暴躁，不怎么和我交流，他还把我妈妈的遗物烧毁变卖了，我讨厌他！

……

图4-12-2　"以真诚去沟通，用心灵去感悟"情景还原

第十三章

别让奖学金影响了我们

孙　蒙

一、当事人基本信息

小史，女，大学二年级学生。平时性格比较活泼，为人直率，善言辞，学习刻苦，学习成绩也比较好。与宿舍和班里同学总体相处得比较融洽，但是内心却因家庭经济条件不好而感到自卑，曾想了许多办法来提升自己的素质，比如参加社团、看书、加入学生会、考证书等。近期，在评选国家励志奖学金期间，出现上课注意力不集中，对生活提不起兴趣，精神疲惫，并越来越感到害怕、紧张。白天犯困，晚上又睡不着，脑子里胡思乱想等问题。近期生活方式与以前相比发生了重大改变，沟通以后发现，学生过于看重奖学金评定情况，过度紧张，感到自己不会评选上奖学金，自己不会有好的前途。

二、个人成长史

小史童年过得非常快乐，在生活方面，有父母的悉心照顾，与许多小伙伴一起度过了快乐的时光。她的家庭虽说并不富裕，但也不愁吃穿，父母偶尔还会带她去游乐场，带她见识不一样的世界。小史父母都是忠厚之人，在学习方面，他们非常重视对小史学习的培养，但也从来不会像其他家长一样逼着她学习，反而是给了她许多自由的时间，让她自主学习，所以她的童年比起其他孩子还是很快乐、很自由的。在上学之前，她就已经学会了基本的英语语法及一些简单的英语单词，父母对她也很放心，几乎没有管过她的学习，她常常因为这个而感到自豪，所以也培养了她现在自信的性格。进入青春期，小史开始出现了叛逆的倾向，不愿意与老师交流，也不再愿意与父母交心，成绩逐渐大不如前，后来父母发现她迷恋上了上网，对她进行了严肃的批评与教育，从那时开始，她便又回到了正轨，初三年级认真学习，最终考入了本市的一所重点高中。高中时一直坚持学习，有了自己的目标与理想，并为之不断努力最终顺利考入大学。

三、问题产生

从小到大她一直是父母引以为傲的孩子，但进入大学以后，她发现自己并不是像想象中的那样优秀，在评选奖学金期间，她的心里极度紧张，性格不像以前那样开朗，也不像以前那样自信，上课注意力不集中，对生活提不起兴趣，精神疲惫并越来越感到害怕、紧张。白天犯困，晚上又睡不着，总是会胡思乱想。有时整夜睁着眼睛望着天花板，当听到同伴的声音，就会极度烦躁，想要发脾气，但又不好意思说出来，内心逐渐压抑，想大喊大哭，但又害怕影响别人。曾经她也多次向她的好朋友求助，希望她们能够帮助她，让她回到从前的样子。一开始她的好朋友们都很关心她，并且积极地开导鼓励她。但时间长了，好朋友们也逐渐对她冷漠、回避，但她只要一坐在那儿，脑子里就会担心这些事情，害怕自己无法评选上奖学金。连饭也不好好吃，最后她实在走投无路，只能求助于老师。

四、成因分析

针对小史同学出现的这种情况，笔者作了如下成因分析：首先是家庭环境的原因，小史家庭经济条件不太好，但小史深知父母的辛苦，本来就是一个乖巧的女孩，总想为父母分担压力，所以就极度想得到这笔奖学金，她把这笔钱看得非常重要，如果能够得到，那么会减轻家里的负担；其次就是学校设立奖学金的目的就是奖励和鼓励学生，小史同学一直成绩优秀，深受学生和老师们的喜欢，能够得到奖学金也是对自己的一种肯定，导致得奖学金成了她的心病。

五、教育过程

首先要告诉小史同学，她现在的主要任务就是学习，如果想要分担家里的经济负担，可以有多种方式，比如说利用假期勤工俭学、家教等方式，得奖学金不是唯一的方式。其次，要让她知道，自己已经很优秀了，要相信自己，评选奖学金的方式都是公平公正的，如果平时已经做到最好了，那么获得奖学金的可能性很大，所以不要让这件事影响自己的心情。

本案例技术路线图如图 4-13-1 所示。

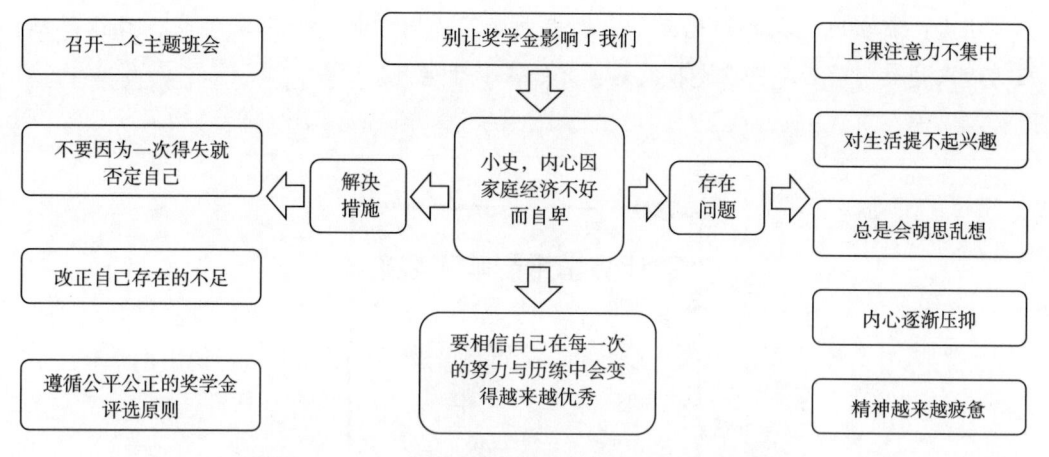

图 4-13-1 "别让奖学金影响了我们"技术路线图

六、初步解决方案

首先，小史同学的例子应该不是个例，应该是大多数同学都会出现的情况，所以要针对这件事情，召开一个主题班会，名字就叫《别让奖学金影响了我们》，让大家都说说心里话，各抒己见，也让每一位同学都知道，学校在评选奖学金的过程中，一定会遵循公平公正的原则，也请各位同学监督与支持。其次，要告诉每一位同学，每一年的奖学金都是对上一年努力和付出的肯定，如果今年没有得到，那就说明自己还存在不足，那么在新的一年里，就要更加努力，不要因为一次的得与失就否定自己，要相信自己在每一次的努力与历练中会变得越来越优秀。

七、总结与感悟

针对小史的这次心理辅导，笔者发现，有些学生心理出现一些小问题后不好意思去和老师沟通。那么作为辅导员，应该既是老师又是朋友，能够成为学生们倾诉的对象，不要高高在上，用命令的语气去沟通，如果我们可以把每一次的心理问题都调解好，那么每一位学生都会是积极向上的，不会出现偏激和极端的情况，作为辅导员老师，一定要融入学生中，及时发现问题，积极地与学生进行沟通，解决问题，让所有的孩子都能够开心快乐地度过四年的大学时光。

情景还原（图 4-13-2）

小史：我从小就是"别人家的孩子"，在评选奖学金的时候，我总是会非常紧张，我怕我选不上。

小史：渐渐地，我的脾气变了，性格也变了，同学们也渐渐疏远我，我很孤独，压力越来越大。最后我实在走投无路，只能求助于老师。

……

图 4-13-2 "别让奖学金影响了我们"情景还原

第十四章

用爱浇灌心田，给成长一份力量

张朝群

一、当事人基本信息

小刚（化名）是某专业的一名学生，他给人的第一印象是性格孤僻，内向，沉默寡言。有一次教务处要求每名同学上交一份学习报告，眼看截止日期第二天就要到了，小刚还没有上交，而这时老师、班干部、室友都联系不上他，微信和电话都无人接听，把大家都急坏了。第二天，老师把他带到办公室询问情况，促膝长谈，而问及不接电话的原因时，他只说因为报告还没写、不想写，所以不想接电话。

二、个人成长史

该同学儿时父母离异，与父亲一起生活，父亲常年在外打工。由于受儿时家庭变故的影响，小刚在生活中一直小心翼翼，常常焦虑不安，似乎只有自己把所有的事都做好了，才能让父亲满意，不至于再次被"抛弃"。

高中时一直很努力，他成绩较好，进入大学以后，周围的环境发生了变化，很多新鲜的事物不能接受和消化，因此在遇到困难或者新事物时，他常常表现为行为退缩，对需要人际交往的社会活动也总是尽量逃避，没有好朋友。

三、学生个人陈述

父母离异后，父亲长期在外打工，身边的朋友又非常少，因此感到孤单。性格上他沉默寡言，敏感脆弱，害怕被别人批评，害怕参加社交活动，不喜欢出现在人多的场合，常常担心自己言行不当被别人嘲笑。遇到新事物和困难，常常从危险或风险的方面消极地看问题，内心过分强调风险的存在，以至于总是想东想西、怕这怕那的，最后逃避事物和问题。

四、成因分析

通过学生本人的自述及对其身边家长和同学进行了解得知，家长和同学们都认为他善解人意，朴实无华，学习态度认真。但是在学习和生活中常常低估自己，常常觉得"我不行"，抑制自信心，增加紧张，产生心理负担。在遇到困难时退缩，在遇到新鲜事物时排斥。周而复始，这样的现象越来越严重，致使现在轻微的挫折就会给他以沉重的打击，变得更加消极悲观且自卑，从而表现为逃避。

五、教育过程

（1）谈心谈话，有的放矢。首先，从了解学生经历、理解学生心理入手，通过谈心谈话的方式，逐步建立与学生之间的信任，鼓励他克服心理障碍，重拾信心。其次，与小刚的室友进行谈心谈话，号召大家多关心帮助他，让他感受到集体的温暖。

（2）利用班级活动，为他搭建起融入班集体的平台。在班内活动中，鼓励他承担一部分力所能及的工作，通过活动的锻炼，加深他与同学们的了解和沟通。

（3）加强与学生家长的沟通。小刚的心理问题来自家庭，因此要想彻底根除，还需要从家庭入手。笔者经常通过打电话、发微信等方式与他父亲沟通，告知他小刚的在校表现、取得的成绩、遇到的问题等，建议他配合学校，共同给予小刚更多的关爱和支持，帮他重塑健康向上的人生。

六、初步解决方案

（1）自身方面。通过沟通，首先让他有意识地觉察自我否定性的想法，每当出现这样的想法时，以更合理的想法来替代。其次，每天找出三件做得比较成功或者有进步的、可大可小的事情，记录下来，逐渐产生一种自我肯定的习惯。

（2）学习方面。与指导老师沟通，在课程学习的过程中多关注他，多给他发言或锻炼的机会，发现他有进步及时表扬，帮助他慢慢建立自信心，改善公共场合的为难退缩情绪。

（3）生活方面。有意地让阳光的、积极向上的同学多陪伴在他身边，鼓励支持他多与人交谈，积极参加一些集体活动，做些不计时的随意谈心、郊游等。树立起他的信心，激发出他热爱生活的动力。让他体会到只要努力去做，一定会得到比较满意的结果,从而以快乐的心境和充沛的精力去拥抱生活。

本案例技术路线图如图 4-14-1 所示。

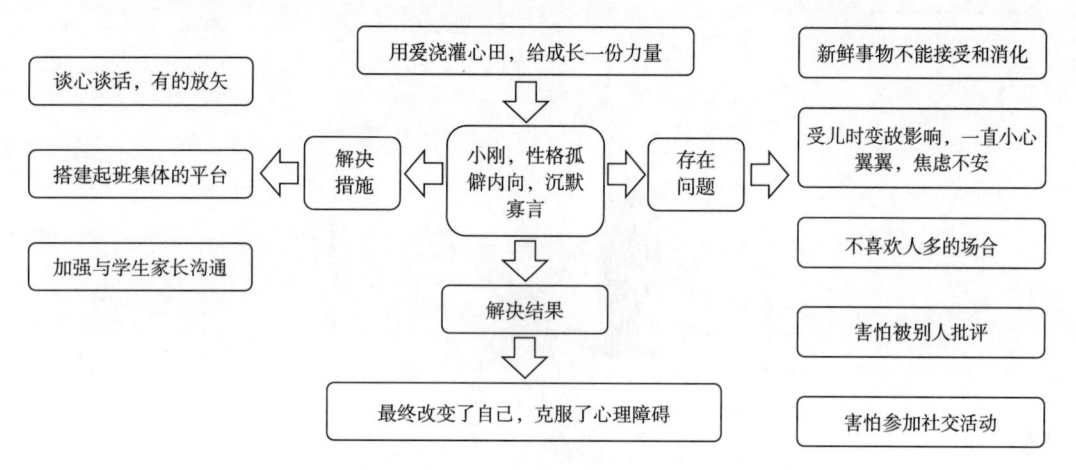

图 4-14-1 "用爱浇灌心田,给成长一份力量"技术路线图

七、总结与感悟

上了大学,由于社交圈的复杂性,有些同学表现出越来越凸显的回避型人格,假如放任发展,那么症状只会更加明显。久而久之,他们将无法融入社会乃至正常生活。

作为辅导员,当我们意识到有同学存在这个问题的时候,首先要了解学生情绪和问题的根源,建立与学生之间的信任,有的放矢地积极引导学生接纳自己的进步和不足,引导他们改变思想态度,主动尝试解决问题,激发学生的自信心,建立积极正确的自我评价体系。同时,帮助他们尝试融入社会,积极面对,相信随着次数的积累和时间的积淀,他们一定会变得乐观外向,大方自然。

在老师、家长及同学们的关心和帮助下,小刚努力在生活中的一个个小机会里得到锻炼,通过一次次的小突破最终改变自己,克服了心理障碍。不仅能够直视困难、接受挑战,而且能在其他同学遇到类似问题时,给予鼓励和劝导,真正做到了对过去的释然,成为一个全新的自己。

情景还原(图 4-14-2)

老师:小刚,昨天,那么多人联系你,你怎么不接电话呢?

小刚:老师,我没有写完,我怎么交啊,我也不想写了,就没接电话。

我:为什么会这样呢,是没有时间写吗,没写完也不能不接电话啊,大家都很担心你。

小刚：老师，我觉得开学以来周围的环境发生了改变，很多新鲜的事物不能接受和消化，在我遇到困难或者新事物时，经常退缩，对需要人际交往的社会活动也总是尽量逃避，没有好朋友。

……

图 4-14-2 "用爱浇灌心田，给成长一份力量"情景还原

第十五章

用爱触动心灵，用情打开心结

孟庆龙

一、当事人基本资料

小贝，2018 级学生。该生于 2021 年 9 月，新学期开学不久便经常无故旷课，学工办根据《学生手册》中的相关要求发布预警通知，并多次与其进行沟通和面谈，该生每次在接受教育的过程中都表现出诚恳的态度和悔改的决心，但回去后却仍然我行我素，很快便由于累计旷课而受到学校的记过处分，同时也因累计多门课程不及格而面临留级的困境。

二、个人成长史

通过与该生父母的沟通和交流后得知，父母感情一直很好，但因忙于工作而缺少对小贝的关心和关注，小贝自幼便形成了孤僻的性格，大多数时候都是独来独往，很少与其他同学交流。而在经济上父母则尽可能地满足小贝的需求，每月给予充足的生活费，生活用品、学习用品更是配备齐全，只是小贝自己不愿意将相关物品带到学校。

三、问题产生

当学工办再一次与小贝进行详细交谈时，他表示旷课实属事出有因，父母关系不好，长期分居，谁也不愿意承担他的抚养费，他所学专业上课又经常需要自己带电脑进行实操，而他电脑也买不起，自卑加上听不懂，干脆就旷课了。学工办随即联系学院的实训中心，暂时借给他一台电脑，并鼓励他要按时上下课，有任何困难及时反映，同时与该生父母取得联系。

四、成因分析

对学业困难的大学生进行帮扶工作尤为重要。一般来说,学业困难生不外乎两类:一类是智力型;另一类是非智力型,即智力水平正常,由于学习兴趣、学习习惯、学习动力、学习态度等多方面原因,学业不良,学习困难,并伴有不良行为发生。通过分析,小贝属于非智力型学业困难学生,家庭条件优越,明明自己不想学习,却为旷课编造理由,博取老师同情。面对此类学生,唯有寻找其学业困难形成的路径,对形成原因追根溯源,才能有针对性地做好帮扶工作。

五、教育过程与解决方案

1. 坚持经常谈话,倾注爱心,建立信任

笔者从小贝的室友和家长处了解到,他不善于交际,并且没有什么朋友,始终都是独来独往,得知该情况后学工办就经常利用课余时间与他进行面对面交流和谈心,在得知其感冒后第一时间给予关心和照料。最终,小贝被感动,他表示,父母由于忙于生意而经常不在家,相互之间很少沟通和交流,自幼缺少来自家庭的关爱和温暖。因此,使其性格逐渐变得孤僻和冷漠,尤其是对学习也失去了兴趣,但同时他又迫切希望得到关注,于是以编造谎言、诋毁父母、博取同情的方式来引起关注。

2. 加强家校联系,做好家长、学生的中间纽带

解铃还须系铃人,鉴于小贝特殊的心理健康状况,学工办再次与其父母进行电话沟通,把该生的心理情况及时反馈给家长,希望家长能尽量抽出一点时间与孩子沟通,并多多关心、爱护自己的孩子。后来,小贝家长赶到学校,学工办就该生入校以后的具体情况作了详细反馈,并找来小贝,就其与父母的矛盾进行开诚布公的谈话。事后,小贝表示能体谅父母为生计奔波,其父母也明确今后会把重心放在孩子身上。

3. 开展一帮一形式,齐心协力,引领进步

针对小贝学习基础差,对学习失去信心,为人较自卑,性格较孤僻,不太相信别人等特点,学工办特为其在班上找了一个责任心强、跟他比较投缘的同学带动他,逐步提高他的学习兴趣与自信心。同时,联系相关任课老师,对他多多给予辅导,培养他善于交流的勇气。通过一段时间的努力,小贝旷课次数明显减少,不及格课程也补考通过了。

本案例技术路线图如图 4-15-1 所示。

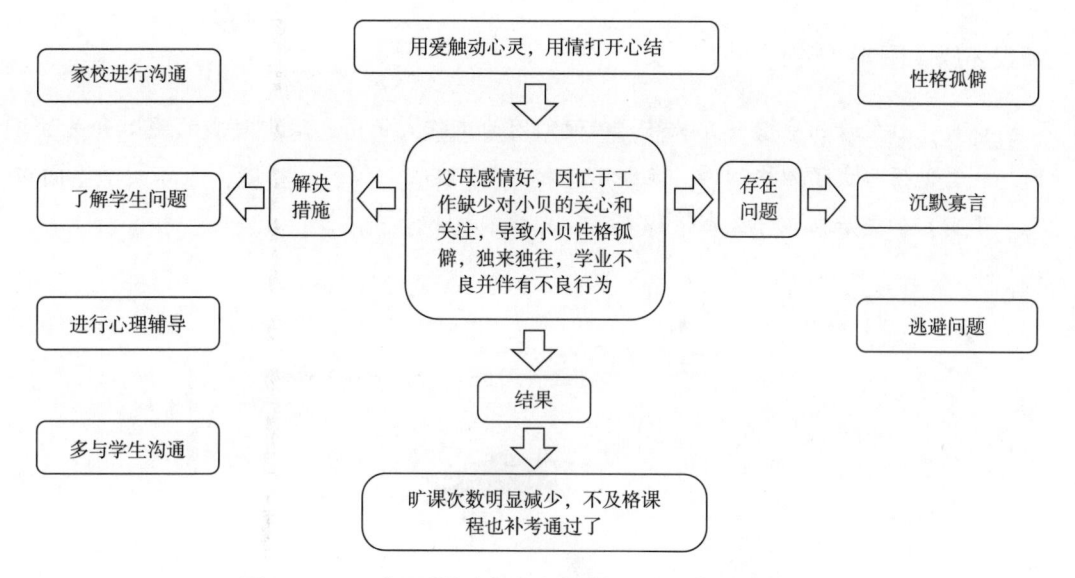

图 4-15-1 "用爱触动心灵,用情打开心结"技术路线图

六、总结与感悟

1. 转变工作思路,关注学生内在力量

学业困难大学生的帮扶转化工作,在当前高校教育管理中逐渐成为难点,面对这一难点,倘若辅导员不对其进行认真分析,并及时给予学生帮助,很可能就将这类学生推向了失败者的行列。在学业帮扶工作中,辅导员若将学生全盘否定,会导致学生的焦虑和挫折感进一步加大。所以,帮扶的首要目标是突破传统思路,以优势视角去挖掘学生自身的资源,提升学生自我价值,从而加以正向引导。

2. 做强实业教育,注重学生职业规划

学业困难学生帮扶的最终目标,并不只是帮助他们勉强通过考试、达到毕业要求,而是要教会学生如何面对挫折,战胜自我。对于刚入大学校门的学生来说,学习生活是比较迷茫的,很多人找不到自己的方向,所以可以充分利用新生实业教育的机会,多种渠道帮助学生准确定位,了解行业前景,提前制定自己的职业生涯彩虹图,可以有效帮助学生直面问题,规避一些学习上的"歪路"。

3. 保持家校互动,促进学生个人成长

大部分学业困难学生内心较为封闭,家庭关系也普遍紧张,要想做到彻底帮扶,就需要做好家长与学生之间的"润滑剂",坚持家校协同育人,争取用情触动学生,打开心结,让学生理解和体谅父母。同时,多听取家长意见,统一思想,信息共享,形成合力,帮助学生树立学习信心,克服学习困难,成就更好的自己。

情景还原（图 4-15-2）

　　小贝：我父母的感情一直很好，但他们因为工作太忙了，缺少对我的关心和关注，因此我自幼便形成了性格孤僻，我也不想和他们交流。

　　小贝：但是后来，什么事情都变了，我就不想上学了。

　　……

图 4-15-2　"用爱触动心灵，用情打开心结"情景还原

第十六章
信任、宣泄、发现心结

张文颖

一、一般资料

小北，女，20岁，性格内向，脾气古怪，有双面性，爱好文学、看书、写作。该生悲观厌世，常抱怨人情冷漠，觉得自己是世上多余的人，不能接纳自己。

二、个人成长史

小北小时候不在父母身边，由奶奶带大，奶奶对她并不疼爱，常常无端对她发脾气，对她露出厌恶的情感。上小学时，小北跟父母住在一起，由于早先的成长环境不利，小小的小北已养成一些坏毛病，因此父母认为这个女儿很不乖巧，加之父母本身感情不好，常把气出在她身上，这样更造就了小北的古怪脾气。上大学后，父母开始闹离婚，小北长大了，但心事更重了。

三、学生个人陈述

由于小北好动、说谎，家长经常打骂她，导致她对别人有很强的戒备心。进入大学后，这种情况有所缓解，但她的戒备心仍较重，认为同学都很虚伪、势利，而同学却都觉得她有点古怪，反复无常。渐渐地她觉得世界上没有好人，处处有防人之心，觉得这样的生活实在没有意思，逐渐幻想自己被班集体遗弃、被社会淘汰。

四、成因分析

1. 成长环境造成人格障碍

幼年时，由于奶奶的厌恶，年幼的小北没有得到足够的温暖和爱，她对这个世界充满不信任、恐惧。上小学时，虽与父母生活在一起，但并未弥补幼时的心理创伤，反之父母认为这个女儿不乖巧，并不疼爱她。加之父母本身感情不和，常把气出在她身上，这样更造成小北的古怪脾气。小北在小学时表现欠佳，挨打、挨骂成了家常便饭，因此，在她的内心对身边的人充满不信任。

2. 人际关系危机造成自我认同意识欠缺

小北没有好的人际关系，奶奶的不完全接纳，造成小北从小就没有形成明确的自我认同；而最亲近的父母的不完全接纳，造成小北认为自己是家里多余的人；老师、同学的冷落造成小北认为自己是班里多余的人；而她自己也认为自己笨、虚伪、心胸狭窄、成绩不好、样子丑（其实她并不丑），不会讨好别人，不值得别人爱。这些都是认识上的偏差，导致她无法处理好与他人之间的关系。

五、教育过程

1. 信任、宣泄、发现心结

根据小北的兴趣，笔者把班上的一些工作交给她负责，她表现出空前的热情和认真，笔者因此经常表扬她。看得出她非常高兴，认为自己在班上还是有用的。因为从小学开始她从未如此被重用过，连小组长都没当过，当她从笔者这里找到了信任和自身价值后，开始逐步向笔者敞开了心扉。

一天，笔者把哭肿了眼睛来上课的小北带到心理辅导室，关切地问她："今天发生什么不愉快的事了？"她再次非常伤心地哭起来，然后把自己的心事告诉了笔者。为了便于笔者了解，她把自己从未给别人看过的两本日记向笔者敞开，于是她辛酸的往事便历历在目，许多处，笔者也不由自主地流泪了。小北认为这个世界上已经没有什么使她感觉美好的东西了，但她又渴望得到美的东西，这便是导致小北焦虑的真正原因。

2. 与家长配合

我们从小北母亲那里了解到：小北的家庭与小北在日记中描述的基本相符，父母对于她物质上、学习上的一切要求都尽量满足，只是教育方式简单，疏于对她心理的关怀，动辄打骂，有时吵架说了一些不该说的话，小北听后就牢牢记住，并不断扩大，造成自己巨大的心理压力。笔者把小北在校的情况向其母亲反映，她的母亲还是比较能接受笔者的说法的,毕竟她还是很爱小北的。笔者建议她每周到学校来一趟了解女儿的情况,并保证在家尽量少指责女儿。而在小北那里,笔者也有意讲一些有关母女关爱的故事,让她体会到母亲是真的爱她,只是表达方式不同。通过两个月的这种互动,小北与其母亲的关系缓和了许多。

六、初步解决方案

(1) 采用合理情绪和认知调整的辅导方法。
(2) 学校和家庭的配合辅导。
本案例技术路线图如图4-16-1所示。

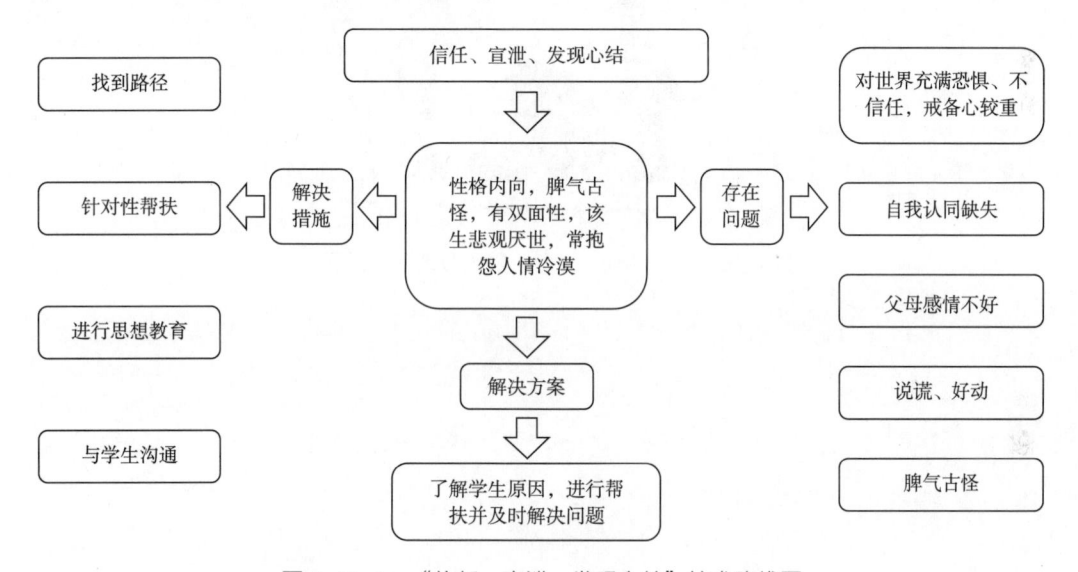

图4-16-1 "信任、宣泄、发现心结"技术路线图

七、总结与感悟

大学生的心理问题,如自我封闭,游离集体氛围,家庭亲子关系冷漠,怯于交往、社会生活难以融入等,实际是一种心灵孤独情绪的表现。因此,在辅导中我们更有必要分析这些心灵孤独情绪产生的原因,并寻找改变这种现象的策略,以促进学生健康成长。

情景还原(图4-16-2)

老师:你们在物质上对小北确实很好,但是你们疏于对她的心理关怀,发生一点小事就动辄打骂，有时吵架时说一些不该说的话，小北听后就把它们牢牢记住，并不断扩大，造成自己巨大的心理压力。

小北母亲：她就这德行，从小到大都是。

老师：其实，你女儿在许多方面都表现得相当不错，如果我们能给她一个较宽松的环境，让她呼吸得更自由些，或许她的脾气会好得多。我建议你们可以一周抽空来学校一次，了解一下小北的近况。

……

图 4-16-2　"信任、宣泄、发现心结"情景还原

第十七章
原来我拥有这么多爱

胡云英

一、当事人基本信息

小钱，17岁，六七岁时父母离异，小钱由父亲抚养，但平时与爷爷奶奶一起生活。后来父母各自又重新组建了家庭，小钱很少回到父亲和继母的家里。父亲是普通工人，文化水平不高，脾气不太好，经常与小钱发生争吵。家人之间平时沟通交流也很少。因此，小钱性格也很内向，心情总是很苦闷，学习成绩也不理想。

大约两年前，小钱初中毕业，没有考上高中，进入了中职学校学习。离家在外住宿，内心更渴望父母关心。但母亲再婚后又生了一个男孩，没有时间和精力关心他，甚至连给他买衣服、物品、跟他微信沟通都很少，都是奶奶管他。

无论从精神上还是从经济上，家人能够给小钱提供的支持和帮助都很有限。

二、危机的发生

新学期开学后，小钱因为面临要顶岗实习，学业压力较大，加上对自己毕业后能从事什么工作不了解，内心经常烦躁不安，在寝室和班级都表现得很消极。

某天，同学们在上完课打扫卫生时，发现他的情绪不对，听到他在手机里跟家长发生了争吵。过了一会儿，小钱站起来在教室里不停地走动，状态也很差。

班主任得知消息后第一时间联系学生家长，同时向心理健康教育中心反映情况，对该生进行了紧急干预。首先安抚他的情绪，使其平静下来。等家长来到学校后，进一步了解家庭情况，针对性地对其进行了系列咨询调整。

三、干预过程

针对该生的情况，学校心理老师通过三次咨询，了解到他产生内心矛盾困扰的原因，针对性地给学生和家长提供了指导。

1. 原因分析

小钱同学在受到强烈刺激后，出现了消极心态，其表面原因是刺激事件引发的，但进行深入分析后，不难发现其背后是存在深层次原因的。

（1）该生正处于青春期、大脑发育的加速期，生理原因导致其激素水平不均衡，心理状态也极容易失衡。因此情绪管理能力差，经常出现莫名其妙的烦躁。

（2）该生的自我认同度不高，成长过程中被批评、否定、忽略过多，自信度不够。小时候经常被小朋友嘲笑，经常受欺负；爸爸跟他之间沟通交流少，经常发脾气，情绪不稳定。

（3）从小父母离异，缺少母爱，内心安全感被破坏，后来妈妈又生了一个男孩，他更加感觉到妈妈不会再爱他了。恐惧、伤心等负向情绪在内心压抑，没有人指导他，加之认知水平受限，因此不会良性表达情绪，这样积压到一定程度就会心态崩溃。

（4）该生的家庭关系比较复杂，父母、继父母虽然正常履行教育抚养义务，但基本只是用给生活费的方式表示关心和关爱，忽略他内心的感受。他更需要的是完整的家庭、和谐的氛围，需要经常得到认同、肯定和支持。随着年龄增长，他内心的真实想法和感受无人可说，没有人理解，所以就容易苦闷烦躁。

2. 辅导策略

在分析了该生情绪行为问题产生的原因后，结合该生性格特征和实际情况，对其进行了系统咨询辅导。

（1）心理老师在咨询过程中，努力进行换位思考，充分理解小钱内心的感受，对其轻生的行为不作评判。同时与其充分共情，在其叙述家庭成员之间沟通不畅时，引导他看到家人对他的爱。

首先通过"情绪ABC"理论，让小钱看到，"A"是父母家人跟他沟通少，这是一个事实，在不改变事实的情况下，要想改变他的情绪反应和行为，也就是"C"，需要他调整自己关于事实的看法"B"：他原来的看法是父母跟他交流少，就是对他不关心；实际上父母、继母每个月都按时给他提供生活费，生活上对他也是关心的。

在调整他的想法时，主要采用"三圈"理论为他讲解他与父母之间的关系，让他知道，作为有血缘关系的亲人，父母一直都是爱他的，只是父母不会恰当地表达对他的关爱。边画图讲解，边询问他记忆中父母对他关爱的一些细节，小钱连连点头，承认自己确实因为情绪波动起伏，忽略了父母对他曾经的爱和正在提供的帮助支持。跟他并没有血缘关系的继母，也因为和他父亲一起生活，每个月会额外给他几百块钱，以此来引导他应该对继母表示感恩。

经过两次疏导后，咨询师再次询问小钱内心的感受，他不再感觉纠结烦躁了，觉得自己拥有的爱真的很多。

（2）针对小钱多次提到的，弟弟出生后，妈妈也不关心自己了，对自己的爱变少了的情况，心理老师用两条线段代表妈妈对他们的爱，直观地让他感受到，在有弟弟之前他一直独自享有着父母对他的抚养照顾和关爱，跟弟弟相比，自己得到的爱不是变少了，而是会随着年龄的增长越来越多。弟弟的到来，会让他在世界上又多了一个亲人，他对弟弟也要关爱。

（3）小钱的情绪和偏差行为，与他对自己未来的人生规划不清晰也有关系。因此，心理老师引导小张，看到并珍惜自己目前所拥有的一切，找到自己的优势，然后去规划未来。自己的人生要自己做主，他目前更重要的事情是好好锻炼专业技能，争取在接下来的实习和就业中，能够顺利平稳，将来在工作中能够有好的发展，过好自己的人生，并且有能力去回馈父母、家人。

（4）在对小钱进行心理干预和疏导的同时，学校老师也与小钱的父母取得了联系，对他们进行家庭教育指导，建议他们改变与孩子的沟通模式，平时加强联系，少批评指责，多从精神上关心他。

本案例技术路线图如图 4-17-1 所示。

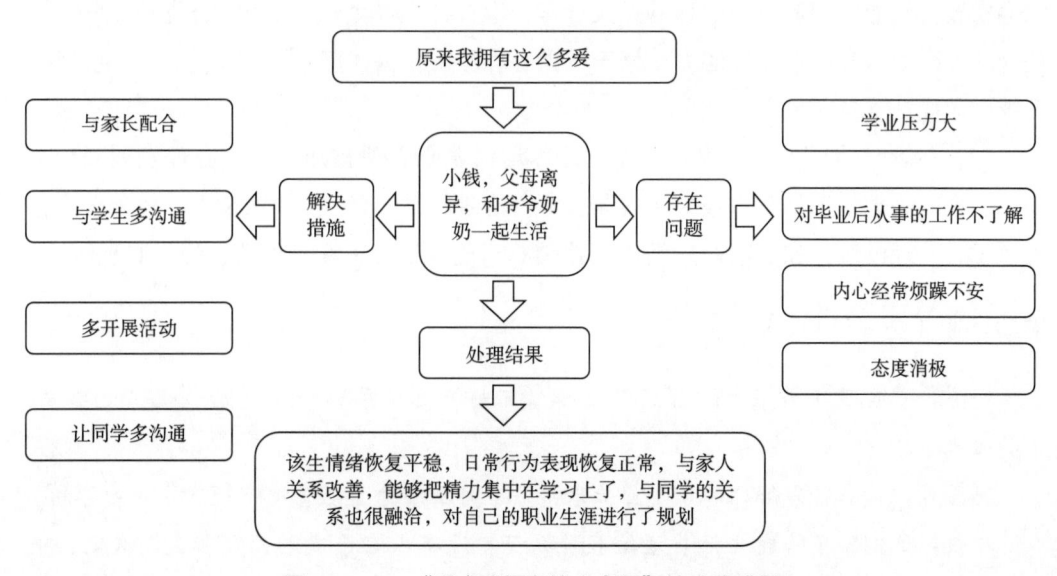

图 4-17-1 "原来我拥有这么多爱"技术路线图

四、干预结果

针对此案例,由于学校建立起"校、系、班、寝"四级心理服务体系,日常注重开展心理健康知识宣传和教育,班主任和心理老师对突发情况干预得比较及时,案例中的学生小钱情绪恢复平稳,日常行为表现也都很正常,与家人的关系得到了很大改善。

在班级里,小钱能够把精力集中在学习上了,与同学的关系也很融洽。在与心理老师的交流中,他也对自己的职业生涯进行了规划。他认为自己的优势在于喜欢计算机网络操作,英语也不错,中职毕业后要先进入计算机企业实习就业。同时也想参加高职单招考试,争取能够考进一所大专学校继续深造,打好基础,让自己将来的工作能更有发展。

五、经验分享

(1)中职学校的学生,从身心发展角度来看依然处在青少年期,认知不够完善,情绪也容易受到各种因素的影响。因此,学校老师、家长要关心学生的心理健康,尤其是要通过学生的情绪行为,看到他们背后的心理需求,然后及时满足。

(2)学校建立家校社企合作平台,以学校为主导,成立家庭教育讲师团,家庭为支持者,企业和社会为资源提供者,学生自我为主体,在四个不同阶段开展职业体验、社会实践、就业指导等不同内容的家校合作、家校社企联动活动,增强积极心理体验,提升心理适应力和职业发展能力,培养积极心理品质,构建起"家、校、社、企、我"五维联动成长支持系统。

(3)针对住宿的中职学生,要注重培养培训兼职心理教师、学生心理发展联合会委员、寝室心理信息员及舍务生活指导教师(心理预警报告员),在校内、校外全方位关注学生心理健康,如有问题发生按《校园心理危机处置预案》处置,提供心理防护。

情景还原(图4-17-2)

小钱:我实习压力很大,最近什么都做不好,自从弟弟出生之后,妈妈也不爱、不关心我了。

辅导员:我非常理解你的感受,你母亲每个月都给你生活费吧?她肯定是爱你的。

小钱:他们除了给我生活费还给我什么了?没有人在乎我的感受,久而久之,有问题我也不和家里说了。

辅导员:怎么会呢?他们知道你在学校里的事情之后,昨天还给我打电话问呢,大家都很关心你的。
……

图 4-17-2　"原来我拥有这么多爱"情景还原

第十八章
家庭因素导致的学生心理逆反问题案例分析

王 铭

一、案例概述

小贾，女，自大二开始，请假频率增加，在与其沟通过程中，了解到该学生家庭情况复杂，父母离异，又各自组建了新的家庭，对其有极大的影响，使其萌生厌学情绪。了解到这一情况后，笔者分别给小贾的父母打电话讲述这一情况，并提醒其父母在平时多抽出点时间和孩子聊聊天，多关心关心她，让她感受到家人的温暖，她父母都表示会积极配合。隔了几天，小贾来到笔者办公室，情绪也有些不稳定。在她平复情绪后的交流中得知，在其父母离婚后她一直对父亲怀有怨气，并说她不想读书了，想要出去做生意，自己过自己的人生。而后，在课程全部上完后，她就自行去上海打工了，未曾参加期末考试，随后，开学也未曾按时返校报到，其间笔者与学生本人及其家长联系多次，经其同意后给她办了休学处理。

二、案例分析及解决办法

1. 案例分析

小贾的休学事件，使笔者不由得陷入了思考。主要有以下两点：

第一，经过访谈，笔者发现小贾休学不能等同于一般性问题的休学，诸如不适应环境、天气；身体患有严重疾病，经治疗后亦不能继续在校学习；出国、移民等。她是因为其复杂的家庭关系，父母离异，缺少关爱；同时其父母又各自有组建新的家庭，心理落差大，对父母存在一定程度的怨气，对于父母督促好好学习的事情产生抵触情绪，久而久之就开始产生厌学情绪，想出去闯荡，不想和父母有太多的接触，从内心开始封闭自己。

第二，从性格方面分析，小贾性格独立，很有主见，但思想较为偏激，看问题过于简单。她只认为父母对她不够关心，不够重视，却完全没有从父母的角度去思考，在自己片面思维模式下，和父母之间的交流越来越少，理解越来越少，误会却越来越多，甚至在心底对父母产生一种排斥的想法，如此让她有休学想法也就不足为奇了。

2. 解决办法

（1）找出原因。学生休学有主观原因，也有客观原因，像小贾这种情况，因为家庭问题而休学的，应该从两方面着手处理：

首先，和学生家长沟通，把了解到的小贾的情况与其家长及时进行交流，家庭环境对孩子造成的心理影响，根据目前了解的信息对学生接下来可能做出的选择做出一定的预判，提醒家长多和孩子建立沟通，尽量消除隔阂，使其慢慢恢复心态。

其次，和学生交流，多和学生接触，了解最新思想动态，建立师生信任，让学生在心理上尽量不感觉到孤单，有心里话可以找老师倾诉、交流，然后在此基础上慢慢转变学生的想法，开导她、引导她。

（2）注重技巧。在交谈过程中，笔者注意利用心理战术，攻防有度，进退自如。笔者既肯定其父母对孩子在一定程度上关心有所缺失，但也请她设想休学之后，如何在社会上能够更专业学习寻找突破点。要知道，大学不仅是一张文凭，更是对一个人潜在的长远影响，如个人素质的提升和人格的完善，认知方式、交际能力和思考能力的获得等。

本案例技术路线图如图 4-18-1 所示。

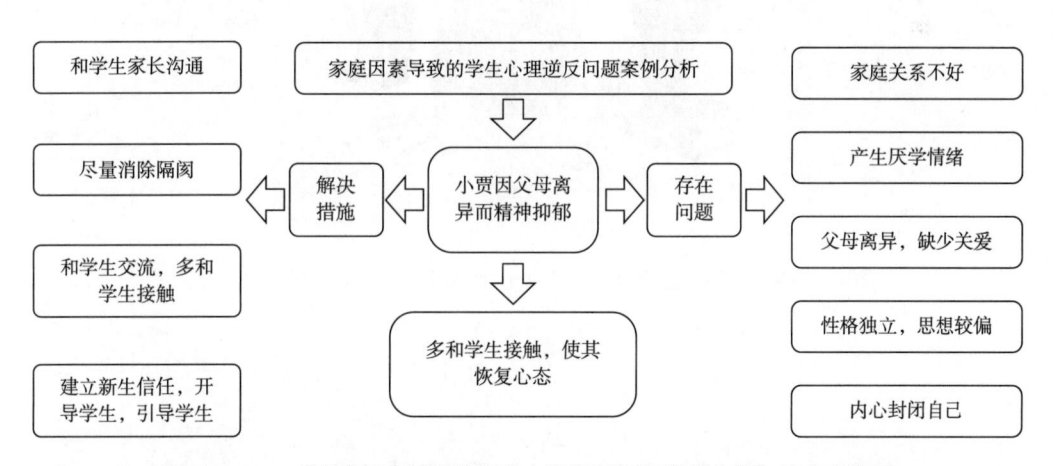

图 4-18-1 "家庭因素导致的学生心理逆反问题案例分析"技术路线图

三、经验与启示

从另一个角度来讲，其实小贾的休学是她对自己的一种反思和新的规划。她目前所表现出来的一系列现象，说明了她根据现有家庭情况和在校生活的焦虑和排斥，最终反映出自己对未来发展的迷茫。一时的迷茫和无所适从是谁都无法避免的，更何况她还是学生。在这样的情况下，我们应该指导她好好规划自己的职业和人生。帮助她厘清思绪，在成长道路上少走岔路。

作为一名思想政治辅导员，我们应该善于发现问题，善于帮助学生解决问题，挖掘学生的潜力，引导学生树立正确的学习观、人生观、价值观，做他们成长道路上的明灯。

情景还原（图4-18-2）

　　王老师：怎么了小贾同学，最近发生了什么事情吗？

　　小贾：我爸妈离婚后，我对父亲一直怀有怨气，我不想读书了，我想要出去做生意，自己过自己的人生，不想和他们有瓜葛。

　　……

图4-18-2　"家庭因素导致的学生心理逆反问题案例分析"情景还原

第十九章
关于对大学生家庭关系心理问题的一些看法

包洪亮

家庭是个体的最早、最重要的社会化环境，对个体的成长和发展有着深远的影响。家庭是大学生成长的第一所"学校"，家长是第一任"教师"，父母的言传身教、家庭环境的潜移默化，深刻地影响着大学生价值取向和人生态度的养成，良好的家庭环境和积极的家庭教育越来越受到重视。[1] 家庭系统理论认为家庭是一个相互影响和相互依赖的系统，家庭成员之间的关系和互动会对个体的心理健康产生重要影响。横向研究发现，家庭关系的亲密、支持和沟通质量与大学生的心理健康呈正相关关系，波纹理论强调家庭系统中成员之间的相互依存关系。大学生的心理健康受到家庭关系的影响，家庭关系的稳定和亲密度会对其心理健康产生积极的影响。社会支持理论强调家庭成员在提供情感支持、实质支持和信息支持方面的重要性。与家人的亲密联系和情感支持可以提供大学生需要的社会支持，减轻压力和心理负担。根据系统理论的概念，家庭关系中的一个成员的情绪状态会影响其他成员。因此，家庭成员之间的相互联系和相互作用对大学生的心理健康产生重要影响。在大学阶段，大学生面临着从家庭到独立生活的过渡期，家庭关系对他们的心理健康具有特殊的意义。而部分大学生因家庭破裂、二胎关系、经济情况、父母关系等而产生的自卑、抑郁、双向情感障碍等心理问题正吞噬着他们的健康生活。因此，如何有效地引导和帮助大学生走出心理危机，有助于大学生更好地形成理性和平的积极心态。

一、家庭关系对大学生健康心理的重要性

家庭关系是大学生心理健康的基础。研究表明，良好的家庭关系可以为大学生提

---

[1] 梅萍、宋增伟：《家庭亲疏关系对"90后"大学生生命价值观的影响》，《学校党建与思想教育》2015年第17期。

供情感支持、安全感和自尊心等基本心理需求，从而有助于他们建立健康的自我认知和自我价值感。相反，家庭关系紧张、缺乏支持和理解的家庭环境可能导致大学生产生焦虑、抑郁等心理问题。家庭关系质量对大学生的适应能力和社会支持也具有重要影响，良好的家庭关系可以提供安全稳定的成长环境，培养大学生面对挫折和压力时的积极应对能力，同时也为他们提供情感和物质上的支持，增强他们面对困难时的社会支持系统。大学生心理健康教育是提升大学生心理素质和心理健康的重要途径。而家庭关系作为社会化的起点，对大学生心理健康教育有着重要的桥梁作用。良好的家庭关系可以为大学生提供正确的心理观念和适应能力，有利于他们在心理健康教育过程中更好地理解和接受相关知识和技能。

二、大学生因家庭关系影响产生的心理问题

1. 抑郁和焦虑

在互联网背景下，父母及子女沟通理念的不同加剧了原生家庭的代际隔阂。❶ 家庭冲突与大学生抑郁和焦虑症状有显著关联。持续的冲突让大学生感到紧张和疲惫，增加心理压力，导致情绪低落和焦虑感的增加。家庭冲突可能导致大学生无法良好调适情绪，表现出冲动、攻击性行为或退缩行为，产生焦虑和抑郁。

2. 自尊和自信心问题

亲子关系的亲密度和支持性将直接影响大学生成长过程中的自尊和自信心。缺乏家庭支持和情感互动的大学生容易感到自卑、不安全，对自己的能力和价值产生怀疑。

3. 社交和人际关系问题

良好的亲子关系为大学生提供了与他人建立良好关系的基础。相反，亲子关系的质量差、冷漠或缺乏沟通可能导致大学生在与他人交往中遇到困难，感到社交不适应和孤独。

4. 孤立感和缺乏自主性

当父母过度控制大学生的生活决策和个人空间时，大学生可能感到被束缚和剥夺个人独立性。这可能导致自我认同和自主性的发展问题，使大学生感到无法独立应对挑战和压力。

5. 压力和焦虑

父母过度关注和对成果的过高期望可能给大学生带来沉重的压力。大学生可能感到内心压抑、心理负担过重，产生焦虑和不良情绪。

---

❶ 杨平、盛晓娟、赵云珠：《"90后"子女和父母双视角下的原生家庭关系研究》，《当代青年研究》2020年第3期。

三、家庭关系影响大学生心理健康的原因

1. 情感支持缺失

一方面，良好的家庭关系通常提供情感支持，让大学生感到被理解、被接纳和被关爱。然而，当家庭关系存在问题时，可能缺乏情感支持，大学生可能感到孤独、被忽视或不被理解。家庭成员之间缺乏沟通和情感交流，家长可能对大学生的情感需求不敏感，导致大学生在面临困难和压力时无人倾诉或得到支持。另一方面，单亲家庭、重组家庭、无亲家庭和正常家庭等不同的家庭结构对于大学生心理健康的影响是不一样的。但是需要注意的是，家庭结构对大学生产生的影响并不是其成为大学生才形成的，而是在家庭结构形成的那一刻甚至是形成之前，就已经对大学生产生了影响。比如一个正常家庭，在学生初中阶段母亲去世成了单亲家庭，这时就已经对学生产生了心理方面的影响，并一直延续到大学。

2. 家庭冲突与紧张氛围

研究表明，家庭冲突与大学生的抑郁、焦虑和敌对行为之间存在明显的正相关关系。长期的家庭冲突会导致大学生对自身及他人的不满意情绪积累，进而产生消极的心理状态。家庭冲突和紧张的家庭氛围会对大学生的心理健康造成负面影响。持续的家庭冲突可能使大学生感到压力和不安，甚至觉得自己处在家人之间的斗争中。比如一个家庭中，父亲和母亲都是不善于表达的人，平日里也很少交流，总是做各自的事情，在这样的氛围下，大学生从小就可能形成内向、不善言谈的性格，心里存在交流障碍等。而若是在一个时常出现争吵的矛盾家庭中，大学生从小就受到不和睦因素的影响，那么在长大后也会形成暴躁、易怒的性格，他们可能被卷入家庭冲突中或承担家庭调解的责任，这会对他们的心理健康产生不利影响，部分大学生会产生抑郁情绪。

3. 家庭期望与压力

一方面，家庭对大学生的期望和压力可能对其心理健康产生影响。过高的期望和不合理的压力可能导致大学生感到沮丧、焦虑和自我价值下降。家长对大学生的学业成绩、就业选择或未来规划有过高的期望，过度的压力可能使大学生感到无所适从、内心压抑。另一方面，父母和大学生的成长时代不一样，受到的理念熏陶也不同，因此不少父母往往将自己的观念强加在大学生身上，这就导致和大学生自身的观念形成冲突，导致大学生产生心理压力，比如在交男（女）朋友、勤工俭学等问题上，都是容易出现问题的环节。

4. 家庭支持与安全感

良好的家庭关系为大学生提供支持和安全感，帮助他们面对挑战和压力。当家庭关系存在问题时，缺乏支持和安全感可能对大学生的自信心和心理健康产生负面影响。

家庭成员无法提供情感支持、鼓励和认可，大学生可能感到不被支持或无法依赖家庭成员，这可能加剧他们的不安和焦虑。另外，家庭经济也是影响大学生心理健康的一大重要因素，尤其是在进入大学之后，学生都是来自全国各地，因此相互攀比是不可避免的。而一些家庭条件较差的学生在攀比中处于弱势，受到讥讽或是嘲笑，就有可能将负面情绪转移到家庭中，甚至是父母身上，认为是父母的不中用才导致自己在别人面前丢脸等。这些错误的想法导致大学生心理健康状况不容乐观。

四、家庭关系影响大学生心理健康的干预路径

1. 创建和谐的家庭环境

鼓励家庭成员之间进行开放、诚实和尊重的沟通。为此，可以倡导家庭成员定期举行家庭会议，共同讨论和解决问题，建立相互的理解和支持。家庭成员间的亲密关系是和谐家庭环境的基础。鼓励家庭成员彼此倾听、支持和尊重，建立温暖、亲密的家庭氛围。培养共同的兴趣和活动，增进彼此之间的情感联系。制定明确、公平且合适的家庭规则和界限，以提供家庭成员在家庭中的安全感和稳定感。确保规则的适用性和一致性，并秉持开放的沟通方式来解决分歧和冲突。家庭中不可避免会有冲突，但如何解决这些冲突是关键。倡导家庭成员使用合适的沟通技巧，如倾听、表达情感和寻求共识，以建立和谐的冲突解决方式。家庭成员之间的情感支持对大学生的心理健康至关重要。鼓励家庭成员表达关心、鼓励和支持的情感，以帮助大学生建立积极的自尊和自我认同。共同度过建立和谐家庭环境的关键时期。家庭可以安排固定的家庭活动，如共进晚餐、户外活动、游戏或聚会，以加强家庭联系和互动。如果家庭关系问题较为严重，家庭成员可以考虑寻求专业心理咨询师或家庭治疗师的帮助。他们将提供适当的指导和支持，帮助家庭解决问题并建立更健康的家庭动态。

2. 建立良好的家校合作

当处理大学生心理危机时，建立良好的家校合作关系对于提供支持和干预至关重要。提供家长教育课程，帮助家长了解心理健康问题和危机信号，并学习支持和引导大学生的技巧。建立家长与学校之间的沟通渠道，鼓励家长参与校园活动和家长会议，以促进家校合作和心理健康的共同关注。学校可以提供全面的心理健康资源，如心理咨询服务、心理健康工作坊和支持小组。应该让家长知道学校提供这些资源，并鼓励他们引导大学生寻求帮助和支持。学校可以与家长保持定期的沟通和反馈，包括学生的学习进展、社交关系和心理健康状况。这种沟通有助于双方及时了解大学生的问题，并采取相应的干预措施。学校可以组织家长会议、工作坊和讲座，提供关于心理健康、青少年发展和应对危机的培训和教育。

3. 加强学校教育引导

在大学课程中引入心理健康教育课程，涵盖压力管理、情绪调节、自我认知等内容。这些课程可以帮助学生更好地了解和管理自己的情绪和心理健康，提供有效的心理健康知识和应对策略。建立全面的学生支持服务体系，其中包括心理咨询、心理健康工作坊、心理健康俱乐部等。这些服务将为学生提供机会，倾诉和分享心理困扰，并获得专业的心理支持和指导。建立导师制度，使每位学生都有一位指导教师，定期与学生进行个别会面，关注学生的学业、情感和心理健康状况。导师可以提供情绪支持、指导学业规划和推荐适合的心理健康资源。营造积极的校园文化和支持性的学习氛围，倡导互相尊重、关怀和支持的价值观。学校可以开展心理健康主题的宣传活动，鼓励学生参与社交和文化活动，促进社会支持和归属感。帮助大学生培养积极应对压力和逆境的能力，如提供适应资源、技能训练，以及时间管理、冲突解决和积极思考策略。这些技能和策略有助于学生增强应对挑战和压力的能力，避免心理危机的发生。为满足不同学生的需求，学校可以提供多元化的心理支持形式，如线上咨询、心理健康 App、远程辅导等。

4. 提升自我调节能力

心理韧性是应对压力和逆境的关键能力。大学可以通过心理健康教育和训练课程，帮助大学生培养积极的心态、积极的情绪调节策略和解决问题的能力，以增强他们的心理韧性。鼓励大学生建立积极的支持网络，包括朋友、导师和其他支持者。这些人可以为大学生提供情感支持、建议和理解。大学可以通过举办社交活动、俱乐部、导师计划等方式来促进人际关系的建立。帮助大学生了解自己的情绪反应、情绪触发因素和情绪表达方式。通过情绪认知技巧，如情绪日志、情绪词汇和情绪身体感知，学生可以更好地识别、理解和调节自己的情绪，以减轻心理压力。教授大学生有效的压力管理和应对策略，如积极的问题解决、放松技巧、心理疏导和身体锻炼。这些策略有助于学生减轻压力，并提升应对困难和逆境的能力。鼓励学生进行自我反思，了解个人需求、强项和弱点。教授学生培养自我关怀的习惯，如定期的休息、足够的睡眠、营养饮食和放松活动。通过呵护自己的身心健康，学生能更好地应对心理压力和危机。引导学生训练注意力，如通过冥想、专注力训练和身体感知练习来提升专注力和意识力。同时，帮助学生重塑负面思维方式，采用积极乐观的思维框架来应对困境和挑战。教授学生制定明确的目标，并提供时间管理的技巧和工具。通过合理的目标设定和时间规划，学生能够更好地组织时间，分配精力和资源，降低焦虑和压力。鼓励学生建立健康的社交圈子和支持网络，与他人分享情感、关心和支持。教授学生积极的人际交往技巧，如倾听、表达和解决冲突，以促进良好的人际关系，减轻心理危机的负面影响。

综上所述，家庭关系在大学生心理健康方面扮演着至关重要的角色。新时代的大学生心理健康教育研究可以进一步探索家庭关系在大学生心理健康中的中介和调节机制，以及具体干预措施的有效性。有效的家庭支持、情感安全感和良好的家庭沟通对大学生的心理健康有积极影响，家庭冲突和低效的家庭沟通方式不但对大学生心理健康有潜在风险，更是学生出现心理危机的导火索。因此，要认识到家庭因素对大学生心理健康产生的直接影响，了解家庭结构、经济情况、父母期望等对学生造成的实际压力。高校要搭建互联网平台，利用新媒体加强家校联系机制，建立沟通反馈渠道；学生在校期间要做好教育引导，在提升学生综合素质上下工夫、做学问，从学生喜闻乐见的实践活动出发，提高学生自我心理防御能力，使学生遇到问题能解决、不极端，逐步弱化家庭因素对学生心理的影响，提高大学生心理健康水平。

第五篇　情绪调节篇

第一章
大学生活，从增强自信开始

马云峰

一、当事人基本信息

小K，女，在入学后不久情绪出现较大的波动，感觉自己被孤立，在寝室与同学在相处时会出现紧张情绪，连续几天出现无法上课、无法参加集体活动的情况，时常独自哭泣，频繁请假。

二、个人成长史

小K，是家中独女，家庭生活条件较好，从小父母对其期望很高，要求严格，从小到大的事情都由父母决定。其所学的专业也不是自己喜欢的，是听从父母的要求做的选择。父母虽没有离婚，但夫妻关系长期不和睦，小K认为父亲对母亲的行为属于家庭冷暴力。在小学、初中、高中都存在一定的人际关系不良问题，均出现过被同学孤立的情况。

三、学生个人陈述

小 K 认为自己不够优秀，在处理事情和与同学交往过程中，没有其他同学表现的自如和优秀。在和同学交往的过程中，会有习惯性的讨好心态和言行习惯。认为宿舍中有几位室友形成小团体，孤立她。她尝试融入大家的聊天和一些日常讨论，但是觉得自己有讨好的心态，这种感受让小 K 有很大的疲倦感和对集体生活的厌倦感。同时，小 K 所学专业是按父母的要求报考的，对专业不是很了解，感觉很迷茫。

四、成因分析

（1）家庭影响，父母强势，小 K 一直在父母的拘束下成长。
（2）心理承受能力较差，自我认知存在偏差。
（3）学业目标不明确，对新环境适应能力较弱。

五、教育过程

通过谈话笔者了解到小 K 在上大学之前从未有过集体住宿经历，在得知被大学录取以后，非常焦虑，担心不能和室友处理好关系，也很害怕即将到来的集体生活。在以往的学习过程中，又有过被孤立的经历。辅导员引导小 K 意识到在大学入学前的担心和焦虑是很正常的。在宿舍中的紧张情绪和对上课、参加集体活动的抗拒心态，是自己害怕面对集体，不知道如何和大家相处，担心自己像以前一样不被接纳。因此建议小 K 丰富自己的生活，积累成就感，提升自我价值感，以此增强自信。学会智慧地表达自己的不同意见，避免形成正面冲突，同时要学会做自己，通过换位思考让小 K 理解，讨好并不会获得尊重和真诚，应该学会规划和经营自己的学习生活，设定目标，突破自我设限。引导小 K 认真了解自己所学专业，多与专业老师、学长、学姐沟通，了解专业课程以及学习情况，找寻所学专业与自己所爱好的专业的共通点与交叉点，确定自身学习目标。

六、初步解决方案

（1）寻求学校专业机构支持。在学生自愿主动的情况下，帮助小 K 寻求专业心理咨询师的帮助。
（2）与学生家长建立联系与沟通。了解不同阶段学生的成长环境。让家长意识到家庭教育给学生带来的影响，引导家长认真倾听学生内心的想法。建议家长不要给学生施加过多的压力。

（3）加强同学间的联系。组织班级破冰活动，引导新生之间快速建立联系，促进彼此熟悉与了解。丰富学生校园文化生活，开展寝室文化节等活动，引导学生为创造良好的生活环境共同努力。

（4）帮助学生探索自身优势，建立自信。通过与小K一段时间的相处，了解到该同学很有爱心，乐于帮助他人，鼓励小K加入志愿者协会，在帮助他人中建立自信。

（5）找寻学业方向，确立学习目标。帮助小K与专业老师建立联系，参加专业工作室的学习与工作，了解探索自身学习目标。

本案例技术路线图如图5-1-1所示。

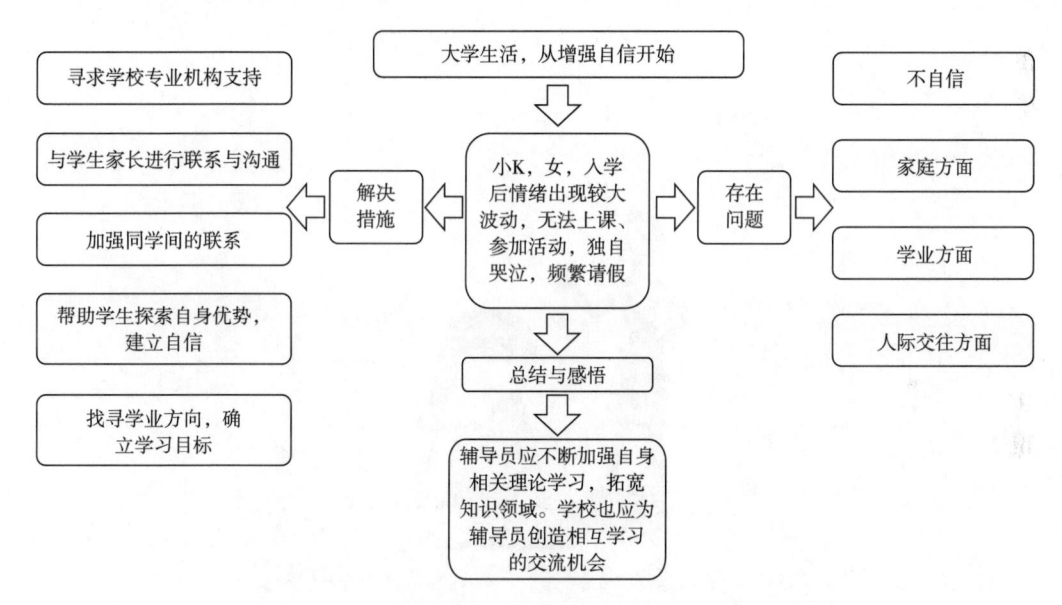

图5-1-1 "大学生活，从增强自信开始"技术路线图

七、总结与感悟

大学生容易受到家庭成长环境、人际交往群体和自身的情绪波动影响，从而产生心理问题，大学生的心理问题越来越成为辅导员工作中的重要关注点。为了能够更好地做好学生工作，特别是处理好学生的心理问题，辅导员应不断加强自身相关理论学习，拓宽知识领域。学校也应为辅导员创造相互学习的交流机会，分享工作中遇到的常见问题、疑难问题和突发情况的有效处理方法。积极开展心理调查，探索学生感兴趣的心理教育方式。建立学生心理档案，将思想教育与心理教育有效结合，努力采取多种措施，确保学生身心健康，为学生的成长成才保

驾护航。

情景还原（图 5-1-2）

　　辅导员：小 K，你以前住过集体宿舍吗？

　　小 K：我以前从没集体住宿过，知道被大学录取以后，非常焦虑，担心不能和室友处理好关系，也很害怕即将到来的集体生活，再加上之前有不好的经历，很紧张，又很害怕。不敢和大家交流、沟通。

　　辅导员：小 K 你可以尝试丰富自己的学习生活，积累成就感，提升自我价值感，增强自信心。学会规划和经营自己的学习生活，设定目标，突破自我设限。不要总是自己待着。

　　……

图 5-1-2　"大学生活，从增强自信开始"情景还原

第二章

呵护心理健康，关注学生成长

张　航

一、一般资料

小黄（化名），女，就读于某大学某专业，属于低保家庭，评选上助学金后，害怕室友知道她的家庭情况冷落她，并且认为室友家庭条件均比自己好，感觉她们带着歧视的眼光看自己，心情很苦闷，最近总是失眠，不能安心学习，想要换寝室、换班级。

二、个人成长史

小黄父亲、母亲收入甚微，平常没有稳定的收入来源，现家里多子女上学，家庭无稳定经济来源维持学业和生活费。

三、学生个人陈述

小黄叙述自己在新的环境中难以适应，一直想参加各项学生活动，想结交新朋友，但每天都处于紧张无措的状态。其从小由爷爷、奶奶带大，感觉不被父母疼爱，不被同学喜欢，常常熬夜且夜晚难以自抑想哭，曾采用自残的方式来减轻内心的痛苦。评上助学金后，更加害怕受到室友的冷落。室友上课、闲逛都不带着她，她们的家庭条件都比自己好，感觉她们带着歧视的眼光看自己，心情很苦闷，害怕别人的视线，无法投入正常的学习和生活。

四、成因分析

在辅导员老师与心理咨询师交流后，对小黄的心理问题进行了成因分析：

首先，是环境巨变引起的心理不适。小黄同学远离家乡来到喧嚣和繁华的新环境，往往会由于语言、气候、生活习惯等多方面的不适应，产生恐慌、惧怕心理。

此外，就社交环境来说，大学生来自天南海北，大家齐聚一堂，交际圈子变广、变复杂，难免会产生各种摩擦，如果不能尽快适应这种变化，心理会容易受到挫伤，感到孤立无援，而且这种心理创伤对人的影响最大，伴随时间最长，解除的难度也最大。

更重要的是，家庭条件使小黄同学陷入了极度自卑的情绪，从而产生了困惑、茫然无措、无助等心理障碍。

五、教育过程

辅导员老师根据近期对小黄同学各方面的了解，采取较为有针对性的谈话，站在小黄的角度去设想她的处境与想法，再寻找谈话的突破口，让小黄卸下心防诉说自己内心的真实想法。针对小黄同学情绪和心理的异常，辅导员老师将小黄同寝室友约在一起，希望室友给予一定程度的关心和理解，并希望她们能带领小黄在融入寝室生活的同时，也能融入班级生活，鼓励室友在小组活动时积极邀请小黄参加。

六、初步解决方案

1. 教育引导，换位思考，促进改变

在耐心倾听小黄同学自我陈述后，辅导员老师对其进行思想教育和进一步引导，并表示将帮助她争取学校的勤工助学岗位和其他的困难补助，解决小黄的经济方面的顾虑，从而转变小黄的自卑情绪。

2. 宣传国家助学圆梦政策，以评选过程达到育人目的

面对小黄同学的问题，辅导员老师从全体学生层面上再次重申国家政策，让全体学生从政策上有一个充分的正确认识，让同学们明白小黄同学的情况属于国家政策无条件支持的，是国家对大学生助学圆梦的重要举措，打消可能存在争议的念头，并且让全体同学能够感受到国家对大学生的关爱，以感恩的心提升自己，回报社会。

3. 发挥朋辈帮扶作用，帮助小黄融入集体

同龄人的帮扶和支持对小黄同学这种情况十分重要，辅导员老师通过找到小黄的

室友了解情况，并且利用走访寝室、案例分享、小游戏等帮助该寝室增进友谊，并且通过其他已经获得助学金并且表现优秀的榜样学生主动走近小黄，带领她参加班级、学校组织的各类活动，让学生融入集体，寻找到自身的价值。

本案例技术路线图如图 5-2-1 所示。

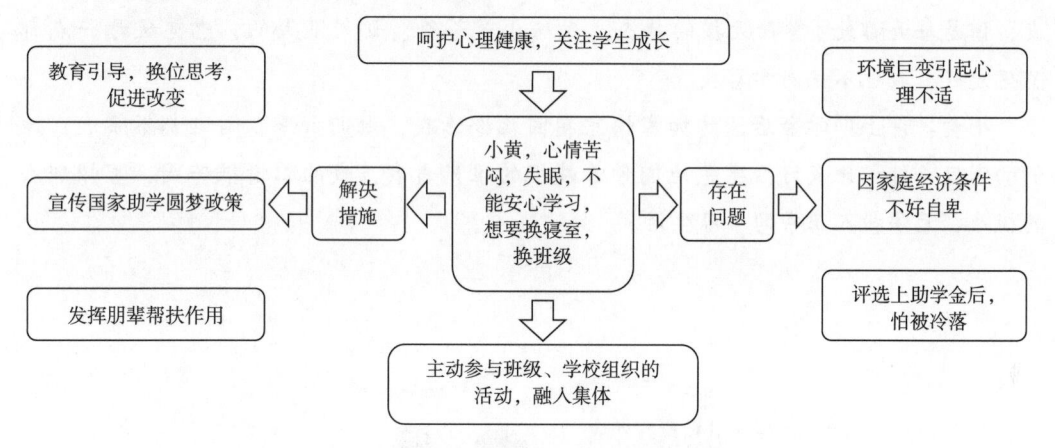

图 5-2-1 "呵护心理健康，关注学生成长"技术路线图

七、总结与感悟

（1）大学生入校后面对一个新的生活环境，很容易产生心理问题，这对一线辅导员提出了更高的要求。辅导员不仅需要处理日常繁忙的具体事务，还要时刻关注学生的心理、思想动态，还要不断提高自身修养，参加心理专业培训，学习心理知识，掌握心理咨询等谈话技巧，准确辨别学生的心理问题，努力提升自己的业务能力。

（2）解决学生争议的问题时，调查了解工作要细致全面。当学生中出现争议问题时，辅导员首要工作是调查了解学生对争议问题的态度、看法及隐藏在问题背后的真实情况，为解决争议问题提供对策思路，为开展思想政治教育提供信息支持。

（3）引导大学生正确认识和评价自我。引导学生以全面的、成长的眼光看待自己，正确认识自我，客观对待自我，切勿片面否定，从而引起自卑情绪。

（4）入学心理普查，建立心理档案，排查高危心理问题学生，跟踪学生在校情况，及时排解心理问题，预防危机事件，做好心理危机的预防工作，防患于未然。

（5）树立以人为本、全面发展的教育理念。强调大学生人格的健全和发展，它在注重学生思维、智力、知识、技能等系统性的知识认知学习之外，还注重对学生兴趣、情感、信念、决断、价值观等心理认知的培育和塑造，切实追求学生德智体美劳的全面、协调发展。因此当前大学生教育要强调心理教育的重要性，切实关注学生心理，注重做好学生心理问题的疏导工作和心理健康的塑造，切实培育学生的主体意识，倾听学生心理诉求，为大学生的身心健康夯实牢固的心理基础。

情景还原（图5-2-2）

　　小黄：我感觉我在新的环境中很难适应，一直想参加各项学生活动，想结交新朋友，但是每天都处于紧张无措的状态。我从小是爷爷、奶奶带大的，感觉父母一点都不疼爱我，我也不被同学喜欢。

　　小黄：评上助学金后，更加害怕室友因此冷落我，她们上课、闲逛都不带我，她们的家庭条件都比我好，感觉她们带着歧视的眼光看我，我的心情很苦闷，害怕别人的视线，无法投入正常的学习生活。

　　……

图 5-2-2　"呵护心理健康，关注学生成长"情景还原

第三章
关怀备至，敞开心扉，心理健康保卫战

王庆波

一、一般资料

小 M（化名），男，20 岁，就读于某大学某专业，缺乏家人关心，性格内向，敏感，不自信。过度关注外貌及他人行为，引发容貌、环境等焦虑，开始怀疑自己，并做出伤害自身身心的行为。

二、个人成长史

小 M 从小性格孤僻，寡言少语，行为独立，在父母离异后，小 M 与母亲一起生活，母亲依靠经营小生意和务农抚养他长大，缺乏对小 M 生活、学习方面的引导。

三、学生访谈自述

小 M 从小少言寡语，没有朋友，生活学习独立，父母离异后缺乏父爱，无人沟通，学习兴趣下降，想过退学提前就业，帮助家里减轻负担。

四、危机发生

两周前，小 M 的室友发现小 M 为准备四六级考试，开始每天食量下降，日常仅进食一个苹果并坚持去操场跑步。在背单词学习过程中有过激行为，激发寝室矛盾。一周后，小 M 暴瘦二十斤，并开始出现掉发症状，精神恍惚，神情游离，身体素质降低。

据室友观察，从那时起，小 M 开始投入学习，每天吃大量坚果，身体呈日渐消瘦状态，还总是对着镜子观察自己的头发，并询问老师、室友，是否有相同的掉发情况。同时，小 M 将自己的长发剪短，上课总是戴着一顶帽子，并且为了减少掉发量从不洗头。室友们察觉到了事态的严重性，拨通了辅导员的电话。

五、教育过程

辅导员在接到小 M 室友电话后立即安排同学密切观察其最近动向，保护小 M 的人身安全。并寻找合适的时机与小 M 聊天谈心，使小 M 逐步打开心扉，进一步了解小 M 心中所想。随后，辅导员与小 M 家长沟通寻找对策，教小 M 学会欣赏自己的优点，逐步建立起小 M 的自信心。

六、初步解决方案

经过充分交流，小 M 逐步建立起自信，并向辅导员承诺从今以后不会再有焦虑的想法，也不会再因为焦虑做出过激行为。并且小 M 将辅导员、心理咨询师添加为第一联系人，以便之后再出现心理困惑能够得到及时纾解，问题能够得到及时解答。

在经过一段时间的观察以后，辅导员及小 M 的室友等人发现小 M 的心理问题有了明显好转，整个人变得自信开朗，甚至会去积极地参加一些学校组织的活动，还会在其他同学遇到困难时给予开导与帮助。后续的心理健康评估也显示小 M 现在的心理状况一切正常，危机解除。

本案例技术路线图如图 5-3-1 所示。

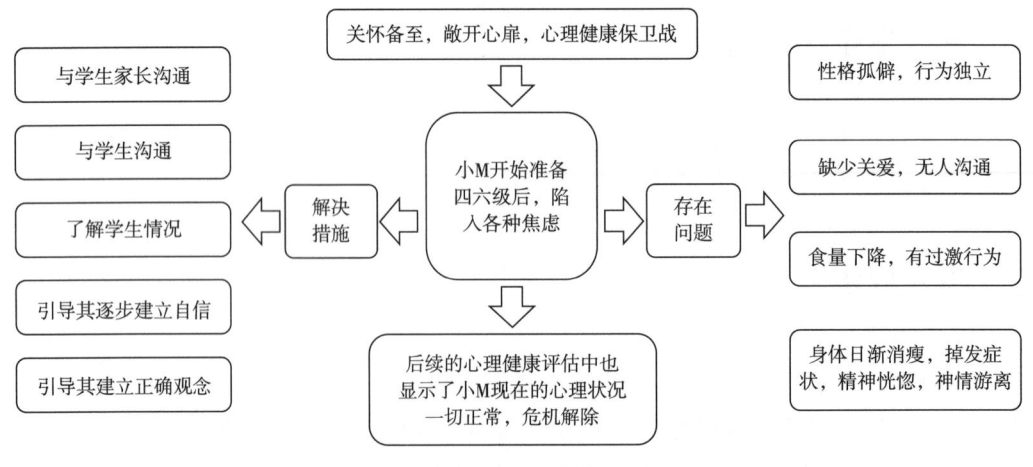

图 5-3-1 "关怀备至，敞开心扉，心理健康保卫战"技术路线图

七、总结与感悟

行为焦虑属于一种焦虑障碍，是指过度关注自己的行为，并对自己的行为进行无意识的贬低、臆想，并严重缺乏自信心，与他人直面交谈时，会产生较多负面情绪和回避行为。焦虑属于心理疾病，严重时甚至会上升到伤害自身生命健康安全，需要介入心理治疗。本案例中，小 M 对自身要求已经达到了病态的程度，并且最后使自己的身心都受到了一定的伤害，是十分严重的。本案例的成功，得益于小 M 同学、室友的细心观察、及时上报，以及辅导员老师的关心关爱、认真负责、细致入微，了解学生心理，与校方密切配合。

八、工作感悟

1. 大学生心理问题不容忽视

高校大学生是一个特殊群体，是一个有知识、未成熟的青年群体，他们虽然更能接受较为复杂的情感和事件，却常因大学时代各种充满冲突的成长任务困惑和挣扎。2020 年，对 2000 名大学生做的随机调查表明，有 35% 的大学生对人际关系敏感，20% 的大学生有敌对情绪，18% 的大学生感到忧虑，12% 的大学生感到焦虑，15% 的大学生心理压抑沮丧。就全国大学生而言，有 20.3% 的大学生存在着心理障碍，同时伴有自卑和懦弱的特点，遇到一些不顺心的事就会意志消沉低落，遇到难以解决的问题就会灰心丧气，没有进取心，受到批评就会萌发报复心理，甚至有人因微不足道的小事铤而走险而发生意外。因此大学生心理健康问题不容忽视。

2. 心灵导师的重要作用

2010 年 2 月 23 日教育部印发了《加强普通高校大学生心理健康教育工作的主要任务》，其要点是依据当前历史时期大学心理养成特点，针对大学生的心理健康意识、心理素质、心理适应能力等领域出现的问题，结合有针对性的心理辅导及咨询活动实践，通过探索缓解和预防大学生心理问题的科学规律，帮助在校大学生树立正确的心理健康意识，提高心理健康水平。通过这些举措，减少不良心理问题对学生的影响，最终降低心理问题引发的学生过激行为，从而净化校园环境，最终推动和谐校园建设。本案例中的辅导员，除了做好日常管理外，更重要的是作为学生心灵的导师，及时发现小 M 出现的心理问题，帮助他解决自己所遇到的问题。

3. 要将预防与干预相结合

加大心理知识宣传，做好心理健康教育，以满足学生的需求。同时，要坚持新生入学心理普查，建立心理档案，排查高危心理问题学生，跟踪学生在校情况，及时排解心理问题，预防危机事件，做好心理危机的预防工作，防患于未然。

情景还原（图 5-3-2）

　　小 M 的室友 A：小 M 为准备四六级考试，只吃一个苹果就坚持去操场跑步。在背单词学习过程中有过激行为，激发寝室矛盾。一周后，小 M 暴瘦了二十斤，并开始出现掉发症状，精神恍惚，神情游离，身体素质降低。

　　小 M 的室友 B：小 M 每天都吃大量坚果，身材日渐消瘦，还总是对着镜子观察自己的头发，并询问老师、我们，是否有相同的掉发情况。同时，小 M 将自己的长发剪短，上课总是戴着一顶帽子，并且为了减少掉发量从不洗头。

　　……

图 5-3-2 "关怀备至，敞开心扉，心理健康保卫战"情景还原

第四章
挽救学生的真实案例

刘家伸

一、基本情况

小G，男，学习成绩良好，好胜心强，不擅长与其他人交流，进入大学四年级，因对自身的期望值太高，并且个人发展遇到挫折，每天都独来独往，焦虑不安，患得患失，缺少与他人的沟通，情绪不稳定，甚至开始怀疑自己的综合能力。

二、家庭环境

小G出生于一个普通工人家庭，家庭状况一般，从小到大父母经常陪伴在身边，成绩较好，在高中阶段，由于心理问题导致高考发挥失常，进入大学校园后，他对自己的要求越来越高，每天忙碌于考取各种证书并获得了相当丰厚的奖学金，但仍然不擅长与人交往，每天独来独往，很少参加集体活动。

三、与学生的谈话情况

小G认为，只有精力高度集中，才能够做好事情，一切与他人的交往都有可能转移注意力，进而影响学习计划，不允许任何人在他面前质疑自己的学习能力，由于学校离家较远，与父母的沟通次数较为有限，为了不让父母失望，他对于每一次考试都非常重视，下大功夫进行备考，在大四时，由于简历投递屡次被拒绝，面试屡次被淘汰，小G开始怀疑自身的能力。

四、成因分析

小 G 自大一开始就不擅长与他人交往，缺少沟通，在不断追求完美主义的同时，与现代社交圈子存在一定程度的脱钩，致使他在高标准要求下，心理压力和学业压力有增无减，小 G 表面上看起来好胜心强，但内心十分渴望他人的肯定，心理素质较差，由于不愿意与他人交往，觉得这是浪费时间，所以大家对于小 G 不太了解，只知道他学习好，意志坚定。

五、教育过程

在笔者与小 G 谈话过程中，他的闹钟经常响起，书桌上有非常详细的个人作息表，详细列出了每个时间段该完成什么样的任务，学习态度极其认真，学习热情高涨。但是，在与同寝室室友及班级干部的谈话当中发现，小 G 极少参加集体活动，心理素质较差，遇到挫折不愿意与他人沟通，在寝室经常焦虑不安，偶尔有过激反应，好在同寝室室友较为理解，寝室氛围良好，由于小 G 长期的良好学习状态，也使同寝室室友的学习状态得以提升。笔者首先对他以往取得的成绩表示了赞扬和肯定，并当众表扬了他的学习态度，号召全班同学学习小 G 的学习方法，小 G 备受鼓舞。然后，跟小 G 分析了"共克时艰"的基本含义，并在基本概念中结合实际进行延伸，告诉他在困难面前所有人都是他的队友，都可以给予他帮助和鼓励，只要他主动说出困难，与其他人进行沟通，不仅可以寻找解决问题的思路，也可以舒缓精神压力。

六、初步解决方案

（1）召开班级内部线上会议，表扬小 G 严谨的学习态度和科学的学习方法，与其室友和班级干部进行沟通，重点从侧面了解小 G 的基本状态。

（2）与小 G 进行不定期沟通，重点讨论学习和兴趣爱好，引导他发展一项自己的兴趣爱好，融入集体生活中，并不定期给予鼓励。

（3）做好该生的就业指导工作，指导其完善简历，在增强其交流表达能力的同时，引导他学习面试技巧。

（4）与该生家长取得联系，总结小 G 的学习状态以及近期同学和老师做出的努力，形成家校联动，讨论家庭层面的引导方法。

本案例技术路线图如图 5-4-1 所示。

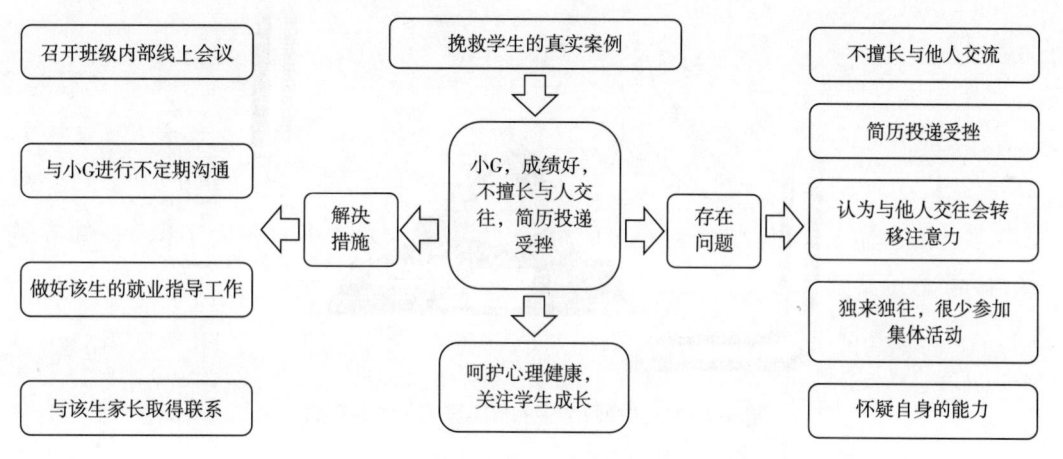

图 5-4-1 "挽救学生的真实案例"技术路线图

七、总结与感悟

学习成绩不是评价一个学生的唯一因素，相较于成绩，人际交往能力和沟通能力更为重要，从学生角度出发，成绩是硬实力，而人际交往是软实力，只有学会把两种实力有机结合，才能更加高效地提升自身的综合实力。

作为辅导员，今后要积极关注学生的生活状态，不拘泥于以学习成绩作为评价学生的重要且唯一的标准，并不定期与学生及学生家长进行沟通，学会从学生的视角看待学生问题，引导他们提升自我纠正的能力。

情景还原（图 5-4-2）

老师：小 G，你的成绩很优异，作息也很规律，你觉得如何能做好一件事情呢？

小 G：我觉得只有把精力高度集中，才能够做好事情，一切与他人的交往都有可能转移注意力，进而影响学习计划，我不允许任何人在我面前质疑我的学习能力。

老师：有老师反映你最近上课状态不好，是怎么回事呢？

小 G：简历投递次次被拒绝，面试屡次被淘汰，我就比较怀疑自身的能力了。

……

图 5-4-2 "挽救学生的真实案例"情景还原

修身 养性 静心 赋能——大学生心理健康教育情景分析与探讨

314

第五章
由国家励志奖学金引发的心理案例

陈昊宇

一、案例背景

小燕，女，大四本科生，在开展国家励志奖学金评定工作时，对国家励志奖学金评选结果不满意，对所评出的一名国家励志奖学金获得者心生嫉妒，感到心理不平衡。该生因为前两年成绩优秀，曾连续两年获得国家励志奖学金，对于此次无缘奖学金，产生很强的挫败感，认为自己不完美，郁郁寡欢，无心学习，陷入心理失衡的困境。

二、案例过程

大四上学期，评定完国家励志奖学金的某一天，班里一名获得国家励志奖学金的小Y联系辅导员，反映同班同学小燕由于没有获得国家励志奖学金，频频联系自己，说自己的成绩造假，如果凭真实实力，拿国家励志奖学金的应该是她，还跟其他人说辅导员偏袒自己。本来关系还可以的同学关系，也变得很微妙。

三、案例研判

近几年，由于学生对评选奖学金结果不满意，从而导致心理不平衡，产生嫉妒、猜忌等不良情绪，影响到学习、生活的案例屡见不鲜。这是一起典型的成就动机过强，奖励动机过强导致心理失衡的案例。针对本次案例，要先了解清楚以下几个问题：

（1）小燕是否成绩符合评选奖学金的资格。

（2）小燕成绩是否真的比小Y优秀，是否家庭情况比小Y困难；辅导员是否在评定国家励志奖学金过程中存在工作纰漏，没有关注到学生的切身利益、忽略了某些细节，导致评定结果有失公平。

（3）若是奖学金评定程序没有问题，小燕为什么只对获得国家励志奖学金的一名同学有疑问，是不是两人关系不好，同学之间有摩擦。

四、案例解决过程

1. 回顾评奖工作，查找漏洞

辅导员仔细回顾家庭经济情况特殊认定和评定奖学金相关工作，找出该名学生相关资料，并总结小燕之所以没有获得国家励志奖学金是因为该生学习成绩没有达到评选国家励志奖学金的条件，但是因为家庭确实比班级其他人特殊，所以获得助学金。辅导员都是严格按照国家、学校相关政策，遵照评定流程，坚持公平、公正、公开的原则进行评选的。

2. 深入班级，掌握学生更多信息

辅导员从班级学生入手，进一步掌握该生更多信息。通过跟班委、同宿舍成员、班里其他学生交流，大部分学生反映该生性格古怪，脾气大，做事执拗，有时听到她给父母打电话大呼小叫，好胜心强，受不了委屈，容易玻璃心，人际关系差，与班级同学关系不够融洽；之前获得国家励志奖学金后有购买奢侈品、戴名牌表的行为。

3. 与当事人交流，进一步了解事情真相

通过与小燕深入交流，小燕态度缓和，主动跟辅导员说了很多心里话。根据与小燕的沟通，辅导员了解到小燕觉得班里大多数的同学，家庭幸福，父母年轻，可以买自己喜欢的东西，去各地旅游，但是自己父母年龄较大，因此心理很不平衡，也会产生嫉妒心理，但是自己成绩较好，此次无缘奖学金让她心里的不愉快、自卑彻底爆发，在她心里，奖学金才能证明能力，她认为小Y各方面能力没有自己优秀不应该获得奖学金。

4. 进行思想教育，重拾信心

了解事情后，辅导员先从思想上对小燕进行教育引导，让小燕合理认识自己的成长环境和过程，认识到家庭环境是不以自己的意志而改变的，但是要有努力奋斗改变的信心，敢于正视生活中的不如意，直面学习上的压力和挑战。每个人都是独特的，都有自己的优点和长处，不要因为先天家庭因素的影响而妄自菲薄，忽略自己的优点。要客观而深刻地认识自己，意识到作为新时代的大学生应该肩负的历史使命。对能力大小和励志奖学金有一个正确的认知，获得奖学金减轻家庭负担值得赞扬，但是获得奖学金不是学习的唯一目的，不能因为没有获得奖学金，就不学习，否定自己，认为自己没能力，这与国家设立奖学金的目的是相悖的。在学习型社会，学习是为了不被社会淘汰，为了增长才干，为了自己以后生活得更好，为了家人对自己的殷切希望，同时也是为了报效祖国。安慰她获得助学金也是对她学习的认可和肯定，更是一种激励，要珍惜这种机会，树立远大目标，为以后有个更好的前途做准备，做一个有理想、有抱负、有志向的新时代青年大学生。

5. 耐心疏导，帮助其脱离心理失衡的困境

做好心理疏导，辅导员经过与小燕的不断交流，了解到小燕其实很开朗，不是不好相处，只是由于家庭原因，说话直接，但是一旦跟人熟悉之后，就比较健谈。辅导员与小燕深入交流后，表示理解小燕看到跟自己水平差不多的小Y获得荣誉时的心理失衡是正常反应。在心理学上，心理失衡是指人的心理失去和谐而处于理念、情感和行为的冲突状态。心理失衡的人喜欢抱怨别人，容易嫉妒、猜忌，对很多事情持怀疑态度，在看到别人比自己好的时候会紧张、郁闷，似乎是别人造成了自己的不幸，甚至气愤到会产生不当行为，以言行攻击他人或故意夸大其词，背后说人坏话。辅导员看到小燕低下头，继续开导，表明每个人都有为达到目标努力奋斗的权利，不能因为两次获得奖学金就不顾原则，剥夺别的同学的名额，评定奖学金不是看获得的次数，而是看评选条件；家庭经济情况特殊评定、奖学金评选是通过评议小组评议、学生本人对家庭情况量化评估得出的，要保持心理平衡。最后，帮助小燕分析此次没有获得奖学金的原因，督促该生加强对薄弱知识的学习，查缺补漏，为以后的奖项冲刺。

辅导员告诉小燕，心理失衡是一种普遍的心理，不是病态，是负面心理，只要能正确对待即可，它的根源在于自身，关键看自己怎么想。只要自己想得开，自然就能心平气和。古希腊哲学家伊壁鸠鲁说过："不是事情本身使你不快乐，是你对事情的看法使你不快乐。"辅导员不断夸赞小燕漂亮，让她发现自己的闪光点，悦纳自己。

6. 帮助其摆脱虚荣心，做最真实的自己

对于班级学生反映该生买奢侈品、戴名牌表的问题，辅导员试探了一下该生，看其是否像同学们反映的那样。小燕很机灵，坦言确实因为爱慕虚荣，用奖学金买了奢侈品，自己也表示这种做法不正确，给同学们留下了不好的印象，造成了不良后果，声称自己也会吸取教训跟同学们好好相处，并发愤图强，做最真实的自己。辅导员看到小燕能认识到自己做法不恰当，很欣慰。并进一步讲到，人在生活中确实存在比较，要完全摆脱比较是不现实的，但不能过分比较，要注意掌握度，不盲目比较，也不要不合时宜的比较，积极的比较有助于个人的成长，消极的攀比会伤害到自己，得不偿失。辅导员引用屈原说过的话"善不由外来兮，名不可虚作"，保持良好的内心和修养是遏制虚荣的磐石，有了这块磐石，也就有了托起尊严的底气。

本案例技术路线图如图5-5-1所示。

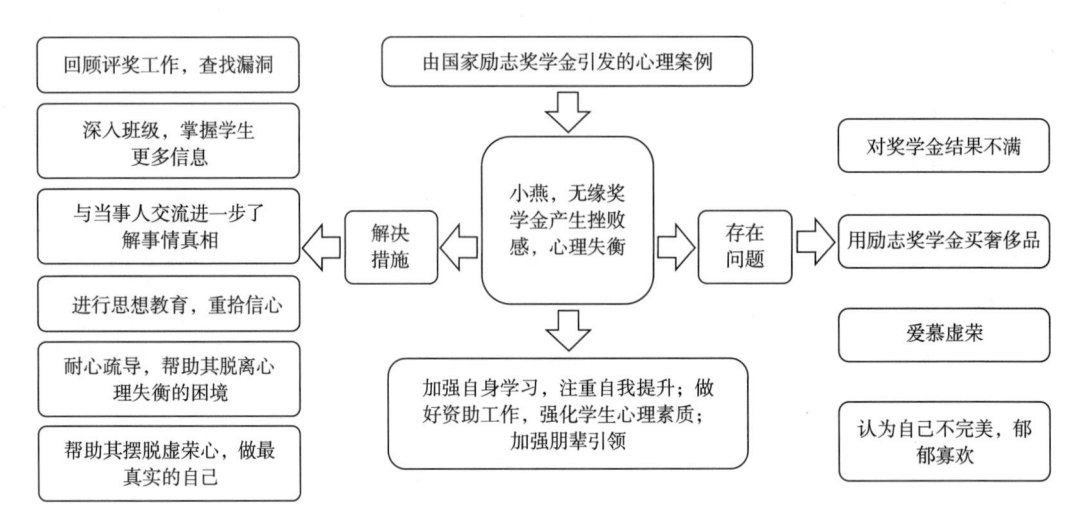

图 5-5-1 "由国家励志奖学金引发的心理案例"技术路线图

五、经验与启示

1. 加强自身学习，注重自我提升

亲其师则信其道。作为高校辅导员，深知老师这一角色在学生工作中的作用越来越明显，工作也面临着越来越严峻的挑战，自己也必须更新观念，加强学习，提升素养。认真贯彻落实《普通高等学校辅导员队伍建设》《关于进一步加强和改进大学生思想政治教育工作的意见》《关于进一步加强和改进新形势下高校思想政治工作的意见》和学校下发的相关文件要求，学习习近平系列讲话精神，按照专业化、职业化的标准严格要求自己，这样才能以身示范，把辅导员工作做好，同时也是自身成长的内在诉求。辅导员要不断涉猎其他相关知识，如学习法律法规、心理学、教育学等相关知识，加强对当代大学生行为、思想特点的分析和研究。

2. 做好资助工作，强化学生心理素质

作为辅导员要切实做好学生的资助工作，建立贫困生信息库、档案袋，经常与学生聊天；尝试发展性资助理念，从救济性资助转型为发展性资助，从单纯的"扶困"走向"扶困"与"扶智"和"扶志"相结合；密切关注奖学金落选者的心理状态，对他们进行必要的心理疏导，经常开展心理健康活动，邀请心理学相关专业的同学、社会专业人士开展研讨会、座谈会，提高学生应对人生各种经历的心理素质；召开"积极面对人生，乐观对待生活""直面挫折，悦纳自己""滚蛋吧，玻璃心"等主题班会；利用各种契机与班级学生交流，深入学生内部，如通过组织班级羽毛球比赛、乒乓球比赛等活动，拉近与同学的关系。

3. 加强朋辈引领

加强朋辈引领作用，充分发挥班干部、党员的作用，督促他们多与班级同学交流；发展寝室文化，结合学院实际，积极寻求成绩优异、考研经验丰富、学生工作业务能力强、学有所专的高年级学长开展各类活动，全方位提升学生综合能力，提高学生人才培养质量。

情景还原（图5-5-2）

小燕：你的成绩造假，如果凭实力，拿国家励志奖学金的应该是我！为什么是你？

小Y：我没有造假，我的家庭情况和你不一样，我没有成绩造假。

……

图5-5-2 "由国家励志奖学金引发的心理案例"情景还原

第六章
校园心理危机干预案例

崔菁菁

一、案例简况

小柳,男,是一个很文静、很有礼貌,曾经也很有理想、有抱负的大学生。在高中时成绩非常出色,是父母的骄傲,同学心中的榜样。但小柳在高考中失利,成绩离理想相去甚远,想到自己曾经的辉煌不由失落感倍增。特别是高中同学小丽,高考成绩远远超过他,这无疑使他更受打击。到了大学,他强烈地想把成绩搞上去,总怕自己上课漏听什么,结果他一听到上课铃声心就会猛烈跳动,整个上课过程就像得了严重的心脏病,可一下课就一切正常了。每次考试他都想着要仔细答题,可事实却是一次比一次差,甚至拿到试卷就会发抖,脑中一片空白。从此他一度萎靡,上课提不起精神,甚至连头也不敢抬,总感觉老师和同学都在笑话他,都在歧视他。就在这时他和室友在宿舍因一点小事发生了冲突,经过辅导员的教育和开导,事情很容易就解决了。室友也没再把这件事放在心上,可小柳却认为这是室友对他轻视的突出表现,又联想到从开学到现在很多次他自认为室友侮辱他的事情,断定自己有今天全是室友这个小人背后搞的鬼,他越想越气,渐渐地感觉胸闷、心慌、头痛和厌食。幸亏辅导员及时得到消息予以劝导,否则后果不堪设想。

二、问题的分析

1. 开始于考试焦虑

辅导员从小柳高考失败后产生的一系列心理变化推断,他一开始是处于典型的考试焦虑状态,他的自负和脆弱让他无法接受自己不如人的事实,矛盾使他心力交瘁。考试焦虑是后天习得的心理障碍,是主客观因素共同作用而形成的,多数是因为家长、老师或自己对学习提出过高要求，超越了自己的承受能力并形成了过度的心理压力。一般来说，考试焦虑与下列因素有关：

（1）考试焦虑与能力水平呈负相关，即学习能力相对较弱或学习效果较差者容易产生考试焦虑；

（2）考试焦虑与抱负水平呈正相关，即要求自己成绩过高者容易发生；

（3）考试焦虑与竞争水平呈正相关，即考试意义越大越容易产生；

（4）考试焦虑与考试失败经历呈正相关，即经历过重大考试失败者容易发生；

（5）考试焦虑与心理状态呈负相关，且与生理状态也有关系。

2. 经历了抑郁

小柳在多次自我挣扎而不能扬眉吐气后陷入了深深的不安和忧虑，随着时间的推移，小柳患上了比较严重的抑郁症。抑郁症是一种以情感低落为核心表现的心理状态，通常表现为内心愁苦，缺乏愉悦感，思维迟钝，注意力不集中，记忆力减退，常感到不顺心，对什么事情都没有兴趣，缺乏信心，有时还伴有失眠或昏睡、体重下降、心慌等生理变化。它是心灵的杀手，近年来，中学生抑郁症患者呈迅速上升、日渐严重的趋势，甚至有的学生走上极端道路，引起了社会各界的高度关注。其实，抑郁也是一种正常的情绪反应。生活中，人人都会面临各式各样的不如意，遭遇形形色色的挫折，但绝大多数人都能化解不快，忘却烦恼，只有小部分人不由自主地深陷其中，难以自拔，日积月累，沮丧悲观。而小柳的心理素质较差，对于一时的失败不能正确认识，一直耿耿于怀无法释然导致患上抑郁症。

三、心理干预过程、策略及效果

1. 认真倾听，鼓励当事人的感情宣泄

一开始他还不太愿意说，辅导员主动与其交流，拉近了双方的距离，使小柳相信自己找到了能理解他痛苦的人，其实他也渴望倾诉，在断断续续的讲述过程中，他神情激动、痛苦、焦虑。辅导员鼓励他把内心的痛苦宣泄出来，释放积聚在内心的不良情绪。这次谈话后，他的态度发生了变化，从被动倾诉开始转向主动找辅导员聊天，有时一聊就是两三个小时，这是一种良好的发展势头，经过多次谈话，他的情绪基本稳定，有时上课还能抬起头来听课了。

2. 启发引导，调节不良认知

通过谈话，辅导员了解了事情的来龙去脉，也了解了他的学习、生活、交友、家庭等情况，从这些信息可以分析出他存在不正确的观念。因此，首先要矫正他的一些不良认知。改变认知主要通过以下几个方面进行：①一起分析成绩不理想的原因。②分析考试的作用，介绍考试的策略。③一起分析从忧虑到恐惧考试的盲目性。④一起分析友谊的重要性以及归咎于他人的不合理性。通过多次引导，最后辅导员在时机比较成熟的情况下，安排了小柳和室友的见面，辅导员鼓励双方当着老师的面把对对方的看法说出来，结果说来说去大家发现竟然也没什么大不了的事情，辅导员注意到小柳用力甩了下头，然后伸出手对室友说："对不起！"

3. 缓解考试压力，正确自我定位，重塑自信

其实，小柳的这些心理问题主要和学习压力有关，他不能正确面对各种学习压力特别是竞争压力，对自己的要求又过高，这样就导致了内心的矛盾和冲突。针对这种情况，接下来的心理辅导重点就放在了建立正确的压力观上。辅导员主要帮助他认识以下问题：

（1）得失心不要太重。得失心太重往往会使自己患得患失，更增加心中的压力和紧张。人一生中最大的光荣，不在于从不失败，而在于每次跌倒后，都能勇敢地爬起来。能从考试失败中站起来，才是真正的勇者。

（2）正视考试的价值。不要怕考试，把考试当作自己努力成效的工具。考试不但能指出努力的方向，也能警告该努力了，这样的"益友"到哪里找呢？人一生中最丢脸的事，莫过于被同一块石头绊倒两次。小柳要吸取考试经验，才能使今日的失败成为明日的胜利。

（3）充实实力最重要。如果每天都在想"考不好，怎么办？"只会造成无谓的烦恼，占用宝贵时间，对自己丝毫没有帮助，倒不如把心思和时间花在读书上，有了实力，还怕考不好吗？学习永远不嫌迟，只要努力再努力，成功必然属于你。

在谈话阶段，辅导员发现小柳的变化是让人欣喜的，他重新拿起了他厌恶的课本和练习卷，甚至还会找同学问问题，认真投入学习。

本案例技术路线图如图 5-6-1 所示。

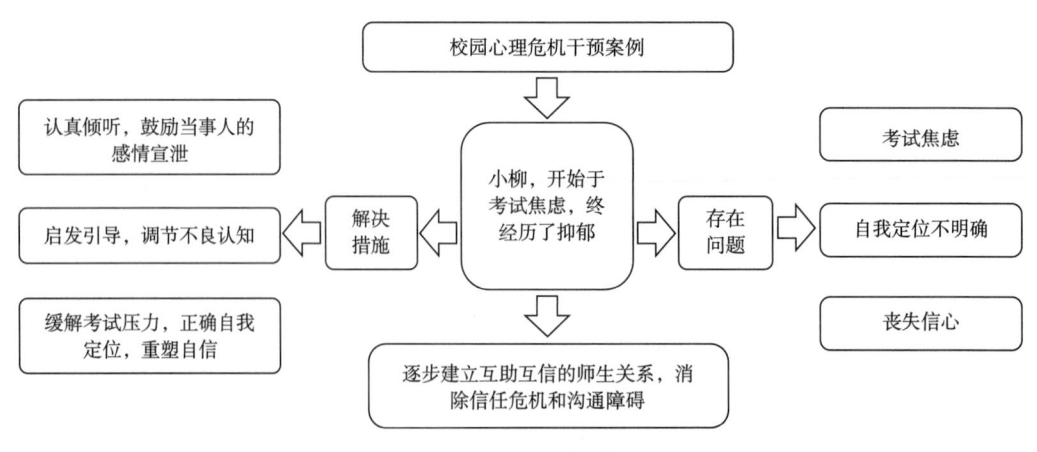

图 5-6-1 "校园心理危机干预案例"技术路线图

四、总结反思

目前学生心理危机干预还处在起步阶段。现在学校对心理干预关注得还不是很多，而且现在的危机干预机制多数还是停留在补救阶段，预防性的危机干预机制还不普遍，日常的心理教育也面临很多困难。很多学校还没有开展心理健康教育，普及心理健康教育还是一项长期的工作。因此专业心理教师队伍的建设需要加强，业务水平需要尽力提高。在日常的交往互动中，辅导员应积极、耐心地帮助学生解决学习、生活、工作以及未来发展等方面的困难和困惑，逐渐建立互助互信的师生关系，消除信任危机和沟通障碍，并能做到感同身受地理解学生，才能赢得学生的信任。

情景还原（图 5-6-2）

小柳：我太想要成绩好了，太想把成绩搞上去了，我一听到上课铃声心就会猛烈跳动，整个上课过程就像得了严重的心脏病似的，很难受，可一下课就一切正常了。

小柳：之前因为一点小事发生了冲突，经过辅导员的教育和开导，事情很容易就解决了。他们却再没把这件事放在心上，可我却认为这是室友对我轻视的突出表现！

……

图 5-6-2 "校园心理危机干预案例"情景还原

第七章
一例因管控引发的考研学生备考焦虑危机的干预报告

张晓玉

一、案例简介

学生 X，女，大学四年在校期间生活、学习等各方面均表现良好，学校心理健康测试也显示正常。2022 年，学校响应教育部"停课不停学"的号召，延缓学生返校并组织学生居家上网课。作为一名大四学生，这学期主要课程为各种实践环节，在每周询问指导学生实习情况和进展时，该生无故缺勤两次，从而引起了笔者的重视。在与其进行电话沟通时，发现该生不愿沟通，甚至有时沉默不语。最后得知，临近考研初试，但该生不能如期返校，家中大小事宜经常使她不能专心备考且学习效率极低，致使其焦虑、烦躁。

二、案例分析、处理及结果

1. 原因分析

学生 X 这种状况是多种因素共同作用的结果。首先，家庭因素是造成该生心理问题的基础；其次，由于长期居家，促使其焦虑情绪大爆发，并没有得到及时地化解。通过该生在此事件中的表现，初步判断该生存在一定程度的心理异常问题。

2. 处理过程

第一，主动了解情况，给予关怀。首先给学生打电话，询问最近实习未参加的原因，是不是遇到了什么困难，有没有需要老师帮忙的地方。该生不愿正面回答，只表示整个人不舒服，目前考研压力较大。随后，笔者表明这学期作为这个班的辅导员，无论班级同学是否返校，都会牵挂每一位同学，希望大家未来都有一个好的归属，并主动引出一些正面的热点话题，转移学生的注意力，使其不要把全部精力都集中在自己的负面情绪上，当沟通进入一种稍显轻松氛围时，该生吐露了一些居家备战考研的真实感受，而且提到自己已经两天没怎么吃饭了，并且每晚只睡五六个小时，共情的同时笔者也告诉该生，她正值最好的青春年华，一定要爱惜自己的身体，人生没有过不去的坎，遇到问题及时解决问题就好，并且老师也乐于帮忙。

第二，联系家长，加强干预与关怀。将学生 X 目前的情况与其家长沟通，询问其家长是否了解学生近期整个人消沉的状态，告知其家长在百忙之中对该生表达关心，现在除了老师，家长是帮助学生化解眼前困惑的关键。希望家长在外上班期间也能多方面关心孩子，通过打电话、视频聊天的方式和孩子聊天、谈心，给予其亲情的温暖。

第三，耐心疏导与引导，平复焦虑情绪。告诉学生 X，防控期间，为了每个人的生命健康和安全，全国各地的大学生都在家里上网课，未接到学校通知前不能返校。为了缓解该生的焦虑情绪，建议其在这个超长假期里，备考之余可以做一些平时未尝试过的事情，比如多看几本书、学几首歌曲和舞蹈、学做几道菜等，这些都能使自己充实地度过每一天。此外，我们要回归正常的生活，不要被外界过多干扰，减少不必要的恐慌，坦然过好当下最重要。

第四，充分发挥班干部、室友等朋辈作用。为强化谈心辅导的效果，充分发挥班干部、室友、好友等朋辈作用，关怀学生 X 生活中的点点滴滴，邀约其一起备考、互相激励，给予其力量与信心。

3. 处理结果

经过近一个月的定时沟通和疏导，学生目前状态良好，已无焦虑情绪，积极备战考研，能进入正常的学习和生活状态。

本案例技术路线图如图 5-7-1 所示。

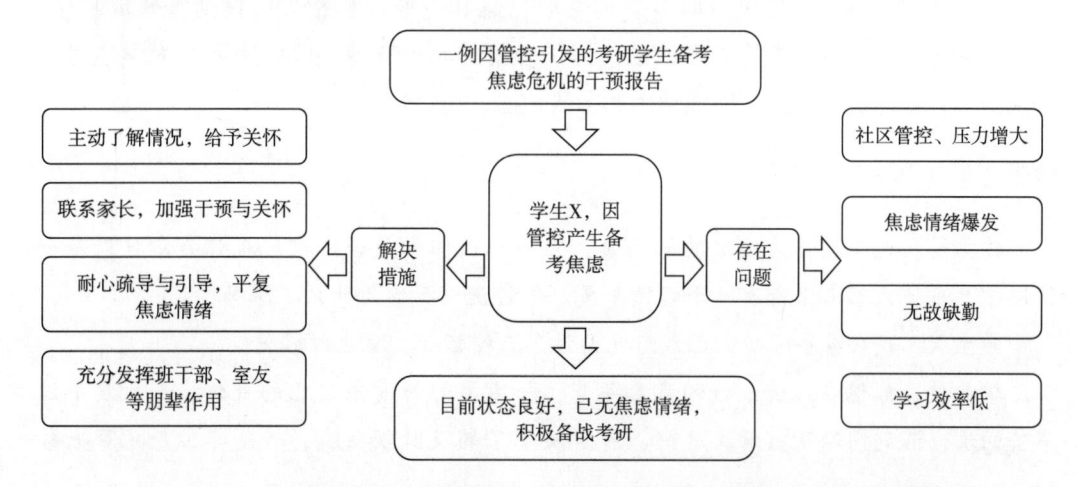

图 5-7-1 "一例因管控引发的考研学生备考焦虑危机的干预报告"技术路线图

三、案例思考

1. 加强大学生心理疏导

在管控期间，大学生的心理健康教育非常重要，只有解决心理问题，才能帮助其树立良好的政治思想，做出正确的价值取向。对此，作为辅导员要加强与大学生的交流，及时了解学生的心理状况，对学生进行疏导，提供有针对性的帮助，帮助其树立正确的应对管控的心理和态度。

2. 互联网时代，实时、动态掌握学生情况

作为辅导员，除了经常深入学生寝室、课堂外，还要通过QQ、微信、微博、短视频等媒介密切关注学生动态；注重学生骨干及班委的作用，构建畅通的信息交流和信息反馈渠道，实时掌握学生思想动态。

四、工作建议

1. 强化学生心理承受能力

学校应关注和重视管控时期大学生的心理状况，重视提升大学生的心理素质，减轻学生在管控时期产生无助的心理，及时对有心理障碍的大学生进行针对性心理调适。学校需加强相关卫生知识的宣传教育，完善学校和社会支持系统，加强学生个体心理素质培养，提高其对突发应激事件的心理承受能力。

2. 采取有效调适对策，增加学生考研信心

在指导过程中，根据学生的实际情况，帮助他们正确选择院校专业，制订有针对性的学习计划和方案，提供及时有效的考研信息和专业课程指导，提高考研成功率。此外，密切关注考研学生的心理波动，提供必要的心理支持，以此来激发大学生考研的热情，有效地缓解焦虑，增强学生的考研信心。

情景还原（图5-7-2）

辅导员：这学期作为咱班的辅导员，无论班级同学是否返校，我都会牵挂着每一位同学，希望大家未来都有一个好的归属。你能说一下你为什么旷课吗？

学生X：我在准备考研，已经好几天没怎么吃饭了，觉也没睡好。

辅导员：你现在正值最好的青春年华，一定要好好爱惜自己的身体，人生没有过不去的坎，遇到问题及时解决就好，有解决不了的及时联系我，我是非常愿意帮助你的……

图 5-7-2 "一例因管控引发的考研学生备考焦虑危机的干预报告"情景还原

第八章

沟通疏导，走出崩溃

杨 阳

一、当事人基本信息

小唐，女，性格内向，不善于与人沟通交流，沉默寡言，有些自卑，但学习努力，上进心强。

二、危机的发生

一天晚上，辅导员值班，突然手机铃声响起来，接通电话后，小唐说最近学业压力大，失眠严重，情绪不定，经常崩溃，觉得自己的生活毫无希望，对未来很迷茫。

三、干预过程

1. 稳定学生情绪，保障学生安全

辅导员接到电话了解到小唐情绪崩溃之后，先是第一时间确定小唐所在的位置，尽可能地安抚她的情绪。然后分别与小唐的舍友和父母取得联系，嘱托她的舍友要密切关注小唐的行为和情绪，并告诉其舍友马上过去亲自了解情况，在去宿舍的路上与小唐的父母取得联系，了解到小唐最近学习压力很大，不经常和父母沟通。

2. 主动积极沟通，了解学生面对的问题

辅导员到达小唐所在的宿舍之后，得知小唐是因为最近专业课学习难度大而且有计算机二级和英语四级考试，压力非常大，加之晚上失眠，情绪十分低落。辅导员首先肯定了小唐有问题第一时间联系辅导员这一行为，然后告诉她在学习上有上进心这也是非常好的，有学业上的压力也是非常正常的。

3. 统筹各因素，找出解决问题的方法

然后辅导员就学习方法对小唐作了指导，告诉她要合理安排学习时间，要注意学习与娱乐相结合，学习上有需要帮助的一定要告诉老师。随后联系小唐的专业课老师，向他们说明情况，希望老师能够在学习上给予小唐帮助。告诉小唐一定要保证睡眠，有任何影响睡眠的因素老师一定会帮她解决的，身体健康才是第一位。

4. 跟踪追访，彻底解决问题

在这次沟通交流之后，辅导员还找了一次机会带着小唐一起去学校的心理咨询室通过专业人士彻底地帮助小唐解决情绪问题。辅导员还询问了小唐舍友和父母关于小唐最近的心理状况和情绪，并不定期地找小唐交流，鼓励小唐在学习期间也要多参加社团活动和社会实践。

本案例技术路线图如图 5-8-1 所示。

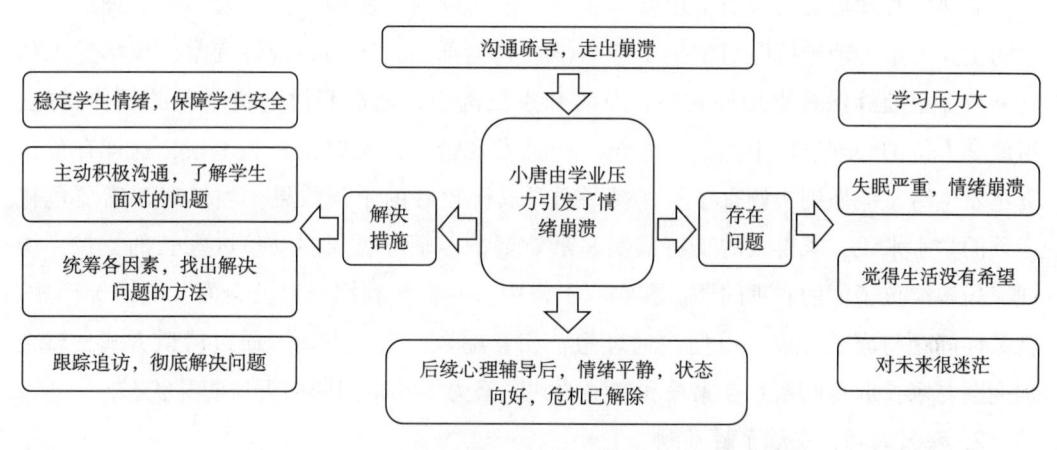

图 5-8-1 "沟通疏导，走出崩溃"技术路线图

四、干预结果

经过与小唐充分沟通之后，小唐的情绪明显得到了平复。辅导员也带着小唐去了学校的心理咨询室。心理咨询室的老师也说小唐的情绪已经没有任何问题了。之后的几天里辅导员密切关注小唐的情绪并且从专业课老师那里了解到小唐最近学习状态非常好，人也变得开朗了起来，和周围的同学、老师有了更多的交流，也经常和父母打电话聊最近的生活和学习。有一天辅导员收到小唐同学发来的一条信息：谢谢老师的帮助，我现在每天都很积极乐观，学习成绩也有提高。危机已解除。

五、经验分享

由于学习压力大而引发情绪崩溃、抑郁等一系列问题在大学里十分常见。特别是在竞争如此激烈的当下。随着社会发展越发复杂，变化越来越快，人类价值观越来越多元和生活方式越来越多样，大学生中出现了种种心理危机，它们对大学生的学习、生活与发展，对学校的正常生活和教学秩序都造成了显著影响。对大学生进行心理危机干预，使他们能够尽快从心理危机中走出来，培养其积极应对心理危机的能力有着十分重要的意义。本案例中，危机干预的成功进行得益于学校危机干预系统的完善，得益于学院辅导员、学院领导、学院专业课老师以及当事人身边同学和亲人的共同努力。

1. 系统协调、多方参与

大学生心理危机的成功干预要靠多方力量的参与和协调。作为大学生心理危机干预的主要力量，辅导员应与学生干部和学校其他部门，比如心理咨询室、校学生工作处和校保卫处等保持密切的联系，及时和家长沟通，经常商讨危机干预的具体措施，组成全方位的心理危机干预支持系统。一旦发现情况，及时预警和上报，这样在危机真正发生时，能做到协调有序、有规可循，取得较好的干预效果。当然对于需要危机干预的学生来说，家里人的支持其实是最重要的。辅导员应主动争取家长的支持，协同家长解决孩子们的心理问题。在实际工作中，一方面利用与家长会面、电话等形式，就共性问题与家长交流，以便沟通思想，相互配合；另一方面，通过谈话方式，就个别问题与家长取得联系。在家长和老师的共同努力下，将问题消灭在萌芽状态。

2. 积极沟通，主动了解问题

没有一种情绪是不应该的。每一种情绪的产生都有其原因。作为辅导员我们要积极与学生沟通，了解情绪背后的问题。充分理解学生的问题，给学生足够的安全感。只有通过充分的沟通，我们才能更好地了解危机产生的原因从而找出解除危机的方法。

3. 要借助专业部门和专业人士的帮助

学生心理问题的发生和形式是多种多样的，我们要借助专业人士的帮助。例如可以去学校的心理咨询室，帮助求助者解决心理问题。心理咨询主要依赖于辅导者和来访者之间能否建立起互相信赖、合作无间的帮助关系。这种关系的建立，有助于来访者投入辅导过程之中，愿意说出自己内心真正面临的问题。

4. 持续心理帮扶，关注后续发展

在心理干预机制中，持续的关注是心理干预的一个重要环节，同时也是强化心理干预效果的重要步骤。短期的心理干预，心理症状可能会得以缓解。但从长远来看，心理症状亦可能会反复加重。只有对心理异常的人提供后续的心理干预，才能最大限度地防止心理疾病的复发。长期心理帮扶才能够增强克服困难的信心和勇气，使其彻底走出心理困境，对恢复社会功能具有积极的作用。辅导员在干预心理异常学生时，需要长期语言上的支持和精神上的鼓舞。同时应与学生家人保持联系，与其父母共同探讨建立亲密融洽的亲子关系、温馨和谐的家庭氛围，提出合理的建议，这些有助于学生早日恢复社会功能，防止心理异常迁延或加重恶化，为后续治疗起到了积极作用。

情景还原（图 5-8-2）

小唐：老师我最近学习压力好大，我好崩溃啊，我觉得生活毫无希望，对未来很迷茫。

辅导员：怎么了小唐，最近发生了什么事情吗？

小唐：最近专业课学习难度大而且有计算机二级和英语四级考试，压力非常大，晚上失眠，情绪又十分低落。

辅导员：有问题第一时间联系辅导员这一行为是非常好的，你在学习上有上进心这也是非常好的，有学业上的压力也是非常正常的，你的情绪我完全可以理解。

……

图 5-8-2　"沟通疏导，走出崩溃"情景还原

第九章

拯救过度"自我"

张文琪

一、当事人基本信息

小郁（化名），男，某大学某专业学生，腼腆内向，话极少，为人非常小心，不自信，家庭条件较差，性格孤僻，说话语无伦次，不能正视别人进行眼神交流，无法清楚表达自己的感情，情感淡漠，反应迟缓，不能和同学、舍友正常交流，而且非常敏感。

二、危机的发生

一天早上，辅导员接到小郁寝室长的电话，说同寝室的小郁已经四天多没有出现在寝室了，而且上课时点名也不在，同学们也联系不上他。辅导员听闻此事立即展开调查，在询问了很多同学和老师后，确认小郁寝室长所言属实，立即上报领导后联系了小郁的家长，与其家长取得联系后，得知家长也无法联系上小郁同学，便开始寻找小郁。

三、干预过程

辅导员立刻将该同学的情况向系领导作了汇报，院系领导指示先和小郁家长联系，经过与其家长沟通发现小郁前几年做过一次开颅手术，目前一直服用药物，身体状况并不是很好，家里人非常着急，父母得知此事后立即前往学校。辅导员一边全力配合调查寻找小郁同学，一边安抚小郁父母、同学们的情绪，让同学们不要陷入恐慌，最后在辅导员和大家的共同努力下，在学校附近的一个公园长椅上找到了小郁，当时的小郁身上并无明显伤痕，只是独自蜷缩在角落。找到小郁后，辅导员立即通知了他的家长，告知孩子一切平安，并送往医院进行身体检查，检查完身体后，确保一切无碍后，辅导员与小郁进行多次谈话，了解到他私自离校的原因是学习压力大和自闭。辅导员在与小郁家长的沟通中得知，该同学家庭经济拮据，使他感到非常自卑，不爱跟周围同学交流，慢慢地产生了自闭的情况，才发生了此次案件。因此，在了解到该同学的基本情况后，辅导员利用课余时间经常找小郁聊天。开始的时候，小郁很戒备，话语支离破碎，眼神躲闪，问一句答一句，有时甚至问几句才回答。辅导员鼓励他有想法大胆说出来，慢慢地两人之间建立了某种信任关系，他也渐渐地打开心扉，聊天过程中他经常流泪，从跟他的几次交谈中，辅导员大体了解到他家庭条件非常不好，但是他的病又给家里造成很大负担，使他承受了很大的压力。辅导员认为如果他可以给家里减轻负担，会对他的心理问题有一定的缓解作用。

本案例技术路线图如图 5-9-1 所示。

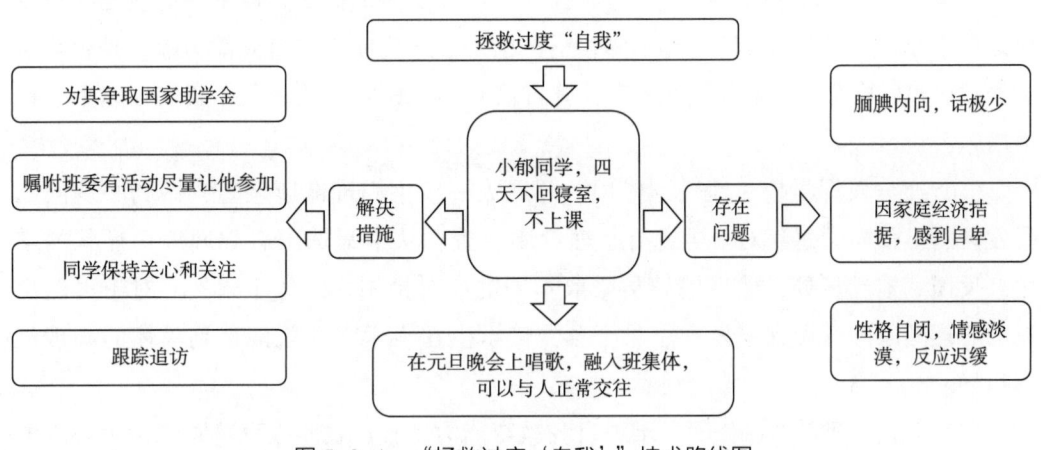

图 5-9-1　"拯救过度'自我'"技术路线图

四、干预结果

辅导员为小郁争取到了国家助学金，并且嘱咐班委有活动尽量让他参加，慢慢地小郁脸上有了笑容，与寝室同学之间的关系也有了进一步的发展。班上学生组织的元旦晚会，大家都推荐小郁表演才艺，最后在辅导员的鼓励下、同学的掌声中，小郁用颤抖的声音为大家带来一首歌。小郁真正开始融入这个班集体。辅导员与小郁再次谈话时发现，小郁的状态相对平稳，辅导员安排同学保持关心和关注，通过谈心谈话发现小郁可以与人正常交往，性格不再孤僻，融入了集体。

五、经验分享

当代大学生的心理素质不仅影响其自身的发展，而且关乎全民族素质的提高，更关系到跨世纪人才的培养。大学生作为一个特殊的群体，生理虽已成熟，但心理尚未成熟，需要家长和老师的特别关怀。

1. 学生在校期间出现心理问题的程度界定

案例中，小郁同学最后融入了集体是真实的。但是追溯回去，如果学生在失踪过程中发生意外，学校应不应负主要责任，作为辅导员，应不应负主要责任？所以入学体检和大病史统计必须严格把关。

2. 辅导员老师的心理知识掌握

虽然关爱可以起到一定的感化作用，但是作为学生学习、生活最直接负责人的辅导员更应该注重学生心理知识的学习。

调查表明，当代人的素质能否适应社会进步和发展的需要，最主要的就是心理素质是否够好，具体表现为是否有承受挫折的能力、适应能力和自立能力差，是否具有竞争意识和危机意识，是否意志坚定、有自信心等。针对这些问题，我们可以采取以下措施：

（1）充分发挥学校心理咨询作用。开展大一新生心理健康调查，做到心理问题早发现、早预防。每年对新生进行心理健康普查，从中筛选出有心理疾病症状的学生，反馈到辅导员处，然后辅导员采取不同的应对措施，防患于未然。对于可能出现的心理健康问题做到早发现、早干预，使学生在入学之初就能得到具体的心理健康指导。

（2）开设心理教育必修课，增强自我教育能力。心理素质教育着眼于学生心理素质的提高和心理品质的完善，这是大学生心理健康工作的重点。故建议将该类课程作为常年开设的公共选修课程。系统学习心理、卫生、健康等方面的知识，有助于大学生了解心理发展规律，掌握心理调节方法，增强自我教育的能力。心理素质教育的效果在很大程度上取决于学生自我教育的主动性和积极性，取决于学生自我教育能力的高低。因此，心理素质教育就是要注重培养学生自我教育的能力。

情景还原（图 5-9-2）

辅导员：小郁为什么会出现这种情况呢？

小郁家长：小郁前几年做过一次开颅手术，目前一直服用药物，身体状况并不是很好，再加上他性格比较孤僻，可能出现了这种情况。我们也很着急。

小郁：我这种情况是由学习压力大和自闭造成的，我家里经济拮据，我感到非常自卑，不爱跟周围同学交流，慢慢地产生了自闭的情况，才发生今天的事情。
……

图 5-9-2　"拯救过度'自我'"情景还原

第十章

如何适应考研压力

王也铭

一、一般资料

小A，女，大四学生，准备考研，近期因情绪低落，焦虑、学习效率下降。

二、个人成长史

小A出生于一个幸福的家庭，父母疼爱，家庭条件较好。小学到初中阶段，学习成绩较好。高中阶段成绩比较稳定，但是高考发挥失常，没有考好。

三、学生个人陈述

小A尽管高考失利，但是不想再浪费一年的时光，并且录取的专业自己比较喜欢，因此没有考虑复读，而是选择入学。并且从进入大学的那一刻起，就决定好好学习，想通过考研，进而有机会在心仪的大学或研究院进一步深造。在大学的三年多时间里，在学习上一直有端正积极的态度，刻苦认真，学习成绩比较优秀，不断要求进步，也多次获得各种荣誉称号和奖学金。但是近一段时间，情绪有些低落，学习效率下降。大三下学期，由于线上课程学习效果不佳，担心考研失败。

四、成因分析

（1）学习压力过大。在准备考研期间，不但要对备考科目进行复习，而且要完成学校设置的专业课、选修课等课程。时间紧、任务重，一直处于高度紧张的状态，难以放松。

（2）受到校园管控的影响，同学、朋友很少见面。不喜欢和父母诉苦。因此，焦虑的情绪难以得到释放。

五、教育过程

首先，充分肯定该生在大学期间的成绩和取得的荣誉，让她获得认同感。近期产生的焦虑情绪是准备考研阶段正常的现象。父母是最爱自己的人，可以向父母讲述自己的一些想法和困惑，让父母理解自己，给予支持。家永远都是最温暖、最幸福的港湾。其次，现在通信发达，与同学和朋友即便不方便线下见面，也可以通过视频、电话等方式进行沟通，从而缓解焦虑情绪。

考研复习需要坚强的意志，学习成绩也不是会一直直线式上升，有时会出现暂时的停顿状态，这些都是正常的。但是往往这个时候，容易对自己的能力和实力产生怀疑。在这个阶段，坚持是非常重要的，只要坚持住，就会取得飞跃性的进展。学习任务的繁重是客观存在的，统筹兼顾、合理安排时间和精力非常重要。

在这个阶段不但要学会释放压力，还要注重锻炼身体。调整好身心状态，迎接考试。

六、初步解决方案

1. 定期运动，缓解紧张

适量的运动不但可以锻炼身体，而且有助于缓解紧张和压力、释放消极情绪，调整心态。

2. 倾诉，调整心情

找父母、同学、朋友进行倾诉，调整心情。

3. 采取一些可以缓解压力的方法

比如适当地哭一场、痛快地喊一喊、听听旋律优美的音乐、吃一些喜欢的食物。

4. 按部就班复习，合理安排复习内容

通过一些小的测验，发现自己复习的成效，肯定自己的进步。同时也要通过测验发现自己复习的不足，找到突破口。

本案例技术路线图如图 5-10-1 所示。

七、总结与感悟

学生经常会在考研复习过程中受到各个方面的压力，会产生不同程度的焦虑情绪，这是一个普遍现象。因此，需要我们多多关爱学生，经常关注他们的心理动态，教会

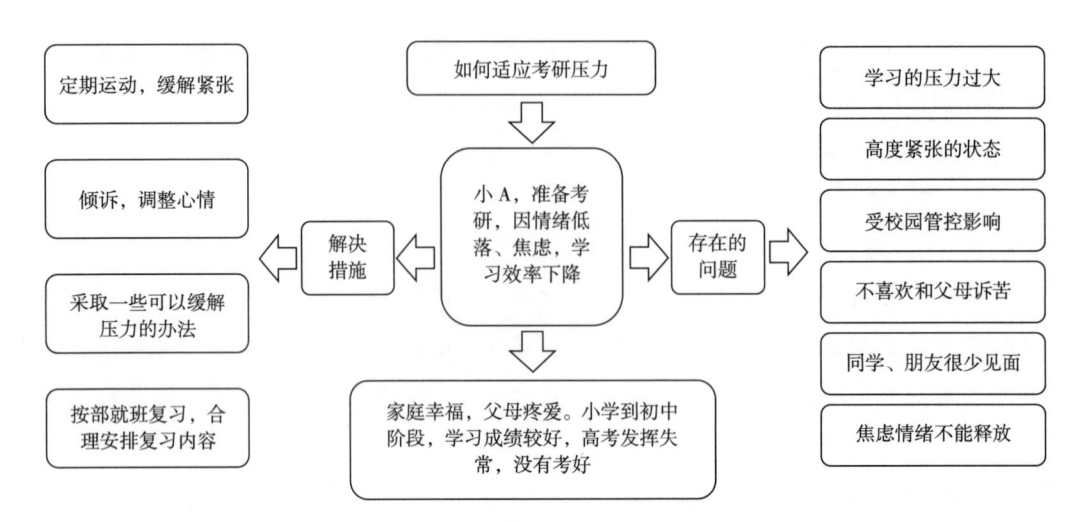

图 5-10-1 "如何适应考研压力"技术路线图

他们一些缓解压力、调节情绪的小方法,帮助学生顺利地度过这段时期,从而能够以轻松的心情、饱满的精神状态应对考试。

情景还原(图 5-10-2)

辅导员:小 A 你在大学学习期间的成绩和取得的荣誉已经很多了,你是一个非常认真努力的女孩。

小 A:我当年高考失利,但是录取的专业自己比较喜欢,因此没有考虑复读,而是选择入学。并且从进入大学的那一刻起,就决定好好学习,我想通过考研,进而有机会在心仪的大学或研究院进一步深造。可是最近我好焦虑,我好担心啊!

辅导员:你可以向父母讲述自己的一些想法和困惑,让父母理解自己,给予支持。家永远都是最温暖、最幸福的港湾。也可以和朋友多聊聊天,虽然见不了面,可以通过打视频的方式等进行沟通。

……

图 5-10-2 "如何适应考研压力"情景还原

第十一章
从自卑到自信阳光的优秀学生干部

林彦萍

一、当事人基本信息

小欧,男,担任班长职务,在心理测试中发现具有轻度心理危机,该生家庭条件困难,有一定的自卑心理,情绪有时会不稳定。但该生作为班长热心为同学服务,帮助老师完成很多工作,能力突出。

二、个人成长史

小欧从小生活在一个普通的家庭中,生活条件困难,父母对自己关心较少。但是童年却也过得十分快乐。

三、学生个人陈述

据小欧叙述,其父母勤劳简朴、勤俭持家。但是在其成长过程中也遭遇了很多磨难,家庭经济压力大,父母也很少鼓励他去做很多事情,总感觉自己是穷人家的孩子,害怕别人因为这样疏远自己,因此学习成绩一直上不去,总是认为是自己不够聪明,很笨拙。有时情绪也会很不稳定,总是和身边的人发脾气。

四、成因分析

(1)年幼时,由于家里的变故而产生自卑心理,再加上父母很少鼓励他去做很多事情,所以这些成长过程中的一些打击,让他逐渐认为自己比不上别人,害怕与人交往。

(2) 认知不正确，失败的时候，习惯把原因归结于自己。

(3) 自尊水平低下，不能正确认识自己。理想中的自我与现实中的自我差距大。

五、教育过程

针对小欧同学出现的自卑感、思想愚钝，笔者采取了一系列的举措，首先笔者会经常以朋友的口吻和他多交谈，鼓励他，表扬他，增强他的自信心；其次笔者会经常交给他一些工作让他与学生多交流多沟通，锻炼他的表达能力和组织沟通能力，和他讲话一直都会用"请""谢谢"等字眼，让他觉得自己得到了尊重；同时也会联系其父母和他身边的人对她多关心，多了解。

六、初步解决方案

作为辅导员老师，给予小欧相应的帮助和心理疏导，促使他在心理上能逐步健康，能力不断加强。在了解他的心理特点及成因后，针对性地加强了对他的心理建设与心理监护，为其树立信心，从本质上转化他，进一步提高心理教育实效。

(1) 深入家庭，进行家庭指导。

(2) 挖掘"闪光点"，促进转化。

(3) 发动身边人，共同关注。

(4) 欣赏、夸奖、鼓励，促进发展。

本案例技术路线图如图 5-11-1 所示。

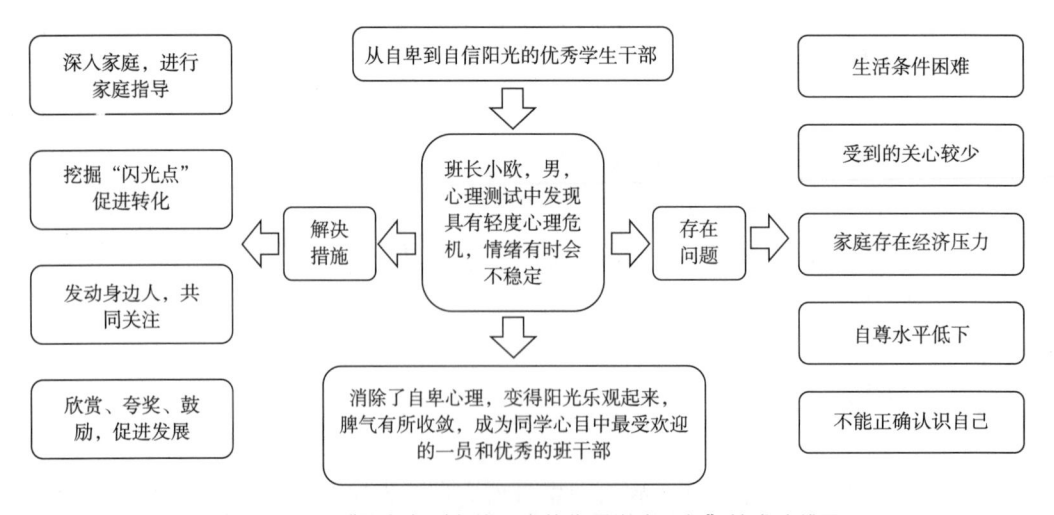

图 5-11-1 "从自卑到自信阳光的优秀学生干部"技术路线图

七、总结与感悟

经过家长和师生一段时间的共同努力,小欧消除了自卑心理,并且变得阳光乐观起来,脾气也有所收敛,成为同学心目中最受欢迎的一员和优秀的班干部,笔者相信她将来在工作中也会有更大的进步和发展。

教育是一项长期的艰巨任务,不应该有一丝一毫的松懈与疏忽,我们要运用教师的综合素质去影响学生,通过我们的笑脸创造和谐,了解学生的个性和内心,用我们的真情换取学生的真心。

情景还原(图 5-11-2)

小欧:我的爸爸妈妈都很勤劳简朴、勤俭持家。他们一直鼓励我好好学习,脚踏实地地做好每一件事,做一个善良的人。

小欧:但是他们很少鼓励我去尝试,我总感觉自己是穷人家的孩子,害怕别人因为这样疏远自己,学习成绩又一直上不去,总是认为是自己不够聪明,很笨拙。

小欧:我有时情绪也会很不稳定,总是和身边的人发脾气。

……

图 5-11-2 "从自卑到自信阳光的优秀学生干部"情景还原

第十二章

小美的蜕变

刘力辉

一、当事人基本信息

小美，女，是一名大二的学生，有一天上课因为不小心打碎了玻璃杯，开始默默地流眼泪，同学们都劝她，不要紧的，再买一个就好了。但是她越哭越伤心，后来她控制不住地大哭起来。笔者带她来到了办公室，询问情况，经过一番交谈之后得知，该同学高中成绩很好，后来因为生病，高三耽误了大半年的课程，高考不理想。上大学以来，一直都觉得很委屈，觉得自己很没用，对不起自己，对不起家人。

二、个人成长史

小美的童年生活很幸福，是独生子女，父母对她宠爱有加，同时父母对她的期望值也很高。童年的小美很努力，也很优秀，不负众望，成绩很好，也很懂事。

三、学生个人陈述

小美，从小到大从没有让父母失望过。她知道父母对她的期望值很高，所以她一直都在努力做好自己，是父母眼中优秀的女儿。成绩一直名列前茅，家里人都夸她懂事，说她以后是个有出息的孩子。她也很高兴自己能做到让家人满意，自己也很满意。这种幸福的日子一直到高二下学期，她由于身体原因不得不休学。休学这段时间，虽然人不在学校，但是她依然没有放下学习的任务，向同学借笔记，努力跟上课程。尽管自己很努力，但是复学之后她还是发现自己跟不上大家。她觉得自己所有的努力什么都不是，开始自我否定、自卑，成绩下滑更严重了，就这样形成了恶性循环。慢慢地越来越不想接触外人，觉得自己越来越孤独。

四、成因分析

该生是独生子女，父母及亲人对孩子的期待过高，对孩子的宠爱没有与心理建设教育并行，导致该生从小肩负着学业与期待的双重压力。过重的压力导致学生未能达到既定目标时，形成自卑心理，否定自己，怀疑自己，烦恼、孤独等负面情感随之而来。

五、初步解决方案

（1）从了解学生经历、理解学生心理入手。首先通过谈心谈话的方式，逐步建立与学生之间的信任，鼓励她重新认识自己，重拾信心。

（2）无论是在学习还是生活中，发现她有进步及时表扬。有意让班级干部多鼓励、多支持。树立起她的信心，激发她热爱生活的动力。

（3）开展形式多样的课下活动，使她与同学们多接触，把自己的进步、成绩和不足记录下来，并在各项评比中用激励的方式扬长避短，公开表扬，充分调动她的积极性。

（4）通过一段时间的努力，使她不断增强自信、自强的信念，能够以正确的方式认识自身的不足，建立积极正确的自我评价体系。

本案例技术路线图如图 5-12-1 所示。

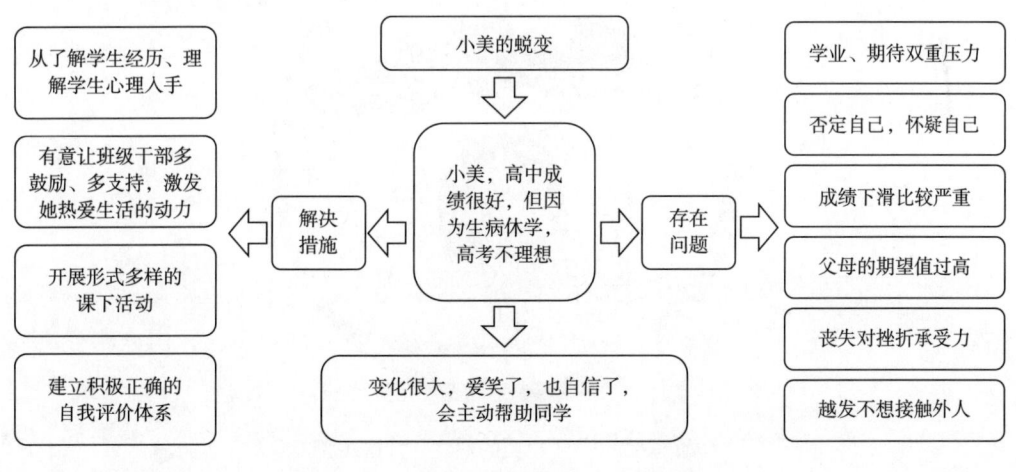

图 5-12-1 "小美的蜕变"技术路线图

六、总结与感悟

通过慢慢地关心和帮助,她现在变化很大,爱笑了,也自信了。在其他同学遇到困难的时候,她也会用自己的经历来开导同学们,真正做到了对过去的释然,成为一个全新的自己。

自卑的成因很多,但本质上就是自信的缺失。父母是孩子发展自我评价的关键因素,影响孩子自我评价的积极性。在家庭教育中要鼓励教育与挫折教育并行,不能一味地鼓励,让孩子们丧失了对挫折的承受力。辅导员首先要了解学生情绪和行为问题的根源,建立与学生之间的信任,有的放矢地积极引导学生接纳自己的进步和不足,激发学生的自信心,建立积极正确的自我评价体系。

情景还原(图 5-12-2)

小美:老师我觉得自己好没用,我对不起自己也对不起我的家人。

辅导员:怎么会呢小美,上次考试你就进步了很多呢,对自己要有信心。你可以尝试多参加活动,多和同学们接触。

小美:我在高中因病休学过,但是复学之后我就跟不上大家。我觉得自己所有的努力什么都不是,开始自我否定、自卑,成绩下滑更严重,就这样形成了恶性循环。慢慢地越来越不想接触外人,觉得自己越来越孤独。

……

图 5-12-2 "小美的蜕变"情景还原

第十三章

真诚沟通，增强自信

刘 锋

一、一般资料

小杰（化名），男，不善言辞，在就业和专升本考试过程中感到焦虑、自卑。

二、个人成长史

小杰父母对他在学习上要求严格，虽说小杰也很努力，但是中考成绩并不理想，没能如愿考入高中，只能选择当地一所中职院校，最后通过对口升学考试考取专科，在校期间也积极努力地学习文化课和专业课知识，但每次考试成绩都不是很理想，加上学校考试延长时间的影响，给本来就不善言辞的他蒙上一层阴影，出现焦虑、厌学的情况；同时，在就业过程中也缺乏自信，总认为自己干什么都不行，不敢去找工作，经过思想斗争，选择和笔者描述他的情况，笔者给予了他思想引导和就业辅导，而后很快就找到了一份工作。就业的成功给予他很大的鼓舞，他也放下了思想包袱，通过改变自己的学习方式再加上自己的努力，最后顺利通过专升本考试。

三、学生个人陈述

小杰，从小到大学习一直都很努力，但是每次考试成绩，特别是升学考试成绩，依然不理想，只能上专科。现在大三了，马上毕业了，对未来充满了迷茫。父母希望他继续升学，但这么多年学习、考试的失利，让他一想到考试就紧张，越想越紧张。他对自己该怎么选择彻底迷茫了，自己的顾虑和真实想法还不敢和父母沟通。现在，他不知道是应该专升本还是直接参加工作,总是害怕专升本考试通不过,找工作吧,认为专科毕业也找不到太好的工作、挣得还少,找工作还怕影响专升本考试。他对这些事感觉很迷茫,经常一个人东想西想,学习也学不进去,有时候甚至晚上也睡不着觉,想过之后总会后悔浪费了很多时间在这些上面,距离考试还有一个多月时间,他希望能和老师聊聊,得到开导,尽快改变这种状况。

四、成因分析

1. 生理性原因

由于性格因素影响,不善沟通,自尊心相对较强,心思重,情绪低落。

2. 社会因素

在成长过程中,由于父母对孩子期望过高,要求严格,但在过程中没有给予支持与指导,缺少沟通,对于孩子的学习方法和心理问题没有及时进行引导,造成了孩子很大的思想压力。多次失败的经历也极大地挫败了孩子的自信心。

3. 心理原因

(1) 性格因素。预期过高,压力过大,缺乏自信心和信任感。

(2) 过程因素。错误观念,学习方法缺乏有效性,周围环境影响,交际狭窄,导致性格内向。

(3) 健康因素。心理包袱过重,导致睡眠下降,形成恶性循环。

五、教育过程

根据评估和诊断,通过该同学自行描述,从该同学的困扰出发,与其父母沟通,寻求较为合理的交流方式,解决心理包袱,以保证充足的睡眠为目标,改变求助同学的错误认识方式,加强他的自信心,改善焦虑和紧张的情绪。改善学习方法,提高学习效率,寻求同学帮助,主动与其进行沟通,建立良好的人际互动关系。

六、初步解决方案

1. 减轻压力

让其父母与其沟通时,注意说话方式的艺术,改变以往的教育方法,多关注小杰的生活,避免询问工作和学习事宜。

2. 增强自信心、改善焦虑

笔者提议他"两条腿走路",先就业同时准备专升本。首先让他找到一份工作,解决后顾之忧。笔者在了解他理想的工作性质和岗位之后，对他的顾虑和疑问给予耐心解答，根据他的实际情况推送了几家正在招聘的企业 HR 的联系方式，并针对没有就业经验的同学一起开展了一次简历制作和面试技巧的培训，并鼓励其主动出击联系用人单位，最后经过一周的初试和复试，他成功被奇瑞公司录用。

3. 改善学习方法

距离专升本考试仅剩不到一个月时间，为了有效提高成绩，让其针对自己的实际情况，重新制订学习计划。笔者联系班级学习较好的同学给予指导，并定期模拟考试，查缺补漏，最后小杰成功考取自己报考的学校。

本案例技术路线图如图 5-13-1 所示。

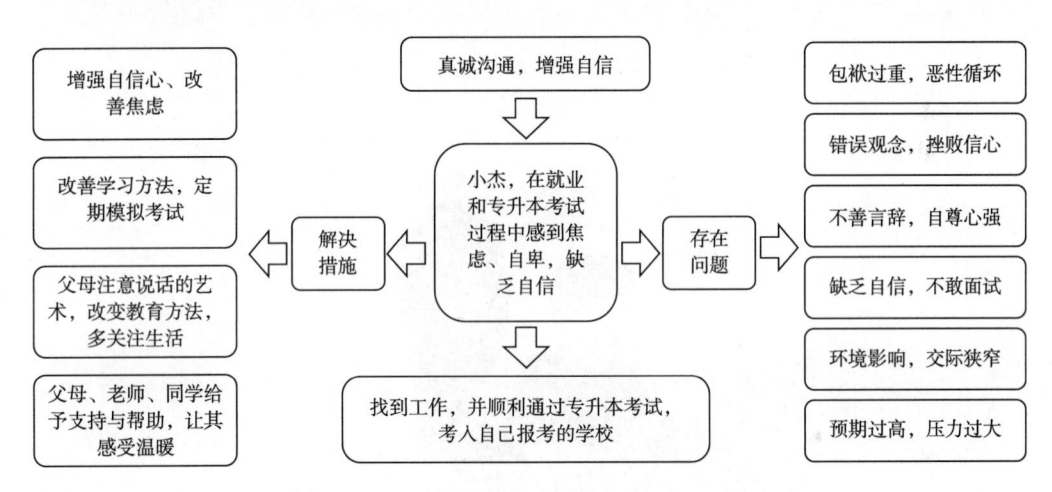

图 5-13-1　"真诚沟通，增强自信"技术路线图

七、总结与感悟

焦虑与困惑，往往是因为缺少了自信和真诚的沟通，或对自己的某个方面不满意而感到自卑，不管自己有再多的困惑或不好之处，都不应该对自己失去信心，信心一旦失去了，就很难再找回来，只要对自己一直充满信心，就不会惧怕自卑和焦虑。对于那些有自卑焦虑的同学，我们要多关心，并给予支持帮助，让他们感受到家人般的温暖！

小杰的成功，让笔者更加认识到沟通、激励、集体的力量。面对类似情况要循循善诱，不可操之过急。多关注他们的优点和特长，使自己和他们融为一体，让他们一步步放开自己的心绪，慢慢地转变他们对周边事物不正确的认知，多参与活动，融入集体，使其自信心增强。

情景还原（图 5-13-2）

小杰：我从小到大学习都很努力，但是每次考试成绩，特别是升学考试成绩，依然不理想，只能上专科。现在我马上毕业了，我很迷茫。

辅导员：小杰，你可以尝试和父母沟通一下，你父母对你升学或者找工作有想法吗？

小杰：父母希望我继续升学，但这么多年学习、考试的失利，让我一想到考试就紧张，越想越紧张。我对自己该怎么选择彻底迷茫了，自己的顾虑和真实想法还不敢和父母取沟通。

……

图 5-13-2 "真诚沟通，增强自信"情景还原

第十四章

科学认知世界，接受不完美的自己

邹克瑾

一、一般资料

男生 C，学习成绩良好，过度追求完美，并且仅凭目标的完成情况评价自身价值。因达不到过高的目标，产生严重挫败感，造成自我否定和自我伤害，认为自己是完全的失败者，从而产生负面心理。

二、个人成长史

C 同学从小到大成绩较为优异，父母要求严格，自己对自己要求高，希望得到教师、父母、同学的肯定。但随着成长，就读学校从乡村到县城再到大城市，学习难度越来越大，压力也越来越大，周围的同学越发优秀，接受不了从最初的班级第一名到现在的班级中上游。每次回家父母都询问学习成绩、获奖荣誉，C 同学越发感觉压力大，不愿意回家，不愿意面对亲属，不愿意与人交往。

三、学生个人陈述

C 同学不能接受自己的不完美，每天要无数次审视自己的穿着、言行。不能接受比如在公共场合讲话时紧张，更不能容忍自己紧张时不自然的表情，一到发言时就拼命克制自己的紧张，结果越发紧张。不允许自己身体有丝毫不舒服，经常怀疑自己得了重病，经常去医院检查。时常感觉呼吸困难，越着急、越紧张越无法进入学习状态，长期失眠、吃不下饭，挫败感强，感觉被世界抛弃了。C 同学也对自己的人际关系状况十分不满意，感到孤独、没有归属感，但又没有办法融入同学，焦虑甚至恐惧，时常失眠，大量服药，出现过激举动。

四、成因分析

C 同学的消极完美主义导致不愿意接受自己的弱点和不足，非常挑剔。对自己的成绩有极高的期望，在这种高标准的要求下，心理压力大，如果课程成绩达不到预期目标，就会恐慌。C 同学表面上看起来是自负，但内心却极度自卑，感觉自己总是做不好事情，担心失败，挫败感强。与同学交往不和谐，因过度要求完美导致同学关系紧张，和谁都合不来，害怕人际交往，没有朋友，独来独往。

五、教育过程

1. 深入分析学生情况，形成工作方案

根据学生面临的问题，从学校、家庭、社会等方面深入分析形成原因，在明确原因的基础上，形成系统工作方案。

2. 积极与学生沟通交流，第一时间掌握学生学习、生活动态

及时发现学生问题，积极沟通交流，做到与学生一起面对问题、解决问题，不仅做好教育指导工作，也要体现成长陪伴价值，取得学生信任，以便更好地进行心理疏导。

3. 开展班级同学、寝室同学谈心谈话，全面了解学生状态

定期或不定期与班级同学、寝室同学沟通交流，了解同学交流中存在的问题，鼓励同学给予 C 同学帮助，加强团队凝聚力，形成良好的学习、生活氛围。

4. 注重与家长开展联合教育，多维、多元助力学生成长

多次与家长电话交流，反馈学生在学校学习、生活情况，了解孩子跟家长的交流情况，与家长同频共振，帮助学生健康成长。

六、初步解决方案

1. 加强交流沟通，建立师生信任

了解学生学习、生活状态，积极疏导，正面鼓励。遇到问题与学生一起面对，在交流中讲解正确的解决方式方法，鼓励该生与同学增加交流，积极沟通，和谐相处，增加自信，融入集体，重塑对学习、生活的信心，积极面对大学生活。经常带来优秀书籍，与 C 同学共读共享，共同探讨，帮助其树立正确的人生观、价值观。

2. 鼓励加入科研团队，掌握正确学习方法

充分肯定 C 同学在专业课程的成绩，辅导其掌握科研工作方法，讲解科研、学习的路上不可能一帆风顺，要勇敢且积极地面对失败，在失败中客观分析原因，理性认知世界。感受团队协作的价值意义，感受团队成员彼此鼓励，相互学习带来的乐趣与温暖，提升学习热情，增加学习自信，鼓励他积极与同学沟通交流，提高组织协调能力。

3. 强化与家长沟通，校家联合营造健康成长空间

及时反馈学生学习、生活状态，引起家长关注关心，建议父母努力给孩子营造温馨和谐的家庭氛围、正面积极的生活目标导向。

本案例技术路线图如图 5-14-1 所示。

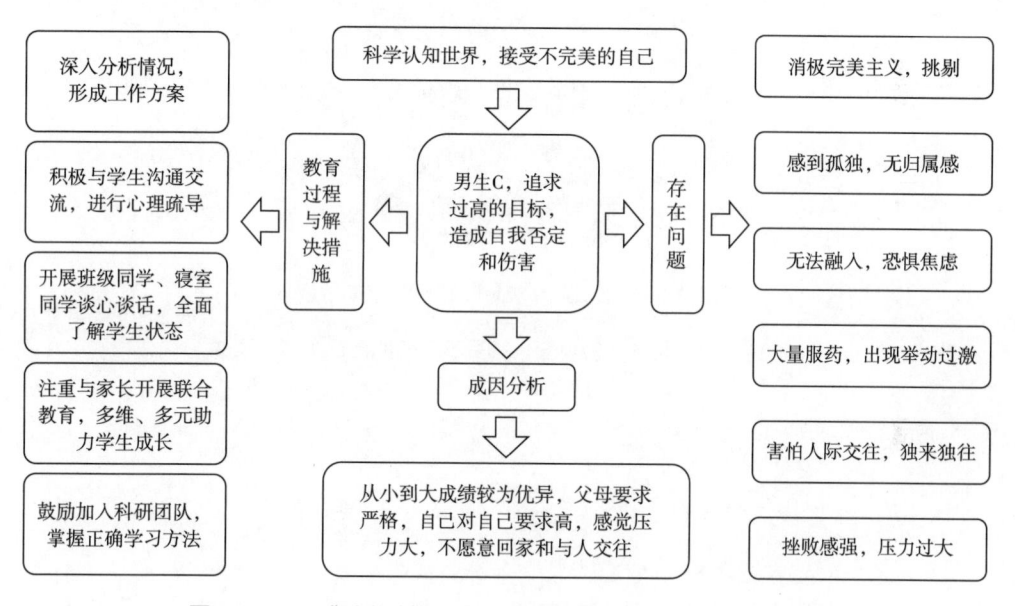

图 5-14-1 "科学认知世界，接受不完美的自己"技术路线图

七、总结与感悟

学生处在青春期，还未能形成健全的人生观、价值观，需要辅导员多一些耐心、多一些细心去关注学生的成长、助力学生的成长。辅导学生掌握科学的认知世界方法，树立正确的人生观、价值观。辅导员要加强自身学习，多思考、多观察，对突发事件要有预案，做到快速响应。积极与家长沟通，形成学校、家长、学生三位一体、多维度教育成长体系。

情景还原（图 5-14-2）

辅导员：C 同学，其实你已经很优秀了，要接受自己的不足，每个人都不是完美的。

C 同学：我对自己的成绩要求是很高的，在这种高标准的要求下，心理压力就比较大，如果课程成绩达不到预期目标，就会恐慌，我心里就会很乱。

辅导员：你可以尝试和班里同学多交流一下，多沟通，我这有几本书，你拿回去看一下。

……

图 5-14-2 "科学认知世界，接受不完美的自己"情景还原

第十五章
把握就业机会，成就精彩人生

李 丹

一、当事人基本信息

小 F，性格较为孤僻内向，沉默寡言，平时和班级同学来往较有距离感，没有朋友和倾诉对象，和老师沟通较被动，该生在完成毕业设计期间对就业迷茫，心理压力大。

二、个人成长史

该生一向存在感低，在平时的专业课中遇到自由组合小组学习时也总是不够积极，选择就读该专业也不是自己的本意，在日常学习中很被动。面临就业，内心更加逃避和自卑。看到舍友有选择当兵的，有自己去面试找工作机会的，他对自己总是没有信心，对自己的未来没有明确的目标。

三、学生个人陈述

（1）一直以来自己都是能跟上别人的节奏就很满足了，认为高分的成绩、入党、竞赛等和自己都是无缘的，得过且过。

（2）父母只希望他能自己照顾好自己，平安度过大学生活，走一步算一步，对自己没有要求和压力。对于毕业后何去何从没有什么危机感。

（3）听了学校的就业讲座和老师们的意见，能明确就业的重要性。对当前已经有很多同学选择考研或者实习就业等，心里也很羡慕，自己不知道什么时候可以像他们那样。

四、成因分析

近几年，就业形势发生巨大变化，对应届毕业生的考验是很大的。该生存在"消极就业"倾向，对于就业逃避、不积极主动就业的状态，总以找不到满意的工作还处于待业状态来回复学校老师，甚至和身边类似的同学抱团，拖着时间不面对，从心理上是被动的行为。

专业能力、人际沟通、实践经历三项因素对于就业来说很重要，该生在三个方面问题突出。当老师问他对于就业有什么打算时，他开始说还没有理想的工作，在投简历了，等待中。后面老师又问了他的真实想法，他才说自己认为自己专业水平很一般，大学期间学习不扎实，即使有工作岗位的机会也担心自己不能胜任。面对毕业就要走向社会的现实，心理压力难以承受。

五、教育过程

（1）通过沟通和进一步接触，对其进行思想引导。告诉他要正确认识自己，相信自己。他对自我认知过低，忽略了自己的优势与长处，过分在意自己的缺点和劣势，随之产生忧郁、紧张、自责、失望等自卑心理，对择业产生恐慌，逃避就业。这只会让自己错过好的就业机会。

（2）没有明晰的职业规划，没有了解自己适合的职业或者就业方向。当大学毕业季来临时，盲目地参加招聘会，这种情况导致就业的过程中，方向不明，盲目跟风择业，无所适从，找不到合适的工作或者就业搁浅，即便就业也很难坚持下去。因此要向成功就业并且有择业理想的同学多学习，同时为自己制定好就业目标、就业方向。

（3）认识到自己的独立性和主动性要提升，面对就业，不能表现出极强的"等、靠"的依赖心理，要主动去了解和适应就业市场，主动参与市场竞争，积极收集与求职有关的各类信息，主动地向用人单位展示自己。

本案例技术路线图如图 5-15-1 所示。

六、初步解决方案

在分析了该生的相关背景后，结合该生性格特征和实际情况，采取以下措施对该生进行教育引导。

（1）加强思想及心理教育，进行正确引导后，鼓励该生在个人层面勇敢做自己。先去了解当下的就业形式，并且认真思考自己未来想从事什么样的工作。综合考虑后

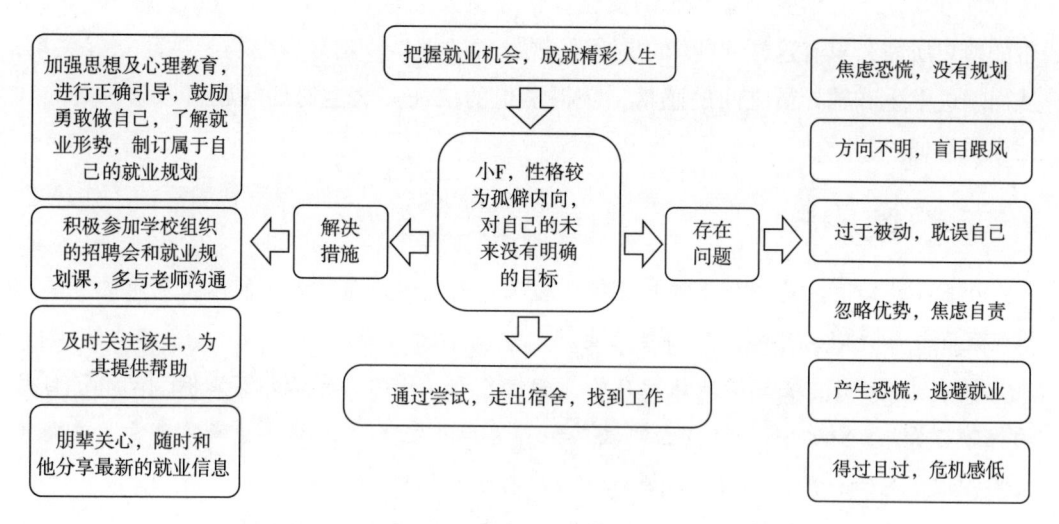

图 5-15-1 "把握就业机会，成就精彩人生"技术路线图

制订属于自己的就业规划。

（2）积极参加学校组织的招聘会和就业规划课程，多与老师沟通。及时归纳自己的问题，向别人讨教学习。只有行动起来才能离成功更近。

（3）及时关注该生，为他提供帮助。让同宿舍的同学多关心他，随时和他分享最新的就业信息。让他不再孤立无援地等待。作为老师为他多分享一些成功的求职案例，为他分析求职过程的注意事项，在最初的迷茫和碰壁中，怎样找到理想的工作。让该生正确地认识到就业没有那么遥不可及，积累经验。

七、总结与感悟

（1）大学生作为成年人，必须对自己的人生和行为负责，父母是我们坚强的后盾，但自己才是人生路上的先锋。我们不能一味地依赖父母和他人，而是应将主动权掌握在自己手中，独立自主，清楚地知道自己想要什么，走什么样的路，怎么走，都由自己主动选择、主动争取。学会主动展示自己的优势，主动把握住机会，自己争取来的机会才会更加珍惜，这样的成就更有价值和满足感。主动积极地选择自己想要的工作，会有更大的工作激情和动力，促进工作更完美地完成。

（2）该生最终找到了工作，虽然不是最理想的，但是有一个成长和学习的机会还是很满意的。该生最初是待业在家，先毕业再说的心态，到后面通过尝试，走出宿舍，一点点地突破自己的犹豫不决，是很难得的。相信这一次的选择对他个人是很有意义的，在未来的人生道路上，他将会多一份面对困难的勇气和信心。

（3）辅导员要坚持在育人过程中，反复思考，反复实践，关注学生变化，随时调整教育方式，适应学生思想状态的变化。辅导员要经常与学生谈心谈话，深入了解学生的所想所需，只有这样才能第一时间发现异常的学生。辅导员要与学生建立好关系，从而增进学生和辅导员之间的感情，获得学生的信任，学生遇到问题可以第一时间和辅导员沟通。

情景还原（图 5-15-2）

小 F：我知道我是一个非常盲目从众的人，一直以来自己都是能跟上别人的节奏就很满足了。但是我又不知道从哪里改变。

辅导员：小 F，要正确地认识自己，相信自己。你的自我认知有点低，忽略了自己的优势与长处，你过分在意自己的缺点和劣势，随之产生忧郁、紧张、自责、失望等自卑心理，对择业产生恐慌，逃避就业，要善于抓住机会。

小 F：可能是因为父母从一开始也没严格要求我，我也没危机意识，导致现在浑浑噩噩的。

辅导员：要积极参加学校组织的招聘会和就业规划课程，多与老师沟通。及时归纳自己的问题，向别人讨教学习。只有行动起来才能离成功更近。加油小 F！

……

图 5-15-2 "把握就业机会，成就精彩人生"情景还原

第十六章

情感缺失学生的心理援助

毛 锐

一、一般资料

尤同学，男，抗逆心理较弱，在手机 App 上贷款，被催债。

二、个人成长史

该生父母离异，从小与爷爷奶奶一起生活。只要尤同学提出要求，几乎都能得到满足。父母会定期给他打钱，用于生活。尤同学曾在大二时去韩国交流学习。总的来看，尤同学从小到大几乎没有经历过挫折。

三、学生个人陈述

该生从小与爷爷奶奶共同生活，父母每月会定期给他生活费。赴韩国交流学习期间，父母每月只给他两千元钱的生活费用，在国外生活拮据。他现在感觉自己已经长大成人，不想再向父母要钱。顶着巨大压力，选择在手机上下载软件 App 进行贷款，想凭借一己之力养活自己，但是没想到利息越来越高，最后所有的贷款公司每天都找他还贷款。现在他觉得没脸见人，给本不幸福的家庭又带来新的难题，不想上学，怕见到同学丢人，更不想回家。

四、成因分析

经与其父亲和本人沟通，笔者初步判断尤同学可能属于"自我认知"和"情感缺失"问题，成因主要有：

1. 社会因素影响

社会对离异家庭存在一定的偏见，周遭的议论和评价都会给该生的心理造成伤害，社会环境给予离异家庭的子女的心理暗示成了他心理的负担。

2. 家庭因素影响

家庭是性格养成的摇篮。父母早年离异，对子女正确的人生观、价值观的形成产生了负面影响。温暖的环境给予孩子健全的人格和正确的是非观；相反，破碎的家庭会使孩子形成扭曲人格和偏差的观念，消极地对待人生。

3. 自身因素的影响

其实并不是所有生活在离异家庭的学生都会出现心理问题。有一些学生可以在逆境中直面人生，自强自立，但大多数离异家庭的学生不能正确理解父母离异，想法和行为也比较极端，受到生活变化的冲击，他们不善于调节和宣泄，大多数选择消极地抵抗，自暴自弃，不求上进，回避现实，认为人生没有美满和幸福而言，出现价值偏差。

五、教育过程

第一，找到尤同学所在班级的班长，也是他的最好朋友，请班长用同龄人的想法和言语与其交流，劝导他尽早走出阴影，找回自信。

第二，安抚学生。告诉学生不管怎样，遇到困难时，家人和老师都会支持他、帮助他，愿意与他共同分析问题，化解矛盾。

第三，肯定学生。肯定学生的优点，尊重他的人格，尽量让他尽情地倾诉。让他打开一个宣泄口，缓解他的巨大心理压力。

第四，运用"共情"的方法，对求助者的遭遇表示理解，并帮助他认识到，当自己遇到困难时，可以向他人求助；根据工作经验，讲述一些相关成功的案例，与其进行交流，降低该生的孤独感，帮他重新建立自信。

第五，运用合理情绪疗法，改变其不合理的情绪认知。帮助他认识到家庭不幸不是他造成的，他的一些悲观夸大的想法是不合理的，同时也是可以改变的，告诉他不良贷款和父母离异这些事情学校会做好保密工作，不会影响他以后的学习和生活。

第六，建议他休学一年，充分休息和调整后再继续学习。

本案例技术路线图如图 5-16-1 所示。

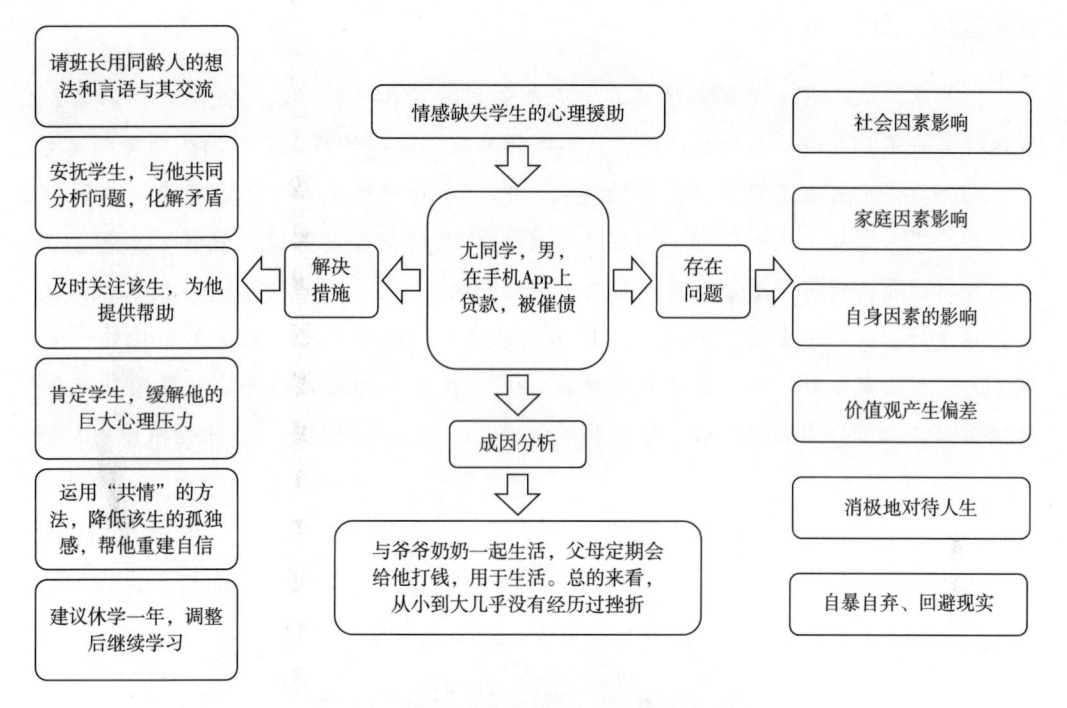

图 5-16-1　"情感缺失学生的心理援助"技术路线图

六、总结与感悟

大学生有时会产生矛盾心理，他们既渴望自强自立，又容易受打击而一蹶不振；既渴望与外界交流，又怕受到伤害；他们既渴望得到别人的帮助，又碍于面子，排斥别人的同情。这些学生的抗挫能力和适应能力都低于普通同学。在大学生工作中，要注意以下几点：

第一，及时向学校领导、相关部门求助。当意识到学生出现问题时，应及时向上级领导汇报，寻求集体的力量，群力群策才能达到良好的教育效果。

第二，对学生的爱要贯穿始终。辅导员对学生不能苛求，不能急躁，不能厌烦。要把自己对学生的爱融入日常教育中，肯定学生表现好的方面，滋润学生的心灵，培养学生自立、自强、自信、自爱。

第三，以关心学生学习、生活为切入点，切实解决其学习生活中的实际问题，再展开思想教育工作。充分考虑学生缺乏一定的"自我认知"的心理特征，通过深入走访宿舍和教室，了解学生的生活学习状况，以此为切入点，消除学生的抵触情绪，展开思想教育工作。

情景还原（图 5-16-2）

尤同学：从小到大爸妈都很宠我，爷爷奶奶对我也很好，我从没想过，他们会变成这样，我不知道他们为什么离婚，我只知道我现在连维持基本开销的生活费都没有。

辅导员：我大概了解了，家庭的变故对你影响的确很大，但是这不能成为你心里的负担，不管怎样，遇到困难时，家人和学校的老师都会支持你、帮助你，愿意与你共同分析问题，化解矛盾。我是非常愿意帮助你的。

辅导员：我们还要调节好自己的情绪，家庭的变故并不是你造成的，你的一些悲观夸大的想法是不合理的，也是可以改变的，不良贷款和父母离异这些事情学校会做好保密工作，不会影响你以后的学习和生活。

……

图 5-16-2 "情感缺失学生的心理援助"情景还原

第十七章

精准就业，重拾自信

史丹丹

一、一般资料

小薇，女，入学后就确立考国家电网的目标，勤奋刻苦，学习成绩十分优异。大四上学期，因考试失误，国家电网考试失败，开始急于找工作分担家庭经济压力，但在参加多个中意的公司招聘时均未被录用，这让小薇对找工作失去信心。能否找到心仪的工作成了小薇的心病。

二、个人成长史

小薇从小到大，一直是一个成绩优秀的女孩子，在班级担任班干部，是老师和同学眼中的优秀者，中考时考试失误，没有考上高中，进入了中职院校，在中职院校一直严格要求自己，顺利进入本科学校学习，在大学生涯中，一直以考国家电网为目标，但是最终还是失败了，身边的同学都已经找到了合适的工作，只有小薇没有工作，小薇认为自己其实并不优秀，而且很差。

三、学生个人陈述

从小到大，小薇都是父母和老师的骄傲，是同学的榜样，她自己也这么认为，但是她中考失利，连一个普通高中都没有考上，父母和老师都告诉她，不管在什么地方，只要努力，未来还是美好的。因此，她一直努力学习，顺利进入大学，在大一的时候，她就以国家电网为就业目标，但是国家电网考试没通过。这个时候班级就剩下几个同学没有找到工作了，她努力投简历，可是都被拒绝了。她突然迷茫了，怀疑是不是自己其实并不是优秀，一直活在假象之中。

四、成因分析

通过与小薇的交流，可以了解到她的成长经历以及她与身边亲朋好友的关系。综合目前在校表现情况来看，可将此案例定性为重大变故导致的心理焦虑的就业帮扶问题。小薇出现的问题可概括为以下几个方面的原因。

1. 自身性格问题

性格问题往往是心理危机的萌芽。部分学生在面对突发性、复杂性的学习生活时，既不能逃避，又无法面对，感到难以依靠自身的力量独立解决问题，进而出现心理失衡。小薇性格偏内向，不擅长与老师和其他同学交流，在校园中喜欢独来独往，遇到学业、生活上的困难或麻烦时总是独自承担和解决，不会寻求帮助。

2. 抗压能力弱

近年来，就业压力也逐渐增大，部分学生因无法进入心仪单位工作而耿耿于怀。如果长期受到这种负面心理状态的影响，会产生烦躁焦虑、自卑怯懦、麻木随从、悲观消极等心理问题。小薇初中时成绩优异，但中考发挥失误，心态不能放平和，经常与本科同学进行比较，自信心受到打击，不良情绪形成恶性循环，引发小薇对自身的不满。

五、教育过程

1. 温情陪伴，积极引导，帮助敞开心扉

得知此事后，班主任第一时间找到小薇，先观察小薇的情绪反应。小薇表面乐观，但其实内心倔强，不愿主动说出自己的困难。在这种情况下，班主任没有直接指出小薇面对的种种问题，以免加重她内心的焦虑，而是从与她聊感兴趣的话题入手，逐步建立信任。坚持每日与小薇面对面交谈，在宿舍、操场等轻松的氛围下渐渐掌握小薇的真实情况。了解到小薇的家庭情况后，与小薇父亲说明小薇近期情况，一方面详细了解小薇的成长经历，另一方面家校联动全面关心、关注学生，便于对学生进行分析和预判。

2. 掌握情况，深入沟通，调整心理定位

通过倾听谈话，了解详细情况，发现小薇存在的实际问题。根据小薇目前的情况进行心理疏导，缓解求职焦虑情绪。从谈话中挖掘细节，全面了解小薇的性格、行为、习惯。小薇看上去阳光，但实际有自卑心理，导致无法在就业中准确定位自己，又背负家庭、父母的希望，更容易产生焦虑、紧张等消极心理。首先，理解小薇目前的焦虑以及她想找一份稳定工作的行为，正向鼓励并引导小薇学会放松心情；其次，引导小薇结合当前形势调整职业规划和就业期望，继续修改并投递简历，勇敢地迈出新的一步。

3. 精准定位，就业指导，把握心仪岗位

了解小薇的就业意向，引导小薇正确认识自己的专业优势，总结前期求职经历，了解心仪岗位的职责和任职要求，鼓励小薇重新评估自身的优劣势，找出自己与岗位的差距，及时调整职业价值观，从职业发展的角度再次确认求职方向，并制订求职计划。针对不同的公司的招聘需求，帮助小薇一起修改应聘简历，练习面试技巧，通过多次实践锻炼，让小薇不断提升求职技巧，逐渐树立自信。此外，通过分析同专业学生的就业情况、定点推送招聘信息等方式，增加小薇的就业机会。

六、初步解决方案

经过一系列教育过程，目前小薇已经找到一家能源相关的企业，现已在公司工作，对工作非常满意，重拾信心，对未来充满期待。

本案例技术路线图如图 5-17-1 所示。

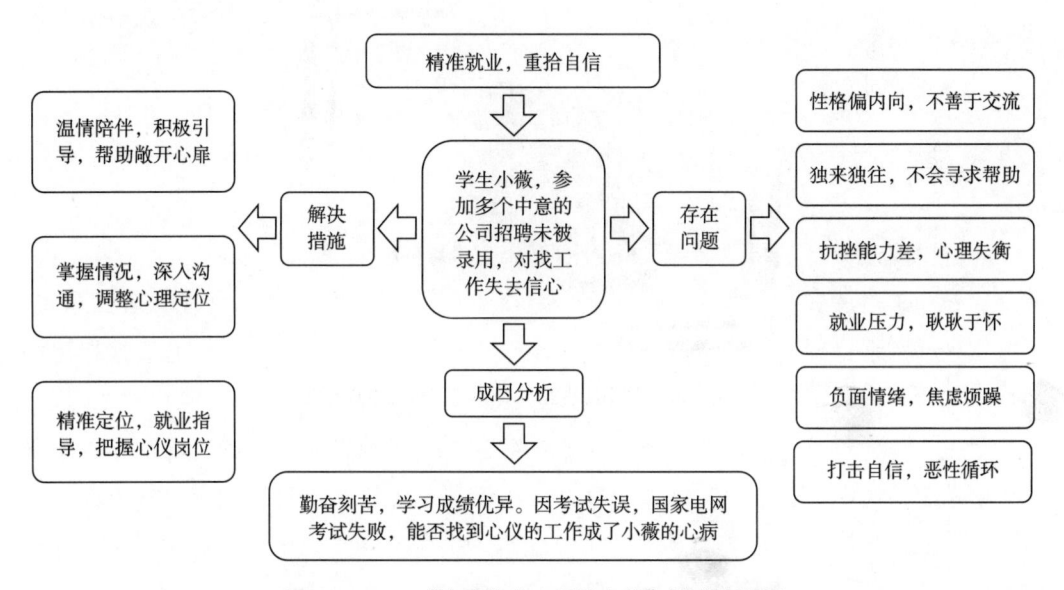

图 5-17-1 "精准就业，重拾自信"技术路线图

七、总结与感悟

就业是一项学生事务性工作，也是一项思想政治教育工作，辅导员要对大学生进

行精准定位和职业规划,帮助大学生为就业做好充分准备。就业困难毕业生的精准帮扶工作是一项既系统又艰巨的任务,要加强对相关就业政策的了解,给予毕业生全方位的服务,实现多渠道就业。要通过耐心、细致地沟通交流,全面了解学生在就业中的所思、所想、所困,积极引导,帮助其树立科学的择业观和就业观。同时,要多鼓励、多打气,增加学生的自信心,不断提升学生的抗挫折能力。

情景还原(图 5-17-2)

小薇:老师,班级就剩下几个同学没有找到工作了,我努力投简历,可是都被拒绝了。我迷茫了,是不是我其实并不是优秀,我一直活在自己的假象之中?我该怎么办?我还能找到工作吗?

辅导员:你已经很优秀了,要有信心,你可以多了解一下相关政策,就业还有很多渠道的,打破信息差。

辅导员:小薇,你可以结合当前形势需要调整职业规划和就业期望,继续优化,投递简历,勇敢地迈出新的一步。

……

图 5-17-2 "精准就业,重拾自信"情景还原

第十八章

调节情绪，改变现状

梁桂颖

一、一般资料

同学小牛，男，日常生活较为简单，不擅长与同学交流，常常独来独往。笔者在接手该班级初期便了解到该生在入学时与同学交往的过程中表现异常，甚至与同寝室的同学交流都极为有限。对于学习、生活也表现得不是特别积极，几乎不参与集体活动，在学习中若遇到难题会表现得极为焦虑和不安，情绪十分不稳定。

二、个人成长史

该生从初中开始住校后，便开始学习独立生活，但缺乏关爱，缺乏安全感。父母虽然不在身边，却对他的学习要求十分严格，常常督促其珍惜学习机会，并经常表示对他学习成绩的不满，这导致他常常觉得自己的学习成绩不理想，因此开始回避集体活动，并逐渐变得内向。

三、学生个人陈述

小牛从小到大缺乏陪伴，生活自理能力比较强，但因为过早独立，因此不愿意与父母交流。同时因为感觉自己的学习没有完全让父母满意，因此开始变得孤僻，缺乏安全感，对别人的眼光和评价都较为敏感。上大学后，离家较远，与父母的联系更为有限，课业较多，适应较慢，导致内心焦虑，情绪不稳定，并且没有参加集体活动的想法，也更加不愿意与同学建立关系。

四、成因分析

（1）由于庭原因，该生从小缺乏关爱，家中尚有年幼的弟弟，所以该生得到的关注有限，导致其缺乏安全感。

（2）年少便开始住校生活，虽然较早地培养了该生的生活能力，但由于离家较早，并且与父母交流较少，因此缺乏与人沟通和交流的能力。

（3）外界对其学习成绩的关注以及评价导致该生将他人的评价看得过于重要，逐渐变得敏感和自卑，并逐渐开始远离集体。

（4）以往的学习和生活印记使其对全新的大学生活产生焦虑，部分课程的逐渐深入使其再次否定自己，因此情绪逐渐变得不稳定，并且不愿意与同学交流。

五、教育过程

在与该生谈话过程中，笔者发现该生在表述其个人情绪时经常会激动并且常常沉浸其中，因此笔者采取先聆听再逐步给出建议的方式。在该生讲述完自己因学习受挫而时常焦虑，并偶尔无法正常休息后，他开始逐渐地打开心扉，并放松下来，情绪开始变得相对不再激动，而是沉浸在无助的情绪中。此时，笔者从自己的学习经历入手，慢慢地告诉他大学生活需要一个适应的过程，而在这个过程中他绝对不是一个人在面对。遇到问题时可以随时求助老师、同学，并且表示班级的老师、同学都对他十分关心，也十分愿意为他提供帮助，并让他看见自己擅长的科目，找到自己的闪光点，逐渐建立起他对学习的信心，同时也引导该生参与集体活动，并讲述参加集体活动的乐趣和收获。在与该生沟通后也与班级班委、该生室友取得联系，请求同学的帮助，引导他融入集体，并主动与其建立关系。

六、初步解决方案

（1）将该生的情况向领导反映，并与该生持续保持联系，关注其心理变化、学习状态、情绪变化，在与该生沟通的过程中注意方式、方法，引导其适应学习生活，也逐渐建立起该生的自信心。引导该生与学校心理老师取得联系，使心理老师利用专业知识对其进行教育和引导。

（2）与学生家长取得联系，反映学生情况，并在聊天中提示其在关注该生学习的同时也能多关注学生的情绪变化，并让该生感受到家长内心深处对其浓浓的爱与关心。

（3）与班委等多名同学取得联系，让同学关注他的情绪变化，并及时与笔者沟通，也请同学们在日常的生活中创造和该生交流的机会,也在学习上主动给予该生帮助。

本案例技术路线图如图 5-18-1 所示。

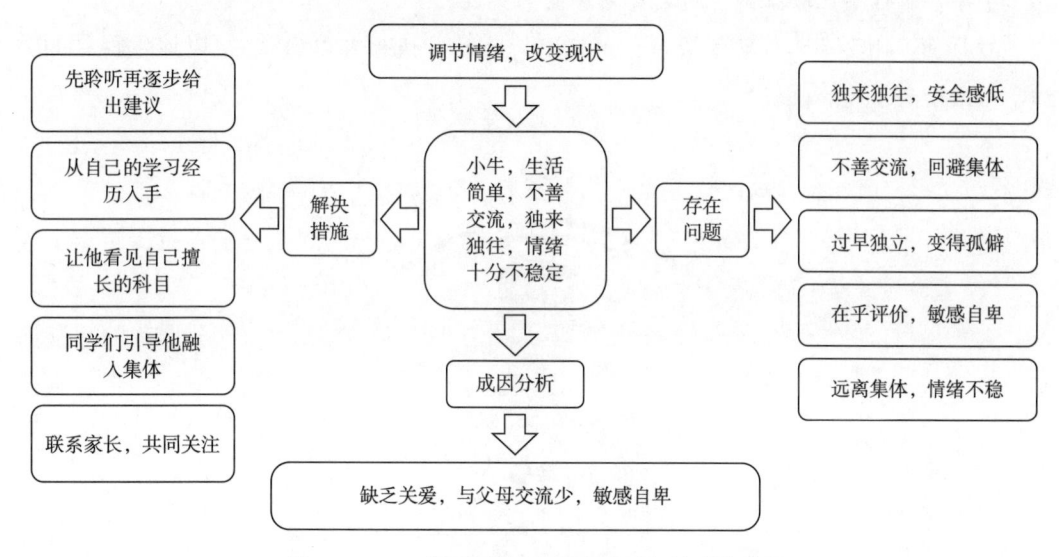

图 5-18-1 "调节情绪,改变现状"技术路线图

七、总结与感悟

一个人的健康状况一般可以分为两类:一类是身体健康,另一类是心理健康,而该生在年幼阶段并未出现情绪不稳定等问题。但随着生活环境的不断变化,其自身逐渐对周围环境变得敏感而且在与人交流方面出现明显问题,导致其逐渐自卑,回避与人交流等现象。通过本案例笔者感受到作为一名高校辅导员更加需要在应对突发事件和个别学生时具备较强的应变能力和专业素养,应该时刻关注学生的行为表现,及时发现异常学生。持续关注学生身心健康,应不定期地与学生进行沟通交流,在交流中要有足够的耐心,寻找学生的闪光点并不断给予鼓励,积极引导其发现学习和集体生活的兴趣。

在接触本案例后,笔者也深刻感受到教育是由家庭和学校共同组成的,需要双方的共同努力。也只有双方共同努力,才能引导学生回归正常的大学生活,并且塑造学生拥有健康、乐观向上的人生态度。

情景还原(图 5-18-2)

小牛:上大学后,离家较远,我与父母的联系更为有限,再加上课业较多,适应得较慢,导致我内心焦虑,情绪很不稳定。

辅导员：班级的老师、同学都很关心你，也十分愿意为你提供帮助，你也有你擅长的科目呀，通过考试我们都可以看到的。你要找到自己的闪光点。

小牛：我性格比较孤僻，不太愿意和他们交流。

辅导员：你要多参与集体活动，大家邀请你的时候你可以尝试一下，体验一下参加集体活动的乐趣和收获。

……

图 5-18-2 "调节情绪，改变现状"情景还原

第十九章

自卑是土壤，自信是庄稼

赵立平

一、一般资料

小风，男，自进入大学后，一直因家庭经济状况感到自卑。以前因为在中学时成绩拔尖，深受老师和同学的器重，自己也因此似乎忽视了家庭的普通。为了他上大学，家里负债累累。进了大学后，自己又借了不少钱以掩饰自己的普通。原以为进入大学，会有很多机会，可以通过打工来补贴生活，但实际上很难。曾想了许多办法来提升自己的素质（比如参加社团、看书、看展览会、考证书等），但实施之后，往往都是半途而废，从而感到自己脱离不了贫穷，对未来没有信心。

二、学生个人陈述

小风从小就知道自己家庭条件不好，所以一直努力学习，学习成绩也一直名列前茅，直到高中毕业前都很受老师喜欢，被同学羡慕。但是自从进入大学后，一下子感觉落差很大，感觉周围的环境和人际关系都变了，大家都很优秀，自己不再受关注。每天的生活也不是单纯的学习，甚至学习成绩似乎也不是最重要的。同学之间会不自觉地攀比，如今天谁又请客吃饭了，明天谁又换新手机了，后天谁又买名牌衣服了。大学生活虽然丰富多彩，但是也经常让他产生捉襟见肘的自卑。他知道为了交学费，父母借了一些外债，他也不敢乱花钱、乱买衣服，甚至在学习之余尽量去找一些兼职工作，挣一些生活费。但他觉得越来越焦虑和自卑，学习成绩平平，不再拔尖，打工的机会也很少，有时还会跟同学借钱，室友们知道他家庭条件不好，很多活动也不带他，让他感觉对大学生活很失望，甚至对未来也不抱有太大的希望。

三、成因分析

该生的问题属于适应障碍伴随的自卑。由于其大学之前因为成绩拔尖，一直受到关注和重视，使其得到了充分的心理满足，从而忽视了家庭的普通。而进入大学后，不再像过去那样受关注，失去了原来心理满足的基础，其第一次认识到了自己与周围其他人之间的差距，而他又过分夸大地看待了这种落差，妄图以借钱的方式来掩饰自己的窘迫。同时，其之前对于在大学的生存带有错误的估计，换了一个新环境后，发觉并不像自己预期的那样可以通过打工补贴生活，造成适应障碍，产生了一种挫折感。另外，不能做到正确的认知，以偏概全地看待自己的未来，意志力下降，形成自卑心理。

四、教育过程

（1）经常谈心。了解到小风遇到的心理问题后，不定期地找他谈心，对其进行鼓励，对他表现出关怀的态度，并诚恳地表明老师愿意帮助他，使他产生信任感。

（2）关注闪光点，多表扬，多鼓励。尽量给小风表现的机会，对小风取得的点滴进步进行表扬，使小风增加自信心，消除自卑感。

（3）开展同学间互帮互助活动。安排一个性格开朗、能说会道、乐于助人的室友，让他每天多与小风沟通，让其感受到身边同学的关心与温暖。

五、解决方案

（1）指导交友，多参加各项集体活动。课外时间，组织丰富多彩的活动，让小风与同学一起参加，增进交流，使之体验到活动的乐趣，并感觉生活美好，友谊可贵。

（2）保持微信联系。与小风微信交流，让他把自己忧伤的事以文字形式发泄出来，以减轻心理压力。并在交流过程中给予必要的心理辅导。

（3）为其提供勤工俭学的机会。为该生提供一些家教、图书馆、食堂等勤工俭学的机会，在为其减轻经济负担的同时，使其积累一些生活阅历，提高其自信心。

本案例技术路线图如图 5-19-1 所示。

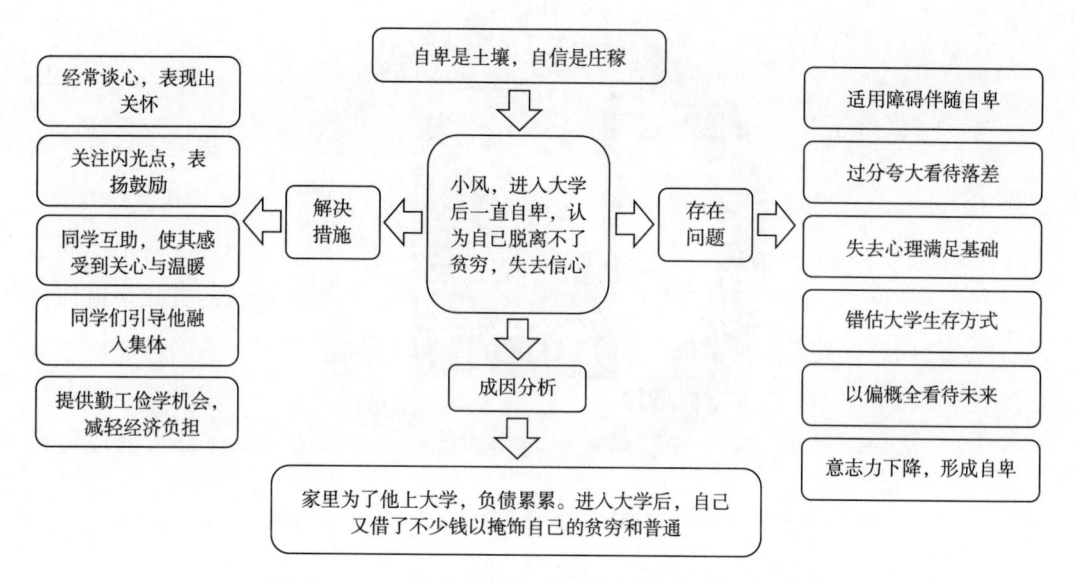

图 5-19-1 "自卑是土壤，自信是庄稼"技术路线图

六、总结与感悟

在大学生中，每个人的经济条件都是不一样的。对家庭宽裕的学生来说，大学的花销完全不用担心，但对那些家庭经济情况一般的学生来说，面对处处差人一等的窘境，往往会产生自卑心理。

遇到这样的学生要耐心地开导，知道他们心中所担心的是什么，不光对其进行心理上的鼓励，也要尽力地为其提供一些实质上的帮助，让其知道"自卑是土壤，自信是庄稼"的道理，使其从内心和外在都强大起来，重拾对生活的乐观和对未来的希望。

情景还原（图 5-19-2）

小风：进入大学后，不自觉地开始攀比，甚至学习成绩似乎也不是最重要的了。大学生活已经过去一年，我觉得我越来越焦虑和自卑，室友们知道我家庭条件不好，很多活动也不带我，我感觉对大学生活很失望，甚至对未来也不抱有希望。

辅导员：小风同学，生命中还是有很多可贵的东西的，比如，友谊就和可贵啊。我们课余时间组织了丰富多彩的活动，你与大家一起参加，增进交流，体验到活动的乐趣，感受生活的美好。

……

图 5-19-2 "自卑是土壤，自信是庄稼"情景还原

第二十章
专升本同学的心理干预案例

李梦园

一、一般资料

钟同学，女，通过专升本考入某校某专业。

二、个人成长史

钟同学与父母共同生活，父母对其关注度一般。该生入学后表现良好，与同学相处融洽，对待学习认真，能参加到学校活动和社会实践中。

三、学生个人陈述

某天，辅导员通过该生的出校申请发现学生去医院问诊，找她询问原因。学生自述患有抑郁症，一直在就医服药，每月定期复诊。但辅导员与其家长沟通，家长并不知情。经家人与孩子沟通后，确认事实，但是钟同学并不向辅导员和家长陈述患病原因及医生诊断详细信息，并且她执意自行去看病，不允许家长陪同。

四、问题分析

钟同学的父母因工作繁忙长期忽视对钟同学的情感和心理状态的关心，在钟同学出现病症后也未察觉。家庭关系的疏离导致钟同学缺乏安全感，并且对家长并不信任。钟同学的自我保护意识很强，对辅导员和室友都保持了信任但有一定距离，没有完全信任，反而会利用这种信任获取其他的自我保护。钟同学自救意识很强，当发生身体不适时懂得问诊和向男朋友求助。但是因为大学生情感不稳定，这种依赖关系需要高度关注。

五、教育过程

钟同学"十一"假期返校后，辅导员与家长联系确认学生安全情况，家长告知学生已经提前返校，与事实不符，存在外宿情况。经过与学生本人沟通，确认钟同学与其男友在一起。学生返校后，辅导员询问学生整体状态，情况稳定，某天晚上辅导员接到钟同学的电话，她陈述自己在医院打点滴，请求第二天上午请假，并且哀求不要告诉家长。随后辅导员向钟同学室友联系，室友称其中午因身体不适让室友帮忙体育课请假，体育课时联系室友返回宿舍，室友发现其呕吐并进行照顾，不再呕吐就让其上床休息。室友没有处理经验，未将情况告知辅导员。钟同学室友表示，近期钟同学状态很好，前一日还一起夜跑，钟同学心情很好，并未观察到异常。该生自述作业多压力大、生活琐事不顺心，因前期状态良好便自行停药，导致状态下降。询问其服药动机，该生自述想让自己快速平静，睡着以后会舒服一些。辅导员已将学生自述情况反馈家长，并告知家长要预约精神卫生中心专家号对钟同学进行病情评估，而且要来校签署家长告知书，学校与家庭协商做好陪读准备。家长表示周末将来探望学生，配合学校处理。

六、初步解决方案

联系家长到校签署告知书，要求家长陪同钟同学立即就医。家校联动互相反馈信息，建议家长逐步调整家庭关系。课堂、宿舍、家庭建立全方位的信息网，保持对其的关心与帮助。定期要求复诊，并反馈诊断意见。

本案例技术路线图如图 5-20-1 所示。

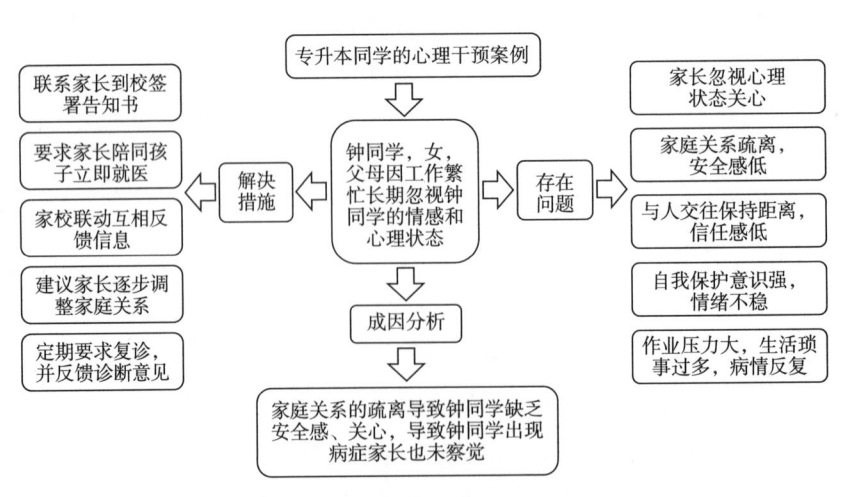

图 5-20-1　"专升本同学的心理干预案例"技术路线图

七、总结与感悟

要利用好家庭、宿舍、班级的相关人员,加强对学生个体情况的了解。对专升本的同学尤其要关注,因为学生在校时间短,具体情况难以把握。辅导员要第一时间发现问题并及时处理。

情景还原(图 5-20-2)

钟同学:我爸妈工作很繁忙,也不太关心我,长期忽视我的情感和心理状态,导致我身体不舒服也没在意,没有及时检查。

辅导员:有问题一定及时与同学、老师说啊,我们大家都很关心你的,听说你出了事情,我们都特别着急,大家都想帮助你的。

钟同学:谢谢老师,谢谢大家,我有问题一定及时和大家反映。

……

图 5-20-2 "专升本同学的心理干预案例"情景还原

第二十一章
关注动态，保持沟通工作案例

姚　圆

一、一般资料

小关，女，自尊心强，心灵脆弱。

二、个人成长史

小关，身高1.6米，相貌平平，发育正常，性格内向，父母为个体户，家中富足。从小到大，身体健康，无重大身体疾病或严重心理障碍，学习成绩中等偏上。

三、学生个人陈述

从小到大生活一帆风顺，没有遇到过任何坎坷，父母对自己的要求也不是很高，成绩一直属于中等偏上一些，从来没有压力。上大学后，由于性格内向，没有无话不谈的好朋友。大学前两年在无风无浪中度过，大三开始接连面对实习、教师资格证、英语四级、毕业论文、就业等压力，再加上父母不知缘由地与自己联系越来越少，认为自己是个彻头彻尾的失败者，对未来没有信心，感觉无助，情绪一度低落，总是失眠，生活极度痛苦。

四、成因分析

1. 内在因素

小关性格内向且自尊心比较强，心灵比较脆弱，容易受到伤害，父母不知缘由地减少对其关心，成为情绪失控的导火索。

2. 外在因素

成长过程中的一帆风顺，使其产生一定的优越感和满足感，一旦遇到挫折或者压力，心理上无法承担，容易产生焦虑感、无助感、自卑感，严重者会产生厌世感。加之从入学到毕业都没有交过一个朋友，同时也没有采取任何可以宣泄情绪的办法，导致坏情绪不断堆积。

五、教育过程

针对小关的这种情况，采用认知与引导的方法。首先，通过小关的同学、室友及家人了解她的基本情况，针对小关出现的各类问题对其进行认知教育，使其对自己所存在的心理问题有一个正确的认知；其次，引导她正确地看待自己的人生及他人，正确客观地去观察和分析自己身边的人和事物；再次，通过共情引导她正视自己的挫折，遇到挫折时找到适合自己释放压力的办法，从而产生积极乐观的人生态度；最后，鼓励其与室友和同学多交流，并参加各种社交活动。

六、初步解决方案

1. 与其家长进行沟通

家长在孩子的成长过程中承担着任何人都不可替代的角色。通过跟家长交流，了解小关与家长之间的关系，让家长自觉主动关注孩子的成长，家校共同承担学生成长的责任。

2. 适当安抚，并耐心疏导

对于内向的学生来说不会与他人主动交流，因此辅导员需要不定期地与之进行交流，安抚她的情绪。选择一些可以让人感到轻松的话题为切入点，谈心的过程中要注意观察其面部表情，通过表情判断其感兴趣的话题或反感的话题。代入其感兴趣的话题，引导其去思考问题、解决问题，并在交谈中让其体会到碰到问题不应该一味用消极的态度去对待，而要以积极乐观的心态去对待、去解决。这一过程可以分几次或几十次来完成，切忌操之过急。同时为小关专门建立一条"热线"，只要小关有任何想说却无处去说的话都可以拨打"热线"进行倾诉。

3. 充分发挥班干部和舍友的作用

辅导员没有办法做到每时每刻都与学生待在一起，因此需要充分发挥班干部的作用。班干部除了起到模范带头作用，也需要特别关注一下问题同学的动向。通过与之交流、查看其朋友圈动态等方式来了解该同学的状况，发现问题及时向辅导员汇报。

舍友，是大学四年中与之相处时间最多的人，见证了小关的成长与变化。因此，通过鼓励舍友与其主动进行交流，让其感知到自己的重要性是非常有必要的。交流—交朋友——起行动—谈心，通过舍友行动"四部曲"，来攻克小关的内向心理防线。

本案例技术路线图如图 5-21-1 所示。

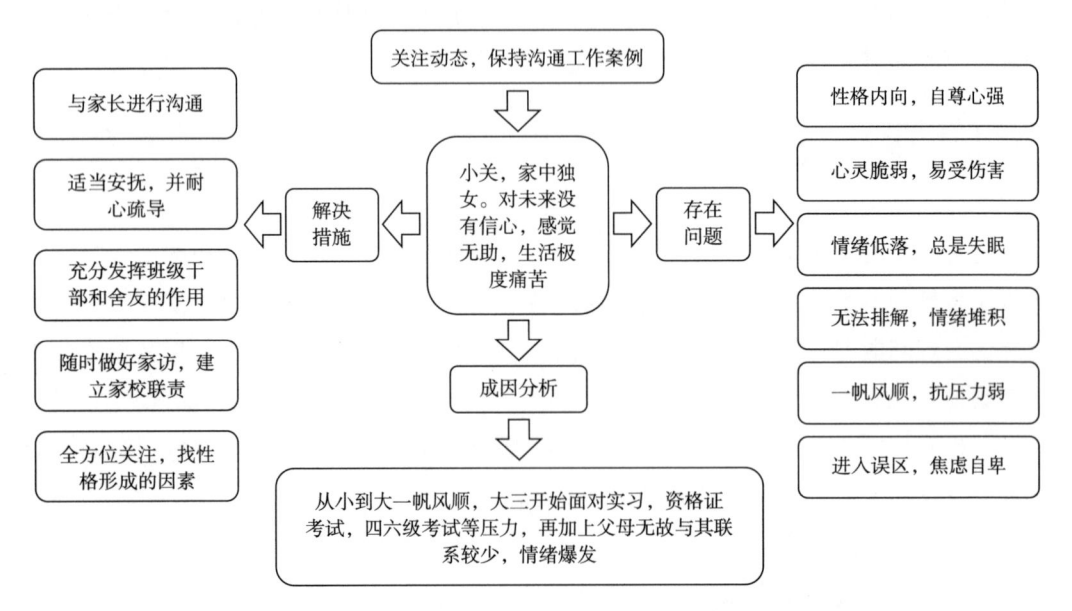

图 5-21-1 "关注动态，保持沟通工作案例"技术路线图

七、总结与感悟

1. 全方位关注学生动态，找性格形成的因素

每种性格的形成是遗传生理与后天环境相互作用的结果。遗传因素是性格形成的前提条件，后天环境是性格形成的主要现实条件。尤其是家庭环境和社会环境因素的影响，个体会自觉或者不自觉地改变性格来达到适应环境的目的。但是个别同学对于环境的变化一时之间无法作出转变，加上一系列的不如意事件堆积发生，会让其性格向不好的方向发展，无法面对现实、接纳现实，无法客观评价和接受自己、他人或社会，排斥自己、拒绝他人，甚至攻击社会。在这种情况下，首先需要了解情况，包括家庭因素和社会环境因素等，找出症结所在。充分发挥学生干部和舍友的作用，全方位地关注学生动态，及时发现问题、解决问题。

2. 随时做好家访，建立家校联责

与家长保持良好的沟通，可以有效掌握问题出现的诱因，从而找出与学生沟通的最优路径。家长是学生的第一任老师，对学生的了解也是最深入的，家校联合解决学生出现的问题，不仅可以让家长了解到学生在学校的状况，同时也可以借助家长对学生的了解，与学校一起找出合理的解决办法。

3. 终身学习，提升自身能力

辅导员的工作不仅是帮助学生们解决各种问题，还应该在他们遇到困难的时候鼓励他们迎难而上，培养他们敢于拼搏的精神，促进他们健康成长。因此辅导员身兼数职，教师、心理辅导师、职业规划师、创业指导师等，需要不断学习心理学、职业规划学、社会学等与学生需求相关的知识。

情景还原（图 5-21-2）

小关：我从大三开始接连面对实习、教师资格证、英语四级等压力，父母与自己联系越来越少，我觉得自己是个彻头彻尾的失败者。

辅导员：小关，我们碰到问题不应该一味地用消极的态度去对待，而要以积极乐观的心态去对待、去解决。多试几次，这一过程可以分几次或几十次来完成，不要太过着急。

小关：老师，我感觉对未来没有信心，时常感觉无助，我这一阵总是失眠，生活得好痛苦。

……

图 5-21-2 "关注动态，保持沟通工作案例"情景还原

第二十二章
大学生"网络成瘾"心理工作案例

李洪源

一、学生情况

珊珊（化名），学习成绩一般，很想好好学习以后能考上研究生。在她上初中的时候家里就有电脑并能上网，但是父母一直都不让她接触。直到大二的时候妈妈给买了一台电脑并开始上网，从此开始网络生活。开始的时候偶尔会为了上网不去上课，跟老师撒谎请假，后来就是几乎不愿上课，干脆经常窝在寝室里上网，偶尔去上课。本来成绩是班上前几名，后来成绩很一般。她其实知道这样不好，很想回到以前，但是控制不了自己，曾经也有过思想斗争，但是很快又放弃了，又开始继续上网。

二、个人成长史

珊珊父亲比较沉默、内向，一直在忙着自己的工作，对于她的学习一般都不会过问，对她也没太大的要求。在她上初中的时候父亲工作比较繁忙，几年之后好像家里不再像以前一样了，爸爸妈妈经常争吵，但是又不让她知道原因。母亲是个很要强的女人，又很爱面子，一直认为自己读的书太少了，希望自己的女儿能读大学。所以，对她的管教很严，不让她多看电视，除了学习，也没有什么娱乐。后来父母离异。

三、学生个人陈述

珊珊从小到大，母亲非常疼爱她，但是经常会否定她，骂她是笨蛋，只要做的事情不是妈妈期望的，就会出口骂她。久而久之，也让她很害怕母亲。在她大学期间父母亲离异，这件事对她来说很意外，没有任何征兆，她不能理解，也不能接受。自此以后，珊珊每天上网时间超过 10 小时，这样的状态持续了一年之久，她已经对网络产生依赖；上网基本是看电影、电视剧和聊天。她知道长时间上网不好，但是无法控制自己不去上网。

四、成因分析

1. 缺乏良好的自控能力

从大二开始，珊珊的妈妈给她买了一台电脑，从此可以自由上网了。其实珊珊一直很想上网，只是以前的条件不允许，现在终于条件具备了，可以满足她的上网需求了。珊珊知道这样天天上网不好，学习成绩下降了很多，朋友交流也少了，但是她控制不了自己。除了上网，她什么事都不想干。有时，会拟出一个计划，很具体的计划都做好了，可是还没坚持两天，她又开始上网，不知不觉一天又过去了，之前的计划全抛之脑后了。上了一段时间的网之后，发现自己什么事都没干成，她内心又痛苦，又后悔，但还是会天天上网，什么事都不想干，这样反复地恶性循环。

2. 没有个人爱好，缺乏个人主见

珊珊的一切都是爸爸妈妈帮她做决定，如高考读什么学校、大学读什么专业等，她个人也没有任何意见。珊珊除了学习也没别的很想做的事，这时，正好有电脑了，网络的新奇性、丰富性很容易吸引她，很容易导致网络依赖。

五、教育过程

1. 情理结合，发挥辅导员引导作用

在与该生的交流交往中，辅导员适当进行正面引导，既要"以情感人"又要"以理服人"。在心理辅导过程中，让该生对自己充满自信，帮助她制订学习计划，使其逐渐恢复学习自信心，表扬她的点滴进步，她逐渐愿意与人交往，敢于打开心扉，及时排解了不良情绪。

2. 做好与家长的沟通工作，用温情方式感动学生

在对该生进行心理辅导的过程中，她的思想出现多次反复动摇，辅导员与家长多次沟通，共同想出解决办法，一起关心呵护该生，用温情感动她，最后取得了显著效果。

3. 保持时刻关注，持续督促

在对该生的教育过程中，辅导员通过发动班委时刻关注关心该生，持续进行督促，提醒同学们对她抱有一颗宽容、关爱的心，用班级大家庭感化她，防止她再度陷入"网瘾"。

六、初步解决方案

珊珊属于轻度"网络成瘾",干预方案拟分四步进行。

1. 采用认知疗法,纠正当事人的歪曲认知

从认知上改变该生的不合理信念,重新建立合理信念。

2. 改变家庭教育方式,家长、孩子互动,改善亲子关系

父母的参与,让孩子倍感温暖,共同战胜网络成瘾行为。

3. 尝试行为疗法,逐渐戒除"网瘾"

具体行为计划的制订与实施,网络行为逐渐减少,学习行为逐渐增多。

4. 唤起心中抱负,确定人生目标

让该生重新确定人生目标,转移其注意力,增加战胜网瘾的信心。

本案例技术路线图如图 5-22-1 所示。

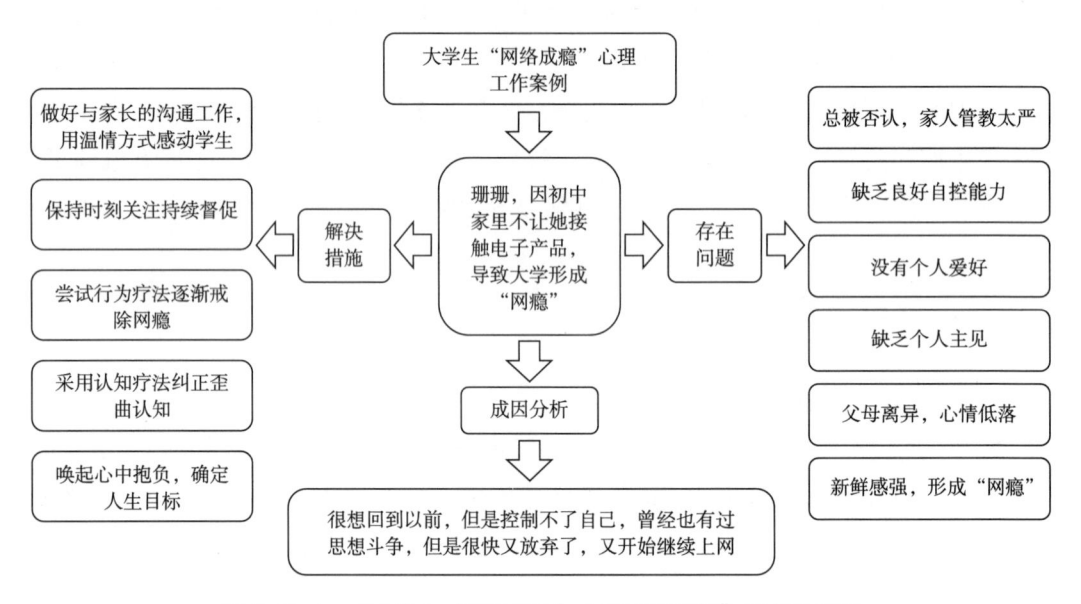

图 5-22-1 "大学生'网络成瘾'心理工作案例"技术路线图

七、总结与感悟

大学生心理健康教育是德育工作的重要组成部分,关系到大学生在思想、学习、生活等方面的成长,辅导员应关注学生的心理变化,指引学生拥有健康、正确、积极向上的思想。

(1) 须坚持辅导员专业化、职业化、专家化的建设方向,重视心理健康教育。提

高辅导员自身修养，不断学习管理学、教育学、心理学等相关知识，同时也要加强高校心理健康工作案例的学习，借鉴相关知识及经验，在管理工作中灵活运用。加强对辅导员队伍的进一步建设，有效地开展相关培训，使辅导员向专业化、职业化、专家化发展。

（2）用关爱创造温馨环境，加强心理健康引导。"网瘾"的形成与学生的家庭教育方式、学校环境、同学关系及宿舍氛围分不开，俗话说"近朱者赤，近墨者黑"。因此，家长与学生必须起到凝聚和感染说服的作用，引领该生克服不良的心理倾向，重新认识自我。

（3）积极关注，真诚交流，促进学生成才。辅导员平时应该深入学生，关心学生，与学生建立信任，成为学生的良师益友，这样学生在遇到问题时才会相信老师，才愿意在老师的帮助下解决问题，才能健康成长、成人成才。

情景还原（图5-22-2）

珊珊：我知道我这个习惯非常不好，很想回到以前，但是我控制不了自己，有过很多思想斗争，但是很快又放弃了，又开始继续上网。老师，我该怎么办啊？

辅导员：珊珊，你底子很不错的，首先你要对自己充满自信，我们可以一起制订一份学习计划。

辅导员：你在平时生活中要多与人交往，敢于打开心扉，有不开心的事情就及时找我或者同学倾诉。

……

图5-22-2 "大学生'网络成瘾'心理工作案例"情景还原

第二十三章
一个解决性格内向学生心理问题的工作案例

张明宇

一、一般资料

小宣，性格比较内向，朋友较少，成绩中等。在毕业季虽然积极投了不少简历，但始终没有得到回信，在就业压力与对未来发展的困惑中，陷入了迷茫。经常在想自己应该做什么，怎么做。在剩余的时间里，是继续寻找实习单位还是准备考研？在这种对未来的困惑与迷茫中，无法安心学习，焦躁不安，时常陷入自编的困境之中无法自拔。

二、个人成长史

小宣在小学的时候在父母安排下去了补习班，父母安排的补习班非常多，放学后要求在补习班学到晚上八点，周六周日也要上一整天的补习班。这虽然让他的学习成绩变好，但同时也让他变得非常讨厌学习。到了初中，他不再去上补习班，成绩一落千丈，在没人监督的情况下，他根本没有任何自制力。于是，他进入了职业高中。万幸的是，到了高中，他遇到了一位好老师，在老师的谆谆教导，以及与周围同学们的共勉下，成功考上了大学。在大学里，由于性格比较内向，小宣基本只与舍友交流，也没有参加实验室或者学生会，虽然成绩不差，但也没有想过去主动参加比赛。到了毕业季，因为实习方面的问题陷入苦恼。

三、学生个人陈述

小宣从小到大，一直是比较内向的人，虽然在熟悉的人面前能放得开，但在陌生人面前就会变得沉默寡言。这让他的交际圈非常小，也让他很难适应环境的变化。所以他一般不会去主动改变他的人际关系,这也是他没有参加实验室或学生会的原因。这种行为最后导致他的简历内容极为单薄,可能这也是他的简历得不到回应的原因。

四、成因分析

由于小宣从小性格内向,话语较少,以及从小报了比较多的补习班,产生了一定的厌学情绪。再加上毕业季找实习、找工作受阻,多方的压力积累起来,给小宣造成了严重困扰。

五、教育过程

首先,主动了解学生。询问本班同学关于该生的情况,从侧面了解一些信息,方便后续工作的开展。

其次,联系小宣本人,并表明关心,让学生说出心中的难题。交流本专业当前的就业方向,以及未来的发展趋势,共同探讨研究出对策和解决方案。

最后,联系家长,将小宣目前的情况与家长沟通,了解家长对孩子找工作方面的想法,包括工作地点、工作种类、未来发展前景等。

六、初步解决方案

经过上述行动,帮助小宣找到一家很不错的公司,目前小宣已经在公司实习,对工作非常满意,并且树立起自信心,对未来的工作成长充满期待。

本案例技术路线图如图 5-23-1 所示。

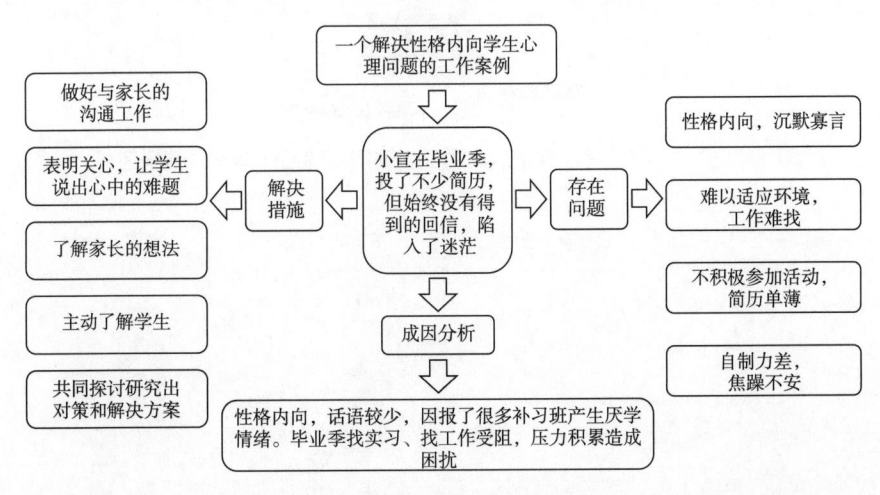

图 5-23-1 "一个解决性格内向学生心理问题的工作案例"技术路线图

七、总结与感悟

很多学生由于小时候的客观环境，厌倦学习，对未来感到迷茫，这都是正常现象。作为辅导员，要去了解学生的困难，关心学生，培养学生的自信心，为学生的前方道路指明方向。

情景还原（图 5-23-2）

小宣：大家都找到工作了，就我没有找到。为什么我投递了那么多简历，一家都没有回应？我对未来好迷茫。

辅导员：可能小时候的经历，导致你有一定的厌学情绪。再加工作、实习受阻，你感到很有压力，我十分理解你。

小宣：可能是我专业特殊，我对我专业就业比较迷茫。

辅导员：这个问题你可以咨询一下学长学姐，吸取一些经验。

……

图 5-23-2　"一个解决性格内向学生心理问题的工作案例"情景还原

第二十四章
如何应对考研失利

曾　旭

一、一般资料

海同学，女，考研失利，因成绩与分数线非常接近而深受打击，陷入升学、求职困扰中无法自拔，一时找不到努力的方向。

二、个人成长史

海同学在班级成绩名列前茅，各方面表现良好，曾获得过奖学金，从平时交谈及努力程度来看，有较大把握考上研究生，未进行就业的相关准备工作。

三、学生个人陈述

大四开学后，在完成正常课业任务的同时，海同学又接着暑假在家复习的进度开始考研复习。随着班上的同学陆续开始工作，想到父母对自己的殷切期望，以及自己孤注一掷的考研决定，开始加倍努力学习，并没有找工作的准备，结果考研落榜，与自己心仪的学校失之交臂。想到自己几乎错过了找工作的最佳时段，不知道接下来的路该怎么走，是该再考一年，还是去找工作？一想到这些，自己的精神压力便不断增加。

四、成因分析

（1）近些年大学毕业生就业压力不断增大。为逃避目前严峻的就业压力，提高就业竞争优势，得到更好发展，考研比例也不断增大。

（2）海同学性格较为内向，缺乏自信，与同学交流较少，缺乏家人、朋友的支持和帮助。

（3）父母对她抱有较高的期望，希望她能学有所成、有好的前途，为父母、为家族争光。

五、教育过程

以事实为依据，在鼓励、认可的基础上，酌情给予建议。根据海同学的自述，海同学在考研未成功后，利用寒假时间自行调整，并参与了企业实习。海同学能主动自我调节，并分阶段挑战目标，这一行为值得赞同，也反映出海同学本身的实力和能力。另一方面，海同学在实习的过程中发现自己并不喜欢该项工作，认为自己的知识与见识还远远不够，应该继续深造，去挑战更有价值的工作。辅导员与海同学重点讲述了理想与现实、职业生涯规划的相关内容，如果海同学真的想做学术，可以在判断好机会成本、时间成本的基础上，在有家人经济支持或者可以经济独立的前提下，尝试二次考研，或者工作后继续攻读在职硕士，引导海同学思考自己的擅长方向和类型，进行理性判断。

六、初步解决方案

（1）海同学对自己未来的理想比较清楚，加上这次的成绩已经非常接近分数线，海同学决定尝试二次考研，再复习一年，成功的概率极大。

（2）在学习的同时要与已参加工作的同学多沟通，无论是否成功，最终还是要就业的，要对职场有一个初步的了解和认识。

（3）即使已经毕业，有任何事仍然可以和辅导员老师诉说，辅导员也期待她能成功。

本案例技术路线图如图5-24-1所示。

七、总结与感悟

考研，已经成为大部分大四学生首选的毕业出路之一。而没有认清自身实际、没有认清就业形势；盲目地、孤注一掷地选择考研的学生大有人在，如果引导和处理不到位，容易出现"考研跟风"所导致的"毕业即失业"的问题。辅导员应结合学生自身的想法，积极引导学生提升自身综合素质，增强受挫抗压能力，合理规划自己的学业，适时做好就业的准备。

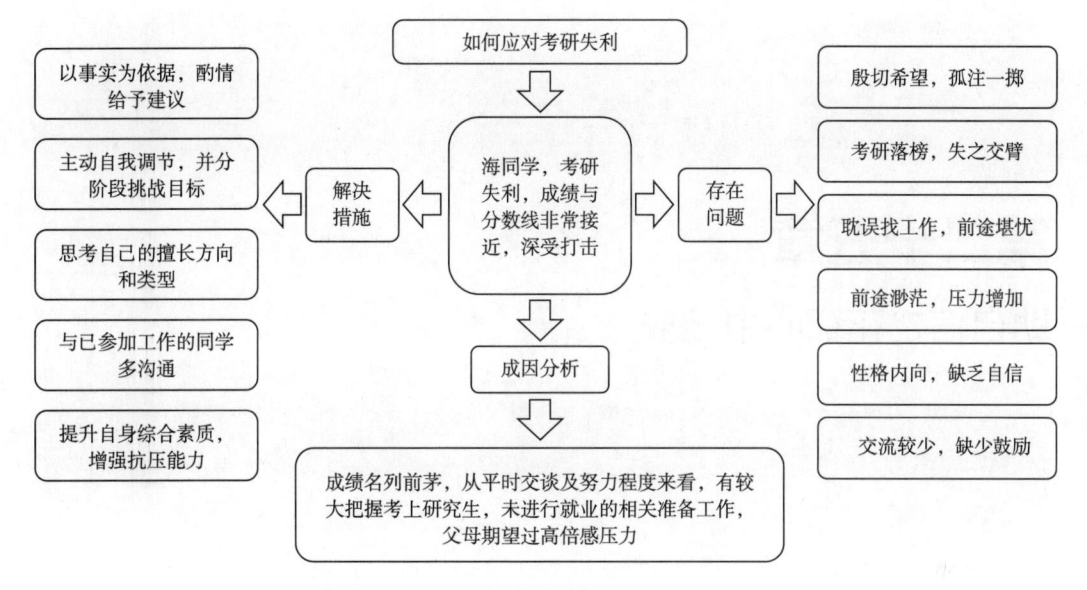

```
                        ┌─────────────────┐
                        │ 如何应对考研失利 │
                        └────────┬────────┘
                                 ▼
┌──────────────┐      ┌──────┐  ┌──────────────┐  ┌──────┐  ┌──────────────┐
│以事实为依据， │      │      │  │海同学，考研  │  │      │  │殷切希望，孤注│
│酌情给予建议  │      │      │  │失利，成绩与  │  │      │  │一掷          │
└──────────────┘      │      │  │分数线非常接  │  │      │  └──────────────┘
┌──────────────┐      │解决  │◀─│近，深受打击  │─▶│存在  │  ┌──────────────┐
│主动自我调节， │◀────│措施  │  │              │  │问题  │─▶│考研落榜，失之│
│并分阶段挑战  │      │      │  │              │  │      │  │交臂          │
│目标          │      │      │  └──────┬───────┘  │      │  └──────────────┘
└──────────────┘      │      │         │          │      │  ┌──────────────┐
┌──────────────┐      └──────┘         ▼          │      │─▶│耽误找工作，前│
│思考自己的擅长│                 ┌──────────┐     │      │  │途堪忧        │
│方向和类型    │                 │ 成因分析 │     │      │  └──────────────┘
└──────────────┘                 └─────┬────┘     │      │  ┌──────────────┐
┌──────────────┐                       ▼          │      │─▶│前途渺茫，压力│
│与已参加工作的│      ┌────────────────────────┐  │      │  │增加          │
│同学多沟通    │      │成绩名列前茅，从平时交谈│  │      │  └──────────────┘
└──────────────┘      │及努力程度来看，有较大把│  │      │  ┌──────────────┐
┌──────────────┐      │握考上研究生，未进行就业│  │      │─▶│性格内向，缺乏│
│提升自身综合素│      │的相关准备工作，父母期望│  │      │  │自信          │
│质，增强抗压能│      │过高倍感压力            │  │      │  └──────────────┘
│力            │      └────────────────────────┘  │      │  ┌──────────────┐
└──────────────┘                                  │      │─▶│交流较少，缺少│
                                                  └──────┘  │鼓励          │
                                                            └──────────────┘
```

图 5-24-1 "如何应对考研失利"技术路线图

情景还原（图 5-24-2）

辅导员：海同学，你是一个很努力的孩子，不要被一次的失败打倒，再接再厉，就业的途径也有很多。

海同学：我觉得我好对不起父母，他们本来对我期望就高，我还没考上研究生，我好愧疚啊。

辅导员：这倒不是问题，回头我跟他们说一下，让他们了解一下现在就业情况，你已经做得很好了，下一步的话，我建议你，可以想一下自己是否真的喜欢这个专业，再考虑重考，或者先工作。

……

图 5-24-2 "如何应对考研失利"情景还原

第二十五章
助自信之花在心中绽放

崔晓雪

一、当事人基本信息

小叶是班里一名女同学。从遥远的家乡来到学校上学,融入当地的文化、生活习惯等,本身就不是一件容易的事。从小的家庭变故,使小叶常常感觉自己与别人不一样,认为自己各个方面都不如别人。因此小叶总是很沉默,性格孤僻,不愿意跟老师和同学沟通,缺乏自信。

二、危机的发生

由于语言文化的差异,小叶在上课的时候经常不专注、易走神,老师课后布置的预习和复习作业不能有序进行。每次考试都很紧张,导致成绩不理想,产生了严重的自卑感,过重的心理负担使她没有正确评估自己的能力。即使在成功面前也很难感受到喜悦,从而陷入失败的恶性循环之中,严重影响了她的身心健康。

三、干预过程

笔者坚持育人导向,坚持育心与育德相结合,做到因材施教。运用心理学知识,调动学生的学习积极性,帮助学生积极疏导在学习和成长路上的心理问题。此案例中,小叶自信的缺失对她的身心健康、生活、学习都有损害,如何引导学生增强自信,正确地评估自己,是本次典型案例的突破口。

1. 用真情激励教育,唤起信心

教育学理论告诉我们,每个学生都是有进步要求的,都希望别人认为自己是一个好学生。为了减缓小叶的畏惧心理，笔者经常在课余时间，有意无意地找她闲聊，发现她有所进步时及时表扬，时刻关注她、鼓励她。小叶唱歌非常好听，学校合唱比赛，笔者主动邀请她负责教同学们唱歌技巧，最开始笔者陪着她跟同学逐一进行交流，逐渐小组同学跟学歌唱，最后小叶可以带领全班进行歌唱训练。很多同学通过小叶的指导，唱歌水平有所提高，大家对小叶同学称赞有加。小叶同学通过教同学唱歌，渐渐地开始喜欢和同学们接近，也经常主动找笔者聊天。教育心理学中提到，一个人自信与自我价值有一定的联系。当小叶发现自我价值在班级得到了体现，自己的想法得到了大家的认同时，自我价值感的提升会使小叶放下畏惧心理，唤起信心。

2. 心理学理论支撑，树立自信

教育者应当深刻了解正在成长的人的心理。只有在自己整个教育生涯中不断地研究学生的心理，加深自己的心理学知识，才能够成为教育工作真正的能手。小叶无法准确地认识自我，缺乏自我认同，也就无法进行自我调节。首先，笔者利用心理课的契机，让同学们一起来认识自我，选择通过课程方式来进行引导也是为了不让小叶感受到自己的特殊性，给她增加心理压力。通过心理课上的"认识自我"内容，结合塞斯顿的人格测试"我是谁"，目的是通过学生对自己的描述，试图对自己的人格进行分析。通过学习心理学知识，也可以让小叶发现很多表面、偶然的生活经验背后深层的心理结构是相同的。课后笔者鼓励小叶每天写日记，每天写下自己的一个优点，还有三件令自己开心的小事，通过自我观察提高自我认识。自此以后，小叶变得越来越自信了。

本案例技术路线图如图 5-25-1 所示。

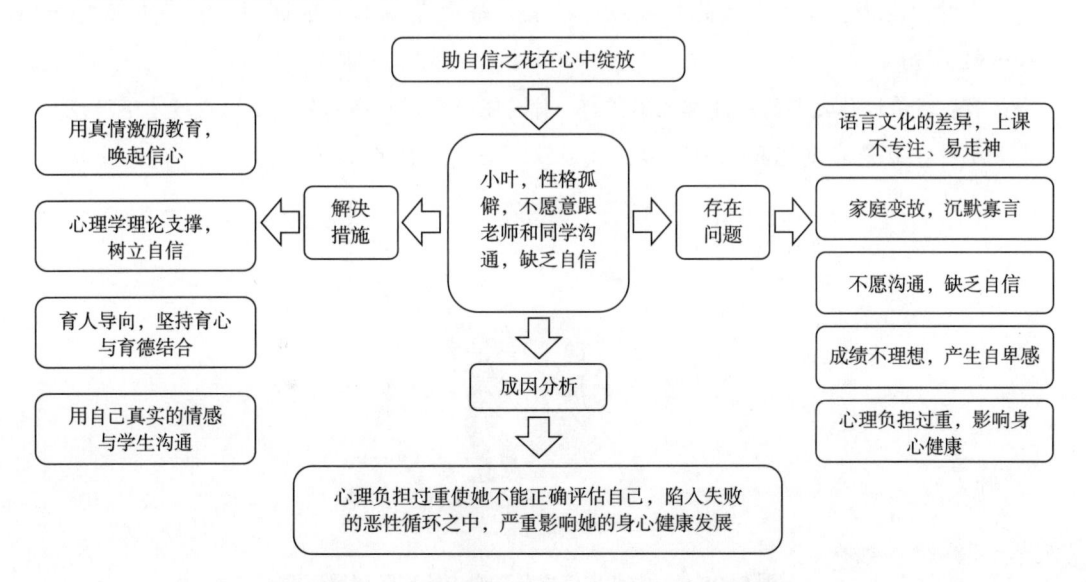

图 5-25-1 "助自信之花在心中绽放"技术路线图

四、干预结果

此案例目前来看预防得比较及时,案例中的小叶通过笔者的引导以及班级同学的帮助,逐渐增强自信,能正确地评估自己,通过专业知识的学习与掌握,对未来也有了更明确的目标。

五、经验分享

1. 学生思想工作

辅导员在做学生思想工作的时候,要特别注意方式方法。在此次案例教育的过程中,笔者遵循的就是教育心理学中教师要用自己真实的情感去与学生沟通,从而建立信任。

2. 借助活动育人

在新时代背景下,回归育人本质,明确班级活动。目标具体,则方向明确,学生有事可做,学习起来就会显得充实,这样很容易帮助学生树立自信心。让充满情趣和愉悦的各类班级活动在学生成长中留下深刻印记,从而体现育人本质。

情景还原(图 5-25-2)

我:小叶同学,有老师反映你最近上课走神,作业不及时交啊,是最近遇到什么问题了吗?

小叶:老师,我觉得我的学习能力很差,每次考试都考不过别人,我也不想和别人一起上课。

我:我看过你之前的成绩都还不错啊,你是不是最近状态不好,这次成绩才下滑呢?

小叶:可是我不想和他们一起,我成绩不好,他们都不喜欢我。

……

图 5-25-2 "助自信之花在心中绽放"情景还原

第二十六章
关于对大学生情绪调节心理问题的一些看法

马 越

一、情绪调节与心理健康

1. 大学生情绪产生

大学阶段是情绪波动较为频繁的关键时期，情绪的产生与个体内外部因素密切相关。一是生理因素，即神经生物学因素，大学生在生理上正处于青春期，激素水平和神经传递物质的变化会对情绪产生影响。例如，青春期激素变化可能导致情绪波动和易激动；身体不适、疾病或慢性疼痛等生理因素，会造成大学生情绪低落或焦虑。身体状况与情绪状态之间存在相互影响的关系。二是心理因素，大学生正处于个人身份和角色转变的阶段，他们面临自我认知和自我价值观的重塑。对自身能力和价值的不确定性可能引发焦虑、压力和低落情绪。课业负担、考试压力、学习竞争等因素会使大学生产生强大的心理压力，增加焦虑、担忧和抑郁等负面情绪。三是环境因素，家庭关系稳定与否、家庭教育方式、家庭经济状况等会对大学生的情绪产生影响。家庭冲突、失业等因素可能引发负面情绪；大学生的社交圈扩大，人际关系复杂多变，友谊、爱情、人际冲突等社交关系因素对大学生情绪起着重要作用。

2. 大学生的情绪调节

情绪调节是指个体在面对不同情绪状态和情境时，采取的一系列心理和行为策略，以影响、调整和管理自己的情绪体验。情绪管理是个体对情绪的调节与掌控，稳定可控的情绪可以有效提升个体学习与工作效率，增进人际关系，推动个体成长发展与综合素养提升。[1] 一是认知调节。认知调节侧重于个体对情绪的认知和解释，以及对情绪

---

[1] 邱国良、詹佳：《大学生思想政治教育中的情绪管理方式及价值探索——评〈大学生情绪管理与思想政治教育〉》，《教育发展研究》2023年第43卷第9期。

产生原因的评估，重新评估情境和事件的意义和重要性，帮助个体更客观地看待问题，减少负面情绪的影响。例如，将挫折看作成长的机会，而非失败的标志，通过积极地引导自己的思维，关注积极的方面，从而调整情绪状态。二是行为调节。行为调节涉及个体通过控制和调整行为来影响情绪的体验。通过深呼吸、温水浴、伸展运动等方式，缓解身体紧张，促进放松和舒适感。适度的运动可以释放累积的负面情绪，增加身体活动和内源性快乐激素的分泌。三是环境调节。环境调节关注个体改变或调整环境因素以促进情绪调节。与家人、朋友或心理咨询师进行积极的交流和沟通，分享情感，并获得情感支持。

3. 情绪调节与心理健康

一是情绪认知。情绪认知是指个体对自身情绪和他人情绪的觉察和理解能力。良好的情绪认知使大学生能够辨识自己的情绪，将情绪经验进行准确的词汇表达。这有助于他们更好地理解自己的情绪体验，帮助自我认知和情绪调节。情绪认知能力强的大学生更容易对自身情绪产生的原因和影响进行评估，并选择适当的应对策略。他们能更好地理解与识别负面情绪的来源，并积极寻求应对途径，从而减少负面情绪的持续时间和强度。二是情绪表达。情绪表达是指个体有效地表达和表述自己的情绪体验。情绪表达允许大学生将内心的情绪释放出来，减少负面情绪的压抑和积累。积极有效的情绪表达有助于情绪调节，改善心理健康。情绪表达通过与他人分享情感体验，获得他人的理解和支持，加强社交关系，并促进情感连接。这有助于缓解压力和孤独感，提升心理健康和幸福感。三是情境适应。情境适应是指个体在不同情境中根据需求和情绪特点进行调整和适应。情境适应能力强的大学生能更好地评估当前情境的需求和资源，并做出相应的调整和决策。

二、大学生情绪特点及原因分析

1. 大学生情绪特点

（1）情绪的复杂性。大学生阶段是一个情绪波动较为频繁和复杂的阶段，情绪的产生和表达受到多种因素的影响。了解和分析大学生情绪的复杂性有助于揭示情绪体验的多样性和个体差异性。一是内在复杂性。大学生经历的情绪不仅是简单的快乐或悲伤，更可能是多个情绪的复杂混合。例如，他们可能既感到开心和兴奋，同时又有一丝紧张和焦虑。大学生可能同时经历或体验相互矛盾的情绪。例如，对新生活的期待和兴奋中混杂着对未知的担忧。二是外部因素的影响。例如，大学生面临课业负担、考试压力和竞争等外部因素的影响，这些因素常常引起焦虑、紧张和担忧等负面情绪。大学生社交圈的拓展增加了人际关系的复杂性，包括友谊、恋爱以及与同学、教师和家人之间的关系。人际冲突、群体压力等因素会对大学生的情绪产生影响。三是情境交互。大学校园是情绪流动与传播的重要场所,个体情绪受到他人情绪的传染。身边同学或朋友的情绪状态可能影响和扩大自己的情绪体验;同一情境在不同的个体中可能引发不同的情绪反应,这取决于个体对情境的解读和评估。不同的思维模式和情绪调节策略会影响大学生对情境的情绪反应。

(2) 情绪的不稳定性。大学生阶段是一个情绪变化较为频繁和不稳定的时期,情绪的波动对心理健康和学业都产生重大影响。理解和分析大学生情绪的不稳定性,有助于提供有效的情绪管理和支持策略。一是生理因素。大学生正处于青春期,生理变化和激素水平的波动会对情绪产生影响。大学生的大脑仍在发展中,尤其是前额叶和情绪调节中枢的成熟程度有限,这可能导致情绪反应不稳定。二是认知因素。大学生在情绪的认知和解释上可能存在困难,对情绪的辨识和理解有一定的局限性。这导致他们难以准确把握和调节自己的情绪,从而增加了情绪的不稳定性。三是环境因素。大学生在应对学业压力和适应人际关系时可能面临情绪的不稳定性,根据不同的环境和关系变化,情绪可能出现剧烈的波动,比如焦虑、愤怒、悲伤等。

(3) 情绪的冲动性。大学生阶段是一个情绪冲动性高发的时期,他们可能面临情绪管理和自我控制的挑战。大学生正在经历身份的转变和自我认知的深入探索,这可能导致情绪冲动的增加。他们可能感到迷茫、焦虑和不确定,难以准确把握自己的情绪和需求。大学生的情绪常常具有突发性和不可预测性,情绪强度可能在瞬间迅速升高,难以控制和调节。这种突发性情绪可能导致冲动行为的出现。大学生在面对自我认知的挑战和情绪不稳定的情况下,可能出现情绪的冲动性,比如突然发脾气、冲动地做出决定或行为。冲动情绪产生与心理危机并存时极易出现极端行为。

2. 大学生不良情绪的原因分析

(1) 学业压力。大学生面临着学术任务和期末考试,这给他们带来了严峻的时间压力和工作量压力。追求成绩的压力和对未来的焦虑可能导致不良情绪的产生。大学生对于优秀成绩、学术荣誉和就业前景达不到预期目标,可能会感到挫折和失落。特别是部分大学生因追求成绩而作弊受到学校处理后,产生不良情绪的情况尤为严重。学业压力可能导致大学生产生焦虑和压力,表现为情绪紧张、自卑、烦躁不安、抑郁和沮丧等。他们可能对自己的能力和成就产生怀疑,丧失对学习和未来的兴趣,并出现自我贬低和消极的思维观念。例如,缺乏有效的情绪调节策略,无法积极应对压力,可能采取消极的应对方式,如逃避、拖延等方式。

(2) 人际关系困难。大学生离开家庭和朋友圈,进入一个新的社交环境,需要与新的同学、室友等建立起新的人际关系。这种新的社交环境和社交圈可能带来不适应和社交焦虑,导致不良情绪的产生。大学生往往感受到同伴之间的竞争和社交期望的压力。他们可能面临来自同学、室友或团体的期望,希望与他人建立良好的关系和获得认同。如果无法满足这些期望,他们可能感到挫败和不满足。在大学生活中,人际冲突是难以避免的。沟通障碍、观念差异或意见分歧可能导致冲突的产生，人际冲突是大学生不良情绪产生的温床。另外，一些大学生由于自我表达能力不足、缺乏自信心或恐惧批评等原因，可能难以有效地表达自己的想法和情感，大学生在离开家庭和亲友圈后，面临与家人和老朋友的分离。这种分离感可能导致孤独感的产生，大学生在新的社交环境中可能缺乏支持网络和归属感。没有良好的支持系统可能使他们感到孤立和无助，导致不良情绪的产生。

（3）家庭状况。一是家庭关系。父母间的冲突、离异或其他矛盾问题可能对大学生的情绪产生负面影响。家庭关系不和谐和紧张可能导致大学生感到担忧、无安全感和不适应。缺乏家庭的支持和情感联系，而且对学业成绩和未来的期望和压力也可能引起不良情绪。过高的期望以及与之相伴的压力可能让大学生感到沮丧、焦虑和无力应对。二是经济压力。一些大学生家庭经济拮据，面对学费、生活费和其他开销的压力，他们需要勤工俭学来支持自己的学习和生活，他们可能因此感到焦虑和担忧。三是家庭变故。家庭中的疾病、重大变故（如失业、家庭成员去世等）可能对大学生的情绪产生冲击。这些突发的变故可能导致大学生感到沮丧、焦虑和无力承受。

（4）主观消极。一方面，部分大学生可能倾向于消极的思维方式，对事物持悲观态度，过度关注问题和失败，并产生自我怀疑和负面情绪。另一方面，情绪管理困难和压力应对能力不足是大学生无法自我消解不良情绪的重要原因，难以有效地处理和调节情绪，不良情绪的持续存在可能导致情绪波动和情绪爆发，缺乏有效的应对策略来应对挑战和压力，对于一些无法解决或无法控制的问题，他们可能感到无力和沮丧，进而影响他们的心理健康。另外，一些大学生存在自我评价困扰，过度关注他人的评价和比较，导致对自我价值的不合理评判。将自己与他人进行不公平的比较可能导致他们的自我价值感受到损害，从而设置过高的目标和标准，并追求完美。无法满足这些要求可能导致他们感到沮丧、焦虑和不满足。

三、运用情绪调节策略促进大学生心理健康发展

1. 提高学生自我调节能力

良好的自我调节能力对于提升大学生心理健康和应对不良情绪至关重要。一方面，学校在"第二课堂"活动中要紧贴大学生心理健康课程，在潜移默化中帮助大学生学会认识并理解自己的情绪，通过自我观察和反思，培养情绪识别的敏感性。培养大学生的积极思维，在学生活动中进行放松训练、身体锻炼等，以调整情绪状态。鼓励他们主动面对问题，寻找解决办法，而不是陷入消极情绪之中；鼓励大学生培养积极情绪的习惯、感恩的心态、乐观的态度，学生活动和心理活动务必要喜闻乐见，比如小型心理运动会、心理知识游园会等，在实践和运动中促进学生在积极情绪的产生。另

一方面。协同社会，鼓励大学生建立健康的社会支持网络，包括与家人、朋友和老师建立良好的关系，寻求他们的支持和鼓励。提供机会进行交流和分享，增进彼此之间的理解和支持；向大学生提供心理咨询和辅导服务，使他们能够获得专业的支持和指导，这可以帮助他们更好地理解自己的情绪和情感问题，并学习有效的应对策略。

2. 建设和谐校园文化环境

建设和谐的校园文化环境可以有效帮助大学生消除不良情绪并提升大学生的心理健康水平。主要表现为以下三个方面：一是促进情感交流。学校应建立一个开放、透明的沟通机制，鼓励大学生表达情感和困扰，并提供接受和支持的空间。例如，在学校心理微信公众平台创建"吐槽"专栏、在学院建设心理健康支持小组、在班级开展情感交流活动和座谈会等，使学生不仅有倾诉的渠道而且能学到解决问题的策略，加强情感交流和共情能力。群体交流机制是化解个人心理症结的有效途径，如果不健康的情绪状态能及时得到好友、亲人的理解、引导、劝慰，就能极大地化解个人不良情绪的积累和恶化。二是培养共同价值观。倡导校园文化中的尊重、包容和理解，鼓励大学生以积极的态度对待他人，尊重不同背景和价值观。通过教育和宣传活动，加强师生之间、学生之间的理解与沟通。支持校园文化多样性，尊重和欣赏不同文化背景、兴趣和爱好。组织文化交流活动、开展多元文化活动，如国际文化周、文化交流节等，展示不同文化的特色和魅力。同时，创建跨文化交流平台，鼓励不同文化背景的学生参与，促进跨文化理解和合作。三是提供支持体系。建立完善的心理健康支持体系，包括心理咨询服务、个人辅导和心理教育。为大学生提供及时的心理支持，帮助他们应对不良情绪，并提供相关的资源和指导。

3. 开设情绪调节选修课

心理健康教育课程是大学生的必修课，在心理健康教育课程中适当增加情绪调节内容的比重或开设专门的情绪调节选修课是促进大学生提高情绪调节能力和形成积极乐观心理的重要途径。开设情绪调节选修课要注意以下两点：一方面是课程内容。情绪认知训练：帮助学生了解情绪的基本概念和特点，并学习识别和区分不同情绪状态。通过情绪日记、角色扮演等方式，培养学生的情绪识别和理解能力。情绪调节技巧：教授学生各种情绪调节技巧，如积极思维、放松训练、冥想和身体锻炼等。通过实践和案例分析，让学生熟悉并掌握各种情绪调节策略。另一方面是教学方法。互动教学：采用互动式教学方法，如小组讨论、角色扮演和情景模拟等，让学生参与到教学过程中。通过实践和互动，激发学生的学习兴趣和动力，培养他们的情绪调节能力。反馈和指导：及时给予学生反馈和指导，帮助他们理解和纠正不良情绪调节习惯。教师可以定期与学生进行个别会谈，了解他们的情绪状态和应对策略，并提供个性化的指导和建议。另外，重视建立评估体系，设置情绪调节实践任务，要求学生在日常生活中应用所学心理健康教育课程中引入情绪管理技巧的培训，组织情绪识别和调节的讨论和活动，以增强他们对情绪的认知和处理能力。

4. 加强危机预防和干预

一是建立支持体系。建立完善的心理咨询服务体系，包括提供心理咨询师的咨询和个人辅导，为大学生提供及时的心理支持和帮助。确保学生能够得到情绪和心理困扰的积极解决方案。建立学生支持网络，包括学生社团、学生会和校友联系群体等。通过组织各种支持性活动和交流平台，鼓励学生之间相互支持、倾听和分享，增强彼此的社会支持系统。在校园内建立心理咨询与支持中心，提供心理咨询师的面对面咨询和在线咨询服务，以满足不同学生的不同需求。同时鼓励学生参与学生社团和学术团体，建立互助和支持的社交网络。二是加强专业干预。学校应为教师和辅导员提供针对危机预防和干预的培训，使其具备相应的专业知识和技能。特别是距离学生最近的辅导员，应参与学校学院的心理危机预案的制定，参与高水平的心理健康教育培训，能在学生发生心理危机时做好初步处理，防止事态扩散。三是健全跟踪和监测机制。开展问卷调查，开展定期的心理健康调查，做好匿名保密性和隐私保护，持续改进和评估，对于发生过心理的危机的学生要跟踪、关注，将极端行为问题消灭在萌芽状态，灭火于初现。

参考文献

1. 期刊论文

[1] 袁红梅．构建中国特色高校心理健康教育体系［J］．中国高等教育，2022（24）：41-43．

[2] 张蓉．艺术类高校劳动教育课程与心理健康教育的融合发展——评《高校心理健康教育教程》［J］．中国学校卫生，2022，43（11）：1596．

[3] 游双．基于心理健康视角探析当代大学生思想政治教育——评《高校学生思想政治教育与心理健康》［J］．中国学校卫生，2023，44（5）：806．

[4] 刘月．心理育人提升高校思政教育质量的路径分析——评《让心灵洒满阳光：高校心理育人理论与实践》［J］．中国学校卫生，2022，43（12）：1927．

[5] 薛红霞．新媒体语境下高校心理健康教育策略探微［J］．传媒，2023（1）：82-83，85．

[6] 李亚玲．思想政治元素与高校心理健康教育的融合路径探究［J］．中国学校卫生，2023，44（1）：161-162．

[7] 吕小康．高校心理育人体系的现实困境与历史反思［J］．社会科学，2023（2）：13-23．

[8] 许继亮．高校建立健全心理育人机制论析［J］．思想理论教育，2022（12）：108-111．

[9] 苏小路．高校心理健康教育价值导向功能优化研究——评《高校心理健康教育教程》［J］．中国学校卫生，2022，43（8）：1285．

[10] 揭秋云，李丹，袁曦，等．互联网背景下高校心理健康教育教学与管理改革创新研究［J］．中国学校卫生，2022，43（8）：1281-1282．

[11] 俞国良，陈雨濛．四十年来我国高校心理健康教育政策分析：定性与定量的视角［J］．复旦教育论坛，2022，20（4）：80-87．

[12] 张婷婷．互联网背景下高校心理健康教育改革创新研究——评《互联网视域下高校心理健康教育模式发展研究》［J］．中国学校卫生，2022，43（6）：965．

[13] 文杰．大数据时代应用型高校心理育人工作机制——评《大数据时代的心理学研究及应用》［J］．中国科技论文，2022，17（6）：708．

[14] 李焰，朱丽雅，王瑞，等．育德与育心结合导向下高校心理健康教育的创新

发展［J］．教育发展研究，2022，42（10）：10-16.

［15］聂含聿，衣红梅，梅凤娟．网络环境下的高校学生心理健康教育模式构建——评《网络环境下的大学生心理健康教育》［J］．中国科技论文，2022，17（5）：601.

［16］李贞．互联网时代高校心理健康教育信息化创新探索——评《互联网心理学》［J］．中国科技论文，2022，17（5）：604.

［17］周亮．"互联网+"背景下高校学生网络心理健康教育创新探索——评《网络时代高校心理健康教育的探索与实现》［J］．中国科技论文，2022，17（5）：608.

［18］陶进，马建青，欧阳胜权．大数据时代高校心理健康教育评价的变革方向和风险规避［J］．学校党建与思想教育，2022（9）：72-77.

［19］肖璇．互联网背景下高校心理健康教学与管理创新——评《互联网视域下高校心理健康教育模式发展研究》［J］．中国科技论文，2022，17（4）：479.

［20］李谷雨，张丽．高校心理健康教育资源支持社会心理服务体系建设研究［J］．学校党建与思想教育，2022（6）：91-93.

［21］张翠翠．互联网背景下高校心理健康教育教学与管理改革创新研究——评《互联网视域下高校心理健康教育模式发展研究》［J］．中国学校卫生，2021，42（12）：1921-1922.

［22］丁英平．立德树人视域下高校心理育人研究［J］．学校党建与思想教育，2021（18）：79-80.

［23］童天朗．构建高质量高校心理健康教育体系［J］．中国高等教育，2021（19）：53-55.

［24］贾东立，宁倩，吕佳．高校心理健康教育与思想政治教育相结合的途径与策略——评《高校心理健康教育与思想政治教育结合30年的研究》［J］．中国学校卫生，2021，42（10）：1434.

［25］孟凡，宣宾．主动性人格与高校心理委员胜任力：自主性的中介效应［J］．中国健康心理学杂志，2022，30（1）：152-156.

［26］詹启生，刘美，刘新颖，等．高校心理委员倾听能力问卷的编制［J］．中国心理卫生杂志，2021，35（9）：788-794.

［27］魏颖．大学生心理健康教育的伦理困境及应对措施——评《高校心理健康教育理论与实践》［J］．中国高校科技，2020（9）：100.

［28］胡贵生．高校心理健康教育与思想政治教育融合研究——评《心理健康与思想政治教育》［J］．中国学校卫生，2020，41（9）：1441.

［29］余胜美．关于高校心理健康教育发展方向的思考［J］．广州大学学报（社

会科学版），2005（9）：86-88.
[30] 邹海贵. 论高校心理素质教育的组织创新［J］. 交通高教研究，2004（1）：47-49.
[31] 李雪莲. 谈高校心理咨询工作的开展及亟待解决的问题［J］. 西南民族学院学报（哲学社会科学版），2002（S2）：274-275.

2. 学术论文

[1] 陈君. 大学生心理健康教育与思想政治教育相结合研究［D］. 武汉：武汉大学，2019.
[2] 何思彤. 多元文化框架下高校心理健康教育研究的转换［D］. 长春：吉林大学，2018.
[3] 鲁威. 上海高校大学新生心理健康状况及干预研究［D］. 上海：上海交通大学，2013.
[4] 王瑞文. 高校组织环境下教师心理授权研究［D］. 天津：天津大学，2014.
[5] 潘柳燕. 心理健康教育中的价值问题研究［D］. 武汉：武汉大学，2012.
[6] 张燕. 高校心理咨询的生成与发展［D］. 武汉：武汉大学，2010.
[7] 张慧雅. 高校思想政治教育心理疏导的现状与对策研究［D］. 成都：电子科技大学，2021.
[8] 李硕. 从"问心"到"育人"［D］. 杭州：浙江大学，2020.
[9] 唐志文. 高校心理健康教育与思想政治教育契合研究［D］. 南京：南京航空航天大学，2012.
[10] 戴兴玉. 论当代大学生心理健康教育及实施途径［D］. 长春：吉林大学，2005.
[11] 李明秀. 我国高校心理健康教育体系的构建与完善［D］. 长春：东北师范大学，2009.
[12] 乔杉. 高校大学生边缘群体及其教育引导研究［D］. 上海：华东师范大学，2014.
[13] 曹艳艳. 当代大学生心理素质现状分析及心理健康培养研究［D］. 济南：山东大学，2013.
[14] 梁次红. 心理健康教育在高校德育中的地位与功能研究［D］. 武汉：武汉大学，2003.
[15] 马艳秀. 关于构建高校心理健康教育评估指标体系的研究［D］. 北京：清华大学，2006.
[16] 赵晓娜. 大学生极端行为的心理分析及心理预防［D］. 长沙：中南大学，2007.

[17] 杨启梅. 贫困大学生心理健康教育研究［D］. 武汉：武汉大学，2005.

[18] 龚勋. 湖南省高校大学生心理压力感、人格特征与应对方式及其关系的研究［D］. 长沙：中南大学，2010.

[19] 杨丽霞. 论心理健康教育对高校思想政治教育内容结构的优化［D］. 上海：华东师范大学，2005.

[20] 班梦姣. 大学生心理健康教育与思想政治教育相互结合研究［D］. 济南：山东大学，2014.

[21] 刘秀菊. 高校新生心理健康状况及影响因素研究［D］. 济南：山东大学，2008.

[22] 许玉莲. 大学生积极心理健康教育研究［D］. 济南：山东大学，2011.

[23] 滕易伊娜. 大学生心理健康教育工作研究［D］. 上海：华东师范大学，2008.

[24] 李阳. 人本主义心理咨询理论在高校思想政治教育中的运用［D］. 长春：吉林大学，2013.

[25] 蔡灿龙. 闽南地区高校学生心理健康现状及教育对策研究［D］. 厦门：厦门大学，2009.

3. 专著教材

[1] 陈家麟. 学校心理教育［M］. 北京：教育科学出版社，1995.

[2] 陈琦，刘儒德. 当代教育心理学［M］. 北京：北京师范大学出版社，1998.

[3] 丁家永. 现代教育心理学［M］. 广州：广东高等教育出版社，2004.

[4] 林崇德. 发展心理学［M］. 北京：人民教育出版社，1995.

[5] 刘华山. 学校心理辅导［M］. 合肥：安徽人民出版社，1998.

[6] 皮连生. 智育心理学［M］. 北京：人民教育出版社，1997.

[7] 陈捷，图娅，高静芳，等. 大学生心理健康［M］. 北京：清华大学出版社，2017.

[8] 董国强，郑林科. 大学心理教育［M］. 西安：西北大学出版社，2020.

[9] 苗莉. 心理指导手册［M］. 北京：清华大学出版社，2013.

[10] 王冰蔚，杨宾峰，王永铎，等. 大学生朋辈心理辅导［M］. 北京：清华大学出版社，2011.

[11] 程灵，邵雅利，张翠莲. 大学生积极心理教育［M］. 北京：清华大学出版社，2022.

[12] 刘畅. 大学生心理素质教育［M］. 北京：清华大学出版社，2007.

[13] 彭晓玲，柏伟，龚鉴英. 大学生全程全面心理辅导［M］. 北京：清华大学出版社，2008.

[14] 辛志勇．应用心理教学案例精选［M］．北京：北京大学出版社，2018．

[15] 左妮红．大学生心理调适能力训练［M］．北京：北京大学出版社，2019．

[16] 支愧云．校园暴力心理机制研究［M］．重庆：重庆大学出版社，2017．

[17] 唐颖彦，胡燕，梁霞，等．大学生心理健康教育［M］．北京：清华大学出版社，2023．

[18] 杨峰．教育心理学［M］．北京：清华大学出版社，2022．

[19] 郑强国，刘东杰，梅申，等．大学生心理健康［M］．北京：清华大学出版社，2021．

[20] 武传伟，张洁婷，朱小红，等，大学生心理健康教育与发展——为成长护航［M］．北京：清华大学出版社，2018．

[21] 樊富珉．大学生心理健康教育研究［M］．北京：清华大学出版社，2002．

[22] 李明，邵璀菊，李新春，等．心灵方舟——大学生心理健康教育案例集［M］．北京：清华大学出版社，2013．

[23] 刘峰，蔡迎春，朱佳隽．大学生心理健康——心灵成长之旅［M］．北京：清华大学出版社，2011．

[24] 季丹丹，陈晓东．现代大学生心理健康教育［M］．北京：清华大学出版社，2009．